Landschaftsführer in der Reihe DuMont Dokumente

W0234202

Zur schnellen Orientierung – die wichtigsten Orte und Sehenswürdigkeiten Madeiras auf einen Blick:
(Auszug aus dem ausführlichen Register S. 311 ff.)

In der vorderen Umschlagklappe: Übersichtskarte Madeira

In der hinteren Umschlagklappe: 20 Wanderungen mit Variationen auf Madeira

Wendula Dahle / Wolfgang Leyerer

Madeira

Kultur und Landschaft auf Portugals
›Blumeninsel‹ im Atlantik

DuMont Buchverlag Köln

Abbildung Umschlagvorderseite: Câmara de Lobos an der Südküste Madeiras
Abbildung Umschlaginnenklappe: Auf dem ehemaligen Kleinen Fischmarkt von Funchal
Abbildung Umschlagrückseite: Mühle auf Porto Santo
Abbildung S. 2f.: Funchal von Osten; Stich von J. F. Eckersberg, 19. Jahrhundert

Für Rosária
Wir danken der ganzen Familie Correia-Pereira/Sardinha (Funchal) und Maria Luisa Telo vom Touristenbüro Funchal dafür, daß wir mit ihrer Hilfe Madeira kennenlernten, Honorarkonsul Elisabeth Gesche (Funchal) für fachkundigen Rat und Korrekturen, Wolfgang und Ursula Bauer (Hannover), Jakob Dahle, und besonders Gudrun Warnken (Bremen) für vielfältige Unterstützung.

© 1986 DuMont Buchverlag, Köln
5. Auflage 1990
Alle Rechte vorbehalten
Satz: Rasch, Bramsche
Druck und buchbinderische Verarbeitung: C & C Offset Printing Co., Ltd.

Printed in Hong Kong   ISBN 3-7701-1863-4

Inhalt

Die Kulturlandschaft Madeira

Handwerk und Kunst auf Madeira

Verkehr und Tourismus

Inselführer

Statt einer Vorbemerkung: Portrait einer Familie

Die Familie Correia lebt in Funchal in einem kleinen Haus an der steilen Hauptstraße nach Monte. Es ist alter Familienbesitz und wird von 2000 m² Gartenland umgeben. Maria, die 1935 in Calheta, und Américo, der 1923 in Porto Moniz geboren wurde, haben sieben Kinder, geboren zwischen 1957 und 1973: Immanuel, Américo, Maria Gracia, José, Anabela, Maria Salomé und Rosária*. Der älteste Sohn lebt in Venezuela.

Der Lebensweg dieser Familie ist typisch für Madeira: Vater Américo wanderte 1948, also mit 25 Jahren, nach Venezuela aus. Wie seine elf Geschwister, die für immer in der Fremde blieben, verließ er die Insel, um irgendwo in der Welt Arbeit zu finden. War nicht in Venezuela bereits ein Onkel? Seine Eltern, die bei Porto Moniz einen kleinen Hof bewirtschafteten, blieben allein zurück. Nach sechs Jahren sehr unterschiedlicher Erfahrungen und teilweise sehr harter Arbeit auf Plantagen für den Obstanbau kehrte er nach Madeira zurück, um sich hier eine Frau zu suchen – viele vor ihm hatten es genauso gemacht. 1955 ging Américo mit seiner Maria nach Venezuela zurück. Zusammen mit einem Bruder eröffneten sie in Caracas ein kleines Geschäft, das schließlich zum ersten Supermarkt in Venezuela wurde. Américos Frau machte die Buchführung.

Ein Herzfehler ihrer neugeborenen ersten Tochter zwang zu einer schnellen, schwerwiegenden Entscheidung: Die ganze Familie ging nach Lissabon zurück, damit das Baby dort operiert werden konnte. Der Verkauf des Geschäfts in Venezuela ergab eine kleine Rücklage, und so konnten die Geschwister von Marias Mutter ausgezahlt werden, damit die Familie in Funchal in deren Haus ziehen konnte. Seitdem hat der Vater – außer der Bestellung seines Gartens – keine Arbeit. Manchmal fallen kleine Maklergeschäfte mit Rückkehrern aus Venezuela an, ansonsten verkauft er seine Bananenstauden, die immerhin etwa 150 DM pro Monat einbringen, und ein wenig Wein. Ein 1964 zusammen mit dem zweiten Sohn Américo unternommener Abstecher nach Florida, um dort nach Arbeit zu suchen, war enttäuschend, so daß die Familie endgültig in Funchal blieb.

Hier wurde die Ausbildung der Kinder das wichtigste. Alle konnten die vier- bzw. sechsjährige Grundschule und anschließend verschiedene weiterführende Schulen besuchen. Rosária, die jüngste, wird noch bis 1992 zur Oberschule gehen.

In einem kleinen Laden im Zentrum Funchals, ›O Barril‹, verkauft Américo junior mit großer Kennerschaft Madeirawein an die Touristen. Wo hat er soviel gelernt, daß er sogar 1985 in Portugal einen Preis im Weinbeschreiben gewinnen konnte? Er besuchte die Hotelfachschule in Funchal, wo ein wichtiger Teil der Nahrungsmittelkunde dem Wein gewidmet

---

* Daß bei den Vor- und Nachnamen sowohl portugiesische als auch spanische Formen auftauchen, liegt an den verschiedenen Geburtsorten: Madeira und Venezuela.

ist, und arbeitete anschließend dort als Lehrer. Sein winziger Laden gegenüber dem kleinen Stadtpark ist stets voll, und zwar nicht nur von Kunden: Fußballspieler holen sich Rat für die Behandlung ihrer Zerrungen, denn nebenbei betätigt er sich als Masseur des Vereins ›Unão‹, der in der ersten Division Portugals mitspielt. Andere Besucher geben fotografische Bestellungen auf, denn Américo ist auch noch Hobbyfotograf. Und zwischen den Weinregalen drängeln sich – vor allem in der Mittagszeit und kurz vor Arbeitsschluß – immer einige Familienmitglieder; der Vater, die Geschwister, aber auch seine Frau und die kleine Tochter kommen, um die letzten Neuigkeiten auszutauschen. Jeder möchte gerne wissen, was der andere macht oder erlebt hat, denn der Zusammenhalt der Familie ist groß.

Maria Gracia, die älteste Tochter, arbeitet ebenfalls in einer Branche, die hauptsächlich vom Tourismus abhängig ist: In einer Manufaktur für Stickereien trägt sie die Verantwortung für den Ein- und Verkauf. Ihre Schwester Salomé verrichtet dort Aushilfstätigkeiten, abends besucht sie noch eine weiterführende Schule. Gleich um die Ecke verkauft Anabela modische Schuhe für Damen. Die Verdienste sind gering; sie liegen bei etwa 350 DM im Monat. Die Familie Correia ist deshalb zusätzlich auf die Erträge ihres Gartens in Funchal angewiesen – wie so viele andere Arbeiter auf der Insel auch. Und so helfen sie alle im Garten, vor allem zur Zeit der Weinernte – eine alte Weinpresse kann man hinter dem Wohnhaus bewundern –, wenn Obst eingekocht wird und wenn in der trockenen Zeit die Zuteilung des Levada-Wassers erfolgt – also eigentlich immer.

Ob die Correias zufrieden sind? Erfüllen sie das Klischee des hart arbeitenden, aber genügsamen Inselbewohners? Mit großer Lebhaftigkeit wird diese Frage auf Portugiesisch und Englisch diskutiert und den Eltern alles geduldig übersetzt. »Wir verdienen zu wenig!« – »Ich möchte ganz etwas anderes machen, meint ihr, ich wäre zur Verkäuferin geboren?« – »Auf dem Festland hätten wir bestimmt mehr Möglichkeiten.« – Salomé möchte Detektivin werden, Gracia einen Modesalon aufmachen und nicht immer diese Stickereien verkaufen müssen. Américo träumt von einem Gesundheitszentrum. »Rosária wird es besser machen als wir, die wird sicherlich studieren!« Vielleicht schon in Madeiras 1990 gegründeter Universität? Rosárias eigener größter Wunsch? Einmal möchte sie Skifahren. »Ach, ihr habt Träume, und dann heiratet ihr doch alle und habt wiederum sieben Kieder!«

So gern sich die Correias mögen, sie haben keine Illusion, daß sieben Kinder heute eine ungeheure Belastung darstellen. Sie sind alle katholisch, werden sie sich also in dieser Frage aus der Tradition ihrer Kirche lösen können? »Nicht mehr als zwei Kinder!« (Bis 1990 haben sich die drei jungen Familien mit jeweils nur einem Kind daran gehalten.)

Ein neuer Hausbau in Monte, der zwei Jahre dauerte und die Ersparnisse aller angriff, konnte das alte Familienhaus entlasten, in dem für die vier Mädchen bislang nur ein Raum zur Verfügung stand. Drei der Geschwister zogen – frisch verheiratet – um.

Auf jeden Fall wollen alle auf der Insel bleiben, die Zeiten des Auswanderns mit der Hoffnung, irgendwo ein Geschäft machen zu können, um dann vielleicht als ›gemachter Mann‹ zurückzukehren, sind vorbei. Über der Weinpresse der Correias hängen die Hörner einer Ziege. Sie sollen Glück bringen. Ob die Wünsche der Correias noch in Erfüllung gehen werden?

Madeira im Überblick

Die natürlichen Gegebenheiten

Geographie des Madeira-Archipels

Der Madeira-Archipel besteht aus einer Gruppe von vulkanischen Restinseln, die in ihrer Anordnung ungefähr ein Dreieck bilden. Es sind dies Porto Santo im Nordosten, die Hauptinsel Madeira im Westen und die drei kleinen Ilhas Desertas im Südosten. Sie alle sind Teile eines gewaltigen Gebirges, das aus 4000 m Meerestiefe emporragt. Madeira und die Desertas bilden dabei die Spitzen eines Massivs, das durch einen 2000 m tiefen Meeresgraben abgetrennte Porto Santo die eines zweiten.

Madeira (›Holzinsel‹): Die Hauptinsel des Archipels liegt 900 km von Lissabon und 600 km von der marokkanischen Küste entfernt auf derselben geographischen Breite wie Marrakech und Damaskus: auf 32° 38′ nördlicher Breite bei 16° 54′ westlicher Länge. Sie ist 57 km lang und an ihrer breitesten Stelle 23 km breit; ihr Umfang beträgt 151,4 km und ihre Fläche 741 km². Auf Madeira leben knapp 300 000 Menschen, was eine extrem hohe Bevölkerungsdichte von 404 Einwohnern pro km² ergibt. Die höchste Erhebung, der Pico Ruivo (de Santana), erreicht 1861 m.

Porto Santo (›Heiliger Hafen‹): Diese zweitgrößte Insel des Archipels, 40 km nordöstlich von Madeira gelegen, ist 13 km lang und bis zu 6 km breit; sie nimmt eine Fläche von 42 km² ein. Ihren höchsten Punkt bildet der 507 m hohe Pico do Facho. Auf Porto Santo leben etwa 3600 Einwohner.

Ilhas Desertas (›verlassene Inseln‹): Diese drei schmalen, rotsandigen, fast vegetationslosen Inseln liegen 20 km südöstlich von Madeira und sind von dessen Südküste aus gut sichtbar. Chão heißt die nördlichste und kleinste, Deserta Grande die zentrale und größte, die auch die mit 442 m höchste Erhebung der Gruppe trägt, Bugio die südliche. Alle drei Inseln sind unbewohnt, denn sie verfügen über kein Trinkwasser. Das Anlanden gestaltet sich wegen der Klippen und der oft hohen Brandung schwierig. Geologen, Spinnenforscher (vgl. S. 38) und Sportfischer statten den ›verlassenen Inseln‹ manchmal einen Besuch ab; in den Sommermonaten werden auch Exkursionen für Touristen angeboten (vgl. S. 289).

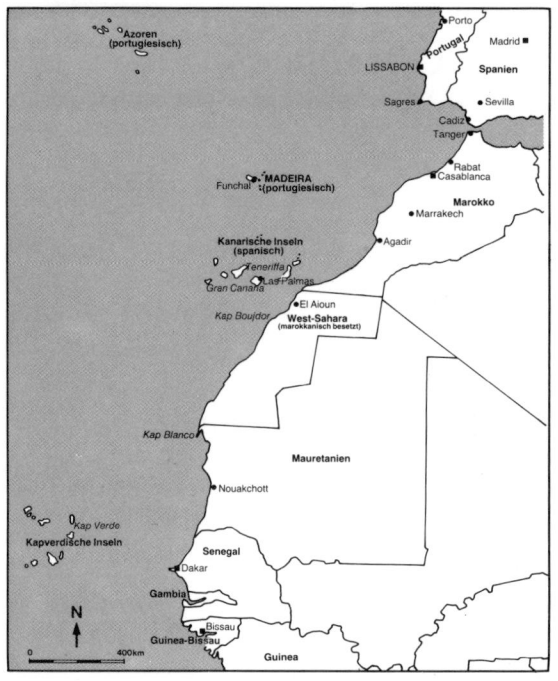

◁ Die Lage Madeiras im Atlantik

Der Madeira-Archipel ▷

Im weiteren Sinne gehören auch noch die unbewohnten **Selvagens** – ›die wüsten Inseln‹ – zur Madeira-Gruppe. Sie liegen 230 km südlich von Funchal und 170 km nördlich von Teneriffa. Die bis 1971 in Privatbesitz befindlichen Eilande (Selvagens Grande, Pitão Grande, Pitão Pequeno und einige Felsriffe) werden von Fischern, Forschern und gelegentlich auch von Vogelfängern aufgesucht. Hier ist eine besondere Sturmvogel-Art zu Hause (vgl. S. 39).

Bei den Selvagens soll ein aus der Kathedrale von Lima stammender Schatz des Seeräubers Captain Kidd liegen, wie dieser in der Stunde seines Todes verriet. Alle Expeditionen, die den Schatz heben wollten, waren bisher jedoch erfolglos.

Die geologisch-geographische Beschaffenheit Madeiras

Es wird erzählt, daß die spanische Königin Isabel einst Columbus bat, ihr eine ungefähre Beschreibung von Jamaica zu geben. Er soll daraufhin ein Stück Papier genommen und zerknüllt haben. Als er es dann wieder auseinanderfaltete, legte er es auf den Tisch, deutete auf die vielen Erhebungen en miniature, um zu zeigen, daß man sich die zerklüftete Insel derart vorzustellen habe. Dasselbe Modell paßt als vereinfachte Darstellung auch für Madeira.

Der Schweizer Kartograph Jakob Melchior Ziegler beschrieb zu Beginn dieses Jahrhunderts enthusiastisch den Eindruck, den die Insel im Vergleich mit den Alpen auf ihn machte, wie folgt: »Man sieht tiefe Talfurchen, steile Wände, rundliche Kuppen dicht neben hochaufstrebenden Hörnern; man überschreitet Stellen an jähen Abhängen, wo fast Schwindel den Reisenden überfallen möchte, oder man schreitet in sanften Mulden und Einsenkungen bergan … aber: Selbst die Formen der Felsen der in die Lüfte ragenden Spitzen sind in allen Kanten und Ecken abgerundet, die scharfen Formen der Alpen fehlen ganz, ebenso die gewaltigen Massen unserer Berge, obwohl die Gegensätze von hoch und tief dort viel rascher und auffallender sich zeigen.«

Oberflächenformen und Gewässer
Ein Drittel der Insel Madeira liegt oberhalb der 1000-m-Grenze. Wie die umseitige Reliefkarte Madeiras zeigt, ist diese im Norden nur halb soweit vom Meer entfernt wie im Süden; die Nordküste fällt also erheblich steiler ab. Die Bergmassive werden durch den Encumeada-Paß in einen östlichen und einen westlichen Teil getrennt. Im Osten ragen auf einem schma-

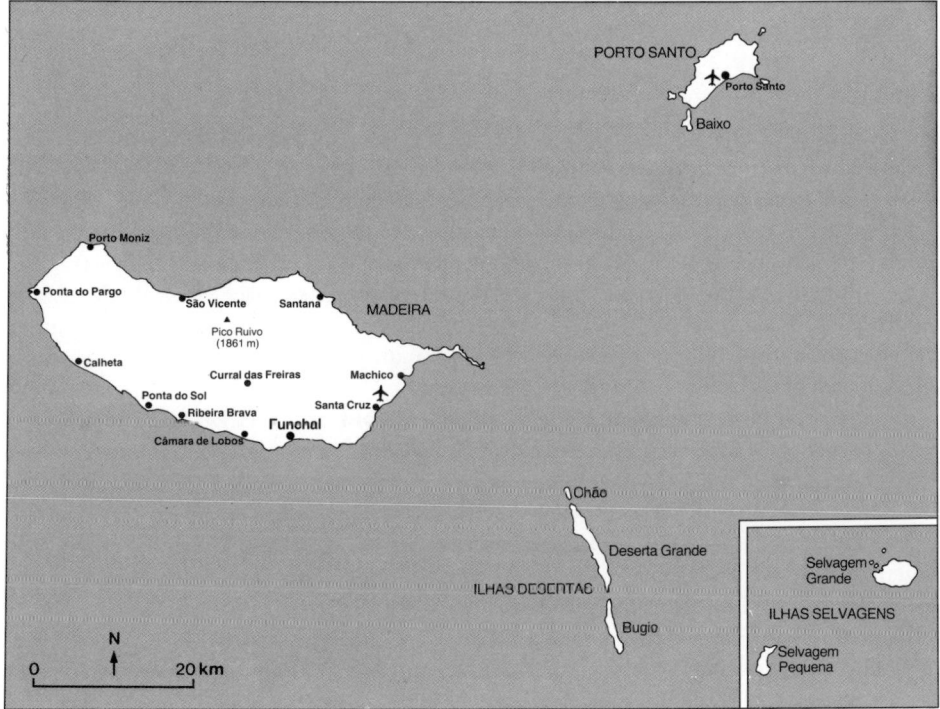

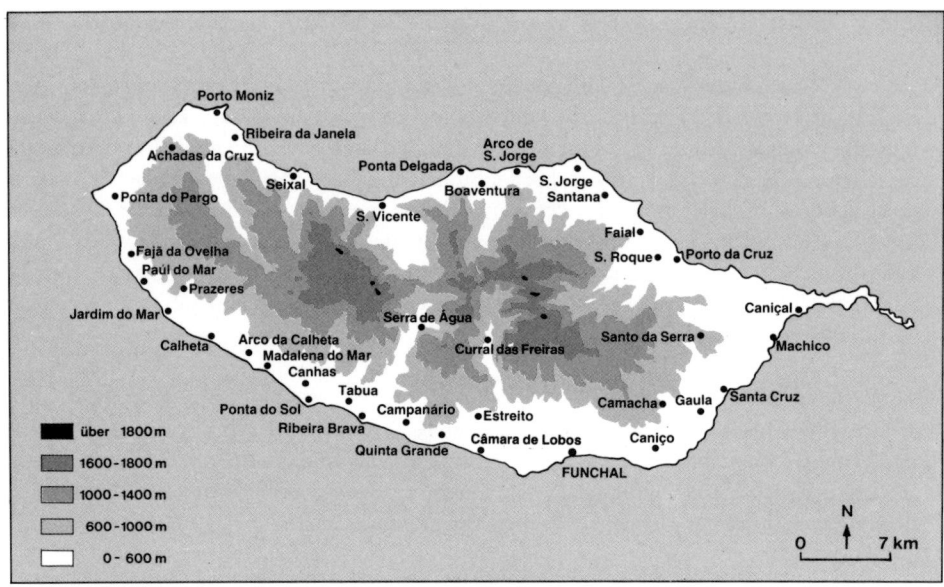

Reliefkarte Madeiras (vereinfachte Darstellung; Quelle: Regionalregierung Madeira)

len Gebirgsrücken die höchsten Gipfel der Insel bis über 1800 m empor, verwitterte Lavagiganten mit bizarren Formen, wie die Picos do Arieiro, Ruivo (de Santana), do Cidráo, do Gato, das Torres und das Pedras; zudem befindet sich hier die kleine Hochebene von Poiso, das Quellgebiet einiger Flüsse, die bei Funchal münden. Den Westen dagegen beherrscht die einzige größere ebene Fläche der Insel, das etwa 1300 m hohe Hochmoor Paúl da Serra. Von dieser oft in dichten Nebeln gehüllten, im Winter versumpften Fläche läuft das Wasser in zahlreichen Bächen nach Norden und Süden ab; auch der größte Fluß der Insel, die Ribeira da Janela, entspringt hier in verschiedenen Quellen, die als Wasserfälle über die Lavabänke am Rande des Hochlandes stürzen.

Charakteristisch für die Flüsse Madeiras ist ihr außerordentlich starkes Gefälle: Während der Oberlauf der Aare in den Alpen, der als besonders steil gilt, pro Kilometer einen Höhenunterschied von 62 m überwindet, fallen die Ribeira Brava, da Janela und do Porco um 80, 87 bzw. 100 m! Diese extremen Gefälle verweisen auf ein vergleichsweise junges Entwicklungsstadium dieser Gewässer und erklären die gewaltige Erosionskraft in den Tälern, die oft nur das ›Gerippe‹ des harten Basalts übriggelassen und in den Mündungsgebieten wahre Geröllhalden aufgehäuft hat.

Die zahlreichen Täler Madeiras lassen sich in drei Gruppen einteilen:
– 1. Die ›konsequenten Quertäler und -schluchten‹ zeigen besonders starke Gefälle und
konvexe Talflanken, die sich durch treppenartige Gliederung ganz dem Wechsel der

Gesteinsstärken anpassen. In ihren Flußbetten lagern sich Schutthalden ab. An manchen Stellen sind durch Verwitterung senkrechte Gänge entstanden, die sich wie Strebepfeiler vorschieben und das Tal verengen. Liegt der Oberlauf eines derartigen Flusses in der zentralen Region der Tuffe, dann fehlt die typische treppenartige Stufung, das Tal ist breiter und durch einige Lavagänge gegliedert. Sobald der Fluß in die Zone der Lavadecken eintritt, lassen sich eine charakteristische Talverengung und ein unruhiger Verlauf feststellen. Zu dieser ersten Gruppe gehören die meisten von der Wasserscheide quer zur Insel verlaufenden Flüsse.

– 2. Die ›subsequenten Längstäler‹ werden von der Ribeira da Janela im Westen, von der Ribeira de Machico im Osten sowie von den Oberläufen der Flüsse Seca, da Metade und Frio gebildet. Sie folgen den weicheren Schichten der lockeren Aufschüttungen, haben sich also mehr dem geologischen Aufbau der Insel angepaßt. Diese Täler zeigen eine größere Breite und ein ausgeglicheneres, wenngleich immer noch starkes Gefälle.

– 3. Die dritte Gruppe kann man als ›Kesseltäler‹ bezeichnen, da sie im Oberlauf durch einen gewaltigen, annähernd kreisförmigen Kessel – entstanden durch Erosion oder vulkanische Kraterbildung – charakterisiert sind, der sich zum Meer hin in zunehmendem Maße verengt und sogar zu einer Mündungsschlucht werden kann. Die Ribeira dos Socorridos mit dem Kessel um Curral das Freiras liefert dafür das eindrucksvollste Beispiel, aber auch die Ribeira da Ponte mit dem Curral False, die Ribeira Brava mit Serra de Água und das Tal von São Vicente gehören zu dieser Gruppe.

Die Küste

Madeira kann als ›uferlose‹ Insel bezeichnet werden, weil nirgendwo Buchten tiefer in das Landesinnere hineinreichen. An einigen Stellen, etwa bei Câmara de Lobos, Ponta do Sol oder Porto Moniz, bieten in das Meer hinausragende Lavafelsen Schutz für kleine Fischerboote, 95 % der Küste bestehen jedoch aus steilen, unzugänglichen Kliffwänden. Die schmalen Strände an den Landspitzen, den *Pontas,* und den Klippen sind mit Basaltgeröll – von kleinen Kieseln bis zu kopfgroßen Steinen – übersät, feiner Sand findet sich – von dem ›Traumstrand‹ von Porto Santo abgesehen – nirgends am Ufer, sondern nur in den vorgelagerten Meerestiefen.

Der Stolz Madeiras ist der Cabo Girão an der Südküste, mit 580 m das zweithöchste senkrecht zum Meer abfallende Kliff der Welt. Der Penha de Águia (›Adlerfelsen‹) bei Faial an der Nordseite, der der Ribeira de São Roque kurz vor deren Mündung den Lauf versperrt und der in seiner schräg gelagerten Quaderform einen besonderen landschaftlichen Akzent setzt, ragt mit 590 m zwar noch höher empor, sein Steilabfall zum Meer hin ist aber nicht ganz so hoch.

Geologische Entstehung

Über die Entstehungsgeschichte der Insel gibt es nur Vermutungen, die in früheren Darstellungen von dem Wunsch bestimmt waren, hier einen Überrest des legendären versunkenen Atlantis gefunden zu haben. Vielleicht stellt Madeira zusammen mit den Azoren, den Kana-

Blick auf Curral das Freiras; Stich von J. F. Eckersberg, 19. Jahrhundert

rischen Inseln, den Kapverden und sogar Island den Überrest eines großen tertiären Fest-
lands dar, das einstmals zwischen Amerika, Europa und Afrika lag? Oder ist die Inselgruppe
nur ein kleiner Ausläufer der tertiären Atlaskette?

Zweifelsohne besteht die insulare Masse fast ausschließlich aus Basaltfelsen, die Insel ist
also vulkanischen Ursprungs. Ihre Entstehung schreibt man heftigen submarinen Eruptionen in der Tertiärzeit zu, denen später weitere vulkanische Aktivitäten folgten.

Im Zentrum der Insel liegt der Ort Curral das Freiras. Fährt man von Funchal aus dorthin
oder wählt einen der schönen Wanderpfade von Estreito de Câmara de Lobos, vom Encumeada-Paß oder auch vom Pico Ruivo aus, gewinnt man immer wieder den Eindruck, einen
riesigen Krater vor sich zu haben, den Rest eines alten Vulkans. Die Talsohle dieses etwa
5 km durchmessenden Kessels liegt an ihrem tiefsten Punkt nur 690 m über dem Meer, wird
aber umgeben von 500 m hohen Felswänden, über die wiederum zahlreiche Berggipfel
ragen, darunter als imposantester der Pico Ruivo mit 1861 m und der Arieiro mit 1810 m.
Verschiedene Geologen haben der Vorstellung, daß das Curral-Tal ursprünglich ein vulka-
nischer Krater gewesen sein könnte, wiederholt widersprochen, darunter bekannte Autori-
täten wie C. Gagel, G. Zbyszewski und V. Ferreira. Sie meinen, daß Curral – wie auch

16

Serra de Água – ein Erosionskessel sei. Im Curral-Tal glauben sie nur einen kleinen, sekundären vulkanischen Krater entdeckt zu haben, der in Fajã Escura liegt.

Die Hochebene von Paúl da Serra, die aus einem Lavagemisch aus Asche, Schlacke und Tuff besteht, kann ebenfalls aus einem Vulkanausbruch entstanden sein, dessen Krater aber durch Erosionseinflüsse zerstört wurde. Auf der Grundlage von Gesteinsuntersuchungen lassen sich diese Ausbrüche einer Zeit lange nach der Entstehung der Insel zuweisen. Die maritimen Fossilien, die namentlich im Erosionsgraben von São Vicente in 360 m Höhe und bei der Ponta de São Lourenço in einer Höhe von 80 m gefunden wurden, erklärt diese Theorie damit, daß die gewaltigen Eruptionen, welche den Erdkern zur Zeit der Entstehung der Inselgruppe erschütterten, so stark waren, daß sie aus großen Meerestiefen auch kalkhaltige Massen emporschleuderten, die diese Fossilien enthielten.

Das Klima

›Insel des ewigen Frühlings‹ ist eines der vielen schmeichelhaften Attribute, die Madeira zuerkannt werden. Bilder in Reiseführern und Prospekten zeigen immer wieder dunkelblauen, wolkenlosen Himmel und weiße, mit prachtvollen Blumen geschmückte Häuser. Untermauert wird dieser Eindruck durch Klimatabellen und durch Vergleiche mit anderen europäischen Städten. Wer mit so geprägten Vorstellungen nach Madeira reist, wird enttäuscht sein: Ganz heitere Tage ohne Bewölkung sind verhältnismäßig selten, die Insel hat eine um 10 % höhere durchschnittliche Niederschlagsmenge als die Bundesrepublik Deutschland. Dem Ideal des ›ewigen Frühlings‹ kommt bestenfalls die Hauptstadt Funchal nahe, die auch dann, wenn die Berge tief verhangen sind, oft sonnig bleibt.

Auf jeden Fall ist der Eindruck richtig, daß Madeira ein ›warmes‹ Klima hat: Die relativ hohe Durchschnittstemperatur verdankt sich der geographischen Lage des Archipels, der sich immerhin auf der Breite so heißer Orte wie Marrakech oder Tripolis befindet. Zugleich mildert der Kanarenstrom, der von den Azoren nach Südosten und dann nach Süden fließt, das Klima mit seinen kühleren Wassertemperaturen (wobei die Passatwinde, die das Meer aufwühlen, dafür sorgen, daß das kältere Tiefenwasser an die Oberfläche gelangt). Madeira hat dadurch ein ›ausgeglichenes Klima‹: Die mittleren Durchschnittstemperaturen differieren in Höhenlagen unter 1000 m zwischen Sommer und Winter nur um 6°C, zwischen Tag und Nacht gleichfalls nur um 5°C, die Wassertemperaturen liegen zwischen ca. 16–22°C. So spricht man auf Madeira selbst auch nicht von besonders ›heißen‹ oder ›kalten‹ Sommern bzw. Wintern, sondern nur von ›feuchten‹ oder ›trockenen‹, denn die größten Unterschiede gibt es bezüglich der Menge des Regens und seiner örtlichen oder zeitlichen Verteilung.

Die Klimatabelle zeigt, daß man kaum von ›dem Klima auf Madeira‹ sprechen kann, sondern je nach Ort genau differenzieren muß. Setzt man die Gesamtniederschlagsmenge in Relation zur jährlichen Durchschnittstemperatur, ergeben sich die folgenden klimatischen Einstufungen der Orte mit meteorologischen Stationen:

Station	Einstufung	›Trockenzeit‹
Bica da Cana	super-humid/feucht	Juli
Camacha	super-humid/feucht	Juli–August
Queimadas	super-humid/feucht	keine
Santana	super-humid/feucht	Juli
Funchal	semi-arid/halbtrocken	Mai–September
Porto Santo	semi-arid/halbtrocken	April–September

Den größten Einfluß auf die Klimaunterschiede hat das von Ost nach West verlaufende Bergmassiv, das eine durchschnittliche Höhe von 1000 m aufweist. Es hält die von Norden und Nordosten einfallenden Passatwinde auf (etwa 50 % aller Winde kommen aus diesen Richtungen) und teilt die Insel klimatisch in eine Nord- und eine Südhälfte, wobei der mittlere Temperaturabfall von Nord nach Süd etwa 5° C beträgt. Die Bergbarriere zwingt die Winde, nach oben aufzusteigen; dabei kühlen die Luftmassen ab und kondensieren zu Wolken. Die untere Wolkenschicht liegt dabei um 500 m, die obere Grenze bei ungefähr 1500 m. Je stärker der Passatwind und je feuchter die mitgeführte Luft ist, desto höher steigt die Wolkendecke. Auf der Südseite der Insel weht der nun ›getrocknete‹ Passat als Föhn (= Fallwind) die Täler hinunter und fegt dort – sich dabei wieder erwärmend, wodurch die Luft dunstig wird – alle Wolken davon. Das Ergebnis kann sein, daß auf der Nordseite oft tagelang regnerisches und kaltes Wetter herrscht, während Funchal in strahlendem Sonnenschein liegt. Die Wolkendecke auf der Nordseite regnet sich langsam – oft durch stundenlangen Nieselregen – ab. Diesen typischen Wetterverlauf kann man besonders im April und Mai beobachten, wenn an der Ostseite des Azorenhochs die Kaltluft mit den Passatwinden nach Süden getrieben wird. Morgens bläst dieser Passat besonders stark, gegen Abend schläft er völlig ein, so daß die Nordseite dann nachts klaren Himmel hat. Im Verlauf des Vormittags zieht der Himmel wieder zu, bis er gegen Nachmittag von einer dunklen, dicken Wolkenschicht völlig verdeckt ist. Manchmal kann man beobachten, wie diese Wolkenfelder dann über die Pässe des Gebirges auf die Südseite ziehen. Die großen Unterschiede in der Luftfeuchtigkeit der Nord- und Südseite zeigen sich deutlich in der Vegetation.

Wie feucht der Norden der Insel ist, mag man an der Überlieferung ersehen, wonach das wolkenverhangene Madeira den Entdecker Zarco und seine Seeleute daran gehindert haben soll, nach ihrer Landung auf Porto Santo weiter zu segeln (vgl. S. 45): Manche Chronisten behaupten, die Seefahrer hätten das große, graue Gebilde am Horizont nicht für eine Insel, sondern für eine einzige Wolke gehalten, andere, sie hätten gedacht, dort sei der Rand der Welt, aus dem drohend Dämpfe hervorstöben. Wenn man sich der Küste mit dem Schiff nähert oder nachmittags mit dem Flugzeug zur Landung ansetzt, sieht man die Insel fast immer in Wolken gehüllt. Nach meist klarer Nacht ziehen die Wolken zwischen 9 und 10 Uhr in den Bergen auf und bilden dann einen festen Gürtel um die Gipfel. Der Besucher, der die Insel auch dort kennenlernen möchte, wo sie für manche am schönsten ist – im Gebirge und im Norden – sollte deshalb zu seinen Wanderungen frühmorgens aufbrechen, bevor die Wolken aufsteigen.

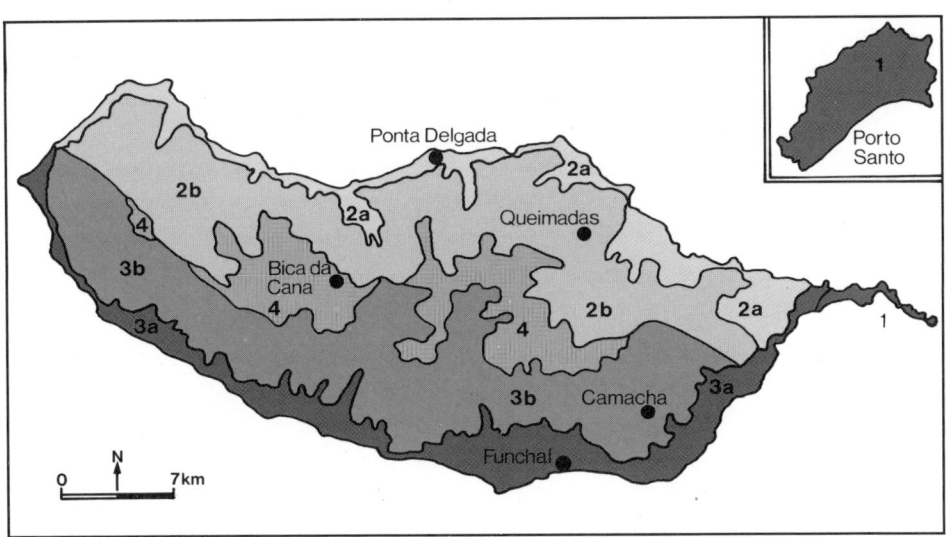

Die Klimaregionen Madeiras (Ziffern vgl. Tabelle; Quellen: H. Klug, R. Quintal/ M. J. Vieira)

Klimatische Gliederung Madeiras

Gebiete	Höhenlage	Klimatische Charakterisierung	Jährliche Niederschlags- menge	trockene Monate (unter 30 mm Niederschlag)	Durchschnitts- temperatur (°C)			Natürliche Vegetation
					Jahres- mittel	wärmster Monat	kühlster Monat	
1 Porto Santo Ponta de São Lourenço	maritim, ohne Einfluß der Oberflächengestalt	semi-arides Rand- passatklima	300–400 mm	April– September	19°	22°	16°	Lichter Buschwald (heute vernichtet)
2a Nordküste	0–300 m	semi-humid Randpassat- Luvseite	1000–1500 mm	Juni	15°	18°	12°	Immergrüner Lorbeer- Buschwald (heute noch in Schluchten, sonst Kulturland)
2b Queimadas Rabaçal Norden	300–1300 m	humide bis super- humide Randpassat- Luvseiteneinfluß (Hänge)	2000–3000 mm	–	13°	16°	9°	Immergrüner Lorbeerwald (noch erhalten)
3a Südküste Machico Funchal Canhas	0–400 m	semi-arid Randpassat- Leeseite	500–1000 mm	Mai– September	18°	22°	15°	Immergrüner Buschwald (heute Kulturland)
3b Camacha Curral das Freiras	400–1200 m	semi-humide Hang- stufe (Hänge) Randpassat-Leeseite	1000–2000 mm	Juli– August	14°	19°	10°	Immergrüner Heide- und Lorbeerbuschwald (heute unten Kultur- land, oben Kiefern- forste)
4 Bica da Cana Pico do Arieiro Hochgebirge	1200–1860 m	superhumides Randpassat- Höhenklima	2000–3500 mm	Juli	9°	14°	5°	Höhenmacchia (heute degradiert zu Gestrüpp, Gras und Farnbewuchs)

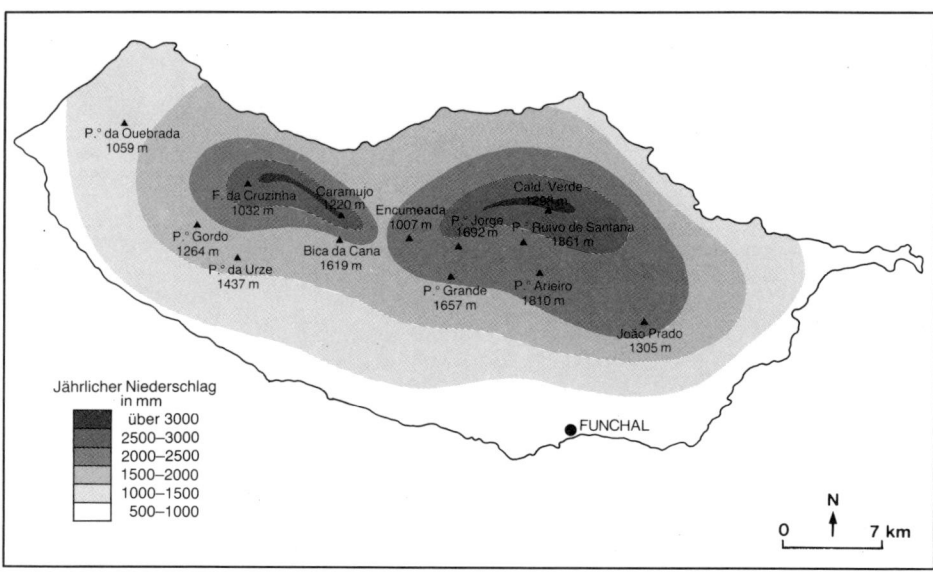

Niederschlagskarte (Quelle: Regionalregierung Madeira)

Weitere Klimaunterschiede ergeben sich aus der ungleichen Verteilung der Niederschläge. 60% der durchschnittlichen jährlichen Niederschlagsmenge von 770 mm fallen in den Monaten Oktober bis März, am trockensten ist die Zeit zwischen Juni und August. Bica da Cana verzeichnet sechsmal soviel Regen wie Funchal und neunmal soviel wie Porto Santo.

(Quelle: R. Quintal)

	Durchschnittstemperaturen (T) und Niederschlagsmengen (N)											
Station	Bica da Cana		Camacha		Funchal		Queimadas		Santana		Porto Santo (Flugplatz)	
Monat	T (°C)	N (mm)	T (°C)	N (mm)	T (°C)	N (mm)	T (°C)	N (mm)	T (°C)	N (mm)	T (°C)	N (mm)
Januar	5,9	433,0	11,1	244,5	16,0	87,9	10,0	296,4	13,2	223,1	15,8	61,8
Februar	5,4	460,7	10,9	204,1	15,9	81,3	9,6	305,1	12,8	159,6	15,6	44,7
März	6,4	337,6	11,6	169,2	16,3	67,3	10,1	208,4	13,1	112,7	16,1	41,2
April	6,8	189,8	12,0	82,6	16,8	35,3	10,2	124,3	13,1	69,1	16,7	20,8
Mai	9,3	145,0	14,3	45,4	18,0	17,7	12,0	102,5	14,4	60,4	18,0	12,9
Juni	10,7	119,4	15,3	58,1	19,7	8,4	13,0	86,4	16,0	65,1	20,0	5,7
Juli	14,6	26,0	18,3	1,6	21,2	1,5	15,6	34,1	17,6	24,4	21,6	2,0
August	14,9	42,9	19,2	13,9	23,6	2,3	16,4	67,1	18,7	41,0	22,6	6,9
September	12,2	170,8	17,4	55,1	22,1	19,4	15,3	128,0	18,3	81,5	22,2	16,8
Oktober	10,3	383,1	16,0	137,9	21,0	65,6	14,1	260,3	17,2	193,4	20,9	44,1
November	7,3	508,4	13,2	230,2	18,8	93,0	11,3	387,4	14,9	241,1	18,5	54,4
Dezember	5,9	398,1	11,3	206,5	17,0	73,0	9,6	297,9	13,2	173,7	16,6	50,2
Jahr	9,1	3214,8	14,2	1449,1	18,8	552,7	12,3	2297,9	15,2	1445,1	18,7	361,5

Eine große Rolle bezüglich des Klimas spielt schließlich auch die Höhenlage, denn pro 500 m Höhenanstieg erfolgt eine Temperatursenkung um etwa 3°C. Daraus ergibt sich folgende grobe Einteilung: bis 300 m reicht die ›subtropische Zone‹, zwischen 300–750 m herrscht ein ›Mittelmeerklima‹, dann beginnt die kalte Zone (im Norden liegen die Grenzen tiefer). Nach diesen Höhenlagen bestimmen sich auch die Vegetationsgürtel (vgl. S. 23).

Für den Badefreund: Das Meer bei Funchal erreicht mit 22°C im Oktober seine höchste und mit 16°C im Februar/März seine tiefste Temperatur.

Windverhältnisse auf Madeira

Die Madeira-Inselgruppe liegt im nördlichen Bereich der Passatwinde, weshalb die Klimatologen das Klima auch als ›maritimes Randpassatklima mit winterlichem Zyklonaleinfluß‹ kennzeichnen: Im Bereich des Äquators steigen infolge der extremen Sonneneinstrahlung warme Luftmassen auf, die in großer Höhe entweder nach Norden oder nach Süden abziehen. Diese aufsteigenden Luftmassen brauchen natürlich ›Nachschub‹. Die dadurch entstehenden Winde in Richtung Äquator heißen Passat, die Höhenwinde in der Gegenrichtung Antipassat. Das ganze System verschiebt sich im Laufe des Jahres, und zwar im Sommer nach Norden, im Winter nach Süden. Madeira liegt im Sommer voll im Bereich dieser Passatwinde; entsprechend kommen im Juli 75 % der einfallenden Winde aus Nord und Nordost. Im Winter dagegen sinkt der Anteil des Passats auf 27 %. In dieser Zeit kommt der ›winterliche Zyklonaleinfluß‹ zur Geltung, was bedeutet, daß von November bis Januar Tiefausläufer aus den Polargebieten die Insel streifen (Hauptwindrichtung Nordwest/West; Anteil 23 %). Der *Tempo do Mar,* wie dieser Wind auf Madeira genannt wird, bringt vor allem im Januar starke Bewölkung mit vielen Regenschauern mit sich.

Der *Leste,* der aus Südost, direkt von der 600 km entfernten nordafrikanischen Küste kommt, macht nur 1 % der Winde Madeiras aus, aber er wird am häufigsten beschrieben, und um ihn drehen sich, wenn er weht, die Unterhaltungen auf der Insel. Die Luft ist dann wolkenlos, aber eigentümlich dunstig; es kann dann sehr heiß werden, wobei die Luftfeuchtigkeit unter 20 % sinkt. Ein gängiger Spruch besagt: *»Do leste à chuva è o salto de uma pulga«* – »Vom *Leste* ist es nur ein Flohsprung bis zum Regen« – was nicht ganz korrekt ist, denn die Chancen, daß es danach regnet, stehen erfahrungsgemäß 50:50. Wenn dieser Wind, der in der Regel drei Tage dauert, nicht in die Sommermonate fällt, ist er gar nicht so unangenehm, denn er läßt die Temperaturen dann zwar sprunghaft steigen und vertreibt einige Feuchtigkeit, führt aber nicht zu extremer Trockenheit. Als Qual empfindet man ihn nur im Hochsommer: Dann nützt keine Flucht in die Berge, weil er dort noch heißer weht; wenn möglich, bleiben die Leute zu Hause, stellen Gefäße mit Wasser auf und legen feuchte Tücher aus, um die Trockenheit zu lindern.

Kündigt sich der *Leste* außerhalb der Trockenperiode an, sollte man die Zeit unbedingt für Wanderungen im Gebirge nutzen, denn nie sonst hat man dort oben die Garantie, daß es trocken und klar bleibt. Daß dieser Wind aus dem afrikanischen Kontinent herüberweht, zeigt er übrigens manchmal an dem, was er mitbringt: Vögel und Insekten, die nur dort beheimatet sind, und – auch Sand aus der Sahara.

Neben den beschriebenen Winden, die ihren Ursprung außerhalb Madeiras haben, also quasi ›überregional‹ sind, gibt es auch noch lokal bedingte. Regelmäßig weht morgens eine Seebrise auf das Land zu, die zwischen 8 und 9 Uhr beginnt und gegen 16 Uhr endet. Ab etwa 20 Uhr bis zum Sonnenaufgang bläst dann in umgekehrter Richtung Landwind. Grund dafür ist, daß sich das Land schneller erwärmt als das Wasser, die Wärme aber auch schneller wieder abgibt. Bereits nach der ersten morgendlichen Erwärmung des Landes steigt deshalb wärmere Luft auf, kalte von der See strömt landeinwärts nach. Etwa um 16 Uhr ist dann durch die Erwärmung des Wassers ein Ausgleich der Temperaturen erreicht – es wird windstill. Gegen 20 Uhr fällt (sofern kein anderer Wind weht) die Landtemperatur rapide ab, während die wärmere Luft über dem Meer aufsteigt; nunmehr strömt die kältere Luft vom Land zum Meer hin nach. Aus diesem Grund sind auch die warmen Sommermonate in Funchal, das ja von den ›überregionalen‹ Winden weniger erreicht wird, erträglich.

Für jede Wanderung auf Madeira wird die Wetterprognose wichtig für die Entscheidung sein, wo man wandern soll. Als ›Wetterfrösche‹ empfehlen sich – allerdings auch mit der Unzuverlässigkeit derselben – die Desertas, die man von Funchal aus gut sehen kann (vgl. Kasten). Für alle Wanderungen gilt, daß bei starkem Wind Steinschlaggefahr, umgestürzte Bäume, Erdrutsche und in der Folge überschwemmte Levadas zu befürchten sind.

Die Desertas-Inseln als ›Wetterfrosch‹
Will man auf Madeira eine Wanderung unternehmen, sollte man vorher von Funchal aus auf die Desertas schauen und auf deren Bewölkung und Konturen achten.
Klar sichtbare Inseln; Wind von West oder Nordwest: Der Westen Madeiras wird bewölkt sein, der Südosten, Nordosten und Osten klar.
Kaum sichtbare Inseln; Wind von Ost oder Nordost: Der Süden Madeiras ist wahrscheinlich bewölkt, Wandern sonst überall gut möglich.
Die Desertas selbst sind bewölkt; Wind von Nordosten: Westen, Südwesten und Nordwesten Madeiras sind klar, die östlichen Gebiete können bewölkt sein.
Die Inseln erscheinen zum Greifen nahe; Wind von Südwesten: In den nächsten Stunden ist mit Regen zu rechnen.

Flora

Madeira, die ›Holzinsel‹, wie sie ihres einstigen Waldreichtums wegen benannt wurde, ist heute – zu Recht – als ›Blumeninsel‹ oder ›schwimmender Garten im Atlantik‹ bekannt. Überall und zu jeder Jahreszeit blüht irgend etwas, vor allem in den Gebieten bis 400 m Höhenlage. Die Flora der Insel umfaßt 112 Familien mit 760 Arten, von denen 16 % endemisch sind, d. h. ursprünglich nur auf Madeira heimisch waren; weitere 10 % trifft man auch auf den benachbarten atlantischen Inseln an.

Der Laurazeenwald

Obwohl Madeira dicht bevölkert ist, eine intensive Landwirtschaft betrieben wird und Brandrodung früher den Urwald lichtete, weist die Insel noch in weiten Teilen ihre ursprüngliche Vegetation auf: den *Laurisilva* oder Laurazeenwald (Abb. 60). Als Relikt eines Vegetationsgürtels, der einst ganz Südeuropa und Nordafrika bedeckte, gegen Ende des Miozäns aber verschwand, ist er von großem wissenschaftlichen Interesse. Man geht davon aus, daß sich der Wald auf den atlantischen Inseln – also auch auf den Kanarischen und Kapverdischen Inseln sowie auf den Azoren – deshalb halten konnte, weil das gemäßigte Meeresklima die Einflüsse der Eiszeit gemildert hatte.

Der Laurazeenwald steht heute unter Naturschutz; er bildet den Kern des neu gegründeten Naturparks Madeira, der fast zwei Drittel der Insel umfaßt (dazu auch Teile des küstennahen Meeres, in dem geschützte Unterwasserpflanzen gedeihen und der Fischfang verboten ist). Die ursprüngliche Vegetation Madeiras findet sich noch in Montado dos Pessegeiros, Caldeirão Verde, Montado da Ilha, Montado do Galhano, Fanal, an den Abhängen des Ribeira da Janela, in den Wäldern von Boa Ventura, São Jorge und Fajã da Nogueira sowie zwischen Ribeiro Frio und Santo da Serra; sie bedeckt insgesamt eine Fläche von mehr als 10 000 ha. Wie gefährdet dieser Wald ist, mag man daran erkennen, daß sich inzwischen eine

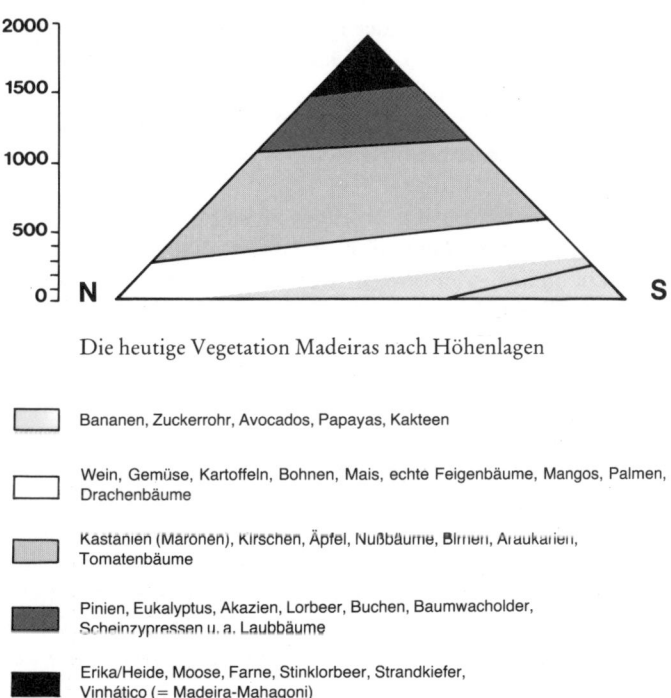

Die heutige Vegetation Madeiras nach Höhenlagen

Bananen, Zuckerrohr, Avocados, Papayas, Kakteen

Wein, Gemüse, Kartoffeln, Bohnen, Mais, echte Feigenbäume, Mangos, Palmen, Drachenbäume

Kastanien (Maronen), Kirschen, Äpfel, Nußbäume, Birnen, Araukarien, Tomatenbäume

Pinien, Eukalyptus, Akazien, Lorbeer, Buchen, Baumwacholder, Scheinzypressen u. a. Laubbäume

Erika/Heide, Moose, Farne, Stinklorbeer, Strandkiefer, Vinhático (= Madeira-Mahagoni)

Quelle:
R. Quintal/
M. J. Vieira

23

›Laurisilva-Gruppe‹ von Unternehmern gegründet hat, um dieses Relikt vor dem Straßenbau und Abholzen zu sichern.

Zu den imponierendsten Baumarten des Laurazeenwaldes zählen der Til (Stinklorbeer),
der 15 bis 30 m hoch werden kann und noch in einer Höhe von 1500 m wächst, und der
Vinhático, den man auch als Madeira-Mahagoni bezeichnet. Dazwischen blüht bis 800 m
Höhe im Spätsommer der weiße, duftende Maiblumenbaum, dessen Holz gerne für Spazier-
stöcke, Löffel und kleinere Tischlereiarbeiten verwendet wird. Aus den Beeren des Lorbeer-
baums – Laurus canariensis – gewannen die Madeirenser früher ein Öl, das zur Hausbe-
leuchtung diente. Die dickstämmige Baumheide, die im Frühjahr weiß blüht, gedeiht auch
noch in der Höhe von 1850 m. Der hochwachsende Wacholder, fälschlich auch Madeira-
Zeder genannt, liefert ein begehrtes Bauholz, das u. a. für die Decke der Kathedrale von
Funchal Verwendung fand (vgl. S. 159).

Von April bis Juli blühen im Wald die einheimischen Chrysanthemen und eine kleine,
ausdauernde Orchidee. Man kann die blau blühenden Dolden des ›Stolzes Madeiras‹ entdekken und die mehrere Meter hohe Strauchdistel (Sonchus fruticosus), die im Sommer dem
Wald gelbe Tupfer gibt. Sie wird gern als Viehfutter verwendet und dafür auch angepflanzt.

Die einheimische Flora findet wegen der auffälliger wirkenden Pracht der exotischen
Gewächse oft nur geringe Beachtung; selbst im Botanischen Garten Funchals, wo ein Teil
den endemischen Pflanzen der Insel vorbehalten ist, sieht man sehr viel mehr Besucher bei
den Proteas, Orchideen oder imposanten Wolfsmilchgewächsen als vor madeirensischen
Lorbeerarten, Steinbrech, Storchschnabel, Kreuzkraut, Knabenkraut oder Strohblumen.

Der Drachenbaum (Dracaena draco)

Der zu der Familie der Liliengewächse zählende Drachenbaum (Abb. 59), der bis in
Höhenlagen von etwa 600 m wächst, hat von allen einheimischen Pflanzen die
wohl auffälligste Form. Er wird bis zu 20 m hoch (auf den Kanaren noch etwas
größer), hat dicke, helle Äste, an deren Enden lange, schmale, grau-grüne Blätter
stehen, blüht in großen, traubigen Blütenständen im August/September und trägt
orange-gelbe, kugelige Früchte von etwa 1 cm Durchmesser. Einst wuchs er wild
an vielen Stellen (der Name *Dragoal* für einen Flecken auf Porto Santo verweist
noch darauf), heute ist ein Prachtexemplar im Ortszentrum von Câmara de Lobos
sogar nachts angestrahlt. Neuerdings wird der Drachenbaum in Gärten und Parks
wieder vermehrt angepflanzt.

Die Stämme des Baumes benutzte man früher – vor allem auf Porto Santo – zum
Bau von Booten, den Saft, der aus Einschnitten im Stamm fließt, zum Färben.
Wegen dieses roten Harzes, das Wunden heilen soll, heißt er auch ›Drachenblut-
baum‹ (das ›Drachenblut‹ allerdings, das früher zum Einfärben von Zahnpasta und
Firnis benutzt wurde, stammte von einem verwandten Baum aus Ostindien).

Der Eukalyptusbaum

Der Eukalyptuswald beherrscht die Landschaft Madeiras in den Höhenlagen von 900 m bis zum Beginn der bebauten Felder. Beim Wandern spürt man die harten Eukalyptuskapseln unter dem Fuß, der Boden ist weich von den vielen herabgewirbelten schmalen Blättern, in der Luft liegt der typische Eukalyptusduft. Mit 800 Arten und Varietäten, die ursprünglich alle aus Australien stammen, gehören die Eukalyptusbäume zu den artenreichsten Gruppen unter den Gehölzen. Sie wachsen sehr schnell – der auf Madeira verbreitete Blaugummibaum etwa 3 bis 10 m im Jahr –, und können eine Höhe von 65 m erreichen. Ihren Namen haben diese Bäume von ihren Blüten, die keine Kelch- oder Kronblätter entwickeln, sondern nur in der Form einer umgekehrt kegelförmigen Kapsel erscheinen, deren Deckel (= Calyptra) vor dem Aufblühen abgesprengt wird. Der Baum gehört zu den Myrtengewächsen, die charakterisiert werden durch den Gehalt an ätherischen Ölen, die für die Medizin bedeutsam sind. Das Holz läßt sich zum Bauen verwenden, auch wenn es bei den schnell wachsenden Arten nicht sehr fest ist.

Eine Besonderheit kann man gut in den Wäldern Madeiras beobachten: Alle Eukalyptusarten besitzen zwei verschiedene Blattformen. Die Jugendblätter sind auf beiden Seiten bläulich-weiß, gegenständig wachsend, oval bis rundlich, die Folgeblätter (Altersblätter) dagegen wechselständig, hängend, sehr schmal und leicht sichelförmig gebogen; sie haben ihren auffallend bläulichen Ton verloren.

Eine Spezialität Madeiras sind – wie könnte es anders sein – in Heimarbeit hergestellte Eukalyptusbonbons, die, kantig bis rund, in kleinen Plastiktüten ohne Aufschrift verkauft werden. Nicht alle Läden bieten sie an, gewiß aber das Café mit dem blauen Stern, das linker Hand auf dem Weg nach Curral das Freiras liegt!

Madeira, die ›Blumeninsel‹

Ein Großteil der Blumenpracht, die heute auf Madeira dominiert, ist nicht heimischen Ursprungs. Erst vor etwa 200 Jahren begann man, neben den endemischen und europäischen Pflanzen systematisch Blumen aus aller Welt in Madeiras Gärten und Parks anzupflanzen.

Aus dem ›Blumenkalender‹ (vgl. S. 30) läßt sich ersehen, daß das ganze Jahr über eine Vielzahl von Blumen blüht – wobei die Liste keinesfalls vollständig ist, sondern vor allem die besonders auffälligen Blumen der jeweiligen Jahreszeit berücksichtigt. Dazu kommen die uns vertrauten Gartenblumen, mit denen – neben einigen ausgewählten exotischen Pflanzen – vor allem die kleinen Hausgärten bepflanzt sind: Dahlien, Fuchsien, Freesien, Geranien, Gerbera, Gladiolen, Kapuzinerkresse, Krokusse, Narzissen, Nelken, Petunien, Rittersporn, Rosen, Sonnenblumen, Stiefmütterchen, Strohblumen, Tulpen, Veilchen u. v. a. Sie

Blumenverkäuferin auf dem Markt von Funchal

werden dicht an die Hauswände gepflanzt oder in Töpfen gezogen, die auf den vielen steilen Treppen stehen, sie ranken sich auch die Mauern der Gartenterrassen hinauf. Für den Blumenschmuck an den Straßenrändern, den Verkehrsinseln oder entlang der Levadas sorgt meist die öffentliche Hand: Hier stehen Oleander, Agapanthus, Hortensien, Aloen, Agaven, Rhododendren, Hibiscus und vor allem die verschiedenfarbigen Bougainvilleen, die sogar die begradigten Flußläufe in der Innenstadt von Funchal bedecken. In den Straßen Funchals blühen im Mai Jacaranda- und im September/Oktober die Kapokbäume. Die Besitzer der Quintas, der großen Landhäuser, die über den notwendigen Platz und die Mittel verfügen, haben sich in besonderer Weise um die Pflanzenaufzucht verdient gemacht. Sie beschäftigten ausgebildete Gärtner und Gartenarchitekten, die Terrassen und Seen anlegten und planmäßig versuchten, europäische und exotische Blumen auf Madeira heimisch werden zu lassen. In den Wäldern Madeiras blühen von Dezember bis März in der Höhenlage zwischen 300 und 1400 m zahlreiche Arten von wilden Akazien in intensivem Gelb. Bis in etwa 1900 m Höhe wachsen Baum- und Glockenheide, dazwischen gelb der Stechginster.

Bereits bei der Ankunft am Flughafen wird der Reisende am Rand des Flugfeldes von den weißen Blüten der dekorativen Drachenbaum-Agave begrüßt, die mit ihrem gekrümmten Blütenschaft an Schwanenhälse erinnern. Es ist typisch für Madeira, daß die Abhänge noch vor Fertigstellung der neuen Rollbahn mit diesen Agaven bepflanzt wurden. Neben dem weltweit bekannten Silvesterfeuerwerk ist das Blumenfest im April (meist in der zweiten

Hälfte des Monats) die bedeutendste Feier der Insel. Hotels, die Zimmer der Privatpensionen, öffentliche Gebäude, Altäre und am Tag des jeweiligen Heiligen oder Schutzpatrons das ganze Kirchenschiff sind stets mit Blumensträußen geschmückt. Kurz: Die Insel scheint ihrem Ruf als Blumeninsel immer gerecht werden zu wollen. Übrigens geschieht das nicht nur für die Touristen: Auch die Levada-Wege und die Gärten weit abgelegener Dörfer weisen diesen prächtigen Blumenschmuck auf.

Wer sich näher mit der Blumenpracht Madeiras befassen will, kann auf Madeira in den Buchläden, Kiosken und Hotels drei Bücher erwerben, die bis zu 600 verschiedene Blumen abbilden und knapp beschreiben. Sie sind auf Portugiesisch, Englisch, Deutsch, Französisch, Dänisch und Schwedisch erschienen.

Orchideen

Mit dem Begriff ›Orchideen‹ wird bei uns meist die Vorstellung von üppigem Blütenreichtum in feuchtwarmen Tropenwäldern verbunden. Ganz richtig ist das zwar nicht, denn auch in unseren Breiten sind einige der 25 000 wild wachsenden Arten zu Hause, aber die Blüten, denen sich die Faszination der Orchideen verdankt, fallen eben in den Tropen viel prächtiger aus als im Norden. Davon zeugen nicht zuletzt die phantasievollen Beinamen: ›Frauenschuh‹, ›Grüner Schwan‹, ›Drachenmaul‹, ›Froschorchidee‹, ›Tänzer‹, ›Pelikanblume‹ usw.

Das Kriterium, nach dem eine Pflanze zu dieser größten Pflanzenfamilie überhaupt gezählt werden darf, ist der Bau der Blüte. Exemplare von wenigen Zentimetern Größe und solche bis zu 3 m Höhe, Pflanzen mit nur stecknadelgroßen Blüten und solche mit 4 m

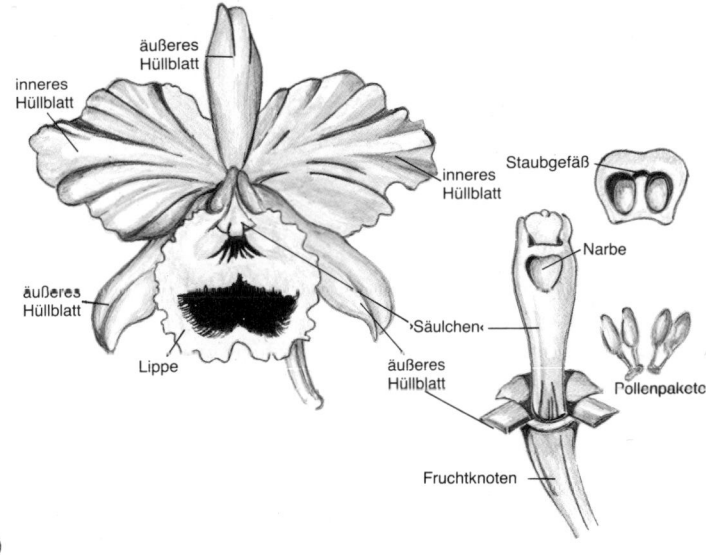

Blüte einer Orchidee
(Quelle: F. S. Shuttle/
H. S. Zim/G. W. Dillon)

langen Blütenstengeln – sie alle sind Orchideen, wenn sie die folgenden Merkmale aufweisen: sechs Blütenhüllblätter, und zwar drei äußere und drei innere (von denen einige manchmal verkümmert sein mögen), wobei eines der inneren Blütenhüllblätter sich immer von den anderen dadurch unterscheidet, daß es als eine Lippe (Labellum) gestaltet ist. Diese ist meistens nach unten gerichtet, während sich in der Mitte der Blüte ein nach oben weisendes keulenförmiges Säulchen befindet, zusammengewachsen aus Griffel und Narbe. Dieses Säulchen ist das charakteristische Kennzeichen aller Orchideen; es kommt nur in dieser Pflanzenfamilie vor.

Unter dem Säulchen liegt ein Knoten, der nach der Befruchtung zu einer Kapsel heranwächst. Diese enthält, wenn sie reif ist, bis zu eine Million Samen, die wie feinkörniges Pulver aussehen. Die Beschaffenheit dieser Samen hat die Orchideenzüchter lange vor große Schwierigkeiten gestellt, denn sie sind nicht vollständig entwickelt, da sie weder Eiweiße noch Nährsubstanzen enthalten. Erst der Biologe Noël Bernard vermochte das Rätsel zu lösen: Die sich bildenden Würzelchen können wegen ihrer Unvollständigkeit nicht den Nahrungsbedarf für das weitere Wachstum sichern. Nur wenn man die Samen an den Rand von Töpfen, in denen bereits Orchideen wuchsen, setzte, erreichte man überhaupt eine nennenswerte Aufzucht. Bernard fand dafür folgende Erklärung: Die Samen gehen, und zwar noch bevor sie auch nur 1 mm groß geworden sind, eine Symbiose mit einem Pilz ein, der aus dem Boden Nahrungsstoffe aufnimmt, in einer Art ›Vorverdauung‹ verarbeitet und dann an den Orchideenkeimling weitergibt. Diese notwendigen Schimmelpilze sind vor allem in der Erde der alten Orchideen und dort eher am Rande des Topfes zu finden. Neue Gewächshäuser, die sich in der Zucht versuchten, mußten übrigens wiederholt Mißerfolge hinnehmen, da der Kalk der frisch geweißten Wände die Schimmelpilze abtötete.

Heute werden Orchideen in Laboratorien mit synthetischen Nährböden aufgezogen. Von der Aussaat bis zur Blütezeit vergehen einige Jahre.

Die zu Beginn dieses Jahrhunderts begonnene systematische Aufzucht der Orchideen bewahrte die Pflanze vor der Ausrottung. Die außerordentliche Beliebtheit der Blume und die Schwierigkeit, die Samen großzuziehen, hatten nämlich dazu geführt, daß eine wahre Jagd auf Orchideen aller Arten in allen Kontinenten begann, was manche Sorten ernsthaft bedrohte. Heute dagegen gibt es sogar schönere Exemplare und eine größere Varietät als früher.

Auf Madeira gehört vor allem die Gattung Cymbidium zum Gartenschmuck fast jeden Hauses, und zwar bis hinauf in 500 m Höhe. Von Februar bis Mai sieht man diese Orchideen, die langen Stengel sorgsam hochgebunden, unter den Laubengängen, auf den vielen Treppenstufen oder an die schützenden Hauswände gelehnt. Sie leuchten in den Farben grün-gelb, weiß bis beige und rosa, manche Arten sind gefleckt, andere mit markanten Linien gezeichnet. Die Cymbidium ist wegen ihrer langen Blütezeit beliebt; sie wird häufig auf dem Markt und an den Straßenständen zum Verkauf angeboten. Wenn die kräftigen Blumenfrauen diese Blüten, die viel zu schwer für die zarten Stengel zu sein scheinen, reisefertig in einem Karton verstauen, braucht man keine Angst zu haben: Auch zu Hause wird man noch tagelang seine Freude an diesen prächtigen Orchideen haben.

Die Strelitzie (Strelitzia Reginae)

Die Strelitzie (Farbtafel 49) heißt auch Paradiesvogelblume, und zwar zu Recht: Ihre Blüte hat das Aussehen eines Vogelkopfes. Die hellblau-grüne Spatha, die wie ein Schiffchen aussieht, liegt horizontal; aus ihr ragen lange, orangefarbene, violettblaue Kronblätter in der Form schmaler Kelche heraus. Die auf Madeira beliebten Stilisierungen dieser Blume – etwa auf Plakaten, als Kostüme beim Karneval oder beim Blumenfestival – greifen diesen Eindruck eines Vogelkopfes mit langem Schnabel immer wieder auf.

Die Strelitzie blüht das ganze Jahr über (auch wenn man von einer Sommerpause im Juli und August sprechen kann), so daß der Besucher sich zu jeder Zeit einen Strauß mit nach Hause nehmen kann. Sie lassen sich nicht nur gut transportieren, sie bergen auch eine kleine Überraschung: Wenn die erste Blüte verwelkt ist, kann man aus der Spatha eine weitere herausschälen und aufrichten. Sie ist zwar nicht so schön wie die erste, aber man hat so gewiß noch zehn Tage nach der Ankunft zu Hause eine blühende Erinnerung an die Blumeninsel.

Als Vogel stilisierte Strelitzie

Vor allem im Botanischen Garten kann der Besucher die Anpflanzungen der aus der Familie der Bananengewächse stammenden Strelitzien sehen: In langen Reihen stehen die wenig imposanten, stengellosen Blätter, bläulichgrün, länglich, spitz zulaufend, lederartig kräftig. Aus diesen Blättern ragt ein schlanker Stengel von 60 bis 100 cm Länge empor, an dessen Spitze Gruppen von sechs bis zehn Blüten sitzen. Diese Strelitzia Reginae stammt aus Südafrika; das größte Exemplar, angeblich über 200 Jahre alt, soll im Botanischen Garten von Kapstadt wachsen. Getauft wurde die bis dato namenlose Pflanze 1774 von dem Botaniker und Gärtner Andreas Auge. Dieser war als Angestellter der britischen Ostindien-Kompanie nach Kapstadt gekommen und halte den Gemüsegarten der Gesellschaft in den heute noch existierenden, weltberühmten Botanischen Garten umgewandelt.

Er selbst wollte damals Vertreter der gesamten Flora des Kaplandes dort zusammentragen. Als der britische König Georg III. mit seiner Gattin Kapstadt besuchte, schlug Andreas Auge vor, die eigenartige, gerade in den Garten verpflanzte Blume mit der märchenhaften Blüte nach der Königin zu benennen, die eine Prinzessin aus dem Hause Mecklenburg-Strelitz war. So kommt es, daß diese Blume den Namen eines ehemaligen kleinen deutschen Fürstentums trägt. Wegen ihrer Farben Orange/Gelb/Blau wurde sie auf Madeira zur Blume des Landes erklärt.

Blumenkalender

Ort Blütezeit	Kleine Hausgärten, Steingärten und Topfpflanzen	Plätze, Hauswände, öffentliche Gebäude	Straßenrand, Wege/ Levadas, Abhänge	Wald und Höhenlagen	Parks und Quintas
Frühjahr: Februar – März – April	Cattleya (Orchidee) Cymbidium (Orchidee) Äonium Granadilla (Passionsblume)	Korallenbaum Prunkwinde Korallenstrauch	Aloe Französische Tamariske	Besenginster Eukalyptus Akazie Kirschlorbeer Kapkastanien Baumwacholder	Trompetenblume Honigwolfsmilch Glyzinie Kamelie Herrscherpalme Zylinderputzer Bogenblume
Frühsommer: Mai – Juni – Juli	Klivie Calla Chrysantheme Rose Bastard Passions- blume Thunbergie Sternjasmin	Jacaranda Brunfelsie Flammenbaum Seidenrosenbaum ›Stolz von Bolivien‹	Oleander Agapanthus Kaktusfeige Fackellilie Beschreikraut ›Stolz Madeiras‹ Mittagsblume	Madeira-Orchidee Madeira-Heidelbeere Madeira-Chrysan- theme Baumheide Madeira- Glockenheide	Baum-Stechapfel Madonnenlilie Magnolie Protea Frangipani
Spätsommer/ Herbst: August – September – Oktober	Pampasgras Fensterblatt Süßkartoffel (Winde) Indisches Blumenrohr	Kapokbaum Riesenagave Drachenbaum Hibiscus (syrischer Eibisch) Cassie	Belladonna-Lilie Hortensie Pampasgras	Kasuarine Purpur-Eukalyptus	Keulenbaum Yukka mexikanische Blaupalme Drachenbaum
Herbst/Winter: November – Dezember – Januar	Weihnachtsstern Venusschuh Calla Feuerbignonie	Kaffernkorallenbaum Baumäonium Drachenbaum-Agave Echte Aloe	Drachenbaum-Agave Purpur-Sauerklee	Blaugummi- Eukalyptus Pestwurz-Geiskraut	Kanarische Dattel- palme Blütenbombenbaum Rachenlilie
ganzjährig	Glockenmalve	Bougainvillea Trichterwinde Ballonrebe	Hibiscus	Mearns-Akazie	Flamingoblume Stechapfel Tibouchine Strelitzie

Die Cattleya (Farbtafel 44), die zu den bekanntesten Orchideen zählt und etwa 50 Arten umfaßt, kommt aus dem tropischen Amerika. Die Orchideenliebhaber haben aus ihr inzwischen Tausende von Hybriden gezüchtet. Die Cattleyas, benannt nach dem leidenschaftlichen Orchideensammler William Cattley, sind Epyphyten, was man sehr gut in der Quinta das Cruzes (vgl. S. 172ff.) beobachten kann. Sie leben auf fremden Pflanzen, in Zweigen, auf Stämmen, ohne jedoch Parasiten zu sein. Die Cattleya hat, wie auch andere Arten mit Luftwurzeln, die Möglichkeit, von Luft zu leben: Sie entnehmen dieser die Feuchtigkeit und das Kohlenstoffanhydrid, das durch Sonneneinwirkung mit dem Wasser zusammen in Zukker umgewandelt wird (Fotosynthese). Ihre großen Blüten, die die Forscher immer wieder dazu veranlaßt haben, neue Kreuzungen zu versuchen, stehen meist einzeln; man zählt sie zu den farbenprächtigsten überhaupt. Ihre Färbung reicht von Weiß, Gelb und Purpur bis Violett; häufig wird der Reiz verstärkt durch auffallende Sprenkelungen. Die Cattleya blüht vor allem im Sommer, aber es gelingt das ganze Jahr hindurch, Exemplare zur Blüte zu bringen. Die Blume ist zu fragil, um exportiert zu werden, so daß sie vor allem in Madeira selbst zum Verkauf gelangt.

Für Madeira hat neben den Cymbidium- und Cattleya-Arten die als ›Frauenschuh‹ bekannte Orchidee große Bedeutung. Sie wird seit vielen Jahren in gewöhnlichem Humus gezogen, und zwar sowohl an der Süd- als auch auf der Nordseite bis in etwa 500 m Höhe. Die Blüten haben eine pantoffelähnliche Lippe, welcher sie ihren Namen verdanken. Sie sind einzelständig und zeigen einen hellgrünlichgelben Grundton mit dunklen Tupfen. Eine sehr widerstandsfähige Art des Frauenschuhs ist als Schnittblume verwendungsfähig und wird auch exportiert, vor allem nach Deutschland und in die Schweiz. Sie erfreut die Besucher vor allem in der touristischen Hauptsaison, denn sie blüht um Weihnachten. Ihrer klaren und unverwechselbaren Blütenform verdankt die Orchidee, daß sie, wie auch der Weihnachtsstern, häufig das Motiv für Stickereiarbeiten abgibt.

Während des Blumenfestes im April, manchmal auch zu anderen Zeiten, kann man in Funchal die Ergebnisse der dortigen Züchter in besonderen Orchideen-Ausstellungen bewundern. Auch Hausfrauen und ganze Schulklassen begutachten die Blumen fachkundig, und oft kann man Ausrufe der Anerkennung für ein besonders prächtiges Exemplar hören. Achten Sie dabei darauf, ob man auch einen ›Spiegelragwurz‹ oder ›Gelben Ragwurz‹ entdeckt, dessen Blüten täuschend einem weiblichen Insekt ähneln – die Bestäubung erfolgt dadurch, daß die Männchen mit dem vermeintlichen Weibchen zu kopulieren versuchen. Oder die Orchidee, die nur unterirdisch wächst und kein Chlorophyll besitzt. Nur zur Blütezeit bringt diese Monotropa uniflora – bleich wie ein Champignon – oberirdische Schößlinge hervor. Die Vanilla planifolia, eine Orchidee, die die Vanilleschoten liefert, wird auf Madeira nur zur Zierde gezogen, ihr Hauptanbaugebiet ist Madagaskar.

Neben der Quinta das Cruzes bietet auch die Quinta Boa Vista – ein Privatgarten im Osten Funchals (Rua L. F. Albuquerque, ℰ 2 04 68) – die Möglichkeit, eine Orchideenzucht zu besichtigen. Auf ›Florialis Flower Farm‹ bei Caniço (am Restaurant ›Boleiro‹ nach Norden hochfahren) ist mittwochs von 10–12 Uhr Besuchs- und Einkaufszeit. Auf 2 ha Land werden 40 000 Pflanzen – vor allem Orchideen – gezogen.

Exotische Früchte (mit Rezepten)

Dank des milden Klimas, des guten Bodens, der je nach Höhenlage verschiedenen Vegetationszonen und schließlich aufgrund der besonderen ökonomischen Entwicklung der Insel, die nicht nur auf Agrarexporte wie Zucker und Wein setzte, sondern auch auf die Eigenversorgung der Bewohner, konnte sich auf Madeira ein vielseitiger Obstanbau entwickeln. Neben den auch in Mitteleuropa bekannten Obstsorten wie Kirschen, Erdbeeren, Aprikosen, Apfelsinen, Bananen, Äpfeln, Birnen, Brombeeren usw. findet der Besucher hier auch exotische Früchte, die ihm zu Hause nur sehr selten, dann auch noch äußerst teuer und häufig in schlechter Qualität angeboten werden.

Cherimoya (auch ›Chirimoya‹): Diese Pflanze, auf Madeira oft auch nur mit ihrem Artennamen *Anona* (port. Schreibweise) benannt, ist in den Monaten Dezember bis April die wichtigste und auffälligste tropische Frucht der Insel. Die deutsche Übersetzung hat Schwierigkeiten mit der Namensgebung, möchte sie doch im Namen schon die Geschmacksrichtung festhalten: ›Rahm-, Zimt- oder Zuckerapfel‹ oder einfach ›Süßsack‹ wird die Frucht genannt. Aber weder schmeckt sie nach Zimt noch hat sie irgend etwas mit einer Apfelsorte gemein; an ›Erdbeeren mit Sahne‹, wie man das Aroma gelegentlich auch beschreibt, erinnert sie erst recht nicht. Es ist nicht übertrieben, wenn man festhält, daß der Geschmack unvergleichlich bleibt.

Der Baum, an dem die Frucht heranreift, wächst in den höheren Lagen der Insel und wird 8 bis 12 m hoch. Die Blüten, die er von Mai bis Juli zeigt, ähneln denen einer Magnolie, sind aber kleiner. Aus ihnen entwickeln sich 9 bis 12 mm große Beeren, deren fleischiges Gewebe dann zu einer Sammelfrucht verschmilzt. Diese kann die Größe von gut zwei Fäusten erreichen, hat eine grüne, leicht geschuppte Oberfläche und ist etwas herzförmig. Die vielen kleinen, schwarz glänzenden Samen in der Frucht erinnern noch an die Einzelfrüchte.

Feinschmecker meinen, daß die Cherimoya, also die vornehmlich auf Madeira angepflanzte Sorte der Annona, in ihrem Aroma alle anderen Früchte aus der Familie übertreffe.

Cherimoya (Annona)

Dem Genießer sei geraten, die Annonas an verschiedenen Ständen zu kaufen, kleine, große, stark geschuppte und eher glatte, um selbst zu entscheiden, welche Sorte er bevorzugt, denn kaum eine Annona gleicht der anderen im Geschmack. Man kauft sie am besten, wenn sie noch fest sind, läßt sie bei Zimmertemperatur liegen, bis sie sich mit den Fingern leicht eindrücken lassen. Eine Verfärbung von Grün zu Braun mindert den Geschmack nicht.

Man schneidet die Frucht auf, um sie auszulöffeln; die Kerne werden ausgespuckt. Die beste Zeit für den Verzehr der Früchte sind auf Madeira die Monate Dezember bis April; vereinzelt findet man die Annona zwar auch das ganze Jahr über, aber sie erreicht in der übrigen Jahreszeit nicht ihren vollmundigen Geschmack. Die Frucht ist leicht verdaulich und reich an Traubenzucker; 100 g haben 90 Kalorien (377 Joule). In der Hauptsaison beträgt der Kilopreis zwischen 1,40 und 1,65 DM.

Vor allem wird die Annona als Frischobst gegessen; etwas Zitronensaft oder ein kleiner Schuß Madeirawein (Bual) verfeinern den Geschmack. Im Obstsalat paßt sie gut zu säuerlichen Früchten. Feingehackter roher Schinken und sogar etwas Curry geben eine andere Geschmacksrichtung.

Cherimoya-Creme: Drei Eier, drei Eßlöffel Zucker, ein Tütchen Vanillezucker und drei Eßlöffel Rum werden schaumig gerührt, die kleingewürfelte, entkernte Annona hinzugefügt. Würzen mit Muskat und Kardamom, geriebenem Ingwer und ¼ l Schlagrahm. Die Creme muß kalt serviert werden.

Cherimoya-Sekt: Kleingewürfelte Annona ohne Kerne wird mit kaltem Sekt aufgegossen.

Cherimoya-Vorspeise: Die aufgeschnittene Frucht mit gewürfeltem Lachsschinken und frisch geriebenem Meerrettich, etwas Pfeffer und einer Prise Zucker garnieren und servieren.

Ausgebackene Cherimoya: Die Annona ohne die Kerne in fingerdicke Scheiben schneiden, mit Zitronensaft beträufeln. Einen Teig aus zwei Eigelb, ⅛ l Wein (Sercial), einer Prise Salz, 60 g Zucker, 20 g zerlassener Butter und 150 g Mehl herstellen, das geschlagene Eiweiß unterziehen. In diesem Teig werden die Scheiben der Annona behutsam gewendet und dann, in heißem Öl schwimmend, goldgelb gebacken. Mit Puderzucker bestäubt servieren.

Guave – Goyave (Psidium guayava L.): Diese zu den Myrtengewächsen gehörige Frucht ist unscheinbar gelblich-grün und hat die Größe eines Tischtennisballs. Schneidet man sie auf, zeigt sie ihr rosarotes Fruchtfleisch mit vielen, etwas harten, kantigen Kernen. Auf Madeira gibt es zwei Arten, die Goiaba das Canárias und die Goiaba do Brasil; sie wachsen vor allem im Gebiet von Funchal und Ribeira Brava. Die Blütezeit ist im Juni/Juli, die Früchte werden von November bis März angeboten.

Die Bäume sind von knorrigem Wuchs und erreichen etwa 10 m Höhe; bereits nach zwei Jahren beginnen sie, Früchte zu tragen. Die Bäume erreichen ein Alter von bis zu 40 Jahren. Die Früchte, die gern roh verzehrt, aber auch zu Säften und auf Madeira vor allem zu Kompott und Marmelade verarbeitet werden, sind reich an Vitamin A und C (200–900 mg Vitamin C pro 100 g!) und haben eine günstige Verbindung von Eisen und Phosphor; 100 g enthalten 52 Kalorien (218 Joule). Im Geschmack ähneln sie Quitten.

Wenn man die Guave nicht nur roh essen oder zu einem Dessert verkochen möchte, sei hier ein exquisites Rezept vorgeschlagen;

Guaven-Avocado-Speise: Vier Guaven, eine große Avocado und eine Orange werden geschält, in Scheiben geteilt und mit Zucker, Zitronensaft und etwas Madeirawein (Verdelho) gewürzt. Schlagsahne

Früchtekalender

Frucht	Monate der Reifezeit (1 = Januar, 2 = Februar etc.)
Annonas	11– 4
Apfelsinen	1–12
Aprikosen	6– 7
Avocados	10– 2
Bananen	1–12
Baumtomaten (Tamarillo)	11– 5
Feigen	7–10
Granatäpfel	7–10
Guaven	11– 3
Kaktusfeigen	7–10
Mandarinen	11– 2
Mangos	9–12
Maracujas (Passionsfrüchte)	6–12
Maronen (Eßkastanien)	11–12
Mispeln	2– 6
Nüsse (Walnüsse)	9
Papayas	5– 8
Philodendron	6– 9
Quitten	9
Weintrauben (Tafeltrauben; vor allem auf Porto Santo)	8– 9

Je nach Jahreszeiten kommen dazu: Äpfel, Birnen, Pflaumen, Erdbeeren, Melonen, Kirschen, Heidelbeeren, Brombeeren. Ananas werden nicht mehr so viel angepflanzt, sondern von den Azoren importiert (im Austausch mit Bananen).

mit Vanillezucker abschmecken, mit Hüttenkäse mischen und schichtweise mit den Früchten in eine Schüssel füllen und mit Orangenscheiben dekorieren.

Goijabada (auch Guiabada): Auf Madeira kann man überall eine dem Quittenbrot ähnliche Paste kaufen, die aus dick gekochtem Guaven-Mus besteht. Zu Käse schmeckt sie so vorzüglich, daß dieser Nachtisch in Brasilien auch ›365‹ genannt wird, da man ihn an jedem Tag des Jahres verspeisen möchte.

Kaktusfeige – Stachelbirne – Feigendistel – Opuntie (Opunta ficus indica): Wegen ihrer feinen, aber überaus hartnäckigen Stacheln erscheinen diese Früchte unnahbar. Wenn man sie aber mit einem Tuch abpflückt und ins Wasser legt, lassen sich die Stacheln lösen, so daß die etwas zähe, ledrige Haut abgezogen werden kann. Das sehr saftige und erfrischende Fruchtfleisch ist dann als Ganzes mit den vielen Kernen eßbar. Die Kakteen wachsen wild entlang der gesamten Südküste; die Früchte werden von Juli bis Oktober angeboten. Beim Verzehr sollte man etwas aufpassen, da sie eine leicht abführende Wirkung haben. 100 g enthalten 56 Kalorien (234 Joule).

Pikanter Kaktusfeigensalat: eine würzige Sauce aus Öl, Essig, Salz, Pfeffer und frischen Kräutern zubereiten; in diese gewürfelte Kaktusfeigen zusammen mit Avocados, Melonenstückchen, Senfgurke, Wild- oder Geflügelresten hineinschneiden. Wenn man noch Grapefruitstückchen hinzufügt, kann man den Salat in den Grapefruitschalen servieren.

Kaktusfeigensoße: Kaktusfeigen nach dem Schälen durch ein Sieb drücken, mit Zucker und Vanille süßen und einen Schuß Madeirawein (Sercial), Zitronensaft, Honig oder etwas Zimt nach Geschmack hinzufügen. Leicht erwärmen und zum Obstsalat oder zu anderen Süßspeisen servieren.

Mango: Diese Frucht gedeiht besonders gut nach heißen Sommern. Sie ist herzförmig, handgroß und von gelbgrüner bis rötlicher Farbe, erreicht aber in Madeira nur eine geringe Größe. Das gelbe Fruchtfleisch ist sehr aromatisch, aber faserig. Es muß mit einem Messer vom Kern gelöst werden.

Maracuja – Passionsfrucht – Grenadilla: Auf Madeira ist besonders die Frucht *Maracuja roxo* bekannt. Aus ihr wird auf der ganzen Insel ein beliebter Saft hergestellt, den es als Sirup überall zu kaufen gibt. Als besondere Spezialität gilt der Maracuja-Likör, den man z. B. in der ›Casa do Turista‹ (vgl. S. 169) probieren kann. Die Pflanze rankt sich in Steillagen an Weinreben oder anderen Stöcken bzw. Sträuchern empor. Sie blüht von April bis September mit einer auffallend schönen Blüte, aus der jeweils eine etwa eigroße ovale Frucht – gelb, grün oder auch violett – entsteht. Daneben gibt es auf der Insel auch die ›Bananen-Maracujas‹. Sie verdanken ihre Bezeichnung der bananenartigen Form der Früchte, die kleiner und weniger schmackhaft sind. Die Maracujas werden von Juni bis Dezember geerntet; reif sind sie dann, wenn sich die äußere Hülle, die ledrig wirkt, wie eine starke Pergamenthülle eindrücken läßt. Man kann die Frucht auslutschen oder aufschneiden und das mit den Kernen verbundene Fruchtfleisch, das äußerst süffig und aromatisch schmeckt, mit einem Löffel herauslösen.

Den Namen ›Passionsblume‹ hat die Pflanze aufgrund der besonderen Form der Blüte erhalten, die allen Passionsblumengewächsen (Passifloraceae) gemeinsam ist: Die ersten Botaniker, die sie kennenlernten, sahen in ihr Christi Leiden versinnbildlicht. Die dreizackigen Blätter sollten die Lanze, die Ranken die Geißel, die drei Griffel die Nägel sein, und in den Staubfäden, die kreisförmig auf dem Rand der Scheibe zwischen Blütenkrone und Staubblättern angeordnet sind, erkannte man die Dornenkrone. Doch können diese Assoziationen kaum die Schönheit der Blüte stören oder dem köstlichen Aroma der Frucht Abbruch tun, das ganz entfernt an die Stachelbeere erinnert.

Kühl gelagert, kann man die Frucht lange aufheben. Am besten schmeckt der frische Saft, der noch die dunklen, geleeartigen Kerne enthält. Auf dem Markt werden diese Maracujas einzeln – *cada* – verkauft, sie kosten je nach Saison 0,20–1 DM pro Stück. 100 g enthalten 70–80 Kalorien (315 Joule).

Mispel – japanische Mispel – Loquat (Eriobotrya japonica): Diese Pflanze, die mit den Mispeln nur den Namen gemein hat, stammt aus Japan und soll um das Jahr 1846 auf Madeira eingeführt worden sein. Von Februar bis Juni trägt der hohe Baum mit seinen dunkelgrünen, sich stets etwas aufrollenden Blättern leuchtend gelbe Früchte (Farbtafel 41). Man kann ihn vor allem in den Gärten Funchals bewundern, er wächst aber auch in Küstennähe auf der Nordseite. Bei der Frucht handelt es sich um eine Scheinfrucht mit zwei oder mehreren Nüßchen, die im Vergleich zu dem dünnen Fruchtfleisch, das sie umgibt, recht groß sind. Diese dunkelbraun glänzenden Kerne haften mit den abgeplatteten Seiten aneinander. Das aromatische Fruchtfleisch hat einen süß-säuerlichen Geschmack. Es enthält 5 % Zucker, 3,3 % Apfelsäure und pro 100 g 95 Kalorien (397 Joule).

Die besonders erfrischenden Früchte müssen gleich nach dem Kauf gegessen werden, da sie recht druckempfindlich sind und sich nur höchstens einen Tag lagern lassen. Man beißt einfach hinein und spuckt die Kerne aus. Die aprikosenartige Haut kann manchmal etwas hart sein; man zieht sie dann ab. Preis: 2 DM pro Kilo.

Monstera – Fensterblatt – Philodendron: Diese längliche Frucht, die auf dem Markt oft als Einzelstück zwischen dem Gemüse liegt, erinnert an einen abgegessenen Maiskolben (Farbtafel 37); ihr Geschmack ist nicht jedermanns Sache. Die Madeirenser nennen sie Philodendron, sie gehört aber zur Gattung Monstera der Aronstab-Gewächse (Araceae). In Europa ist sie als Zierpflanze bekannt, viele Leute wissen aber nicht, daß ihre Früchte von zartem, bananenähnlichem Geschmack sind. Der Stengel klettert an Stützen empor, die Blätter sind breit, schwer, herzförmig, am Rand grob gegliedert und haben lange, ovale Löcher. Man sieht diese Pflanzen häufig in Funchals Gärten. Zu derselben Familie gehört auch die auf Madeira weit verbreitete Calla (Farbtafel 43) und die Flamingoblume (Farbtafel 50).

Die Frucht, die wie ein Tannenzapfen nach oben herauswächst, braucht ein bis zwei Jahre bis zur Reifung. Um das sehr zarte, wohlschmeckende Fruchtfleisch genießen zu können, muß man die Außenrinde entfernen, die in kleinen Stücken abbricht. Der eventuell noch auf der Frucht lagernde Blütenstaub verursacht leicht Halsentzündungen, und die winzig kleinen Kalkoxalat-Nädelchen im Innern können zu Reizungen der Zunge führen. Preis: je nach Größe 1,50–3 DM pro Stück.

Papaya – Melonenbaum (Caricaceae): Der Besucher kann in vielen Gärten – vor allem an der Südküste in Meereshöhe – hohe Stämme mit Trauben von schweren, grünen bis gelblichen, den Kürbissen ähnelnden Früchten bewundern. Die Bäume werden bis zu 6 m hoch und haben an dem kahlen Stamm auffällige Narben von abgefallenen Blättern. Aus den Achseln der Blätter entspringen die Blütenstände, die nach der Bestäubung durch Insekten die kopfgroßen, von Mai bis August gedeihenden Früchte hervorbringen. Der Papaya-Baum gehört zu der Familie der Melonenbaumgewächse (in Deutschland hört man gelegentlich auch die Bezeichnung ›Baummelone‹) und stammt aus dem tropischen Amerika.

Für den Verzehr wird die Frucht zunächst aufgeschnitten. In dem inneren Hohlraum liegen pfefferkorngroße, schwarzgraue Samen, die wie Kaviar aussehen und nach Kresse schmecken. In der Regel wird man sie mit einem Löffel ausschaben, um allein das gelborangene Fruchtfleisch zu essen. Dieses hat, für sich genommen, einen faden Geschmack, dem man anmerkt, daß die Frucht keinerlei Säure enthält. Aber es gibt einige Verfeinerungsmöglichkeiten – am einfachsten mit etwas Zitronensaft. Das Fruchtfleisch enthält etwas Kohlehydrat und Eiweiß sowie sehr viel Vitamin A und C, der milchige Schleim des Kerngehäuses Papain, ein eiweißspaltendes Ferment, das förderlich für die Verdauung von Fleisch ist. Das aus dem Stamm und den noch unreifen Früchten durch Abzapfen gewonnene Papain erhält man auch im Handel als Medizin gegen Verdauungsschwächen und als Zartmacher von Fleisch; zudem wird es bei der Kaugummiproduktion verwendet und auch in der Textilindustrie, um das Schrumpfen von Wolle zu verhindern. In manchen Ländern – z. B. in Sri Lanka – gibt es inzwischen Papaya-Plantagen für den Export, auf Madeira jedoch dient der Anbau lediglich dem Eigenbedarf.

Hat man eine noch nicht ganz reife Frucht gekauft, dann kann diese auch wie Gemüse zubereitet werden. Ansonsten schneidet man das Fruchtfleisch heraus, läßt es in Zitronensaft etwas ziehen, um es dann ›am Stück‹ oder im Obstsalat zu genießen. Ein Tip, den die Händler auf dem Markt geben: Einige Stunden vor dem Verzehr soll die Papaya eingeritzt werden, was ihr mehr Süße verleiht. 100 g haben 39 Kalorien (163 Joule). Mittelgroße Papayas kosten in der Saison 2 DM.

Papaya-Früchtebecher: Mit einem Kartoffelausstecher runde Bällchen aus Papayas und Melonen formen, diese in Sektgläser füllen, mit Likör oder Madeirawein (Malvasia) beträufeln, etwas Zucker darüber geben und kaltstellen. Geschlagene Sahne mit Vanillezucker auf das Obst setzen.

Papaya-Auflauf: Eine geschälte Papaya in Stücke schneiden und in Salzwasser zehn Minuten kochen. 500 g Speck auslassen, eine kleingeschnittene Zwiebel darin glasig dünsten, mit Curry bestäuben, mit Wasser oder Brühe auffüllen, zum Kochen bringen. Etwas eindicken und mit Salz abschmecken. Die abgetropften Papaya-Stücke und Fleischreste oder Hackbällchen in eine Auflaufform geben und schichtweise mit der Soße beträufeln. Zum Schluß mit geriebenem Käse bestreuen und 30 Minuten goldbraun backen.

Tamarillos – Englische Tomaten (Cyphomandra betacea): Diese kleinen, ovalen, rotbräunlich glänzenden Früchte wachsen an einem subtropischen hochstämmigen Strauch von etwa 3 m Höhe. Jeweils mehrere Früchte hängen an einem langen Stiel (Farbtafel 38).

Die Madeirenser lutschen das reife Fruchtfleisch aus. Man schneidet die Frucht am besten der Länge nach auf und löffelt sie aus, so daß nur die etwas ledrig wirkende Schale übrigbleibt. Obgleich die Pflanze als Nachtschattengewächs zu derselben Familie gehört wie die Tomaten, erinnern ihre Früchte keinesfalls an diese: Es sind süße Dessertfrüchte mit leicht säuerlichem Geschmack. Sie werden auf dem Markt nach Gewicht verkauft und sieben Monate im Jahr angeboten. 1 Kilo kostet etwa 2 DM in der Saison, sonst bis zu 1 DM pro Stück.

Weitere Früchte: Andere Früchte wie Granatäpfel, Kakis, Limes werden gelegentlich auf dem Markt angeboten. Teilweise stammen sie jedoch aus Importen und sind daher nicht besonders preiswert. Obgleich die Madeirenser die genannten Obstarten selbst gerne zubereiten, finden sich diese leider nur selten auf den Speisekarten der Restaurants, so daß der Tourist schon auf eigene Einkäufe angewiesen ist.

Fauna

Auf dem Madeira-Archipel gibt es keine gefährlichen Tiere, keine Schlangen in dem dichten Unterholz und auch kein Wild. Der Wanderer wird auf seinen Wegen nur den behenden Ziegen begegnen, Falken, Bussarden und an der Küste natürlich den Möwen. In jedem Ort – selbst in der Großstadt Funchal – ist der nächtliche bis frühmorgendliche Lärm von Hundegebell allgegenwärtig.

Die einzigen Kriechtiere Madeiras sind kleine Eidechsen *(Lagartixa)*. Sie flitzen zu Hunderten über die warmen Mauern und laben sich auch schon einmal unter dem Tisch an verschütteten süßen Getränken. Da sie den Weinreben großen Schaden zufügen, werden diese Tiere von den Bauern überhaupt nicht gern gesehen.

Auf Madeira gibt es zwischen 700 und 1400 Arten von Insekten (die Forscher sind sich hier nicht einig), wobei die große Zahl der endemischen, flugunfähigen Spezies auffällt. Sie haben entweder keine oder nur sehr schwach entwickelte Flügel. Nach Darwins Theorie war die Flugunfähigkeit selbst der Grund für den Artenreichtum dieser Gattung, da die Insekten, die fliegen konnten, zu leicht auf das Meer hinausgetrieben wurden und dort zugrunde gingen, weswegen sich die anderen besser vermehrten. Häufig begegnet der Wanderer Schmetterlingen, im Sommer leider auch Moskitos, die zwar lästig, aber ungefährlich sind (keine Malaria-Gefahr). Inzwischen hat sich auf Madeira die früher nur auf Porto Santo heimische gemeine Stechmücke verbreitet. Eine Besonderheit von Deserta Grande ist die Geolycosa ingens, die größte bekannte Wolfsspinnenart (Körperlänge 4–4,5 cm). Ihr Lebensraum beschränkt sich auf den Nordteil dieser Insel. Sie ist giftig.

Zu den importierten Tieren gehören – neben den Haus- und Nutztieren (vgl. S. 80) noch Tauben, Rebhühner, Wachteln und vor allem Kaninchen, von denen berichtet wird, daß sie nach ihrem Import durch Tristão Vaz Teixeira die Insel Porto Santo kahl gefressen hätten (vgl. S. 265). All diese Tiere werden gerne gejagt, vor allem im September. Als einheimisches Säugetier gibt es auf der Insel nur die Fledermaus. Zumindest die ersten Siedler müssen noch Mönchsrobben (Monachus albiventer) angetroffen haben, wie der Name des Ortes Câmara de Lobos *(Lobos-marinhos* = Seehund) beweist. Die präparierten Exemplare in den Museen Funchals stammen von den Desertas, wo einige dieser Robben ihre letzte Zuflucht fanden. Der reiche Bestand an Forellen in den Gebirgsbächen hat zur Anlage einer Forellenzucht in Ribeiro Frio geführt (vgl. S. 207).

Die Vögel

Den Wanderer erfreut das Vogelgezwitscher das ganze Jahr über. Relativ viele Vogelarten – etwa 200 – wurden auf Madeira gezählt; 35 davon brüten auf der Insel selbst. Nur der Regulus maderensis, eine Zaunkönigart, ist endemisch. Fünf weitere Arten sind außer auf Madeira noch auf den Kanarischen Inseln zu finden, und zwar der grüne Kanarienvogel (Serinus canaria), von dem die gezüchteten Arten, auch der ›Harzer Roller‹, abstammen. Da diese, wie man weiß, leicht zu zähmen sind, werden sie oft in Käfigen auf Balkons und Fensterbänken gehalten. Ferner eine Buchfinkenart (Fringilla tintillon); eine Ringeltaube (Columba trocaz) und ein Sturmvogel (Thalassidroma bulwerii).

Für die Ornithologen ist vor allem der Sturmtaucher von den Selvagens von Interesse. Dieser Puffinus assimilis, der mit dem verwandten Albatros zu der Familie der ›Röhrennasen‹ gehört, lebt vier bis fünf Jahre nur auf dem Meer, bis er sich für ein Jahr einen Platz auf einer Insel oder an der Festlandsküste sucht, um zu brüten und sich dann acht Monate der Aufzucht zu widmen. Da der Sturmtaucher vor allem von Tintenfischen und Krustentieren lebt, dient er den Fischern als ›Wegweiser‹ zu den Fanggründen.

Die Tiere des Meeres

Von großer Bedeutung für Madeira ist nach wie vor der Fischfang, auch wenn sich der Fischreichtum der Gewässer um die Insel nicht mit dem anderer küstennaher Gebiete messen kann. Der Grund dafür liegt darin, daß der Archipel – wie erwähnt – die Spitze eines vom Grund des Atlantik steil aufsteigenden Gebirges ist (vgl. S. 11), weswegen seine Flanken bereits in Küstennähe 1500–2000 m tief abfallen; der Schelf, den viele z. B. aus dem Mittelmeer bekannte Fischarten als Laichgrund benötigen, fehlt also weitgehend. Die Tiefsee selbst ist arm an Plankton, der wichtigsten Nahrungsquelle der meisten Meeresbewohner. Immerhin hat man in den Gewässern um Madeira etwa 250 Fischarten festgestellt, von denen der überwiegende Teil in Tiefen von 1500–2000 m lebt.

Kachelschmuck
in Form
eines Fisches
an einem Haus
auf Porto Santo

Fischverkäufer mit Espadas

Gefangen werden bei Madeira vor allem Degen- und Schellfische, Rotbarsche, See-
lachse, Tinten- und Thunfische, Makrelen und Pfeilhechte. Die Jagd auf Pottwale, die einst
von der Walfangstation in Caniçal ausging, kann man allerdings nicht mehr beobachten,
seitdem der Schutz dieser Riesen des Meeres seit 1981 auch auf die Gewässer um Madeira
ausgedehnt wurde. Die Walfänger, die von den Azoren stammten, machten Madeira erst ab
1940 auch zu ihrem Jagdgrund. 100–200 Tiere pro Jahr wurden hier, allerdings nur mit der
Harpune, erlegt. Der Ostwind trug früher die Geruchsschwaden aus der Fabrica de Baleias
in Caniçal, der Verarbeitungsfabrik der Walskelette, weit die Südküste entlang (vgl. S. 225).
    Der wichtigste Tiefseefisch Madeiras ist der *Espada preta*, der ›Schwarze Degenfisch‹, der
heute kurz *Espada* genannt wird, obwohl es sich bei ihm nicht um einen Schwertfisch der
bekannten Art handelt. Es war um das Jahr 1840, als die Fischer Madeiras zum ersten Mal
versuchten, 800 m lange, mit mehreren Haken besetzte Leinen weiter als sonst vor der Küste
auszulegen. Sie müssen sich erschrocken haben, als sie einen bis dahin völlig unbekannten
Fisch heraufzogen: Schwarz wie die Nacht und silbrig glänzend, zeigte der 2,5 kg schwere
Fisch ein riesiges Maul mit degenartigen, weißen Zähnen, über denen enorme Augen saßen.
Richard Thomas Lowe, ein bekannter Botaniker und Ichtyologe, der lange auf Madeira
lebte, beschrieb ihn 1840 zum ersten Mal; das Exemplar, das die Fischer ihm damals brachten, ist heute im Britischen Museum zu bewundern.

Die Bewohner der Insel entdeckten die Schmackhaftigkeit des Espada-Fisches und ent-
wickelten deshalb ihr Angelgerät weiter: Die Leinen erreichen heute eine Länge von 1500 m
und tragen am Ende über 150 Haken in Abständen von 2 m – eine bis heute wohl einzigartige
Methode der Fischerei. Der Espada wurde inzwischen zur Volksnahrung. Die Fischer vor
allem aus Câmara de Lobos angeln jährlich etwa 1500 Tonnen dieser schlanken, schwarzen
Tiere, die auf dem Fischmarkt täglich frisch erhältlich sind (vgl. Abb. 49). Man weiß heute
übrigens, daß der Espada in den Tiefen der See bunt schillernd ist, während des Hinauf-
ziehens aber stirbt und erst dadurch die schwarze Farbe annimmt.

Der ebenfalls sehr schmackhafte Anglerfisch (Melanocetus johnsoni), auch Seeteufel oder
Teufelsfisch genannt, dürfte der seltsamste Bewohner der Tiefsee sein. Er wurde 1864 von
Albert Günter erstmals beschrieben. Die untenstehende Abbildung zeigt das Weibchen, das
nur 10 cm lang wird: schwarz, mit einem großen Maul und äußerst scharfen Zähnen. Auf
dem Rücken, direkt über dem Maul und teilweise aus dem ersten Rückflossenstrahl gebildet,
befindet sich eine Art Faden, der an seinem Ende ein Leuchtorgan hat, mit dem der Fisch
seine Beute anlockt. Deshalb trägt er den Namen Anglerfisch. Die Männchen dieses Tiefsee-
fisches sind winzig, haften wie ein Parasit am Weibchen und bestehen fast nur aus Ge-
schlechtsorganen.

Vier verschiedene Arten von Thunfischen leben im Gebiet um Madeira, darunter als
größter der rote Thun, der es auf ein Rekordgewicht von 400 kg bringen kann. Jährlich
werden etwa 100000 Tiere mit einem Durchschnittsgewicht von 30 kg gefangen. Auf den
Marmortischen der Fischhalle bieten sie ein auffälliges Bild: Wo ihre gelblich-silbrig glänzenden Leiber mit Hackmessern durchgeschnitten sind, erscheinen dunkelrote Scheiben mit
schwarzen, feinen Ringen, die an einen Baumstamm erinnern (Abb. 48, 50).

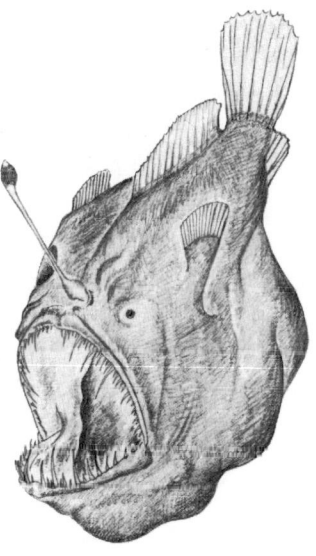

Anglerfisch

Die Geschichte Madeiras

Es gibt die Behauptung, das wichtigste Datum in der Geschichte Madeiras wäre die Entdek-
kung der Insel selbst gewesen, dann sei sie - bis heute – in einen Dornröschenschlaf verfallen.
Zutreffend an dieser Aussage ist, daß sich mit dem Namen Madeiras kein großes historisches
Ereignis verbindet. Keine Seeschlacht fand vor der Küste statt, kein Herrscherhaus hat von
hier aus regiert. Selbst das Stadtwappen von Funchal – wo doch Wappen sonst meist mit
martialischen Emblemen verziert sind – zeigt seit jeher fünf Zuckerhüte als Zeichen des
Wohlstandes, der sich auf den Zuckerhandel gründete.

Verdient also Madeira das Etikett, eine freundliche und friedliche Insel zu sein, wofür die
große Gastfreundschaft der Bewohner häufig als Beweis zitiert wird? Zumindest in der
Vergangenheit nicht unbedingt: Zum einen gaben sich die Madeirenser – freiwillig oder
unfreiwillig – stets auch für ›unfriedliche‹ Aktivitäten her, sei es als Bürger Portugals, als
Unterworfene Spaniens oder als Händler in britischen Diensten. Zum anderen war und ist
Madeira in politischer und auch in ökonomischer Hinsicht niemals unwichtig gewesen,
weder zum Zeitpunkt der Entdeckung für das entstehende Kolonialimperium Portugals

Stadtwappen von Funchal

42

noch heute, wo der Flughafen von Porto Santo seit langem der NATO zur Verfügung steht und Madeira zu einem Marinestützpunkt ausgebaut wird. Auch die Funktionen, die der Insel in den verschiedenen Zeiten zugewiesen wurden – so etwa auch die Zuckerproduktion – waren keineswegs so ›unschuldig‹, wie man auf den ersten Blick meinen könnte.

Die Entdeckung

Gesicherte historische Tatsache ist, daß João Gonçalves Zarco (oder Zargo) den vorher unbewohnten Archipel Madeira für Portugal ab 1419 in Besitz nahm. Doch damit geben sich die Geschichtsschreiber nicht zufrieden. Eine Florentiner Seekarte des 14. Jahrhunderts verzeichnet die Lage Madeiras recht genau (vgl. S. 46); konnten also nicht andere die Insel vor ihm betreten haben, und gebührt diesen dann nicht die Ehre des Entdeckers? So wird immer wieder die romantische Liebesgeschichte von Robert Machyn und Anne Dorset erzählt, von der es, wie es sich für ordentliche Legenden gehört, eine Fülle von Lesarten gibt. Kurz gefaßt lautet diese Geschichte wie folgt:

Anne, aus gutem englischen Hause, durfte Robert nicht heiraten. Da flohen beide aus England, um nach Frankreich zu gelangen. Ein Sturm trieb ihr Schiff jedoch ab, und sie landeten auf Madeira, in einer Bucht, in der heute Machico liegt – ein Name, der vielleicht auf Machyn zurückgeht? Anne starb dort an Entkräftung, Robert vielleicht kurz darauf aus Liebeskummer. Oder konnte er noch nach Afrika weitersegeln und die Kunde von der Insel verbreiten?

Englische Chronisten bevorzugen diese Geschichte, da sie die Entdeckung der Insel einem Engländer zuschreiben möchten, dabei vergessend, daß diese erste Entdeckung so ruhmreich auch nicht war – denn trieb nicht engstirniger englischer Adel die junge Frau in den Tod? Die Portugiesen stehen dieser Geschichte skeptisch gegenüber, vermuten sie dahinter doch englisches Interesse am Entdeckerruhm. Sie führen den Namen Machico auf Monchique zurück, eine Ortschaft (und ein Gebirge) in dem Algarve, von wo Einwanderer auf die Insel gekommen seien. Da diese Version jedoch von einem Festlandsportugiesen stammt, von Alvaro de Azevedo, wird auch ihr ein lokalpatriotisches Interesse unterstellt.

Ein weiterer Teilnehmer am Streit um den Ursprung des Namens Machico war der Dichter Camilo Castelo Branco, der 1879 meinte, das Wort sei eigentlich Maquito auszusprechen, da es sich vom italienischen Macchia ableite. Diese Variante wird wegen des Fehlens eines italienischen Interesses an Madeira nicht so oft erwähnt, hat jedoch einige historische Momente für sich: 1317 soll König D. Dinis von Portugal den Genueser Manuel Pessanha angeheuert haben, um die nach Hörensagen bzw. alten Karten bekannten Azoren, die Kanarischen Inseln und Madeira (= portugiesisch für ›Holzinsel‹) für Portugal zu erobern. Landete auch er in der vegetationsreichen Bucht des heutigen Machico, und benannte er sie nach der italienischen Bezeichnung für Unterholz/Gestrüpp, Macchia? Festzuhalten bleibt, daß eine eindeutige Übersetzung im Gegensatz zu anderen geographischen Namen der Insel (vgl. S. 307 ff.) fehlt.

Teil einer florentinischen Seekarte von 1351, die die Lage des Madeira-Archipels verzeichnet

Die Legende von der tragischen Liebe Machyns und Annes wird in einer der zahlreich existierenden Versionen sehr geschickt mit dem historischen Entdecker der Insel, João Gonçalves Zarco, verknüpft: Als Zarco, von Porto Santo kommend, zum ersten Mal den Boden Madeiras in der Bucht des heutigen Machico betrat, soll Morales, ein aus den Händen der Araber befreiter Sklave, bei ihm gewesen sein. Es heißt, dieser habe zuvor die Geschichte der tragischen Liebe von Anne und Robert nach Portugal getragen und somit überhaupt Zarco animiert, die Insel zu suchen.

Eine bedeutsame Liebesgeschichte braucht wie die Heiligenlegenden ihre Reliquien, und eine solche fand Zarco in Machico: ein Kreuz. Nach einer Version der Legende hatte Machyn seiner Geliebten ein Kreuz aus Madeira-Zeder auf das Grab setzen lassen. Als er wenige Tage darauf selbst starb, errichteten ihm seine Gefolgsleute aus demselben Holz ein großes Kreuz, in das sie die Geschichte der beiden einritzten und darum baten, sollte ein Christ sich hierher verirren, er an dieser Stelle eine Kirche bauen möge. Zarco erfüllte diesen Wunsch, ließ 1420/21 auf dem Grab der beiden eine Kapelle bauen, die erste der Insel also, aus dem alten Kreuz ein neues schnitzen und dieses in der Kapelle aufstellen. Während der großen Überschwemmungen von 1803 wurde diese ›Kapelle der Wunder‹ – Capela dos Milagres – völlig zerstört, 1825 jedoch wieder aufgebaut. Ein neues Kreuz, angeblich aus der erwähnten alten Madeira-Zeder gefertigt, stiftete ein reicher englischer Kaufmann.

Historisch gesichert ist allenfalls, daß Zarco zwischen 1419 und 1420 zusammen mit Tristão Vaz Teixeira und Siedlern aus verschiedenen Teilen Portugals nach Porto Santo und Madeira kam und daß ein weiterer Edelmann, Bartolomeus Perestrelo, sie schon auf ihrer zweiten Seereise nach Porto Santo begleitete. Die Geschichten, die bis heute über die Umstände der Inbesitznahme des Archipels erzählt werden, stellen das Geschehen jedoch sehr viel dramatischer dar und verfälschen damit die historische Wahrheit:

Zarco sei mit seinen Getreuen von Lissabon ausgefahren, um neues Land für seinen König zu entdecken, dabei jedoch in einen fürchterlichen Sturm geraten und an die rettenden Ufer einer schönen Insel geworfen worden. Aus Dankbarkeit sollen die Seeleute diese *Porto Santo*, ›Heiliger Hafen‹, genannt haben. Erst über ein Jahr später hätten sie es gewagt, die große Nachbarinsel zu betreten, denn – so die Legende – sie vermuteten in der ständigen Wolkenbildung südwestlich von Porto Santo den Höllenschlund der Welt. Die mutigen Seefahrer landeten dann schließlich doch auf dieser Insel, die sie ›Holzinsel‹ tauften. Den vorgelagerten Eilanden, die ohne Wasser und Vegetation waren, gaben sie den Namen *Desertas*, ›die Verlassenen‹. Sie ›erfanden‹ also dieselben Namen, unter denen die Inseln bereits auf einer florentinischen Seekarte von 1351 verzeichnet waren.*

Nur kurze Zeit nach der Besiedlung der Inseln wurden Zarco und Teixeira vom portugiesischen König mit dem westlichen bzw. östlichen Teil von Madeira belehnt (mit Funchal und Machico als Hauptorten), Perestrelo erhielt Porto Santo.

Madeira – ein Meilenstein im Aufbau des portugiesischen Kolonialreiches

Nach einem zeitgenössischen Bericht waren bereits 1433, also nur 13 Jahre nach Zarcos erster Landung, weite Landstriche Madeiras gerodet. Die Landwirtschaft soll so ausgebaut gewesen sein, daß die Bewohner unabhängig vom Mutterland existieren konnten. Diese rasche Entwicklung beweist ebenso wie die Zielstrebigkeit der drei Kapitäne bei der Inbesitznahme des Archipels, daß hinter den Taten Überlegungen gestanden haben müssen, denen es nicht alleine um ›erste Entdeckungen‹ ging, sondern die einem politischen Programm geschuldet waren.

Aber um was für ein Programm handelte es sich? Was bewog einen Staat bzw. ein Herrscherhaus im 15. Jahrhundert dazu, sein Herrschaftsgebiet auf irgendwelche weit entfernten, kleinen Inseln auszudehnen, die zunächst sogar unbewohnt waren? Die Geschichtsschreibung äußert sich dazu nur unbefriedigend, so daß man lediglich folgendes erschließen kann:

---

* Und zwar als *Séo* = ›heilig‹, *deserte* = ›die Verlassenen‹ und *lolegname* = die italienische Umformung des arabischen Wortes *el Aghnam* (›die Hölzerne‹), was darauf hindeutet, daß die Araber den Archipel bereits vorher kannten.

Zarco und seine Gefährten blieben nach der ›zufälligen‹ Entdeckung des Archipels auf den Inseln und brachen nicht etwa zu neuen Fahrten auf, weil sie das neue Land als *Capitanias,* also als Erblehen erhalten hatten – und zwar als Entlohnung für vergangene und künftige Dienste für den Herrscher (Perestrelo war mit Porto Santo übrigens gar nicht zufrieden; als er sich deswegen in Lissabon beschwerte, schickte Heinrich ihn jedoch zurück). Portugal hatte also zunächst neues Land für die Lehensvergabe gewonnen.

Zudem verlief parallel zu der Besiedlung des Madeira-Archipels der Aufbau des portugiesischen Kolonialreiches: Nachdem Prinz Heinrich (1394–1460) im Jahre 1415 beim nordafrikanischen Ceuta die Araber geschlagen hatte – diese Expedition war übrigens seine einzige Seereise –, zog er sich nach Sagres an der Südwestspitze der Algarve zurück, um hier ab 1418 eine Seefahrerakademie zu gründen. Zu diesem Zweck holte er aus Portugal, Frankreich, Italien, Holland, England und auch aus nichtchristlichen Ländern Astronomen, Geographen, Mathematiker, Kartographen, Schiffsbauer und erfahrene Kapitäne. Diese Aktivitäten trugen ihm den Beinamen ›der Seefahrer‹ ein.

Vorurteilslos, also auch gegen die Verdikte der Kirche, sollte in Sagres mit wissenschaftlichen Methoden die Seefahrt so verbessert werden, daß man sie als Instrument portugiesischer Politik gebrauchen konnte: Die Lehre von der Kugelgestalt der Erde, den Arabern längst bekannt, wurde übernommen und durch Berechnungen ergänzt. Das von den Arabern verbesserte Astrolabium zur Messung der Gestirne, alte Sternenkataloge, das Winkelmeßgerät, der ›Jakobsstab‹ und der Kompaß, den die Chinesen bereits auf ihren Dschunken benutzten, zog man zur systematischen Ausbildung der Seefahrer heran. Berühmte Kartographen untersuchten die Gültigkeit vorhandener Weltkarten. Vor allem aber wurde in Sagres ein neuer Schiffstyp erfunden, bei dem die Konstrukteure nordeuropäische mit arabi-

Portugiesische Seefahrten im 15. und 16. Jahrhundert

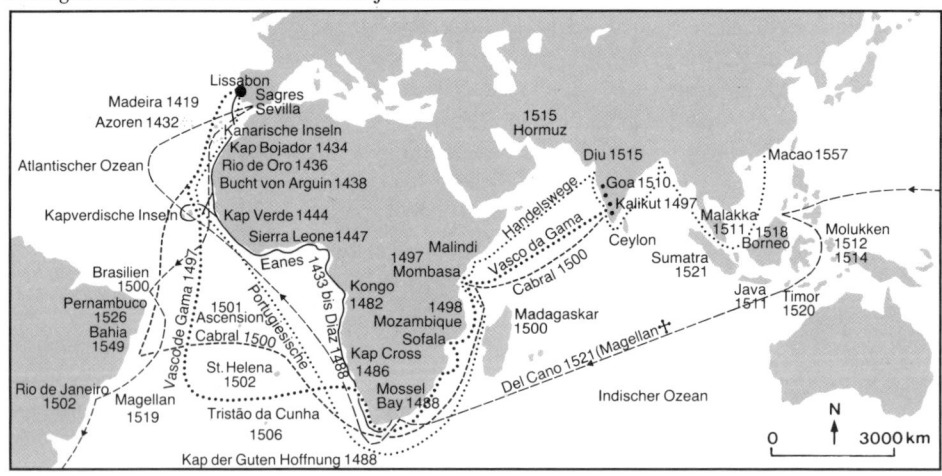

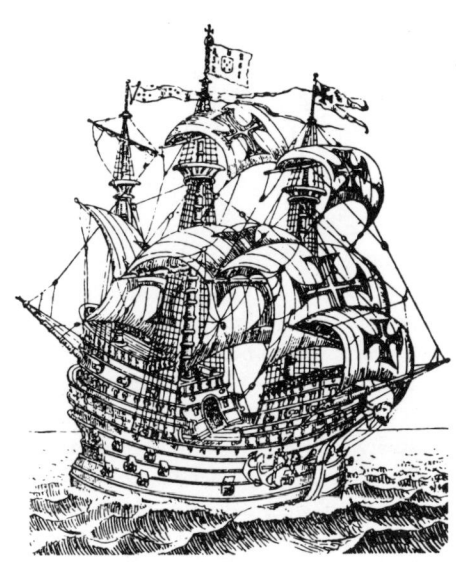

Portugiesische Karavelle aus dem 16. Jahrhundert;
zeitgenössische Darstellung

schen Elementen zu verbinden wußten: ein wendiger Dreimaster, robust, mit wenig Tief-
gang, was die Erkundung von Flußmündungen erlaubte. Die neue Karavelle war schlanker
als die alten Schiffe, weil ihre äußeren Planken nicht mehr übereinandergriffen, sondern die
Kanten ›auf Stoß‹ gesetzt waren, so daß die Schiffsseiten vollkommen glatte Flächen bildeten. Die Nähte wurden kalfatert, also mit Werg verstopft und mit Pech wasserdicht gemacht.

Legenden über Seeungeheuer und feuerspeiende Tiere, die die Seeleute oft abgehalten
hatten, außerhalb küstennaher Gewässer zu segeln, wurden nun bekämpft, denn welcher
Kapitän wäre bereit gewesen, am Ende der Welt im Nichts zu verschwinden? Zugleich
mußte man aber auch das neu erworbene Wissen geheimhalten, um die sich immer stärker
entwickelnde Konkurrenz nicht auf den Plan zu rufen, wofür neue Legenden wiederum
recht nützlich waren.

Heinrichs Interesse an der Seefahrt hatte zwei Gründe, die sich gut ergänzten: Als Großmeister des Christusordens soll er den Seeweg zu dem legendären Erzpriester Johannes in
Ostafrika (Äthiopien) gesucht haben, um mit diesem zusammen den Islam entscheidend zu
schlagen. (Man nahm damals an, ein Nebenarm des Nils münde in Ostafrika. Diesen wollte
man aufwärts segeln, um dann von der Ostflanke des Mittelmeerraumes gegen die Moslems
vorzugehen.) Des weiteren war der Seeweg durch das östliche Mittelmeer von den Türken
versperrt, und der einträgliche Handel mit Gütern aus dem fernen Indien – Seide und
Gewürze – lag noch immer in den Händen der Araber (als Vermittler nach Europa fungierten italienische Handelszentren). Diesen Handelsweg galt es zu erschließen. Für die beiden
Aufgaben stand Heinrich sowohl das Vermögen des Christusordens als auch das der Krone

zur Verfügung. (Übrigens mußte später das reich gewordene Madeira einen bestimmten Anteil seiner Einnahmen an den Christusorden abgeben.)

Wann Prinz Heinrich die erste Expedition aussandte, weiß man nicht. Aber die Inbesitznahme des Madeira-Archipels war gewiß ein erster Meilenstein im Aufbau des portugiesischen Kolonialreichs. Als nächstes versuchten die Seeleute Heinrichs, den Spaniern die Kanaren zu entreißen, zwischen 1427 und 1431 landeten sie auf den Azoren, während zur selben Zeit andere Schiffe südwärts an der Küste Afrikas entlang fuhren: Zwischen 1434, als Gil Eanes das Kap Bojador umrundete, und 1488, als Bartolomeus Diaz bis zum Kap der Guten Hoffnung vorstieß, fanden zahlreiche erfolgreiche Küsten- und Flußerkundungen statt. Jahr für Jahr kamen neue ›Entdeckungen‹ hinzu, und in Konkurrenz mit der damaligen zweiten europäischen Großmacht, Spanien, wurde um den Besitz und Ausbau von Kolonien gestritten. 1493/94 bestimmte schließlich der Papst mit einer fiktiven Demarkationslinie, wie die Welt zwischen Portugal und Spanien aufzuteilen sei, wobei die Kanaren und Madeira jeweils gesondert Spanien bzw. Portugal zuerkannt wurden.

Die Politik der beiden Großmächte erhielt nunmehr eine neue Qualität. Mit den jeweils ›entdeckten‹ oder besetzten Gebieten betrieb man nicht mehr nur Handel, sondern richtete diese Ländereien ganz auf die Bedürfnisse des Mutterlandes aus. Auf Madeira wurde dieses Prinzip der Kolonialisierung zum ersten Mal erfolgreich durchgeführt: Die Wirtschaft der Insel konzentrierte sich vor allem auf die Produktion eines Rohstoffs, des Zuckers, wozu auch die ersten maurischen und schwarzafrikanischen Sklaven importiert wurden. Bald besaßen die Portugiesen das Zuckermonopol in Europa, die Konkurrenz der italienischen Kaufleute wurde aus dem Feld geschlagen. Für den gefragten Luxusartikel gelangten im direkten Tausch begehrte Güter aus anderen europäischen Zentren nach Madeira, wovon bis heute die Gemälde aus der flämischen Schule und andere Kostbarkeiten zeugen.

Mit der Entwicklung der portugiesischen Kolonie Brasilien zu einem Zuckerlieferanten mit einer viel höheren Produktivität entstand dann für Madeira eine mächtige Konkurrenz. Wieso führte das nicht zum wirtschaftlichen Ruin der Insel? Madeira hatte gegenüber anderen Überseegebieten einen Sonderstatus, weil die Bewohner als Portugiesen galten. Man hatte deshalb – und um die im Rahmen der feudalen Lehensverhältnisse geforderten Naturalabgaben zu sichern – neben dem Zuckerrohranbau auch die Selbstversorgung der Insel mit landwirtschaftlichen Produkten vorangetrieben, so daß keine ausgesprochene Monokultur entstanden war. Für die anderen portugiesischen Kolonien, vom Mutterland aus zentral verwaltet, stellte sich die Situation anders dar: Die dortige Subsistenzwirtschaft wurde rücksichtslos zerstört, um Platz für Kaffee-, Baumwoll-, Tee-, Zuckerrohr- und Kakaoplantagen zu schaffen und Arbeitskräfte freizusetzen – sofern man nicht ohnehin Sklaven einsetzte, so daß die ansässige Bevölkerung als wegzuräumendes Hindernis galt. Der Anbau anderer Produkte, vornehmlich derjenigen, die auch das Mutterland produzierte, war explizit untersagt, um die neuen Länder zu verpflichten, aus Portugal zu importieren. Das galt z. B. für Wein und Oliven. So hatten die Kolonien eine doppelte Funktion

1   Borracheiros, die Wein in Ziegenhäuten transportieren; Studioaufnahme von Vicente, 1910 ▷

2   Ochsenschlitten vor der Weinkompanie Borges; Anfang des 20. Jahrhunderts
4   Korbschlittenfahrt; im Hintergrund die Zahnradbahn nach Monte; Anfang des 20. Jahrhunderts ▷
3   Eine englische Dame wird in der Hängematte getragen; Ende des 19. Jahrhunderts

5   Zuckermühle; Ende des 19. Jahrhunderts

6   Die Zahnradbahn von Funchal nach Monte; 1912

7   Winston Churchill malt Câmara de Lobos

8   Erste Landung eines Wasserflugzeuges in der Bucht von Funchal; 1921

9–13 Kachelbilder in Funchal   9   Ausschiffung   10   Blumenfrauen

11   Ochsenschlitten und Milchmann vor der Festung São Lourenço

12 und 13   Fabeldarstellungen in der Quinta Vigia, Funchal

14   Decke der Gemeindekirche von Calheta mit maurischen Elementen; 15. Jahrhundert ▷

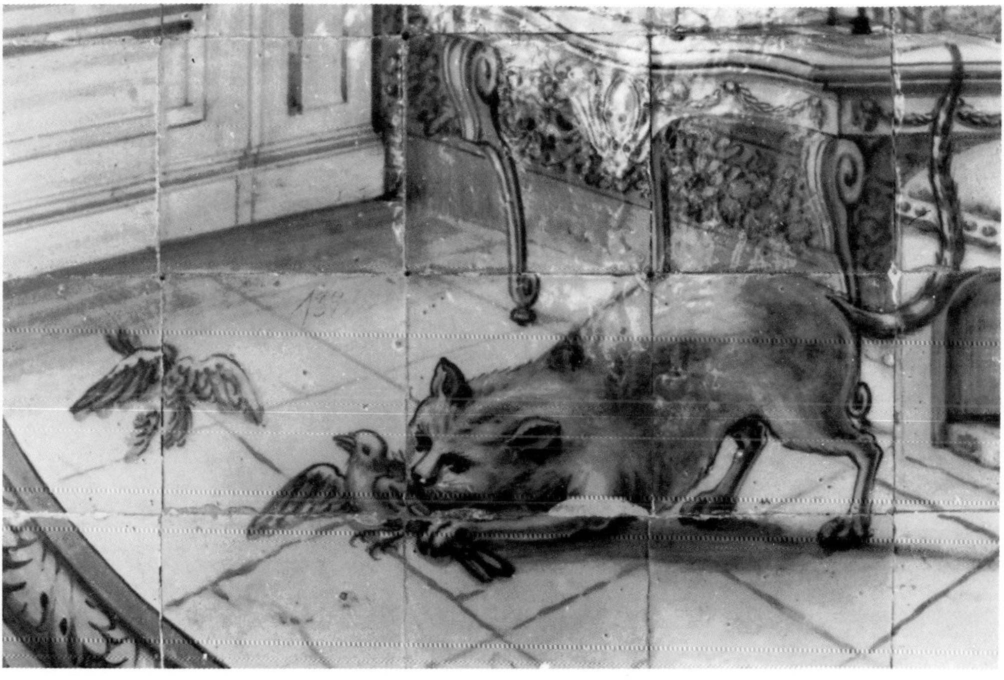

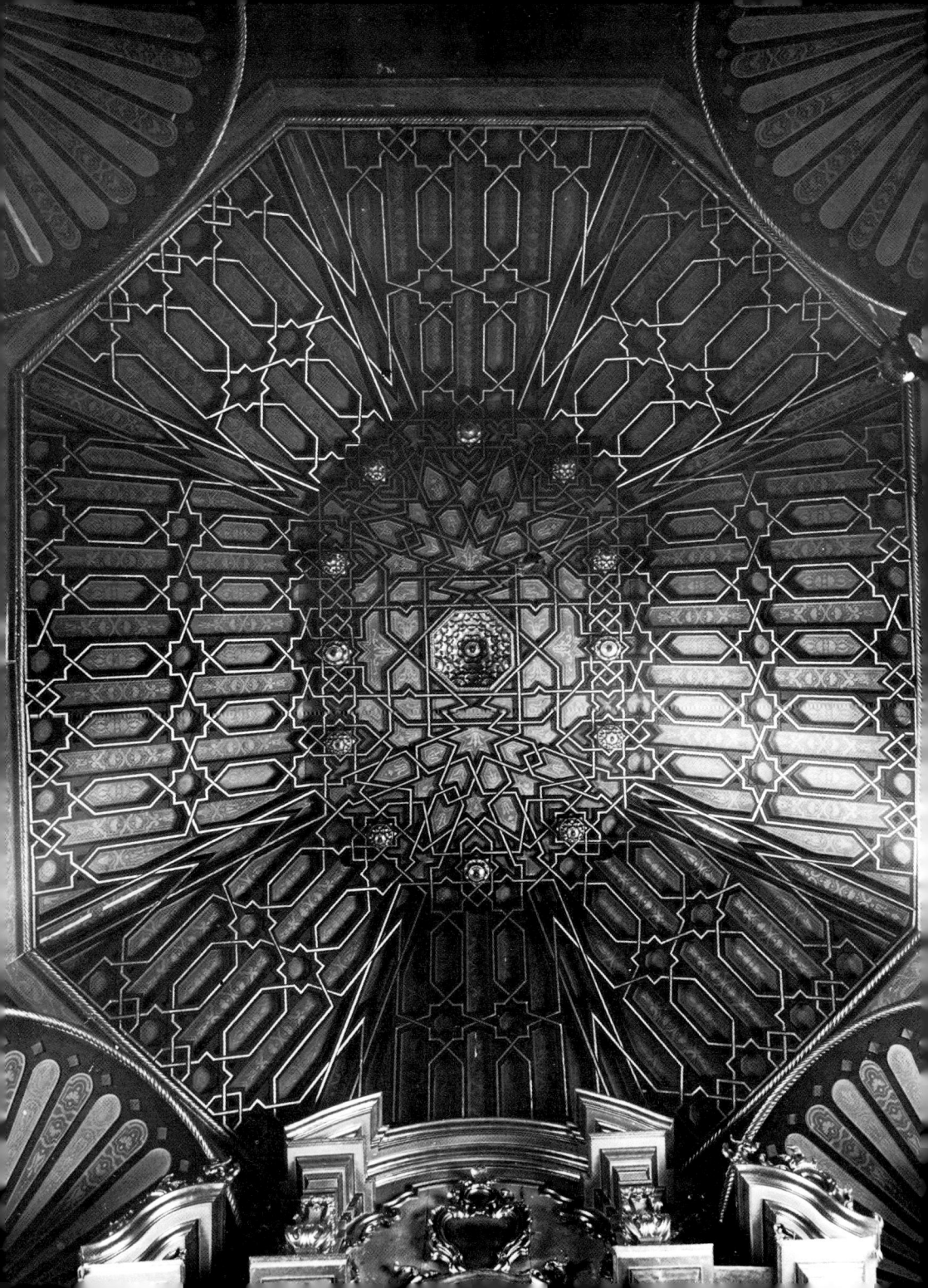

15 Engel an der Kanzel der Gemeindekirche von
   Ribeira Brava; 16. Jahrhundert
17 Grabplatte im archäologischen Park der Quinta das Cruzes

16 Manuelinisches Fenster im archäologischen Park
   der Quinta das Cruzes, Funchal

18 Prozession in Funchal

21 Hotelviertel in Funchal: Blick vom Sheraton zum Reid's Hotel
22 Vor dem Seitenportal der Gemeindekirche von
   Machico

24 Rua do Quebra Costas in Funchal ▷
23 Denkmal von João Gonçalves Zarco in Funchal

für das Mutterland zu erfüllen: Beschaffung von Rohstoffen für die sich entwickelnden Manufakturen und Produktion von Lebensmitteln einerseits sowie Absatzmarkt für portugiesische Waren andererseits.

Ferner durften die Produkte der überseeischen Gebiete nur über portugiesische Häfen verschifft werden, um keine andere Macht an den einträglichen Geschäften teilhaben zu lassen und um fremden Zöllen zu entgehen. Madeira betrafen diese Regelungen in doppelter Weise: Die Insel wurde Weinlieferant für die portugiesischen Überseegebiete und durch gezielte Handelsverträge auch für England und dessen Kolonien. Als Charles II. bestimmte, daß in die amerikanischen Kolonien ausschließlich englische Waren aus englischen Häfen importiert werden durften, galt die einzige Ausnahme für Madeirawein, verschifft durch englische Handelshäuser.

Da Madeira ein Teil des Mutterlands war, avancierte das günstig gelegene Funchal zum Umschlagplatz für brasilianischen Zucker, was für die Kaufleute wohl mehr als nur eine Kompensation für den Niedergang der eigenen Zuckerproduktion bedeutete, denn ihre Handelshäuser und Quintas wuchsen weiter, sie häuften nunmehr nicht mehr nur unproduktive Reichtümer an, sondern Kapital. Die Zuckerkisten aus brasilianischem Holz, die im 17. und 18. Jahrhundert zu madeirensischen Möbeln verarbeitet wurden – man kann sie heute vor allem in der Quinta das Cruzes (vgl. S. 172) bewundern – zeugen von dieser Zeit und dem Wohlstand der ›besseren Kreise‹. In diesem Zusammenhang ist das Dekret von König João (Johann) IV. aus dem Jahr 1643 interessant, wonach jedes portugiesische Schiff auf dem Weg nach Brasilien über Funchal zu fahren hatte, um dort die notwendigen Vorräte an Lebensmitteln und vor allem Wein zu laden. (Als James Cook 1768 mit 94 Seeleuten in Funchal ankerte, ließ er 200 Flaschen Wein pro Mann an Bord bringen!)

Darüber hinaus diente Madeira der internationalen Schiffahrt als weit vorgeschobener Posten auf den Routen nach Westen und Süden. Hier wurden Wasser, Wein und Nahrungsmittel aller Art aufgenommen und später, mit dem Aufkommen der Dampfschiffahrt, auch Kohle gebunkert.

Madeira übte also jahrhundertelang eine wichtige Funktion in der Festigung von Portugals wirtschaftlicher Basis aus. In den Auseinandersetzungen des Mutterlandes mit Spanien, Frankreich und auch den eigenen überseeischen Gebieten kam der Insel eine Schlüsselrolle zu. Welche Bedeutung auch die Engländer diesem atlantischen Handelsposten zumaßen, mag man daraus ersehen, daß sie sich 1660 im Heiratsvertrag zwischen Katharina von Braganza und dem englischen König Charles II. besondere Rechte sicherten und die Insel beinahe als ›Mitgift‹ erhalten hätten. In den Napoleonischen Kriegen besetzten die Briten Madeira zweimal, und zwar nicht als Feind der Portugiesen, sondern um es für sich und damit für Portugal vor dem Zugriff der Franzosen zu schützen. 1807 bis 1814 hatte Funchal eine immerhin 4000 Mann starke englische Besatzung.

Funchal im frühen 19. Jahrhundert; Lithographie von A. Picken ▷

◁ 25   Bananenverkäufer; Studioaufnahme von Vicente, 1883

Die Neuzeit: Madeira – ein Teil Portugals

Madeira wurde von der portugiesischen Krone nie wie ein fremdes Territorium behandelt, auch sahen die Wohlhabenden der Insel nie einen Gegensatz zwischen sich und dem portugiesischen Staat in dem Sinne, daß dieser ihre Geschäfte behindern würde. Im Gegenteil: Für sie war das Mutterland der Garant für Kommerz, so etwa, wenn – wie wiederholt geschehen – Hilfe gegen Seeräuber gebraucht wurde oder man zu Beginn des 19. Jahrhunderts die Beendigung der englischen ›Besetzung‹ wünschte. Insofern verwundert es nicht, daß es bis heute keine nennenswerte Bewegung für die völlige Unabhängigkeit Madeiras von Portugal gibt. Die Insel hat heute als Teil des portugiesischen Staates eine autonome Regierung, einen Status, der sich in etwa mit dem Verhältnis des Freistaats Bayern zu der Bundesrepublik Deutschland vergleichen läßt. Die Geschichte der letzten 100 bis 200 Jahre ist aus diesen Gründen eng verbunden mit der des Festlandes.

Die Ideen der liberalen Revolution in Portugal vom 24. 8. 1820 wurden auch auf Madeira von den einen begrüßt, von den anderen verurteilt; auch hier war die Bevölkerung geteilt in Absolutisten und Konstitutionalisten. Die späteren Auseinandersetzungen bis zur Proklamation der Republik orientierten sich ebenfalls an den großen politischen Bewegungen auf dem Festland: Chartisten und Septemberisten, später *Progressistas* (Liberale) und *Regeneradores* (Konservative) bekämpften sich auf das heftigste, wobei es an verschiedenen Orten – so in Machico und Ribeira Brava – auch Tote gab. 1826–1828 unterbrach eine Seeblockade die Verbindungen zur Außenwelt; Hungersnot und Epidemien waren die Folgen. Gouverneure, die nicht mehr auf Lebenszeit ernannt, sondern nur für jeweils drei Jahre eingesetzt waren, wurden standig ausgewechselt, weil sie einerseits der Unruhen nicht Herr werden konnten, andererseits aber auch die alten Feudalstrukturen der Insel im Gegensatz zu den neuen liberalen Ideen der konstitutionellen Monarchie Portugals standen.

Nur an die Leistung eines Gouverneurs aus dieser Zeit erinnert man sich gerne: José Silvestre Ribeiros Administration (1846–1852) zeichnete verantwortlich für den Bau und die Renovierung von Straßen sowie für die erste Straßenbeleuchtung, schuf neue soziale Einrichtungen, baute das Erziehungswesen aus, errichtete Forsthäuser im Gebirge und förderte die Stickerei.

Die Monarchie endete für Madeira – wie auf dem Festland auch – mit der Ausrufung der Republik am 5. Oktober 1910. Es fand sich auf der Insel eine ganze Reihe von fortschrittlichen Politikern, die versuchten, demokratische Verhältnisse durchzusetzen, die soziale Not auf dem Lande zu lindern und den Bildungsstandard zu heben.

Der Erste Weltkrieg ging an Madeira nicht spurlos vorüber: Nachdem Portugal 1916 auf Seiten der Alliierten in den Krieg eingetreten war, wurde auch die Insel zum Kriegsschauplatz. Deutsche U-Boote, die sich bei den Desertas-Inseln versteckt hielten, versenkten im Hafen von Funchal französische Kriegsschiffe und beschossen die Stadt. Eine Erinnerung an die Kriegsereignisse ist der – recht ungewöhnliche – Rosenkranz bei dem Denkmal Nossa Senhora da Paz in Terreiro do Luta (vgl. S. 183).

Einfahrt eines britischen Madeira-Seglers in den Hafen von Funchal; Stich aus dem frühen 19. Jahrhundert

Die Republik hatte bis zum 28. Mai 1926 Bestand; dann setzte ein Militärputsch ihr ein Ende. Sechs Jahre später machte sich Salazar zum Diktator über Portugal. Gegner seines Regimes verbannte er unter anderem auch nach Madeira, wo 1931 bereits 200 von ihnen lebten. Ob diese mit dazu beitrugen, was inzwischen als ›Revolution von Madeira‹ in die Geschichte einging? Tatsache ist, daß viele angesehene Bürger der Insel, die vorher aktiv am Aufbau der Republik mitgearbeitet hatten, gegen die neue Diktatur waren, die viele Reformen wie z. B. die Trennung von Kirche und Staat zurücknahm und die Parteien auflöste. Zu ihnen gehörten Pestana Junior und Vasco Marques, die führenden Persönlichkeiten in der sogenannten ›Hungerrevolte‹ Madeiras von 1931. Auslöser für den Aufruhr war das Regierungsdekret Nr. 19237, das das Monopol für die Mehlimporte an die Lobby der Mühlenbesitzer gab. Von denen hatte die Bevölkerung nichts Gutes zu erwarten, ließen diese sich doch schon das Betreiben der Mühlen – ein seit jeher den Feudalherren und Großgrundbesitzern vorbehaltenes Privileg – teuer bezahlen. Und die Bevölkerung war auf das Mehl angewiesen, denn der Erste Weltkrieg und die anschließenden Wirtschaftskrisen der zwanziger Jahre hatten zum Erliegen bzw. zur Einschränkung ihrer wenigen Erwerbsmöglichkeiten – der Stickerei, der Korbflechterei und des Weinexports – geführt. Wegen der zu erwartenden Erhöhung der Mehlpreise mußte sie also um ihre Existenz fürchten – deshalb die Charakterisierung der Revolte, die am 4. April unter der Leitung von General Sousa Dias begann, als ›Hungeraufstand‹.

Es wird berichtet, daß die Bevölkerung Madeiras voll hinter dieser Erhebung gegen die Diktatur stand und die Unruhen sogar auf die Azoren und Portugiesisch-Guinea (heute: Guinea Bissau) übergriffen, aber nicht in ausreichendem Maße auf das Festland, wo nur einige Universitätsstudenten streikten. Die Aufständischen hatten vergeblich auf internatio-

69

nale Unterstützung gehofft, so daß die Truppen, die von Lissabon geschickt und auf Porto Santo stationiert wurden, bei ihrer Landung am 28. April 1931 auf nur wenig Widerstand trafen. Am 30. April kapitulierte das Revolutionskommando der Insel vor den Truppen vom Festland.

36 Jahre lang herrschte der Diktator Salazar, bis er 1968 die Macht an Caetano abtrat. Dieser wurde – nach jahrelangen Aufständen und Befreiungskriegen in den afrikanischen Kolonien – am 25. April 1974 durch revoltierendes Militär gestürzt. Er wurde zusammen mit dem Präsidenten Tomás über Madeira nach Südamerika abgeschoben. Die ›Revolution der Nelken‹ wurde auf Madeira enthusiastisch begrüßt, nicht zuletzt auch deshalb, weil in den letzten Jahren der Kolonialkriege sehr viele auf der Insel Rekrutierte ihr Leben hatten lassen müssen. Diese Revolution ist bis heute nicht vergessen.

Was hat sich seitdem auf der Insel verändert? Unmittelbar nach der Revolution bildeten sich verschiedene regionale Gruppen und Parteien, darunter als bekannteste die FLAMA, die für die Loslösung Madeiras von Portugal eintrat und der verschiedene Bombenattentate und Brandstiftungen zugeschrieben wurden. Von Seiten der verschiedenen linken Gruppen und des Militärs, das Träger der Revolution war, gab es weitreichende Pläne für Reformen: Verstaatlichung aller Levadas und der privaten Schulen, Bildung einer Einheitsschule, Abschaffung des noch immer bestehenden feudalen Pachtsystems. Doch diese Gruppierungen gewannen nicht den von ihnen erhofften Einfluß, es setzten sich vielmehr schnell die großen landesweiten Parteien durch. In den Regionalwahlen von 1980 erhielten die regierenden Sozialdemokraten 65 %, die regionalen Gruppen fielen gar nicht mehr ins Gewicht, die Kommunisten erhielten von den 44 Sitzen im Regionalen Parlament gerade einen.

Die nach der ›Nelkenrevolution‹ erfolgte Festsetzung von Mindestlöhnen, die Einrichtung der zwölfjährigen Einheitsschule und der Ausbau der Fachschulen sind als die einschneidendsten Veränderungen der jüngeren Vergangenheit anzusehen. Die Schüler bestimmen in den frühen Abendstunden das Stadtbild Funchals; sie unterhalten sich gern mit den Touristen auf Englisch oder Französisch. In ihrer Kleidung, ihrem Habitus und ihren Interessen unterscheiden sie sich inzwischen erheblich von ihren Eltern, die – vor allem auf dem Lande – häufig noch Analphabeten sind. In einigen Jahren werden Hunderte von ihnen ihre Ausbildung beendet haben, allerdings ohne Berufsaussichten. Häufig meinen sie, die geringe Perspektive läge an der insularen Isolation Madeiras, und machen sich Illusionen, daß es ihnen auf dem Festland besser ergehen könnte. Wahrscheinlich würden auch sie die Tradition des Auswanderns gern fortsetzen (vgl. S. 71). Doch wohin?

Welche Auswirkungen die weitere politische Entwicklung Portugals – insbesondere die Aufnahme in die Europäische Gemeinschaft 1986 – für die Insel haben mag, wird verschieden beurteilt. Politiker der derzeitigen Autonomen Regierung von Madeira geben sich optimistisch: Hat nicht Madeira für zehn Jahre die Garantie bekommen, weiterhin Bananen nach Lissabon verschiffen zu dürfen? Erhält der Weinanbau nicht neue Impulse durch die Subventionen, die die Bauern dazu bewegen sollen, die Trauben statt für den Tischwein für den Madeirawein zu kultivieren (vgl. S. 95)? Dagegen stehen folgende Argumente: Was soll nach zehn Jahren mit Madeiras Bananen geschehen, wenn sie nicht mehr vor der Konkurrenz der südamerikanischen, die sehr viel billiger sind, geschützt werden? Die Exportquote, die Portugal für Madeirawein zugestanden worden ist, liegt zwar höher als die derzeitige Produktion auf der Insel. Wer aber garantiert die vermehrte Abnahme? Welchen Wein werden die Bauern auf der Insel selbst trinken? Etwa den vom Festland importierten, der hinsichtlich rationeller Anbaumethoden weit überlegen ist? Diese Fragen und auch die mit der EG vereinbarten Absprachen zeigen, daß Portugal mit der Aufnahme in die EG seine Landwirtschaft in unmittelbare Konkurrenz zu der anderer Länder zu stellen hat, die längst viel effektiver produzieren können. – Mit EG-Unterstützung bietet Madeira seit 1990 Investitionsmöglichkeiten in einer neu geschaffenen ›Freihandelszone‹ bei Caniçal an. Madeirensische ›Offshore-Banken‹ sagen in- und ausländischem Kapital günstige Kreditbestim-

Quelle: Estudos para o Planeamento Regional et Urbano 20 (* Zahl nicht erfaßt ** Unter ›Andere Länder‹ erfaßt)

Ziele von Auswanderern aus Madeira in den Jahren 1955–1979							
Zielland \ Jahr	Venezuela	Brasilien	Nieder-ländische Antillen	Südafrika	Europa	Andere Länder	Insgesamt
1955	2049	1708	40	845	8	72	4722
1956	1702	1406	75	1029	22	98	4332
1957	2408	1573	281	554	1	93	4910
1958	2072	1705	148	509	0	120	4554
1959	1480	1379	87	567	17	145	3675
1960	2517	1429	52	498	10	201	4707
1961	2187	1491	68	916	38	97	4797
1962	2376	1377	122	562	18	104	4559
1963	1844	1164	105	224	62	95	3494
1964	2224	559	34	607	63	95	3582
1965	2210	319	43	366	86	94	3118
1966	2962	201	83	240	78	86	3650
1967	2440	379	36	142	50	141	3188
1968	2277	393	83	13	27	132	2925
1969	1796	222	106	11	202	55	2392
1970	1982	112	108	12	119	56	2389
1971	2314	39	91	1	1	14	2460
1972	2226	34	110	*	15	108	2493
1973	3039	100	101	148	835	750	4973
1974	1887	183	61	207	993	1025	4356
1975	1488	23	30	76	672	462	2751
1976	1163	2	**	73	319	254	1811
1977	801	1	**	34	212	231	1279
1978	467	3	**	33	115	313	931
1979	391	0	**	79	162	172	804

mungen zu, wenn man in dieser ›Zona Franca da Madeira‹ bereit ist, Land und Leute für sich auszunutzen (vgl. S. 225).

Sicher ist auch, daß die Gastronomie der Insel bereits vor der Aufnahme Portugals in die EG große Kontingente ihres Bedarfs importierte und nicht auf dem Markt in Funchal einkaufte: Zwar schmeckt die frisch geerntete Annona sehr viel besser, aber der gemischte Obstsalat aus der Dose ist billiger. Reiseveranstalter weisen auch darauf hin, daß man in den jetzt in die EG aufgenommenen Staaten Spanien und Portugal künftig seinen Kaffee wohl nicht mehr – im wahrsten Sinne des Wortes – ›konkurrenzlos billig‹ trinken kann, weil von diesen Ländern eine entsprechende Anpassung an die EG-Preise verlangt wird. Das Vergnügen des Touristen, in ein ›billiges‹ Urlaubsland reisen zu können, wird also sicherlich mit der Zeit abnehmen. Ob dafür der Lebensstandard der Bewohner Madeiras entsprechend zunimmt, scheint zumindest zweifelhaft.

Zeittafel

Portugal

1249
Vertreibung der Araber aus Portugal
1267
Endgültige Grenzziehung zu Spanien
1415
Eroberung von Ceuta unter Prinz Heinrich (›der Seefahrer‹), danach Gründung der ›Seefahrerakademie‹ in Sagres durch Heinrich, Beginn der überseeischen Expansion Portugals
1385–1580
Regierung des Hauses Aviz
1427–1432
Entdeckung und Inbesitznahme der Azoren
1433
Duarte wird König von Portugal
1443
Erster Sklavenmarkt in Lagos (Algarve)
1460
Tod Heinrich des Seefahrers
1492
Columbus ›entdeckt‹ Amerika
1494
Durch die päpstliche Bulle ›Inter caetera divina‹ Teilung der Welt in ein portugiesisches und ein spanisches Kolonialreich
1495–1521
Regierungszeit von König Manuel

1536
Einführung der Inquisition
1580–1640
Portugal gerät durch Personalunion unter spanische Herrschaft
1588
Untergang der spanischen Armada
1640
Aufstand gegen die spanische Herrschaft
1660
Heirat von Katharina von Braganza mit dem englischen König Charles II.
1755
Zerstörung Lissabons durch Erdbeben
1773
Abschaffung der Sklaverei
1821
Aufhebung der Inquisition
1822
Brasilien wird als konstitutionelle Monarchie von Portugal unabhängig
1873/74
Ein Unterwasserkabel von Brasilien nach Lissabon wird über Funchal verlegt
1910
Portugal wird Republik
1916
Eintritt Portugals in den Ersten Weltkrieg auf Seiten der Alliierten
1910–1926
44 Regierungswechsel in Portugal
1926
Rechter Militärputsch, Diktatur
1932
Salazar Staatspräsident
1939–1945
Im Zweiten Weltkrieg ist Portugal neutral
1949
Beitritt zum Atlantikpakt (NATO)
1951
Den USA werden Stützpunkte auf den Azoren eingeräumt
1968
Caetano wird Ministerpräsident
1974 (April)
Die Bewegung der Streitkräfte stürzt Caetano in der ›Nelkenrevolution‹
1974–1976
Nach langem Kolonialkrieg Entlassung der Überseeprovinzen Angola, Moçambique, Gui-
nea-Bissau und Kapverdische Inseln in die Unabhängigkeit – 800 000 Rückwanderer
1976
Erste demokratische Verfassung: Eanes Präsident, Soares Regierungschef
1986
Aufnahme Portugals in die Europäische Gemeinschaft

Madeira-Archipel

1351
In einer florentinischen Seekarte ist Madeira als ›I. de lolegname‹ (Holzinsel) verzeichnet.
Auch ›porto Séo‹ und ›I.deserte‹ tauchen dort auf. Die Inseln bleiben unbewohnt

1418
Landung von Zarco und Vaz Teixeira auf Porto Santo

1419
Fahrt der beiden Kapitäne nach Madeira

1425
Zuckerrohr aus Sizilien wird angepflanzt

1433
Der König übergibt die Herrschaft über Madeira offiziell an Prinz Heinrich

1440
Der Kapitän Teixeira erhält Machico als Herzogtum (*Capitania*)

1446
Porto Santo wird Perestrelo als Herzogtum übergeben

1450
Zarco erhält offiziell Funchal als Herzogtum

1451
Funchal und Machico erhalten als *Vilas* – Kleinstädte – Stadtrechte

1455
Beginn des Anbaus von Malvasia-Trauben

1457
Tod Zarcos

1493
Beginn des Baus der Kathedrale Sé in Funchal

1497
Einweihung des ersten Klosters: Santa Clara

1508
D. João Lobo wird erster Prälat in Funchal

1514
Diogo Pinheiro wird erster Bischof von Funchal. Zu dieser Diözese gehörte für 200 Jahre die
1443 in Besitz genommene Insel Arguim vor der senegalesischen Küste

1566 (3.–17. 10.)
Französische Korsaren unter Bertrand de Montluc überfallen mit drei Schiffen Madeira und
plündern die Insel. Montluc fällt in Funchal

1570
Jesuiten kommen nach Madeira

1580–1640
Madeira und Porto Santo werden im Rahmen der Personalunion zwischen Spanien und
Portugal spanisch

1600
Der Nordosten Madeiras wird besiedelt, der Zuckeranbau eingeschränkt, der Weinanbau
forciert

1660
Durch besondere Klauseln im Heiratsvertrag von Katharina von Braganza und Charles II. erhalten die Engländer auf Madeira neue Handelsrechte; mehr englische Händler kommen nach Funchal

1724
Choleraepidemie

1748
Starkes Erdbeben

1764
Die Engländer erhalten das Recht, auf Madeira bestattet zu werden

1765
Choleraepidemie

1766
Münzrecht für Madeira

1772
Mehrere öffentliche Volksschulen in Funchal (u. a. drei Lateinschulen)

1775
Ende der Sklaverei

1798
Einrichtung der Post. Funchal zählt 12 000 Einwohner

1800
Der Weinexport erreicht 9 Millionen l pro Jahr

1801
Erste Besetzung durch die Engländer

1807–1814
Die Engländer besetzen die Insel erneut, um sie vor Napoleon zu schützen. 4000 englische Soldaten und 300 Familien leben auf der Insel

1813
Große Überschwemmungen; in den Jahren danach Eindämmung der Flüsse in Funchal

1815
Erdbeben. Auf dem Weg in die Verbannung darf Napoleon vor der Küste ankern

1822
Erste Konstitution für Madeira; erste Zeitung (›Patriota Funchalese‹)

1823
Revolte gegen Portugal, Angriff auf Madeira

1826–1828
Blockade während des Bürgerkriegs in Portugal

1834
Verbannung aller Mönche von der Insel; die Nonnen dürfen bleiben

1836
Medizinische Fachhochschule (›Escola Medico-Cirurgia‹), Gründung des Gymnasiums ›Liceu de Jaime Moniz‹, erste Stadtbibliothek

1848
Der protestantische Prediger Dr. R. Kalley muß die Insel verlassen; Tumulte folgen

1851–1856
Rückschlag im Weinanbau durch Mehltau, Rückgang des Exports auf 60 000 l pro Jahr

1858
10 000 Tote durch Cholera

ab 1860
Die Engländerin Mrs. Phelps macht die Stickerei zu einem neuen Erwerbszweig
1876
Erste Tageszeitung (›Diario de Noticias‹)
1893
Zahnradbahn nach Monte
1897
Elektrisches Licht in Funchal
1900
Neuer Höhepunkt im Weinexport; Eröffnung des Lehrerseminars (›Escola do Magistério‹)
1910
Der Distrikt Madeira erhält weitreichende Autonomie in der Verwaltung
1911
Erstes Telefon in Funchal
1916
Straße Funchal-Encumeada-São Vicente gebaut
1916/17
Bombardierung von Funchal durch die Deutschen, Versenkung von zwei französischen Schiffen im Hafen von Funchal durch deutsche U-Boote
1921
Erster Flug mit einem Wasserflugzeug von Lissabon nach Funchal
1925
Eröffnung eines Industrie- und Handelsinstituts in Funchal
1935–1939
›Kraft durch Freude‹-Schiffe ankern im Hafen
1942–1945
2000 britische Familien werden von Gibraltar nach Madeira evakuiert (da man einen spanisch-deutschen Angriff auf die britische Kolonie befürchtete)
1960
Eröffnung des Flughafens auf Porto Santo
1964
Madeira erhält seinen eigenen Flugplatz ›Santa Catarina‹
1974
Americo Tomás (Staatspräsident) und Marcelo Caetano (Ministerpräsident) gehen via Madeira ins Exil nach Brasilien. Sie bleiben eine Woche im Palast São Lourenço
seit 1975
Gelegentliche Aktivitäten der Unabhängigkeitsbewegungen FLAMA = ›Frente de Libertação do Arquipílago da Madeira‹ und APAM
1976
Erste demokratische Wahlen nach der Revolution, die Sozialdemokraten (PSD) erhalten 64 % der Stimmen, Madeira wird autonome Region Portugals (›Região autónoma da Madeira‹) mit Sonderstatus (den ansonsten nur noch die Azoren genießen). Regionalversammlung mit 44 Abgeordneten; ein Präsident und sechs Regionalsekretäre bilden die Regierung
Eigene Briefmarken (die letzten gab es zuvor 1928)
Eigenes Landessymbol: Kreuz des Christusordens mit gelb-blauer Fahne
1990
Einrichtung einer Freihandelszone bei Caniçal. Grundsteinlegung zur Universität von Madeira

Die Kulturlandschaft Madeira

Die Landwirtschaft

Die Chronisten berichten immer wieder von der dramatischen Urbarmachung Madeiras: Sieben Jahre lang soll die ›Holzinsel‹ gebrannt haben, selbst Zarco mußte sich vor den Flammen in einem Boot in Sicherheit bringen, seine Leute harrten bis zum Hals im Bach stehend aus, bis sie wieder an Land kommen konnten – in der Ribeira dos Socorridos, im ›Fluß der Geretteten‹. Zugleich sei durch die Asche hervorragender Dünger entstanden, auf den die guten Ernten zurückzuführen wären.

Tatsache ist, daß die ursprüngliche Vegetation, die die Insel einst bis zu den Küsten bedeckte, durch Brandrodung weitgehend vernichtet wurde, wobei allerdings Teile des Gebirges und des Nordens, die heute noch den endemischen Laurazeenwald (vgl. S. 23) aufweisen, verschont blieben. Der Brandrodung folgte unmittelbar die Terrassierung. Diese Terrassen, die *Poios*, werden durch Mauern abgestützt; sie sind zu den Tälern hin so abfallend angelegt, daß man sie bewässern kann. Die tiefen, regelmäßigen horizontalen Furchen in den Äckern, die der Besucher sieht, dienen nicht nur der Saat oder dem Anpflanzen von Gemüse, sondern auch als Rinnen für die Bewässerung aus den Levadas. Beim Umgraben dieser schrägen Felder wird die Erde der letzten Rille in Körben wieder nach oben getragen.

Im Lauf der Zeit entstand das für Madeira bis in Höhen von etwa 800 m typische Landschaftsbild: Tausende kleiner Terrassen ziehen sich die steilen Hänge empor, dunkelgrün der Bewuchs, dunkelbraun die stets feuchte Erde, die Wege ockerfarbig, braun bis rot, dazwischen hell leuchtend die Dächer der meist strohgedeckten Ställe *(Palheiros)* und die weiß oder bunt gestrichenen Häuser. Jeder noch terrassierbare Bergvorsprung, jedes schmale Flußtal wird für den Anbau genutzt.

Die große Zahl der Einzelhöfe auf relativ kleiner Fläche vermittelt den Eindruck, auf der Insel könne es keinen Großgrundbesitz geben. Doch der Schein trügt. 40 % der Bauern bearbeiten den Boden als Pächter großer Landeigner oder als Angestellte von Gesellschaften. Das alte Pachtsystem, das neuerdings dadurch aufgehoben werden soll, daß die Pächter Kredite und Subventionen vom Staat erhalten, um das bearbeitete Land als Eigentum zu erwerben, beruht auf einer besonderen Form des ›klassischen‹ Feudalismus: Das Land wurde dereinst von den Statthaltern im Namen der Krone als Lehen den Noblen, den *Fidalgos,* übereignet. Die Bewirtschaftung übernahmen Pächter, *Colonos,* deren Pachtverträge auf einem ›Grundstücksverbesserungssystem‹ *(Bemfeitoria)* beruhten. Die Kosten und die Erträge wurden zu gleichen Teilen zwischen Eigentümer und Pächter geteilt, wobei die

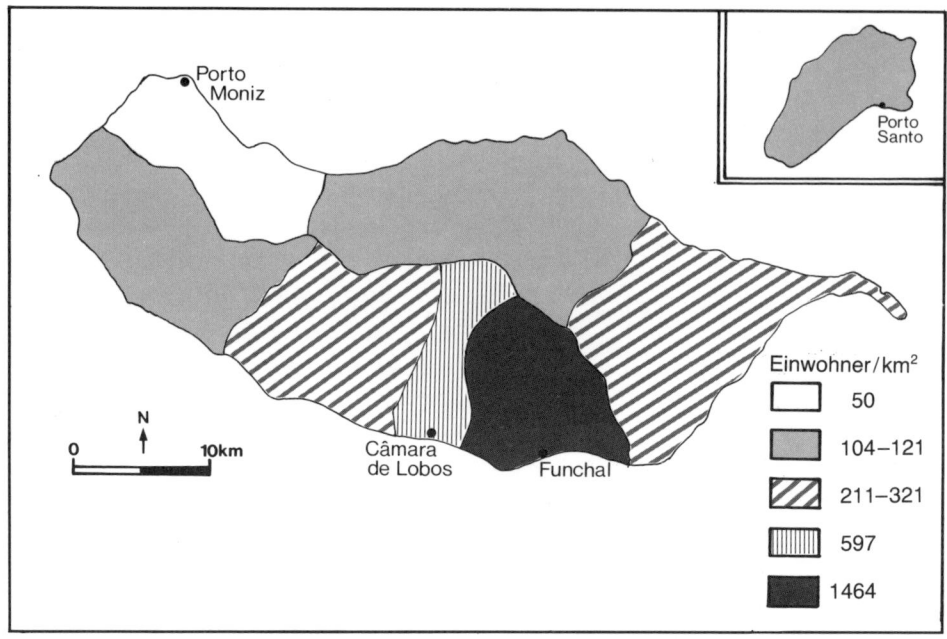

Besiedlungsdichte Madeiras (Quelle: Estudos para o Planeamento Regional e Urbano 20)

Arbeit natürlich nicht als Kostenfaktor galt. Die Verbesserungen allerdings, die der Pächter auf dem Land vornahm – Anlage von Mauern, Ställen und Stellagen, Pflanzen von Bäumen – wurden zu seinem Eigentum, wobei es seiner Entscheidung überlassen blieb, wieviel er investieren wollte. Verkaufte der Grundherr das Land – oft waren Teile der Güter infolge der Erbteilungen nicht mehr gewinnbringend, oder die Eigentümer verarmten und ihr Besitz wurde von wohlhabenden Portugiesen oder Ausländern, vor allem Engländern, erworben –, dann mußte er für diese Verbesserungen dem ehemaligen Pächter eine Entschädigung zahlen, die offizielle Schiedsrichter, die *Avaliadores*, festsetzten. Damit diese Summen nicht zu hoch wurden und die Eigentümer flexibler über Teile ihres Grundbesitzes verfügen konnten, entwickelte sich die Praxis, jeweils nur sehr kleine Stücke zu verpachten.

Da der Ertrag der *Culturas ricas* – also der Bananen, des Zuckers und des Weins – zu 50 % an den Grundherrn abzuführen war, sicherten die Pächter ihre Existenz durch intensiven Gemüse- und Obstanbau unter und zwischen diesen Kulturen, denn deren Ernte gehörte ihnen. Die größten der unter dem geschilderten Pachtverhältnis kultivierten Flächen befanden sich im Osten der Südküste. Entsprechend haben die Gemeinden Câmara de Lobos, Funchal und Machico noch heute den größten Anteil an *Colonos*, an Kleinpächtern.

Wegen der Steilheit des Geländes und der geringen Flächen der Terrassen ist auf den meisten Feldern bis heute weder der Einsatz von Tieren noch der von Maschinen möglich.

Der Boden wird fast ausschließlich mit der Hacke, der *Enchada,* bearbeitet. Da die Bauern in sehr unterschiedlichen Höhen anpflanzen, können Ernten desselben Produkts zu verschiedenen Zeiten erfolgen. Die offiziellen Zahlen bezüglich der Diversifikation im Anbau sind schwankend und ungenau. Auf den bebauten Flächen überwiegen danach mit 65–90 % Obst und Gemüse, gefolgt von 5–16 % Wein, 2–9 % Bananen, 1–6 % Zuckerrohr und 2–10 % Diversem (Weidenruten, Flachs, Tabak, Kaffee u. a.). An der Südküste liegt die Höhengrenze des Anbaus bei etwa 800 m, an der Nordküste kann sie sich für einige Produkte wegen der höheren Regenfälle bis auf 900 m ziehen.

Besucht man die Familie Correia in Funchal, staunt man, was alles in ihrem Stadtgarten von 2000 m² Fläche wächst. Der Mini-Dschungel mit seinem kleinen Bananenwald ist im Sommer und Herbst feuchtwarm. Am Rand der Bananen winden sich Maracujas; wenn 100 Stück geerntet sind, wird aus ihnen der Saft herausgepreßt. Bohnen ranken sich an den Stellagen des Weins hoch, und zwischen den Weintrauben hängen schwere Kürbisse. Riesige Yamsblätter reflektieren das wenige Licht, das einfällt. In der Etage über den Bananen und dem Wein ragt der schlanke Stamm einer Papaya empor, ein großer Avocadobaum beschattet die kleinen Ställe der Ziegen, Schweine und Hühner, die an die Gartenmauer gebaut sind. Die Silberbanane überragt den Bananenwald um das Doppelte, neben ihr steht ein Annonabaum, der seine Herkunft aus Südamerika noch immer erkennen läßt: Er wirft im Sommer seine Blätter ab und trägt Früchte im hiesigen Winter. Aus den Quitten, die im Herbst reifen, kocht man Marmelade *(Marmelo* heißt Quitte, und daher bedeutet *Marmelada* immer Quittenmarmelade). Kräuter wie Thymian, Rosmarin, Petersilie werden in Töpfen gezogen. Es gibt kaum ein Gemüse, das nicht noch in einer Ecke seinen Platz finden würde:

Bauer mit der traditionellen Kopfbedeckung Carapuça

Karotten, Tomaten, Zwiebeln und viel Kohl. Ein dekorativer, rot-bräunlicher Rizinusbaum hat sich selbst ausgesät; aus seinen Samen wird Öl gewonnen. Für die Blumen bleibt – wie immer – nur der schmale Rand am Haus und an den Steintreppen reserviert. Die Süßkartoffeln, Convulus Batatas, ergeben drei bis vier Ernten im Jahr, sie sind allerdings nur als Futter für die vier Schweine bestimmt. Die guten Eßkartoffeln, die auf Madeira ihren eigenen Namen – *Semilhas* – tragen, pflanzt die Familie im Garten des verstorbenen Großvaters in Porto Moniz, da der Boden dort besser ist. Leider liegen diese Felder mindestens drei bis vier Fahrstunden von Funchal entfernt, zu weit für den eigentlich erforderlichen intensiven Anbau. Drei Monate werden die dortigen Terrassen für die Kartoffel *Semilha* genutzt, anschließend für die Süßkartoffeln, Mais oder Bohnen. Im Spätherbst erfolgt die Aussaat des Weizens. Nach dessen Ernte sollen Futterpflanzen dem Feld eine gewisse Ruhe geben, bis der Kreislauf mit dem Anbau der Kartoffeln wieder von Neuem beginnt.

Die Viehzucht hat eine weitaus geringere Bedeutung als der Obst- und Gemüseanbau. Auf Madeira werden etwa 15 000 Kühe gehalten; zuviele Tiere würden den ohnehin knappen Boden zerstören; außerdem gibt es – außer in der Hochebene von Paúl da Serra – keine Weiden, wo man sie grasen lassen könnte. Das Futter wird von steilen Abhängen geholt, das Gras von Steinwällen und von den Rändern der Levadas und Wege abgemäht; die Bauern nutzen dabei auch noch den letzten Zwischenraum, um keine Einbuße an wertvollem Ackerland zu haben. Die ganze Familie kümmert sich täglich um das Futterholen; außerhalb Funchals sieht man kaum jemanden, der nicht mit einer Sichel im Gürtel oder über der Schulter spazierengeht, um rasch ein Bündel Gras für die Kuh schneiden zu können (Abb. 33). Die Kühe werden ständig von Veterinären überwacht, so daß man die bis heute von *Leiteiros*, den Milchverkäufern (Abb. 11), angebotene Milch unbesorgt trinken kann. Stirbt eine Kuh, begräbt man sie übrigens unter den Bananenstauden.

Ochsen wurden früher als Zugtiere verwendet, aber da es die Ochsenschlitten nicht mehr gibt, sieht man sie nur noch in ganz abgelegenen Gebieten. Schweine fehlen dagegen in keinem Haushalt; zu Weihnachten schlachten die meisten Familien ein Schwein. Ziegen werden für den privaten Milchbedarf und auch wegen ihres Dungs gehalten; man läßt sie auch bis hoch in die Berge in kleinen Herden laufen. Auf Wanderungen trifft man immer wieder auf Ziegengatter, denn noch die steilsten Hänge sind bis in 1600 m Höhe durch aufgeschichtetes Gestrüpp, Steinwälle und Zäune in Weidegebiete für die Ziegen eingeteilt. Kühe und Ziegen werden, sofern man sie nicht frei umherlaufen läßt, in den *Palheiros* gehalten, kleinen Ställen mit meist langgezogenen, mit Reet oder Stroh gedeckten Dächern (Abb. 34, 35). Diese *Palheiros* gehören zum typischen Landschaftsbild Madeiras.

Durch das beschriebene Pachtsystem, bei dem jeder Bauer versuchte, auf dem gepachteten Land auch sein Haus und seine Ställe zu errichten, durch das Erbteilungssystem und das Bemühen fast aller, auch der Städter, einen intensiv nutzbaren Hausgarten zu haben, ist die Landschaft Madeiras zersiedelt. In den Flußtälern des Nordens und entlang der Küste im Süden kann man kaum feststellen, wo das eine Dorf beginnt und das andere aufhört. Obgleich es also durchaus Großgrundbesitz gibt, fehlt die Möglichkeit, in großen landwirtschaftlichen Einheiten produktiver zu arbeiten.

Bodennutzung auf Madeira (1972)

Natürlicher Waldbestand einheimischer Arten (Laurazeenwald)	12 000 ha	16,3 %
Kultivierter Waldbestand (Kiefern, Eukalyptus)	17 500 ha	23,7 %
Kultivierte Anbaufläche (Agrarwirtschaft)	20 000 ha*	27,1 %
Ödland	19 200 ha	26,1 %
Wohn- und Verkehrsflächen	5 000 ha	6,8 %
Insgesamt	73 700 ha	100 %

(Quelle: Relatório de Propostas 1972, Bd. 1, S. 18)
* Von der 20 000 ha großen agrarwirtschaftlich genutzten Fläche wurden vor 1969 etwa 75 % durch das Levada-System bewässert.

Neuerdings fallen zwischen den kleinen madeirensischen Wohnhäusern viele Neubauten auf, viel großzügiger gestaltet als die alten Bauernhäuser, die oft leerstehen. Die Neubauten gehören meistens Emigranten, die durch günstige Kredite vom Staat ermuntert werden, sich auf Madeira ein Haus zu bauen, wobei Voraussetzung ist, daß sie 50 % als Eigenleistung in Devisen erbringen. So lassen sich viele Madeirenser, die noch im Ausland arbeiten, für den Lebensabend oder auch nur als Geldanlage ein Haus in ihrem alten Dorf bauen.

Der Garten in Funchal und die Kartoffeln von Porto Moniz versorgen die Familie Correia mit ihrem Eigenbedarf an Obst und Gemüse. Das ist kein Einzelfall. Immer mehr wird die Landwirtschaft zu einem Zuverdienst, geleistet als ›Teilzeitarbeit‹ im familiären Rahmen, um die niedrigen Löhne auszugleichen. Wie könnten sonst die erwachsenen Töchter mit dem Monatsverdienst von 350 DM auskommen? Die durch die heimische Feldarbeit verbilligten Reproduktionskosten werden offensichtlich schon bei der Lohnhöhe mit einkalkuliert.

Das Bewässerungssystem der Levadas

Immer wieder stellt der Besucher fest, wie grün Madeira ist, welch dichte Bewaldung seine Abhänge tragen. Diese üppige Vegetation verdankt sich der Kunst der Bewässerung durch die Levadas (Farbtafel 27, 29, Abb. 36, 37, 40). Diese Kanäle wurden schon vor Jahrhunderten angelegt – durch Hügel hindurchgeleitet, in steile Felswände hineingehauen, in gemauerten (oder heute betonierten) Tunnels kilometerweit von der Nord- zur Südseite der Insel geführt. Fragt man nach dem Umfang dieses Bewässerungssystems, so kann man Zahlen von

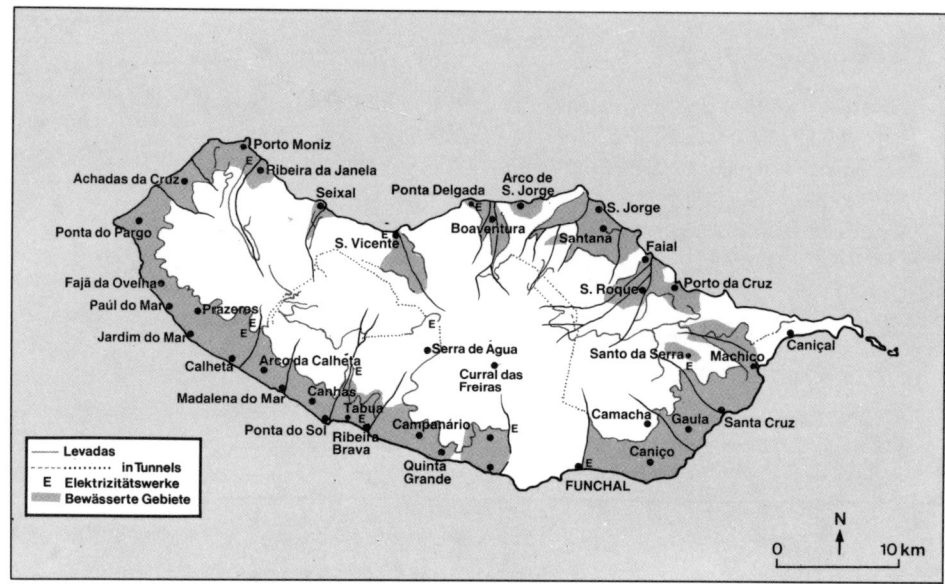

Netz der neuen großen Levadas (Quelle: Regionalregierung Madeira, 1969)

800 bis über 5000 km hören, je nachdem, ob die kleinen Verzweigungen der großen Kanäle, die noch jedes Feld erreichen, mitgezählt werden oder nicht.

Passeios das levadas heißen die Levada-Wege, die es dem Besucher erlauben, die ganze Insel zu erwandern. Er kann auf diesen Wegen an schwindelerregenden Hängen vorbei spazieren oder durch die bebauten Terrassen, durch dichten Lorbeerwald oder wohlriechende Eukalyptushaine, wobei er feststellen wird, daß keine Levada der anderen gleicht.

Die geographischen Voraussetzungen für den Bau der Levadas

Wie bereits ausgeführt, wird die Insel Madeira durch eine Gebirgskette, die sich von Ost nach West erstreckt, in eine Süd- und eine Nordhälfte unterteilt. Für den Ostteil dieses Gebirges ist charakteristisch, daß das hier dominierende Gebirgsmassiv mit der höchsten Erhebung der Insel, dem Pico Ruivo (1861 m), sehr viel schroffer nach Norden als nach Süden abfällt und eine natürliche Barriere gegen die Nord- und Nordostwinde bildet. Dessen ›Mittelbereich‹ von etwa 900 m verzeichnet deshalb erhöhte Regenfälle – bis zu 2000 mm jährlich, ohne eine ausgeprägte Trockenzeit aufzuweisen –, während der Süden sechs Monate lang trocken bleiben kann. Verminderte Sonnenscheindauer und niedrigere Temperaturen setzen zudem die Verdunstung auf der Nordseite herab. Diese Faktoren bewirken einen großen Wasserreichtum auf der Nordseite, wo sich aber nur im Tal von São Vicente, bei São Jorge, bei Porto Moniz und Santana landwirtschaftliche Nutzung in nennenswertem Umfang findet. Auf der trockeneren Südseite hingegen mit ihren sanfter abfallenden Hängen gibt es seit jeher sehr viel mehr und größere Anbaugebiete. Das Wasser ist also gerade dort reichlich vorhanden, so es nicht im entsprechenden Umfang genutzt werden kann.

Diese Diskrepanz wird durch die geologischen Gegebenheiten noch verstärkt. Die zahlreichen Quellen, die nie versiegen, sprudeln nämlich vor allem aus den Felsen im Norden hervor. Wie ist das zu erklären? Madeiras geologischer Aufbau weist verschiedene schräggelagerte Schichtungen von Lava, Schlacke, Tuff und Aschen auf, die voneinander durch nicht poröse Basaltriffe und enorme Konglomeratsmassen getrennt sind. Der Regen, der durch die Oberfläche auf diese Einbettungen sickert, sucht sich zum Abfluß den steilsten Weg, so daß das Wasser an der schrofferen Nordküste wieder hervortritt. Selbst Niederschläge, die an den Südhängen abregnen, fließen so meist nach Norden ab! Je nach Lagerung der wasserundurchlässigen und der porösen Schichten treten die Quellen in verschiedenen Höhen hervor. In der Höhe von 1500–1600 m befinden sich die meisten im Gebiet von Pico Ruivo do Paúl, Bica da Cana, Lombo do Moiro und Juncal. Die wasserreichsten und damit bedeutendsten für die Levadas liegen jedoch tiefer, in dem Höhenbereich um 700 m. Insgesamt hat Madeira in den porösen Schichten und zahlreichen Höhlen eine ungeheure Menge an Wasser gespeichert, schätzungsweise 200 Millionen m^3.

Levada das Vinte e Cinco Fontes
hinter Rabaçal

Das Problem, wie man die reichlichen Wasservorräte des Nordens nach dem Süden bringen kann, wurde durch die Levadas gelöst. Sie führen das Wasser in sanftem Gefälle um die Berge herum und in Tunnels durch sie hindurch bis auf eine Höhe von 600–700 m an die Südküste, wo die bebauten Terrassen beginnen. Heute wird praktisch jedes Feld der Insel in der regenarmen Zeit, von April bis Oktober, durch Levadas bewässert.

Die Geschichte der Levadas

1986 nachts in Funchal. Es herrscht wieder einmal große Aufregung in der Familie Correia: Das Levada-Wasser ist nicht gekommen. Wie sie aus der Buchführung des *Levadeiro*, des Aufsehers über die Levada, sehen können, waren sie tatsächlich turnusgemäß an der Reihe, Wasser in ihr Auffangbecken leiten zu dürfen, um ihre 2000 m² Land zu bewässern. Wo ist es geblieben? Die Kinder rennen die steile Straße in Richtung Monte hinauf, finden schließlich ein Haus, wohin das Wasser abgeleitet wird, streiten mit dem Besitzer, ob es nicht ›ihr Wasser‹ sein könne. Ein anderes Mal hatte ein Nachbar, der oberhalb der Correias lebt, seine Schotten nicht rechtzeitig geschlossen, so daß die Familie die Stunde, die sie ›gebucht‹ hat, nicht voll ausnutzen konnte. Ein immer wiederkehrender Ärger, der so alt ist wie das Levadasystem selbst.

Bereits im 15. Jahrhundert wurden auf Madeira die ersten Bewässerungskanäle angelegt. 1461, also nur vier Jahrzehnte nach der ersten Besiedlung der Insel, bestimmte Prinz Fernando, daß zwei Männer – *Heréus* – mit der Verteilung des Wassers zu beauftragen seien. Damit wurde das Wasser zum ersten Mal privater Willkür entzogen und staatlicher Kontrolle unterstellt. 1485 verfügte dann König João II., wann die Levada-Beauftragten den Benutzern das begehrte Naß zuteilen sollten. 1493 erließ er ein Gesetz, wonach kein Landeigentümer den Bau, die Instandhaltung oder die Nutzung einer Bewässerungsanlage behindern durfte, auch wenn diese über sein Eigentum führte. Die folgenden Jahrzehnte sahen den forcierten Ausbau des Levada-Systems. Ab 1650 wurden für den immer rascher steigenden Bedarf, vor allem für den Zuckerrohranbau und die Wassermühlen, immer größere und breitere Kanäle angelegt. Arabische und afrikanische Sklaven mußten die halsbrecherischen Arbeiten in schwindelnder Höhe verrichten, oft in Körben sitzend, die man an Seilen die steilen Felswände hinunterließ. Das Geschick der Mauren, die ja über große Erfahrungen in Bewässerungstechniken verfügten, dürfte dabei Entscheidendes zum Bau der Kanäle beigetragen haben. Als Folge des stagnierenden Zuckerhandels wird nach 1680 kaum von einem weiteren Ausbau der Levadas berichtet.

Ein Gesetz von 1770 beweist, daß es immer wieder Schwierigkeiten mit der privaten Verteilung gegeben haben muß, denn es wurde verboten, privat Wasser zu verkaufen, und festgelegt, daß die Verteilung und Nutzung des Wassers ganz unabhängig von den jeweiligen Eigentumsverhältnissen nur im Interesse des zu bewirtschaftenden Landes zu erfolgen habe. 1841, zu einer Zeit, wo erneut eine rege Bautätigkeit einsetzte, wurde ausdrücklich auf das genannte Gesetz von 1461 zurückverwiesen: »*Protanto hemos por bem e nos praz que particular algum tenha direito domínio accão nas fontes, olhos e tornos de água que em suas terras nascerem...«* (»Wir verfügen, daß keiner das Recht, die Mittel oder die Möglichkeit dazu haben soll, die Quellen, weil sie auf seinem Gebiet entspringen, für sich zu nutzen...«). Bis 1867 blieb diese eindeutige Regelung, die ihr Vorbild übrigens in der Wasserverteilung des mittelalterlichen arabischen Spanien hatte, in Kraft. In dieser Zeit erfolgte auf Madeira auch der Bau der großen Levadas von Rabaçal, die die südliche Westhälfte der Insel bewässern, und der 80 km langen Levada do Furado, die durch ein ca. 700 km umfassendes Netz von kleinen Kanälen ergänzt wurde.

Im Zuge der allgemeinen europäischen Tendenz, regionale Bestimmungen dem Landesrecht unterzuordnen, das um diese Zeit eindeutig darauf abzielte, das Privateigentum an Grund und Boden durchzusetzen (was für die Entwicklung des Kapitals eine unabdingbare Voraussetzung war), folgte man auch in der Gesetzgebung für Madeira dem Code Civil. 1914 wurde das Wasser endgültig zu einem ähnlichen Rechtsgut wie der Landbesitz, so daß die jeweiligen Eigentümer es privat nutzen und auch weiterverkaufen konnten. Wasser entwickelte sich zu einem Spekulationsobjekt, mit dem Ergebnis, daß es Wasserbesitzer ohne Land, Landbesitzer ohne Wasser oder auch Landbesitzer mit Wasser gab. Für die Landwirtschaft der Insel hatte dies fatale Konsequenzen, da die Bauern ohne Zugang zu Wasser völlig erpreßbar waren. Dieser rechtliche Zustand wurde erst 1943 geändert.

Heute ist die Wasserversorgung durch die großen Levadas eine fast durchweg öffentliche Einrichtung: Die Levada-Arbeiter, die die großen Kanäle ständig instandhalten müssen, sind Angestellte des Staates, und die Benutzer bezahlen eine festgesetzte Jahresmiete für die regelmäßige Zuteilung bestimmter Mengen Wasser. Daneben existieren aber auch noch private Wasserbesitzer, die *Heréus*.

Heréu – ein Wasserbesitzer

In früheren Jahrhunderten wurden – wie erwähnt - vom Staat bzw. vom jeweiligen Herrscher *Heréus* ernannt, um die Wasserverteilung zu beaufsichtigen. Als das neue bürgerliche Recht im 19. Jahrhundert auch das Wasser zum Privateigentum erklärte, übernahmen alle Wasserbesitzer diese Bezeichnung. Heute haben sich die *Heréus* (den Begriff gibt es übrigens nur auf Madeira), die Besitzer einer Quelle oder eines Quellgebietes sind, in Wassergesellschaften zusammengeschlossen. Eine von dieser Gesellschaft ernannte Kommission ist zuständig für die Unterhaltung der aus diesem Gebiet entspringenden Levada und für die Zuteilung des Wassers an die Benutzer. Gegen eine geringe Gebühr, die sich nach der Zeit der Wasserzuteilung richtet, erhält jeder Eigentümer sein Wasser; auch andere können, sofern noch welches verfügbar ist, Wasser ›mieten‹. Die Kommission stellt vom Frühjahr bis Herbst einen *Levadeiro* ein, der das Wasser nach ›Stundenplan‹ zuteilt und auch zu den Gärten ›hinführt‹, weshalb er auch für die Reinigung des Zulaufs zuständig ist. Die turnusgemäße Zuteilung wird *Giro* genannt.

Die Kommissionen treffen sich regelmäßig, um ihre Arbeit zu koordinieren; sie wählen einen Sprecher – oft denjenigen, der von seiner eigenen Kommission den größten Anteil an ›Wasserstunden‹ für sich selbst mietet –, an den etwaige Beschwerden zu richten sind. Da die regelmäßige Wasserversorgung in den Sommermonaten für die Anbaugebiete lebensnotwendig ist, dreht sich in den Diskussionen und in den Streitereien der Nachbarn immer wieder alles um das Wasser – und Probleme gibt es genug: Abfall wird auf die Straße gekippt, so daß die Straßen-Levada – und jede Straße Funchals, die von den Hügeln talwärts führt, hat eine solche – in ihrem Zulauf unterbrochen ist und das Wasser statt die Gärten die Straße überschwemmt. Leute schütten ihr Abwasch- und Seifenwasser hinein, was dem Gemüse nicht gerade gut tut, Straßenbauarbeiten zerstören Zuleitungen, so daß der für die Reparatur Zuständige ermittelt werden muß, Mülldeponien liegen zu nahe an Reservoirs, so daß die Zuläufe verstopfen, manches Mal läßt ein Benutzer seine Schotten zu lange geöffnet, ›klaut‹ also das Wasser, manchmal strömt zu viel Wasser die Levada hinunter, weil z. B. ein Kanal von mehreren Kommissionen benutzt wird und die Verteilung durcheinander gerät.

Wie die Verteilung individuell geregelt wird, können wir bei Senhor Correia miterleben. Er ist *Heréu* in drei Levada-Gesellschaften, von denen ihm jede etwa alle zwölf Tage ein bis zwei Stunden Wasser zuteilt. Sein 49 m^3 fassender Tank wird also im Durchschnitt alle vier Tage gefüllt. Wenn sein Tank vollgelaufen ist, was etwa eine Stunde dauert, öffnet Vater Correia die Stopfen *(Bucha)*, einmal für die rechte und dann getrennt davon für die linke Hälfte des Gartens. Über senkrecht verlaufende Gartenkanäle, die durch einen Keil – Holz oder Steine, oft mit Lumpen umhüllt *(Tornadoro)* – an jeder beliebigen Stelle dichtgemacht werden können, fließt das Wasser in kleine Rillen. Zwei Leute müssen diese Bewässerung regulieren: Der eine steht am Ende einer Rille und kündigt das ankommende Wasser an, der andere dreht den Keil um oder befördert ihn zur nächsten Rille. Eine Stunde braucht die Familie etwa, um ihren Garten zu bewässern. Vorher muß allerdings der Boden gelockert werden. Und das immer wieder notwendige Säubern des Tanks und der Zuleitungen verschlingt jeweils einen vollen Arbeitstag.

Das Levada-System heute

Die großen – staatlichen – Levadas, sind, bevor sie sich in die Zuteilungsströme verzweigen, bis zu 1 m breit und etwa 70 cm tief. Soll das Wasser – zumindest in den Monaten der Zuteilung an die Bauern – ständig gleichmäßig fließen, müssen sie gewartet werden; deshalb sind sie alle begehbar, entweder auf der Levada-Mauer selbst oder auf einem Weg neben dem Kanal, dem *Passeio da Levada*. In den Höhenlagen bis 700 m dienen diese Wege den Bewohnern als Fußpfade zu ihren Häusern. In Waschhäusern wird das Wasser für die Wäsche abgeleitet, Kinder baden in der Levada, gelegentlich dient der Kanal auch als Transportweg z. B. für einen schweren Baumstamm. Das ist das Bild, das der Wanderer erleben kann, wenn er z. B. die Levada do Norte entlangläuft, vorbei an den terrassierten Feldern und an den Häusern, die häufig nur über die Levada-Wege zu erreichen sind.

In höheren Lagen, vor allem auf der Nordseite der Insel, ist mehr die artistische Bauweise zu bewundern: Mit äußerst geringem Gefälle – oft nur 1 m auf 1000 m – werden die Kanäle um die mächtigen Berge herumgeführt. An manchen Stellen hat der Wanderer fast das Gefühl, Bergsteiger zu sein, ohne sich jedoch die Mühe der Kletterei machen zu müssen: Steil ragen die Felsen auf der einen Seite auf, oft überhängend und schroff ist der Abhang zur anderen. Sollte man Angst haben, schwindlig zu werden, bleibt als Trost, daß man notfalls vom Weg in das breitere Bett der Levada steigen kann.

Der Wanderer wird an Wasserhäusern vorbeikommen, wo die Zulaufmenge reguliert, der Schwall geteilt und in verschiedene Richtungen gelenkt wird; er sieht immer wieder die Schotte, die sich hochziehen lassen, oder einfache Feldsteine, die die Zuflüsse zu den Feldern versperren und bei Bedarf weggeräumt werden, wenn das Wasser in einen der vielen Nebenarme strömen soll. Gebirgsbäche, in denen sich Geröll auftürmen mag, kann er bequem auf Brücken überqueren, über die ja die Levadas selbst geführt werden müssen, um nicht an Höhe zu verlieren. Levada-Kreuzungen (Abb. 37) weisen darauf hin, daß kein Bach, keine Quelle unausgenutzt bleibt, sondern jeder kleine Wasserlauf nach Bedarf der Levada als weiterer Zufluß zugeführt wird. Im Gegensatz zu den geschäftigen und häufig lauten Wegen durch die bewohnten Gebiete der Insel findet der Wanderer an den höher gelegenen Levadas Ruhe und Einsamkeit.

Die jüngste und modernste Levada Madeiras ist die erst 1966 in Betrieb genommene Levada dos Tornos. Sie hat eine Länge von 106 km und bewässert 9900 ha Land. Auf 16 km führt sie durch Tunnels, von denen der längste 5,1 km mißt und 600 l Wasser pro Sekunde fassen kann. Das Elektrizitätswerk Fajã da Nogueira ist in das System der Levada einbezogen. Die Levada dos Tornos nimmt ihren Anfang auf der Nordseite oberhalb von Boaventura, verläuft dann zur Südseite oberhalb von Funchal, von wo sie in einer Höhe von etwa 600 m dem Lauf der Küste folgt, und zwar nach Osten, an Camacha vorbei, bis sie oberhalb von Machico endet. 100 000 Ausflüsse zwischen Funchal und Santa Cruz soll diese Levada versorgen. Sie ersetzt die alte Levada Santo da Serra, die nur noch als Wanderweg existiert, und verläuft streckenweise parallel unterhalb derselben. Sie ergänzt auch die Levada do Furado, die – einst mit 80 km die längste der Insel – aufgrund von Fehlplanung Funchal nicht erreichte.

Die Kommission zur Wassernutzung (›Comissão Administrativa dos Aproveitamentos Hidráulicos da Madeira‹) begann 1944 mit einer umfassenden Modernisierung des Levada-Systems. Zu Beginn dieses Jahrhunderts gab es auf Madeira etwa 200 Levadas, die 11000 ha Land bewässerten, also nur die Hälfte der bebauten Flächen. Im Rahmen des neuen, mehrstufigen Regierungsplans, der 1969 abgeschlossen war, entstanden – neben drei Elektrizitätswerken – fünf neue Levadas von insgesamt 300 km Länge, die weitere 19000 ha Land bewässern können. Mit bis zu 80 l/Sekunde führen diese Kanäle erheblich mehr Wasser als die alten. Nunmehr ist auch das Trinkwasserproblem Funchals gelöst, und zugleich wurden alle Dörfer elektrifiziert.

Für den Besucher der Insel jedoch dürften die alten Levadas mit ihrer Bemoosung, ihren Farnen, den kurzen, kaltnassen Tunneln reizvoller sein als die neuen. Zum Kennenlernen einer typischen Gebirgslevada empfiehlt sich die Levada do Furado (›in den Felsen gehauen‹) von Ribeiro Frio zu dem Wasserhaus Lamaceiros oder bis nach Portela oder Santo da Serra. Einen reizvollen Gegensatz dazu bietet ein Spaziergang an der Levada do Norte, der in Estreito de Câmara de Lobos begonnen und jederzeit an einem der Orte der Südküste in Richtung Ribeira Brava beendet werden kann. *Vgl. ›Levada-Wanderungen‹ S. 228 ff.*

Exportkulturen: Zuckerrohr und Banane

Das Zuckerrohr

Heinrich der Seefahrer und der Entdecker Zarço planten schon gleich nach der Inbesitznahme Madeiras, auf der Insel Reichtümer für Portugal zu schaffen. Die Grundlage sollte das (heute nur noch in unbedeutendem Umfang angepflanzte) Zuckerrohr bilden. Die Pläne waren erfolgreich, dank des Zuckers erlebte Funchal eine erstaunliche Blütezeit.

Die Pflanze, deren Name sich aus dem altindischen *Sakkara* ableitet, war in Indien und China bereits um 1100 v. Chr. bekannt; Araber, Römer und Griechen schätzten sie als etwas Besonders aus einer fernen Welt, doch blieb bei ihnen (wie auch bei den Germanen) der Honig der vorrangige Süßstoff. Im Mittelalter von den Arabern als *Sukkar* in die Mittelmeerländer gebracht und in Spanien angepflanzt, wurde der Zucker in Europa zunächst nur als Arznei bekannt.

Madeira rühmt sich, den Zucker als Süßstoff in Europa überhaupt erst durchgesetzt zu haben und Vorbild gewesen zu sein für die späteren Zuckerplantagen in Brasilien und der Karibik. Schon 1425, also nur sechs Jahre nach der Inbesitznahme der Insel durch Zarco, wurde mit dem Anbau der ersten, aus Sizilien eingeführten Stecklinge begonnen, und zwar in einer Baumschule in Campo do Duque, dort, wo heute die Kathedrale von Funchal steht. Man verteilte die neuen Pflanzen auf ausgewählte Gebiete – darunter Machico, das wiederum beansprucht, sein Zucker habe erstmals den Markt außerhalb Portugals erobert. 1456 gelangte die erste Schiffsladung Zucker von Funchal ins englische Bristol. Auf Madeira entstand 1452 im Santa-Lucia-Flußtal die erste Wassermühle, die Zuckerrohr zerkleinerte und ausquetschte. Ende des 15. Jahrhunderts gab es hier bereits 120 derartige Mühlen. Auf den Plantagen arbeiteten zu dieser Zeit 2700 Sklaven – gefangene Mauren und Berber, daneben in geringerer Zahl Schwarzafrikaner. Madeira gewann die Oberhand über die Konkurrenz aus dem fernen Asien; Genua und Venedig, die Hauptumschlagplätze für den Zucker aus der Levante, konnten nicht mithalten und importierten – ebenso wie England und Flandern – bald selbst das ›weiße Gold‹ aus Funchal.

Um 1500 erreichte Madeira den Höhepunkt seiner Zuckerproduktion: Portugal war dank der Insel zum Hauptlieferanten von Zucker geworden, den nicht nur die europäischen Höfe als eine Süßigkeit von besonderer Delikatesse schätzten, sondern der auch mehr und mehr die Küchen ›niederer‹ Kreise eroberte. Im Jahre 1500 wurden bereits eineinhalb Millionen

Kilo Zucker über Funchal exportiert. Dafür tauschte man u. a. Gemälde aus Flandern ein, die heute noch in Museen und Kirchen Madeiras zu sehen sind und zu den wertvollsten Kunstwerken der Insel zählen. Funchal erhielt die Beinamen ›Stadt des weißen Goldes‹ und ›Zuckerstadt‹. Fremde Kaufleute, vor allem Engländer, ließen sich hier nieder, bald wurde die zweite Hauptstraße – Rua dos Mercadores (›Straße der Kaufleute‹) eröffnet. Namen wie Rua da Mouraria (›Straße des Maurenviertels‹), Rua das Pretas (›Straße der Negerinnen‹) oder Lombo do Mouro (›Hügelkette der Mauren‹) erinnern an den damals lebhaften Sklavenhandel. Solide und stilvolle Möbel, gefertigt aus den Zuckerkisten, sind noch heute im Museum Quinta das Cruzes zu besichtigen (vgl. S. 172). Und der berühmteste Besucher der Insel, Christoph Columbus, soll nach Madeira gekommen sein, um Zucker einzukaufen!

Aus dem Jahr 1516 wird eine Geschichte berichtet, die glaubhaft erscheint, bestaunt man heute die kunstvollen Torten in den Konditoreien Madeiras: Damals wurde der Sohn des reichsten Mannes der Insel, der seinen Reichtum natürlich auch auf den Zucker gegründet hatte, Bischof von Funchal. Der Vater war darüber so glücklich, daß er dem Papst ein Präsent nach Rom sandte: und zwar den Papstpalast, Roms Kirchen sowie die Kardinäle und Priester als wirklichkeitsgetreue Nachbildungen in Zuckerbackwerk. Rom soll das süße Kunstwerk dankbar entgegengenommen haben.

Der aus dem Zucker gewonnene Reichtum – zunächst konkurrenzlos produziert wegen der billigen Arbeitskräfte, der frühen Anwendung von Maschinen und der monokulturellen Konzentration auf die Südküste – währte jedoch nur etwa 100 Jahre. Bereits 1503 wurde das Zuckerrohr nach Südamerika gebracht, und um 1530 entstanden in Brasilien und den westindischen Inseln die ersten Zuckerplantagen. Sklaven wurden aus Schwarzafrika importiert, die Wassermühle von Madeira übernommen, und schon bald schlugen die Kolonien wegen ihrer viel größeren Produktivität Madeira aus dem Felde. 1657 war schließlich der Madeira-Zucker von den europäischen Märkten verschwunden.

Viele Sklaven auf Madeira wurden als Folge dieser Entwicklung freigelassen – ihre Ausbeutung lohnte sich für die Herren einfach nicht mehr, auch wenn man einige noch weiterhin im Bau von Levadas einsetzte. 1773 erfolgte schließlich die endgültige Abschaffung der Sklaverei in Portugal. Manche Sklavennachkommen fuhren zurück nach Afrika, andere blieben auf Madeira und integrierten sich allmählich völlig in die ansässige Bevölkerung.

Über die Herstellung des Zuckers

Bei dem Zuckerrohr handelt es sich um ein schilfähnliches tropisches Gras, das eine Mindesttemperatur von 18 °C und eine kontinuierliche Bewässerung verlangt. Es kann 5 bis 9 m hoch und 20 Jahre alt werden. Der Blütenstand ist eine große, weithin sichtbare Rispe, die auch heute noch dekorativ an den Rändern der terrassierten Felder blüht. Aus dem Wurzelstock der Pflanze wachsen scharf in Knoten gegliederte Sprossen, die bis zu 7 cm Durchmesser erreichen können. Sie schlagen unmittelbar über dem Erdboden aus, wo sie sich, in Kolonien wachsend, vermehren. Die Blätter sind bis zu 2 m lang und haben infolge von Kieselsäureeinlagen einen harten Rand. Der höchste Zuckergehalt, der sich am Grund des Sprosses befindet, beträgt bis zu 20 %.

Die Ernte des Zuckerrohrs beginnt in der Regel nach Gelbwerden der Blätter (10–24 Monate nach dem Auspflanzen), auf Madeira gewöhnlich im März/April. Die harten Zuckerrohrstangen schlägt man ab und bringt sie danach sofort zur Verarbeitung, weil bei hoher Temperatur der Zucker rasch abgebaut wird. Bis zu achtmal kann die Pflanze wieder austreiben; die Vermehrung erfolgt durch das Auslegen von Sprößlingen in die Erde. Die geschnittenen Halme werden zerkleinert und ausgequetscht – vor Erfindung der Wassermühle (Abb. 5) mit einer Handpresse (*Alçapremas*) oder mit Hilfe einer durch Tiere angetriebenen Presse (*Trapiche*). Der Saft wird gereinigt, durch Zugabe von Kalkmilch geklärt, erhitzt und bis zur Kristallisation eingedickt, der kristallisierte braune Zucker dann vom Muttersirup abzentrifugiert und anschließend raffiniert. Die Melasse enthält noch 30–40 % Rohrzucker, den man entweder zu Rum oder reinem Alkohol verarbeitet oder als Futtermittel verwendet.

In früheren Zeiten wurde der Zucker in Form eines Kegels (Zuckerhut) geformt und in blaues Papier eingewickelt; Funchals Stadtwappen mit den fünf Zuckerhüten erinnert daran. Heute pflanzt man auf Madeira nur noch in sehr geringem Umfang Zuckerrohr an, und zwar, um Sirup (*Mel de açucar*) und einen lokalen Rum, den *Madeira aguardente*, herzustellen.

Die Banane

Früher wurde Funchal die ›Stadt des weißen Goldes‹ genannt, weil sich ihr Reichtum auf den Export von Zucker gründete. Heute möchte man sie als ›Bananenstadt‹ bezeichnen, weil – für eine Großstadt eigentlich verwunderlich – sich die Bananenhänge und -gärten bis hinunter zum Hafen ziehen und die Häuser, sofern sie nicht, wie im Westen, den Hotelbauten und den Blöcken des sozialen Wohnungsbaus haben weichen müssen, immer noch von Bananenstauden umgeben sind. Hauptsächlich wird auf Madeira die kleinwüchsige Obstbanane Banana ana aus der Familie der Musa cavendishii sapientum angepflanzt, deren Stauden nur etwa 1,70 m Höhe erreichen und kleinere, goldgelbe Früchte mit recht dünner Schale hervorbringen (man kann diese wohlschmeckende Banane das ganze Jahr hindurch auf dem Markt kaufen). Daneben wächst in den Gärten aber auch an Stauden von 3 bis 5 m Höhe die Silberbanane, anspruchsvoller im Anbau und delikater im Geschmack. Die Bananenpflanze braucht konstante Wärme und Feuchtigkeit, weshalb sie auch auf Madeira nur in den tiefsten Regionen wächst, am besten in Küstennähe. Schon in 200 bis 300 m Höhe entwickeln sich kaum noch Früchte. So verwundert es nicht, daß Funchal mit seinen sanft abfallenden Südhängen für den Bananenanbau genutzt wird. Im Norden gedeiht die Pflanze schon wegen der zu niedrigen Temperaturen kaum noch.

Die Banane ist eine alte Kulturpflanze; schon vor Beginn des europäischen Mittelalters wurde sie von ihrer Heimat Südasien durch die Araber nach Westen verbreitet. Die Portugiesen fanden sie im 15. Jahrhundert schon in Afrika vor und brachten sie nach Europa. Mit Anpflanzungen auf den Kanarischen Inseln und Madeira wurde Anfang des 16. Jahrhunderts begonnen, bald darauf gelangte die Banane nach Südamerika. Wirtschaftliche Bedeutung für den Export erhielt der Anbau jedoch erst Mitte des 19. Jahrhunderts, und zwar sowohl in der Alten wie in der Neuen Welt: Die Banane muß nämlich nach der Ernte

Bananenstaude

innerhalb von 24 Stunden verschifft werden, und zwar in Kühlschiffen, in denen eine Temperatur von maximal 13 °C herrschen darf. Daß jetzt, nach dem Anschluß Portugals an die Europäische Gemeinschaft, der Export madeirensischer Bananen leiden wird, ist vorauszusehen: Sie stehen dann nämlich in Konkurrenz mit den sehr viel haltbareren und kostengünstiger produzierten Bananen aus Südamerika (vgl. S. 70).

Vater Correia erklärt den Anbau: Auf seinem 2000 m² großen Grundstück stehen die Stauden dicht an dicht; die Wedel bilden einen Miniaturwald, halbdunkel, feucht und warm. In sorgfältig vorbereiteten Rillen fließt das Wasser aus dem Reservoir, das durch die Levada gefüllt wird. Drei bis vier Jahre braucht eine Pflanze, bis sie eine reife Frucht trägt: Die unreifen Bananen sind noch eckig, erst wenn sie abflachen, kann man die Staude abhauen. Die Enden der einzelnen Bananen werden vorher noch ›gestutzt‹, damit sie nicht zu schnell reifen. Bleibt die Staude für den Hausgebrauch zum Reifen liegen, dann werden kleine Äpfel zwischen die noch grünen Bananen gepreßt, was diesen einen vollmundigeren Geschmack verleiht. Viele Bananenstauden umhüllt man mit Plastiksäcken, um die Früchte vor Ungeziefer und Temperaturschwankungen zu schützen. Ist die Staude geerntet, wird ihr Stamm gefällt und an die Ziegen verfüttert, die an der Mauer des Gartens einen kleinen Stall haben. Unter den neben der ›Mutterpflanze‹ inzwischen hervorgeschossenen, oft schon dreijährigen Trieben wählt der Bauer nach Lage und Größe diejenigen aus, die im nächsten Jahr eine Frucht tragen sollen. So gelingt es, jährlich Bananen für die Ernte zur Verfügung zu haben, obwohl sie vier Jahre brauchen, um Früchte zu tragen.

Der Madeirawein

Um die Berühmtheit des Madeiraweins zu beweisen, wird gerne Shakespeare zitiert, denn in dem Drama ›Heinrich IV.‹ begrüßt Falstaff einen der Zechbrüder als »that Malmsey-nosed knave Bardolph« (»der Schurke Bardolph mit seiner vom Malvasia-Wein geröteten Nase«). In demselben Stück wird Falstaff beschuldigt, er habe seine Seele für ein Glas Madeirawein und einen Kapaunenschenkel verkauft: »Jack, how agrees the devil and thee about my soul that thou soldest him on Good Friday last for a cup of Madeira and a cold capon's leg?«

Shakespeare war Dichter, und so verzeiht man ihm gerne den Irrtum, der ihm unterlief: Als Heinrich IV. regierte (1399–1413), hatte man Madeira noch nicht (wieder)entdeckt, es gab erst recht noch keinen Weinanbau auf der Insel. Doch ist das Zitat ein Dokument für die Berühmtheit des Weines zu Zeiten Shakespeares (1564–1616). Für die Ära davor soll eine eher makabre Geschichte den frühen Ruhm des Weines verbürgen: Als der englische Herzog George of Clarence 1478 zum Tode verurteilt worden war, wünschte er sich als Art der Hinrichtung, in einem Faß Malvasia-Weines ertränkt zu werden, was dann auch geschah. Ein Wein wurde nach ihm benannt.

Die Geschichte des Madeiraweins

Heinrich der Seefahrer hatte zu Beginn der Inbesitznahme Madeiras, in der ersten Hälfte des 15. Jahrhunderts also, Malvasia-Reben aus Kreta einführen lassen, die sehr schnell so prächtig gediehen, daß die damals bereits auf der Insel aktiven englischen Kaufleute neben dem Zucker bald auch Wein aus Madeira verkauften. Als Cromwell 1651 in der sogenannten Navigationsakte verfügte, daß jegliche Ausfuhr von nicht-englischen Waren in Länder des britischen Kolonialreichs verboten sei – eine Bestimmung, die nach dem Zweiten Seekrieg mit Holland (1664–67) von Charles II. bestätigt wurde –, gab es eine Ausnahme: Die Weine von Madeira und den Azoren durften direkt von diesen Inseln in die Neue Welt verschifft werden. Die englischen Kaufleute nutzten diese Sonderbestimmung erfolgreich, und so wurde die Weinproduktion Madeiras rasch ausgedehnt, zumal der Zuckeranbau stark zurückgegangen war (vgl. S. 89). Die ›Madeira-Shippers‹, wie man sie nannte, sorgten dafür, daß Madeirawein in allen englischen Kolonien und natürlich im Mutterland selbst zum Getränk der Wohlhabenden, Herrschenden und der Offiziere avancierte. Billigere Varianten wurden für die Mannschaften der Segelschiffe hergestellt, die Funchal anliefen. Die britische Dominanz im Madeira-Weinhandel wurde nur in der Zeit der spanisch-portugiesischen Personalunion (1580–1640) unterbrochen, da die Spanier, ohnehin mit England verfeindet, kein Interesse daran hatten, auf Madeira eine Konkurrenz zu ihren Sherry-Weinen zu fördern.

Die Entwicklung des Madeiraweins zu dem heute bekannten, hochwertigen Getränk erfolgte in der Zeit der gesteigerten weltweiten Nachfrage um 1700, und zwar zunächst eher

Verladung von Madeirawein-Fässern im Hafen von Funchal; Lithographie von A. Picken, Anfang des 19. Jahrhunderts

zufällig: Nach Indien und der Karibik verschiffte Weine, die wieder nach Madeira zurückkamen – wegen des Boykotts von Ladungen behaupten die einen, wegen nicht bezahlter Rechnungen die anderen –, hatten aufgrund der tropischen Hitze, der sie so lange ausgesetzt waren, eine prägnante Geschmacksveränderung erfahren. Und so entstand die Legende, die Besonderheit des Madeiraweins läge in der zweimaligen Verschiffung über den Äquator! Was aber war die Ursache für diesen angenehmen Effekt? Das Schaukeln des Schiffes, der Wechsel von Kälte und Wärme, die Bilge, d. h. das Wasser im Schiffsrumpf, das manchmal in die Fässer eindringende Seewasser, wenn diese schwimmend zu den Schiffen gebracht wurden, die Hitze im Bereich des Äquators – vielleicht mehrere Faktoren zusammen? Da auf der kurzen Seereise von Madeira nach England eine derartige Veredelung natürlich nicht erfolgen konnte, schickte man fortan Schiffe mit Madeirawein-Fässern über den Äquator und zurück. Erst dann kam der Wein als *Vinho da roda (roda* = Kreis) in England zum Verkauf. Jahrzehntelang versuchte man, per ›trial and error‹-Verfahren, die Wirkung dieser Äquatorfahrt künstlich herbeizuführen; ein Händler ließ sogar an seiner Eingangstür die Fässer so aufhängen, daß jeder Kunde sie erst einmal zum Schaukeln bringen mußte, bevor er den Laden betreten konnte. Nur das Erhitzen erwies sich schließlich als erfolgreich: 1794 erfand man die *Estufas,* Öfen, die den Wein ›künstlich‹ erwärmten. Sie konnten sich nur mit großer Mühe durchsetzen und wurden vom portugiesischen Staat sogar des öfteren verboten, da befürchtet wurde, die Qualität des Madeiraweins könne leiden, falls er nicht doch erst über den Äquator verschifft würde.

Das heute bekannte ›Aufspriten‹ (Fortification) des Weins, also der Zusatz von Branntwein, entstand ebenfalls erst um 1800. Während der französischen Seeblockaden in den Napoleonischen Kriegen sammelten sich in Funchal große Überschüsse an Wein an. Aus Furcht, er könne verderben, machten ihn die Händler durch das Hinzufügen von Brandy haltbar. Nachdem der Handel – vor allem mit den USA – wieder florierte, stellte man fest, daß dieser ›fortifizierte‹ Wein sogar eine verbesserte Qualität aufwies und verfeinerte dieses Verfahren.

Ein harter Schlag traf die Weinproduktion im Jahr 1852, als die Reben von dem ›echten Mehltau‹ (Oïdium tuckeri) befallen wurden. 90 % der Bestände waren vernichtet, bevor man die Krankheit mit Schwefel erfolgreich bekämpfen konnte. Bereits 1873 zerstörte eine aus Amerika eingeschleppte Reblaus (Phylloxera vastatrix) die Weinstöcke erneut. In ganz Europa wurden daraufhin amerikanische Reben, deren Wurzeln gegen diese Seuche resistent waren, eingeführt. Dem Niedergang der Weinproduktion ist es übrigens zu verdanken, daß Frau Phelps, selbst im Weinhandel engagiert, auf andere Möglichkeiten der Ausfuhr von Madeira-Produkten sann: Sie förderte die Madeira-Stickerei und verkaufte diese im 19. Jahrhundert erstmals in England (vgl. S. 109).

Im Grunde genommen hat sich der Madeirawein bis heute nicht von den Schlägen, die ihn im 19. Jahrhundert trafen, erholt, denn nachdem die Reserven alter Jahrgänge aufgebraucht waren, es also kaum noch Vintage- oder Solera-Weine mehr für den Verschnitt minderer Sorten gab, zugleich auch keine neuen Erträge von guten Reben zu erwarten waren (da man sieben Jahre warten muß, bis neu gepflanzte Reben tragen), wurden verschiedene Kompromisse im Weinanbau und in der Weinherstellung erforderlich (vgl. S. 102).

1979 wurde das staatliche Weininstitut (›Instituto do vinho da Madeira‹) gegründet, das zur Aufgabe hat, die gesamte Weinherstellung zu überwachen, von der Pflanzung der Rebsorten über die Anlieferung der Trauben, die Fermentation und die Reifung bis zum Abfüllen des Weins in Flaschen. Zusätzlich übernahm das Institut die Ausbildung von Fachkräften. Heute kann man sagen, daß bei jedem Arbeitsschritt ein Vertreter des Instituts dabeigewesen ist, bis die Flasche dann das Siegel mit einer Nummer bekommen hat, das *Selo de garantia*. Da die Weine sowohl in ihrer chemischen Zusammensetzung analysiert wie auch von einem Tester individuell bestimmt werden, gestaltet sich die Zusammenarbeit zwischen dem Institut und den Weinherstellern, in deren Praktiken es somit eingreift, nicht immer reibungslos. Zweifelsfrei ist jedoch, daß heute hergestellte Weine keine gesundheitsgefährdenden Zusätze enthalten und die Weine ihre traditionelle Qualität aufweisen, wenn sie die entsprechenden Etikettierungen tragen. Die wichtigsten Vorschriften, die das Institut in diesem Zusammenhang erlassen hat, sind: Den Alkoholzusatz hat der Händler ausschließlich von dem Institut zu beziehen, die Verwendung von Hybriden für die Herstellung von Qualitätswein ist verboten, dem Wein darf kein Zucker, sondern nur *Vinho surdo* (Traubensaft) hinzugefügt werden.

Bäuerin mit einem Faß für ihren Vinho da casa

Die neueste Aufgabe des Instituts besteht in der Angleichung der Nomenklatur und der Herstellungsmethoden an die Vorschriften der Europäischen Gemeinschaft und der USA. Die Mitgliedschaft Portugals in der EG hat für den Weinhandel sowohl positive als auch negative Auswirkungen. Zum einen wird auf dem EG-Markt mehr hochwertiger Madeirawein zugelassen als die Insel bislang überhaupt produzierte. Zum anderen will man auf keinen Fall, daß Portugals Weine den europäischen Weinsee vergrößern. Für Madeira bedeutet das, daß der amerikanische Hybridwein, der bislang zwei Drittel der Produktion ausmachte, zugunsten des hochwertigeren aufgepfropften Weins aufgegeben werden soll. Der Staat zahlt für jeden nicht produzierten Liter Hybridwein Subventionen, wenn die Bauern dafür Reben höherer Qualität pflanzen. Man erhofft sich davon nicht nur eine Vergrößerung der Anbaufläche für den traditionellen Madeirawein, sondern auch eine Öffnung des madeirensischen Marktes für billige Weine vom portugiesischen Festland, die den *Vinho da casa* ersetzen sollen.

Bislang haben die Maßnahmen, die seit 1979 in Kraft sind, noch nicht den erhofften Erfolg gebracht: 1984 wurden nur 2 150 000 l Most aus europäischer Rebe gegenüber 4 200 000 l Most aus der amerikanischen Hybridrebe produziert. Die Gründe dafür liegen auf der Hand: Ein neuer Weingarten ist erst nach sieben Jahren erntereif, weshalb die Bauern mit der Umstellung zögern, zumal sie der Dauerhaftigkeit der Subventionen mißtrauen. Außerdem müßten auch die Tinta Negra Mole-Reben, die noch immer 60 % der europäischen Rebe ausmachen, durch höherwertige Sorten ersetzt werden, denn die EG-Vorschriften verlangen, daß nur der Wein eine Markenbezeichnung erhalten darf, der zu 85 % aus den entsprechenden ›edlen‹ Trauben hergestellt wurde. Somit wird der aus Tinta Negra Mole-Trauben gewonnene Wein zum Küchenwein degradiert (vgl. S. 108).

Die Herstellung des Weins

Die Weinlese findet auf Madeira vom 15. August bis Mitte November statt; als letzte Rebsorte pflückt man den Sercial. Die Trauben werden dann geerntet, wenn sie reif, aber noch nicht faul sind; bei uns bekannte Differenzierungen wie ›Spätlese‹, ›Edelfäule‹, ›Eiswein‹ gibt es also nicht.

In früheren Zeiten stellten die Bauern den Most noch selbst her und schleppten ihn in Ziegenhäuten (*Borrachos* = gegerbte, zugenähte Häute; Abb. 1, 30) auf dem Rücken nach Funchal. Heute werden die Körbe mit den Trauben an die Straße gestellt und von Lastwagen zu den zentralen Weinpressen gebracht. Nur in sehr steilen und abgelegenen Gebieten bedient man sich noch immer der Ziegenhäute für den bereits ausgepreßten Most. Die Weinbauern erhalten nach der Ablieferung ihrer Trauben eine Bezahlung nach Gewicht, multipliziert mit dem Baumé-Faktor (Grad der Süße).

Das Keltern erfolgte früher (bei lokaler Produktion auch heute noch) in einem großen Becken, in dem mit nackten Füßen die Weintrauben zerstampft werden. Der herausgepreßte Most läuft durch ein Sieb in einen runden Bottich. Das Zertreten der Trauben mit den Füßen hat den Vorteil, daß weder die Kerne noch die Rispen zerkleinert werden, so daß kein Tannin (Gerbstoff) entsteht. Die im Becken der Presse, der *Lagar*, verbliebenen Reste kehrt man zusammen, verschnürt sie mit starken Seilen und preßt sie dann mit einem Preßstutzen zusammen. Unter diesem elastischen Druck wird ebenfalls nicht zuviel Tannin freigesetzt. Den so ausgepreßten Most nennt man *Vinho da corda* (›Seilwein‹). Meistens wird er mit den anderen Weinen vermischt, manchmal aber auch abgeschöpft, um später daraus *Vinho surdo*

Weinpresse (Lagar)

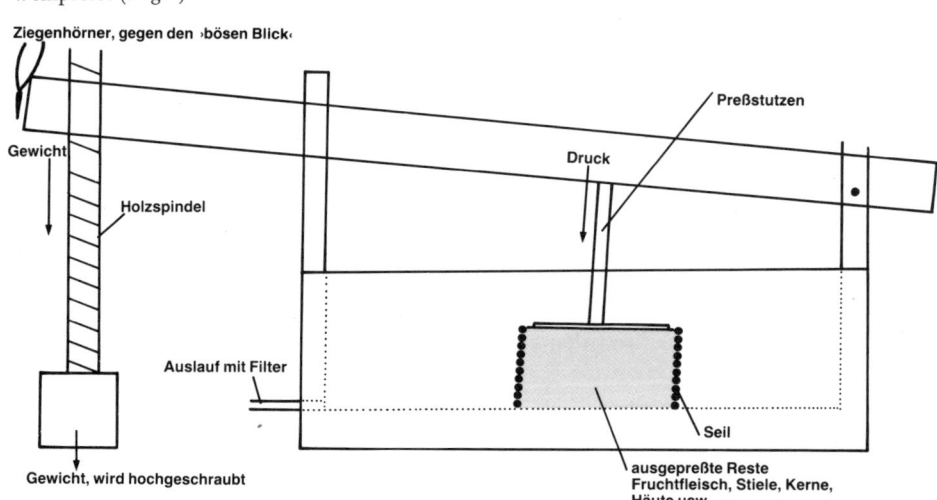

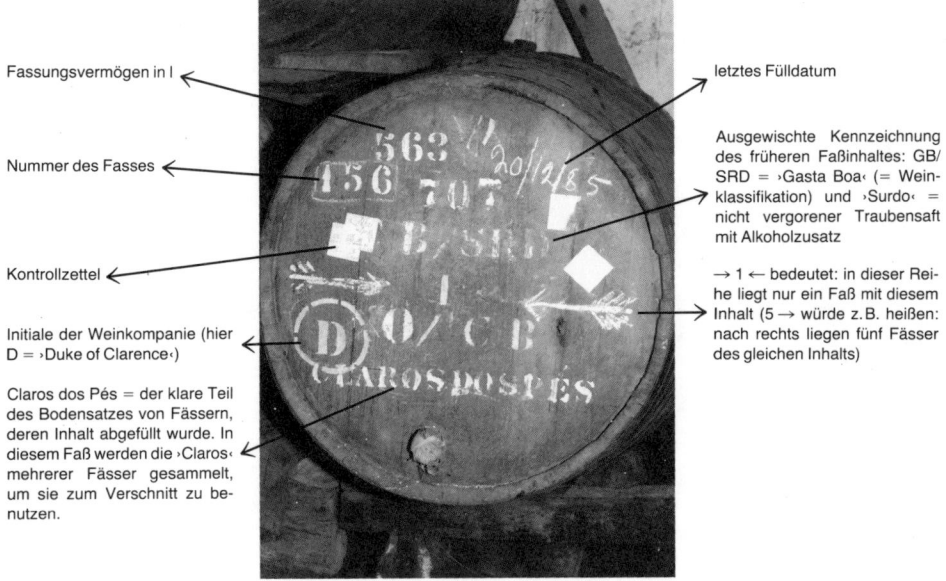

Fassungsvermögen in l ←

letztes Fülldatum

Nummer des Fasses ←

Ausgewischte Kennzeichnung des früheren Faßinhaltes: GB/SRD = ›Gasta Boa‹ (= Weinklassifikation) und ›Surdo‹ = nicht vergorener Traubensaft mit Alkoholzusatz

Kontrollzettel ←

→ 1 ← bedeutet: in dieser Reihe liegt nur ein Faß mit diesem Inhalt (5 → würde z. B. heißen: nach rechts liegen fünf Fässer des gleichen Inhalts)

Initiale der Weinkompanie (hier D = ›Duke of Clarence‹) ←

Claros dos Pés = der klare Teil des Bodensatzes von Fässern, deren Inhalt abgefüllt wurde. In diesem Faß werden die ›Claros‹ mehrerer Fässer gesammelt, um sie zum Verschnitt zu benutzen.

zu gewinnen. Den noch verbleibenden Rest, die Maische *(Marc),* gießt man mit Wasser auf. Dieses *Aqua pé* (›Stengel‹- oder ›Fußwasser‹), das Weintraubenwasser, wird bis Weihnachten stehengelassen, so daß es leicht gärt und anregend prickelt. Die Pulpa, die Stengel und die Kerne, die jetzt noch übrig sind, verfüttert man an die Schweine oder verwendet sie zur Düngung.

Das Keltern geschieht heute in den Weinkompanien mechanisch, und zwar in drei Stufen, die denen des traditionellen Kelterns entsprechen, aber fünfzigmal schneller ablaufen. Die Fermentation (Gärung) des Mosts (s. u.) erfolgt in Gärungsfässern (neue Fässer oder heutzutage Zementbecken), wobei beim Rotwein die Gärung auf der Maische stattfinden muß, damit die Farbstoffe der Traubenschalen in den Wein übergehen. Dieser Gärungsprozeß läuft kontrolliert ab: Entweder wird beim Erreichen des gewünschten Süßegrads die Gärung durch ›Stoppen‹ mit Alkohol abgebrochen (wie bei den süßen Sorten Bual und Malvasia), oder aber der Wein gärt aus, bis der gesamte Zucker in Alkohol umgesetzt ist (wie bei den trockenen Weinen Sercial und Verdelho). In letzterem Fall erreicht man die gewünschte Süße durch Hinzufügen von *Vinho surdo,* von unvergorenem Traubensaft. Die damit versetzten Weine haben die Stufe des *Vinho claro* erreicht. Bei den sehr guten Vintage- und Solera-Weinen erfolgt das ›Aufspriten‹ mit Alkohol auf 19 % bereits nach der Fermentation (die etwa zwei bis vier Wochen dauert), bei den anderen Weinen hingegen aus Kostengründen erst nach der *estufagem* (vgl. S. 99), da durch den Erwärmungsprozeß ein Teil des Alkohols verfliegt, den man dann ersetzen müßte.

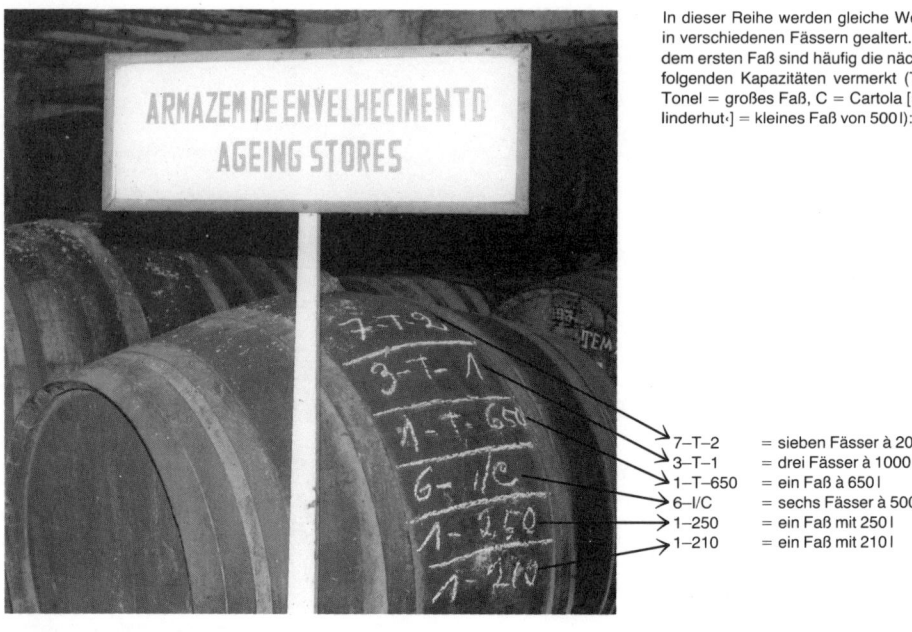

In dieser Reihe werden gleiche Weine in verschiedenen Fässern gealtert. Auf dem ersten Faß sind häufig die nächstfolgenden Kapazitäten vermerkt (T = Tonel = großes Faß, C = Cartola [›Zylinderhut‹] = kleines Faß von 500 l):

7–T–2 = sieben Fässer à 2000 l
3–T–1 = drei Fässer à 1000 l
1–T–650 = ein Faß à 650 l
6–I/C = sechs Fässer à 500 l
1–250 = ein Faß mit 250 l
1–210 = ein Faß mit 210 l

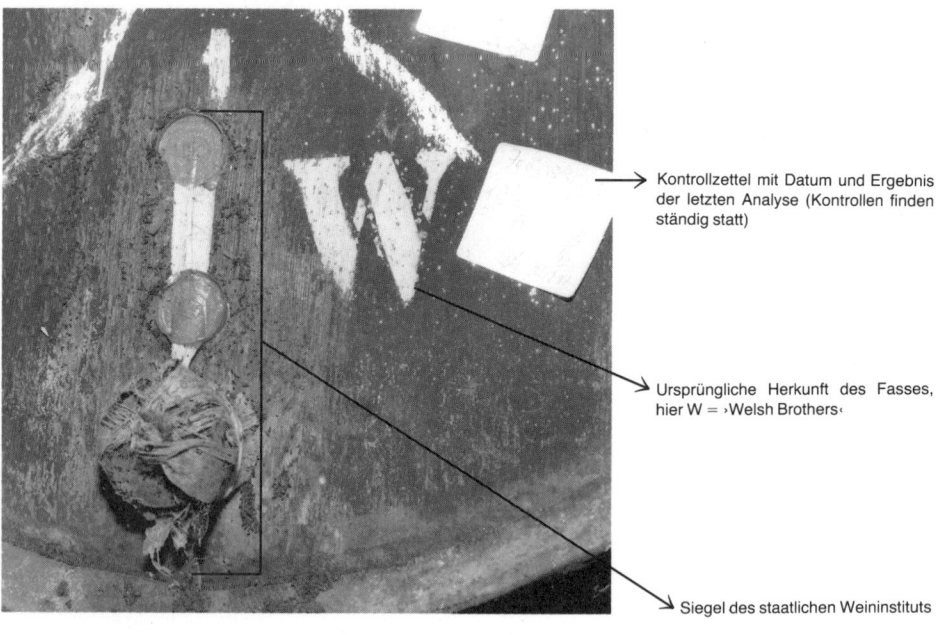

Kontrollzettel mit Datum und Ergebnis der letzten Analyse (Kontrollen finden ständig statt)

Ursprüngliche Herkunft des Fasses, hier W = ›Welsh Brothers‹

Siegel des staatlichen Weininstituts

Gärung ist Umwandlung von Glukose (Zucker) in Alkohol und Kohlendioxyd. Dieser Prozeß wird durch Hefepilze bewirkt, die in Luft, Boden und Weintraubenschalen vorhanden sind. Da man heute auch das nicht mehr dem Zufall überlassen will, setzt man dem Wein Hefekulturen zu. Die Gärung läuft nur bei einer Temperatur von 15–30 °C ab. Da der Wein bei diesem Prozeß selbst Wärme produziert, müssen die Fässer an warmen Tagen mit feuchten Tüchern gekühlt werden. Damit das entstehende Kohlendioxyd entweichen kann, haben die Fässer eine Öffnung.

Nachdem die Hefe von dem *Vinho claro* abgeschöpft worden ist, erfolgt das Erhitzen *(estufagem)* des Weins, und zwar auf drei verschiedene Weisen:

1. Die gefüllten Weinfässer schichtet man in einem Haus in mehreren Etagen auf *(armazém de calor)*, dann wird das Haus auf eine Temperatur von 45 °C erwärmt, – früher mittels eines Feuers, heute durch eine Zentralheizung. Diese Methode findet nur für die guten Sorten Anwendung, denn sie kostet viel Zeit – sechs bis zwölf Monate. Die langsame Erhitzung, die Lagerung in Holzfässern und die Tatsache, daß keine Umwälzung des Weins stattfindet, sorgen für gute Qualitäten. Die hohen Kosten für Lagerung, Energie und die notwendigen Küferarbeiten machen die so erzeugten Weine jedoch sehr teuer.

2. Die heute am meisten angewandte Methode besteht darin, den Wein in großen, 20 000 bis 50 000 l fassenden Tanks *(Cubas de calor)* durch Heizröhren zu erhitzen. Der warme Wein steigt nach oben, so daß im Tank ein Wärmekreislauf entsteht. Um diesen Effekt zu verstärken, haben die meisten Tanks auch noch Umwälzpumpen. Dieses Verfahren nimmt nur zwei Monate in Anspruch, es besteht aber die Gefahr des Qualitätsverlusts.

3. Mit der dritten Methode wird der *Vinho canteiro* hergestellt. Er lagert in einem ›Glasdachhaus‹, auf das die Sonne scheint; es handelt sich also um ein Verfahren ohne künstliches Erhitzen. In diesen *Estufas do sol* bleibt der Wein mindestens acht, meist jedoch 20 Jahre.

Das Erhitzen, das sich historisch aus der früheren Verschiffung ergeben hat (vgl. S. 93), führt zu dem Effekt des ›Karamelisierens‹, dessen Grund man bis heute nicht kennt. Aus einem rauhen (rough) Wein entstehen dabei würzige, schwere Sorten hoher Qualität. Kein anderer Wein würde diese Behandlung aushalten (eine Ausnahme bildet ein kalifornischer Sherry).

Nach der langen Zeit in den *Estufas* muß der Wein langsam abkühlen; geschieht dies zu schnell, entsteht Essigsäure. Nach dem Abkühlen beginnt bei dem Wein, der jetzt *Vinho estufado* heißt, die Reifung. Zunächst wird er gefiltert und ›geschönt‹: Zum Entfernen der Trübungsstoffe (Schlieren) reicht das Filtern meist nicht aus, weswegen – wie bei den meisten Weinen eine ›Schönung‹ mit Tonerde (= Bentonid) oder Gelatine erfolgen muß (diese Stoffe binden Gerbstoffteilchen und fallen dann als Niederschlag aus). Anschließend wird der Wein in Eichenfässer abgefüllt, um ihm eine Ruhepause zu geben. Dieser *Estagio* dauert 12 bis 18 Monate. Billige Weine werden davor auf 18 % gespritet. Bei dem guten Wein, bei dem dies bereits nach der Gärung geschah (s. o.), füllt man den während des Erhitzens entwichenen Alkohol nach.

Während andere Weine auf keinen Fall mit Luft in Berührung kommen dürfen, damit sie durch die dann folgende Oxidation nicht schal werden (wichtig war diesbezüglich die Erfindung des Korkens, der dem nachreifenden Wein die gerade noch notwendige Luftzufuhr ermöglicht), braucht der Madeirawein die Luft zum Reifen. Er wird deshalb in ein neues Faß umgefüllt, um ihm eine ›Auffrischung‹ mit Luft zu geben, und dabei auch verschnitten (vgl. S. 101). Malvasia-Wein soll in amerikanischer oder polnischer Eiche lagern, für die anderen Weine verwendet man auch Kastanie, Seideneiche, Mahagoni oder Teak. Die guten Weine bleiben über 20 Jahre in diesen letzten Fässern, die anderen mindestens 18 Monate. Ein Madeira-Markenwein ist also wenigstens drei Jahre alt, wenn er auf Flaschen gezogen wird.

Die Garantie, daß alles ›mit rechten Dingen‹ zugeht, gibt das Weininstitut der Insel: Ein Inspektor dieser Kontrollorganisation verschließt das ›fertige‹ Faß mit einem Spund, der mit einem Bananenblatt umwickelt ist; darum legt er ein mit Wachs versiegeltes Leinenband, das den Stempel des Weininstituts trägt. Fortan kann kein Wein entnommen oder hinzugefügt werden, ohne daß ein staatlicher Kontrolleur anwesend ist.

Vintage – Solera – Verschnitt

Alle Madeiraweine lagern zunächst in großen Fässern. Von Weinen, die bereits in zwei oder drei Jahren zum Verkauf kommen sollen, stellt man gleich große Verschnittmengen her und lagert diese ab. Weine, die von vornherein als lager- und ausbaufähig gelten, werden dagegen nach Jahrgängen – manchmal sogar nach Gebieten – in Eichenfässern aufbewahrt.

Die Weinmenge eines Jahres aus einer Gegend und von einer Sorte heißt Lot (englisch). Jedes dieser Lots unterliegt einer jährlichen Prüfung, bis nach vier oder fünf Jahren festgestellt wird, ob man diesen Wein als fünfjährigen ›Reserve‹ verkaufen, zu einer ›Solera‹ verschneiden oder als ›Vintage‹ weiter aufheben soll. Kriterien für diese Entscheidung sind der aktuelle Geschmack, seine Entwicklung bis dato und die zu erwartende.

Vintage nennt man diejenigen Weine, die – nicht verschnitten – aus einem bestimmten Jahrgang stammen. Sie dürfen erst nach mindestens 20 Jahren Reifung verkauft werden. Der jüngste Vintage-Wein ist also mindestens 25 Jahre alt: ein halbes Jahr *Estufa*, anderthalb Jahre *Estagio*, 20 Jahre Reifung, zwei Jahre in der Flasche. Das fehlende Jahr? Ein Jahr dauert es etwa, bis das Weininstitut die Prüfung des Weins abgeschlossen hat, so daß er das Vintage-Etikett erhalten kann. Die meisten Vintage-Weine sind 40 bis 50 Jahre alt; es gibt aber auch über Hundertjährige. Was bei einem normalen Wein ein Risiko bedeutet, da man damit rechnen muß, daß er in diesem Greisenalter umkippt, bedeutet beim Madeirawein die Garantie höchster Qualität, die allerdings unbezahlbar ist. Zu den Besonderheiten des Madeiraweins gehört also, daß man noch heute auf englischen Auktionen Raritäten kaufen kann, die noch aus der Zeit vor dem ›großen Reblausbefall‹ stammen.

Solera ist ein Vintage Wein, der, wenn 10 % seiner Menge verdunstet sind oder entnommen wurden, mit anderen ausgezeichneten Sorten aufgefüllt wird, wobei der neu hinzugemischte Wein den Geschmack des Vintage annehmen soll. Die Entscheidung, aus einem

Vintage einen Solera zu machen, fällt dann, wenn die Quantität eines Jahrgangs zu gering ist oder wenn man glaubt, daß das Hinzufügen von jüngerem Wein den Geschmack verbessert. Diese Tradition der Solera-Herstellung wurde durch den Befall der Reben mit der Reblaus (1875) empfindlich gestört: Plötzlich gab es keinerlei Nachschub an neuen Weinen höchster Qualität mehr, weswegen die Kellereien ihre Vorräte an vor der Epidemie abgefüllten Weinen bald ausverkauft hatten und deshalb dazu übergingen, ihre Soleras mit den neuen amerikanischen Hybridweinen zu panschen.

Verschnitt bedeutet nicht – wie gemeinhin geglaubt wird –, daß der Wein minderer Qualität sein muß. Um einen bestimmten Wein einer bestimmten Marke herzustellen, muß man nämlich einen für das jeweilige Haus typischen Geschmack erzielen. Weil aber jeder Jahrgang anders schmeckt, läßt sich dieses Ziel nur durch ›Mischung‹ erreichen. Im Gegensatz zum Vintage sollen die Differenzen zwischen den Jahrgängen verschwinden und nur folgende Aspekte bestimmbar sein: die Traube, das Haus und das Alter. Die Bezeichnung des Weins richtet sich dann in bezug auf den Jahrgang nach der jüngsten Komponente. Diese muß bei einem ›Extra Reserve‹ mindestens 15 Jahre alt sein, bei einem ›Special Reserve‹ über zehn, bei einem ›Reserve‹ über fünf und bei einem ›Finest Choice selected‹ über drei Jahre. Die letztgenannte Kategorie wird meistens aus Tinta Negra Mole hergestellt und trägt deshalb keine spezifische Traubenbezeichnung mehr, sondern nur noch die Charakterisierung ›sweet‹, ›medium sweet‹, ›dry‹ oder ›typo verdelho‹ (vgl. Abb. 27).

Dem ›Blender‹, der den Wein verschneidet, steht der gesamte Weinkeller zur Verfügung; er muß sich in allen Geschmacksrichtungen der verschiedenen Jahrgänge und Gegenden genauestens auskennen. Man darf ihn ohne Zweifel als Künstler bezeichnen.

Anbau und Pflege der Reben

Wein liebt steinigen und felsigen Grund mit gutem Humus; deshalb ist der beste Boden auf Madeira der *Saibro*, ein rotes Tuffgestein mit Steingemisch, das gute Ernten, gute Qualität und eine Lebensdauer der Reben von 50 bis 100 Jahren garantiert. Die anderen Böden eignen sich ebenfalls für den Weinanbau, sind aber weniger ertragreich und gewährleisten keine so lange Lebensdauer. *Cascalho* heißt der steinige Boden, *Pedra Mole* das sandige, gelbe Tuffgestein und *Massapes* das dunkle Tuffgestein. Alle Böden haben genügend Mineralstoffe und nicht zuviel Kalk.

Der Wein wird auf von Steinwällen begrenzten Terrassen angepflanzt (Abb. 28). Der Bauer gräbt zwei Meter tiefe Furchen, um den Boden zu lockern und damit den Wurzeln die Möglichkeit zu geben, tief zu wachsen, so daß sie vor Austrocknung geschützt sind. Kleine Furchen in regelmäßigen Abständen sorgen auf der leicht abgeschrägten Terrasse für die Bewässerung mit Levada-Wasser. Die Vorbereitung des Bodens erfolgt im Frühjahr, wenn der Boden noch weich von den Regenfällen ist, die Anpflanzung im Herbst (im kontinentalen Europa fallen Vorbereitung und Pflanzzeit im Frühjahr zusammen).

Will man heutzutage eine Madeira-Edeltraube erhalten, wird zunächst eine amerikanische Unterlagsrebe (vgl. S. 103) gepflanzt, auf die man nach zwei Jahren die gewünschte europäische Rebsorte aufpfropfen kann. Danach dauert es sechs bis sieben Jahre bis zur ersten Ernte. Da der Wein ein Rankengewächs ist, benötigt er eine Stellage – früher aus Kastanienhölzern, heute aus Eisen und Draht gefertigt. Dadurch ergibt sich über den Terrassen eine gleichmäßig schräge Abdeckung, weswegen Weingärten von weitem wie sanft abfallende Abhänge aussehen. Die Terrassen-Bedachung bietet genügend Schatten und Schutz vor Winden, um darunter auch Gemüse anpflanzen zu können, macht aber die maschinelle Bearbeitung der Flächen unmöglich. Zusammen mit dem Wein werden vor allem Süßkartoffeln angepflanzt (vgl. S. 79), daneben Kürbisse, Bohnen und Maracujas.

Rebstöcke dürfen nicht wild wachsen, sondern müssen sorgfältig zurückgeschnitten werden – eine Kunst für sich. Diese Beschneidung erfolgt im Februar/März; im April, wenn die Blätter und Blüten herauskommen, wird gespritzt, und zwar Schwefel gegen den ›echten Mehltau‹ (häufig mit selbstgebastelten Zerstäubern aus Metallresten) und eine Mischung aus Schwefel und Kupfer gegen den ›falschen Mehltau‹. Im Juni/Juli entfernt man die Blätter (Auslauben), da diese ab einer gewissen Größe das Sonnenlicht nicht mehr in Stärke verwandeln und so der Pflanze nur unnötig Kraft wegnehmen und den Trauben Licht. Von August bis November ist die Zeit der Lese. Danach werden in den Weingärten Zwergbohnen und Lupinen als Dünger gepflanzt. Weitere Arbeiten sind in allen Wachstumsphasen das Hochbinden und Abstützen sowie das Abschneiden überflüssiger Triebe.

Man spricht von einem Klima der Weinrebe, wenn es einen langen Sommer, einen warmen Herbst und reichlichen Frühjahrsregen gibt. Die Jahresdurchschnittstemperatur darf 9°C nicht unterschreiten, das Optimum liegt bei 16°C. Die jährliche Sonnenscheindauer soll mindestens 1300 Stunden betragen. Zuviel Sonne jedoch läßt in der Traube zuviel Zucker und zu wenig Geschmack entstehen. Große Unterschiede zwischen Tag- und Nachttemperaturen führen zu einer verlangsamten Reifung der Weintraube, was den Wein alkoholarm macht, ihm aber ›viel Körper‹ verleiht. Das Klima Madeiras bietet insgesamt ideale Bedingungen für den Weinanbau – aber leider auch sehr ›gute‹ für das Entstehen von Schädlingen.

Die Weinreben

Die Reben des Madeiraweins werden in drei Gruppen eingeteilt: *Castas nobres* (Reben: Sercial, Bual, Verdelho, Malvasia, Terrantez, Bastardo), *Castas boas* (Reben: Tinta Negra Mole, Moscatel) und die amerikanischen Reben. Die beiden ersten Gruppen sind für die Herstellung des Madeiraweins bestimmt, die letztgenannte, auf die zwei Drittel der Weinproduktion Madeiras entfallen, verwendet man für den Hauswein, den *Vinho da casa,* und auch als Unterlagsrebe für die ›edleren‹ Sorten. Die wichtigsten Reben im einzelnen:

Auf die **Tinta Negra Mole** entfallen 60% der Rebfläche der beiden erstgenannten, ›besseren‹ Sorten. Sie wurde auf Madeira zu Beginn des 19. Jahrhunderts eingeführt und soll der Vorläufer des Burgunders Pinot Noir sein. Ihre Besonderheit ist, daß sie den spezifischen

Geschmack der anderen Reben annehmen kann, sich also hervorragend für Verschnitte mit edleren Sorten eignet (wobei die Höhenlage, in der sie angebaut wird, die Länge ihrer Fermentation und der Zeitpunkt der Ernte darüber entscheiden, mit welchen *Castas nobres* sie jeweils am besten harmoniert). Für den Kenner sind solche Verschnittweine natürlich niemals identisch mit dem echten Sercial oder Bual, sie weisen aber durchaus sehr ähnliche Geschmacksrichtungen auf. Früher kamen diese Weine nicht mit der offiziellen Weinklassifizierung in Konflikt, da die Flaschenetikette nicht den Traubentyp nannten, sondern den Distrikt – z. B. ›Campanário‹ – und eine Geschmacksrichtung – ›medium dry‹, ›medium sweet‹ oder ›sweet‹. Mit den neuen EG-Vorschriften wird sich das ändern (vgl. S. 95). Die Tinta Negra Mole-Rebe fand erst in der Zeit nach der Reblaus-Epidemie große Verbreitung, und zwar nicht nur wegen ihrer vielseitigen Verwendbarkeit, sondern auch, weil sie beim Aufpfropfen auf den amerikanischen Unterstock hohe Erträge garantiert.

Die **Verdelho**-Traube ähnelt der spanischen Pedro Ximenez und der italienischen Verdia. Bis ins 19. Jahrhundert bedeckte sie den größten Teil der madeirensischen Weingärten, hauptsächliches Anbaugebiet ist heute Ribeira da Janela, wo sie in Höhenlagen von 0–200 m wächst.

Die **Malvasia**-Traube stammt von der bekannten gleichnamigen Rebe aus Kreta ab; sie wurde bereits im 15. Jahrhundert als erste Traube Madeiras überhaupt angepflanzt. Sie wächst vorzugsweise an windgeschützten, sonnigen Plätzen auf Meereshöhe und benötigt eine lange Reifezeit, so daß die Beeren bis zur Ernte fast zu Rosinen werden. Die Gefahr von Mehltau-Befall ist besonders groß. Der Malvasia war früher der bekannteste Madeirawein – vor allem in England als ›Malmsey‹ –, weil er wegen seines hohen Fruchtzuckergehaltes sehr alkoholreich und zudem besonders haltbar ist (der letztere Faktor spielte eine große Rolle in der Zeit vor der Erfindung des Fortifikationsverfahrens).

Die **Bual** (auch Boal)-Traube wird nur sehr selten angebaut; gute Boal Vintage sind entsprechend sehr teuer. Die berühmtesten Gärten liegen um Estreito und Campanário.

Die **Sercial**-Traube, die vom deutschen Riesling abstammt, wächst nur zwischen 300 und 700 m gut und auch nicht auf jedem Boden; das beste Anbaugebiet ist Seixal. Die Sercial wird von allen Trauben Madeiras als letzte geerntet, z. T. sogar bis in den November hinein.

Die **amerikanischen Reben** – Riparia X Rupestris und Riparia X Berlandieri – wurden erstmals 1873 von John Leacock nach Madaira gebracht, um die von der Reblaus zerstörten Weinstöcke zu ersetzen. Da mit dieser gegen die Reblaus resistenten Traube jedoch kein hochwertiger Wein zu produzieren war, pflanzte man sie – wie auch im übrigen Europa – lediglich als Unterlagsrebe an. Durch die Kreuzung mit der Vitis Viniteria, der europäischen Weinrebe, gelang dann eine Qualitätsverbesserung: größere Trauben, besserer Ertrag und Geschmack sowie schnellere Ertragsfähigkeit. Mit dieser Kreuzung, der amerikanischen Hybride, wurde bald ein Großteil der Insel bebaut; heute stellt sie etwa zwei Drittel der gesamten Weinproduktion Madeiras. Man unterscheidet bei der amerikanischen Hybride die Sorten ›Herbemont‹, ›Isabella‹, ›Jacquet‹ und ›Cunningham‹, wobei die letztere auch als ›Arme-Leute-Verdelho‹ bekannt ist. Der *Vinho americano*, der einen ›Foxton‹ hat, einen scharfen Nebengeschmack (schweizerisch ›Chatzdräckeler‹ = Katzendreck, französisch ›Raisin-fraise‹), wird direkt vom Erzeuger verkauft und nicht in Flaschen abgefüllt; das Weininstitut überwacht Anbau und Verteilung aufs schärfste, damit niemand ihn zum Panschen benutzt. Das Klima ist für diesen Wein auf Madeira optimal, der Anbau wesentlich einfacher als der der höherwertigen Reben. Die Entscheidung der Regierung, im Rahmen der EG-Vereinbarung den Weinbau der besseren Kategorien zu Ungunsten der amerikanischen Hybriden zu fördern, wird für den Bauern weitreichende Konsequenzen haben.

Die Weinsorten

Madeirawein ist heute aus verschiedenen Gründen viel weniger bekannt als in früheren Zeiten; außerhalb Madeiras werden nur noch selten die edlen Sorten angeboten. Wer ihn wirklich kennenlernen will, sollte sich nicht nur in den Probierstuben der großen Weinfirmen Kostproben der verschiedenen Preisklassen vorsetzen lassen, sondern ganz bewußt ausgewählt – sei es bei dem Besuch eines Lokals, sei es, daß man im Hotelzimmer einen Weinabend mit den verschiedenen Sorten gestaltet (schließlich gibt es den Madeirawein auch in kleinen Flaschen). Beginnen sollte der Weinliebhaber mit dem ›Selected/extra‹, also dem jüngsten Wein einer Sorte, um dann in ›Fünf-Jahresschritten‹ zu den edleren Tropfen fortzuschreiten, bis auf der letzten Stufe des Vintage oder Solera der Preis eine Grenze setzt. Baut man die Proben in ein Menü ein, sollte man so vorgehen wie bei den früheren Madeirawein-Parties in England und den USA:
– Als Aperitif: einen Sercial oder Verdelho
– Während des Essens: einen guten portugiesischen Dão-Wein, einen spritzigen *Vinho verde* oder vielleicht sogar – in einem guten Restaurant – einen *Vinho da casa*, den man allerdings vorher kosten sollte (die Hausweine sind von sehr unterschiedlicher Qualität, gelegentlich aber durchaus exzellent)
– Zum Nachtisch: einen Bual
– Als Abschluß: einen Malvasia

In der Namensgebung der Weine richtete man sich bis ins 20. Jahrhundert nicht nach der Traube – außer bei dem Malvasia und den Weinen höchster Güte –, sondern nach dem Schiff, das den Wein transportierte, nach dem Bestimmungsort oder auch nach dem Anbaugebiet unter Hinzufügung der Geschmacksrichtung (›sweet‹ – ›medium‹ – ›dry‹). Besonders bekannte Weine hießen ›London Market‹, ›East India‹, ›Câmara de Lobos‹, ›St. John‹, ›São Martinho‹. Eine Ausnahme bildete der bis heute unter demselben Namen verkaufte ›Rainwater‹, der in den USA nach wie vor der bekannteste Madeirawein ist. Wie kam es zu diesem Namen? Die Fässer wurden früher schwimmend zu den Schiffen gebracht, die vor Funchal ankerten, weswegen sie natürlich nicht ganz voll sein durften. Auf dem Schiff füllte man die Fässer um und brachte dann die leeren wieder ans Ufer zurück. Bei einer Sendung, die ein gewisser Francis Newton an seinen Bruder Andrew nach Virginia schickte, passierte nun das

Die ›klassischen‹ Madeiraweine

Vintage- und Solera-Weine trugen schon früher die Rebenbezeichnung auf ihrem Etikett – eine Vorschrift, die heute für alle Weine gilt (mit Ausnahme derjenigen der untersten Gruppe, die aus Tinta Negra Mole-Trauben hergestellt sind).

Sercial: blasse Farbe, leichter Körper, trocken bis extratrocken (Zuckergehalt 0,5°–1,5° Baumé), würziger Charakter; wird im Alter weich und halbdunkel, wobei die Weichheit die Trockenheit überlagert.

Verdelho: golden, im Alter dunkler werdend, mitteltrocken (1,5°–2,5° Baumé Süße); leicht und elegant mit einem trockenen Abgang; im Alter wird er trocken auf dem Gaumen und kommt zur vollen Reife.

Bual: halbdunkel bis dunkel, ausgereift sehr aromatisch; reich und fruchtig (Zuckergehalt 2,5°–3,5° Baumé) harmonisch. Bual wurde in Offiziersmessen und in britischen Klubs in Indien bevorzugt, weil er leichter als der Malvasier oder auch der Portwein ist. Er wird mit dem Alter schnell weich und eignet sich besonders für eine lange Lagerung.

Malvasia: halbdunkel bis dunkel, voller Körper, sehr fruchtig (= schmeckt nach der Beere), süß, schwer und aromatisch, (Zuckergehalt 3,5°–6,2° Baumé), ebenfalls sehr lagerfähig; einst beliebteste aller Madeirawein-Varianten.

Ein süßer Wein schmeckt in warmem Klima noch reicher und süßer, weshalb die Engländer in Indien den Bual bevorzugten, die im ›Mutterland‹ jedoch den süßeren Malvasia.

Mißgeschick, daß es während der Verladeaktion regnete und Regenwasser in die Weinfässer geriet. Diesen ›verwässerten‹ Wein fand der Bruder so hervorragend, daß er mehr davon bestellte, auch wenn er den geringen Alkoholgehalt bemängelte. Der geschäftstüchtige Francis Newton schuf daraufhin eine neue Kreation, den Wein ›RWM‹ (›Rainwater-Madeira‹), verschnitten mit ›A.P.‹ *(Agua pura)*! Heute ist dieser Verschnitt nicht mehr gestattet; der jetzige ›Rainwater‹ – der im Volksmund *Palhete* (von *Palha* = Stroh) heißt, weil er eine strohgelbe Farbe hat – wird aus Tinta Negra Mole und Verdelho gemischt und gekennzeichnet als ›light/pale/dry‹ bis ›light/pale/rich‹.

Etiketten von Madeira-Wein ▷

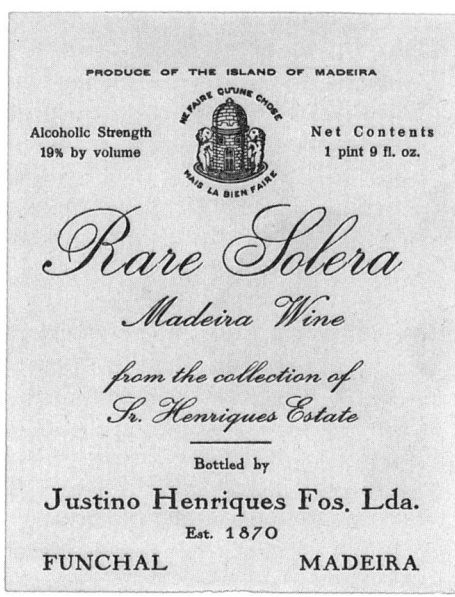

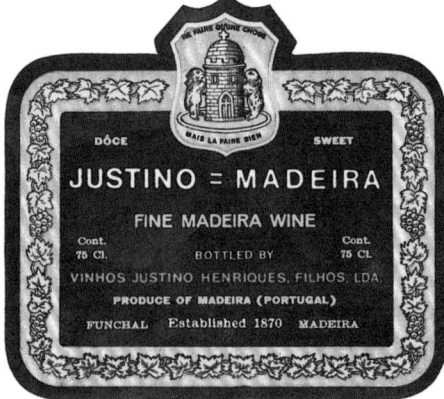

VERDELHO
HALBTROCKEN
1954
MADEIRA
19°   0,75 L.

ABGEFULLT VON
COMPANHIA VINICOLA DA MADEIRA, LDA.
EST. 1870
FUNCHAL
Produce of MADEIRA / Portugal

VERDELHO
MEIO SÊCO
VINHO MADEIRA
COMPANHIA VINICOLA da MADEIRA Lda.
ESTABELECIDA em 1870
FUNCHAL
MADEIRA
19°   750 ml
PRODUCE OF PORTUGAL

BLANDY'S
1774   1850
Duke of Cambridge
Registered Trade Mark
Verdelho
Produce of Madeira
MADEIRA

MACIEIRA
BUAL
SOLERA 1851
BOTTLED AND SHIPPED BY:
FUNCHAL WINE COMPANY, LDA
FUNCHAL MADEIRA

ORIGINAL MADEIRA
A. PRIES SCHOLTZ & Co
A.PRIES SCHOLTZ & Cº FUNCHAL   ISLAND OF MADEIRA

Net contents
1 pt. 9 fl. oz.
750 ml

Alcoholic Strength
19% by volume

PRODUCE OF THE ISLAND OF MADEIRA (PORTUGAL)
FINE MADEIRA WINE
DRY RAINWATER DRY
BOTTLED & EXPORTED BY
VINHOS
JUSTINO HENRIQUES FILHOS LDA.
ORIGIN 1870
ISLAND OF MADEIRA

GRAND PRIX and GOLD MEDALS (awarded)
Panama-Pacific International—Exposition San Francisco 1915
Exposition Universelle de Paris 1889—Exposition Internationale d'Anvers 1930

IMPORTED BY
MONSIEUR HENRI WINES, LTD.
NEW YORK, NEW YORK

Auf eine der vielen Besonderheiten des Madeiraweins sei noch hingewiesen: Für den Export in die portugiesischen Afrikakolonien Mozambique und Angola wurde einst ein Sercial entwickelt, den man *Vinho quinado* nannte, weil er mit Chinin versetzt worden war – um nämlich der Malariaprophylaxe der dort lebenden Portugiesen eine angenehme Note zu geben. Das Weinhaus Cossart kaufte sogar ein Patent, um die Trübung dieses medizinisch angereicherten Weines zu verhindern. Rückkehrer aus den Tropen trinken den *Vinho quinado* immer noch aus liebgewonnener Gewohnheit. Auswanderer werden es wohl auch sein, die heute in Zimbabwe Madeirawein herstellen. Der ›St. Crispin Ruby Malmsey – Sweet Madeira Blend‹ erreicht die Qualität eines ›Finest Choice selected‹.

Kochwein

Dem Laien ist der Wein der Insel vor allem aus der guten Küche bekannt, und zwar einfach als ›Madeirawein‹. Zunge in Madeirasauce etwa gehört zu den ›klassischen‹ Gerichten. Die Tradition, Speisen mit Madeirawein zu würzen, entstammt der französischen Küche. Es wird behauptet, daß er sich für das Kochen deshalb besonders gut eigne, weil sich seine Aromastoffe nicht so schnell verflüchtigen wie bei anderen Weinen und er so dem Essen einen besonders markanten, scharfen Weingeschmack verleihe. Ob dieser Geschmack allerdings dem ›klassischen‹ Madeirawein zugeschrieben werden darf, ist nicht nur fraglich, sondern falsch. Der ›Küchen-Madeira‹, der in den letzten Jahren übrigens den größten Teil der Weinexporte Madeiras stellte, wurde nämlich nie aus besseren Sorten gewonnen, sondern vor allem aus den amerikanischen Hybridreben mit ihrem scharfen Geschmack. Heute verwendet man dafür mehr und mehr den Tinta Negra Mole, dem der Kellermeister die ›scharfe Note‹ hinzufügen muß.

Handwerk und Kunst

Traditionelle Handwerkszweige

Stickerei

Es scheint die Meinung vorzuherrschen, daß, wer etwas so Schönes herstellt wie eine Decke aus gestickten Orchideenblüten, einen Tischdeckenrand aus Weintraubengirlanden oder Kinderkleidchen mit bunten Figuren, auch eine schöne Tätigkeit ausüben müsse. Entsprechend ist die Darstellung der Stickerei auf Madeira im allgemeinen romantisierend: Die stickenden Frauen sitzen plaudernd in einem Halbrund zusammen, in der Tracht der Blumenfrauen strahlen sie Lebensfreude aus – kurz: die Stickerei erscheint wie die Freizeitbeschäftigung höherer Töchter. Die Realität sieht jedoch anders aus: Es handelt sich um eine anstrengende Erwerbsarbeit madeirensischer Frauen, die – auch heute noch – in der Form der ›klassischen‹ Verlagsarbeit organisiert ist, auch wenn im Unterschied zu frühkapitalistischer Zeit der Staat inzwischen Mindestlöhne festsetzt und die Qualität der Ausführung kontrolliert.

Maria Gracia, die älteste Tochter der Familie Correia, arbeitet in einem Laden der Innenstadt von Funchal, der Stickereien, Andenken, Postkarten und Webarbeiten wie Taschen und Kissenhüllen verkauft, nicht nur an Touristen, sondern auch an Bewohner der Insel, die – vor allem, wenn sie aus ländlichen Gebieten stammen – Wert darauf legen, daß sich ihre Kinder an Festtagen in schön bestickten Kleidern zeigen. Der Laden ist eng, eine steile Treppe führt zu einem weiteren Ausstellungsraum, und noch eine Treppe höher kann der Besucher die Arbeitsräume selbst betreten – das Geschäft dient zugleich als Manufaktur für die Herstellung der traditionellen Madeirenser Stickerei.

Vor dem Hintergrund hoher, vollgestopfter Regale, in denen Rollen der Stickereivorlagen aufbewahrt werden, erklärt Maria die Arbeit des Unternehmens: Der Designer des Hauses entwirft das Muster oder übernimmt eine fremde Vorlage; er ist zugleich der *Picotador*, der das Muster in dreifacher Ausfertigung mit kleinen Stichen auf Pergamentpapier überträgt. Eine Kopie ist für den Katalog bestimmt, eine für das Archiv, und eine erhalten die angestellten Frauen für ihre Arbeit. Mit einem ›Kilometer-Kurvenmesser‹ fährt er die Muster ab, um die ›Punkte‹ zu zählen, nach denen jedes Muster bewertet wird. 100 Punkte ergaben 1987 im Schnitt 78 Escudos, die vom Laden an die Stickerin zu zahlen sind – ein staatlicherseits festgesetzter Wert. Je nach Material und Art der erforderlichen Stickerei variiert hierbei die Bezahlung: So ergibt z. B. ein Monogramm 97 Escudos pro 100 Punkte und eine Stickerei auf Seide 105 Escudos (1987).

Stickerei mit Blumenmotiv

Um eine Vorstellung zu vermitteln, welchen Wert die Stickerei nach Punkten gerechnet jeweils hat, führt Maria fertige Produkte vor: Eine Decke mit einem Durchmesser von 55 inches (ca. 140 cm), die ganz aus Lochstickerei besteht, wurde mit 8208 Punkten bewertet, eine Bluse mit Stickereien am Halsausschnitt mit 700 Punkten. Hauptsächlich auf dieser Grundlage errechnet sich der Endpreis. Dies erklärt, warum weder in den Läden noch an den zahlreichen Verkaufsständen ein Feilschen um den Preis Aussicht auf Erfolg hat – dieser ist der Kalkulation des Unternehmens weitgehend entzogen.

Doch zurück zum Fortgang der Arbeiten, die der Besucher in diesem Laden selbst verfolgen kann. Bereits anhand des Musters wird das notwendige Garn ausgerechnet, die Auswahl der Farben und eventuell auch die Art des Stichs vorgegeben. Auf die Blusen, die man zum Zusammennähen an Heimarbeiterinnen weggegeben hatte, paust die Vorarbeiterin, die in allen Techniken der Stickerei und Schneiderei ausgebildet ist, nun das Muster auf. Mit Anil, einer indigoblauen Farbe, und Petroleum wird das Pergamentpapier, das mit den Lochrändern nach unten auf dem Stoff liegt, angefeuchtet, so daß die Farbe in Form des Musters auf dem zu bearbeitenden Stoff erscheint. Der Laden beschäftigt drei Agentinnen, die diese Stoffe mit den blau gezeichneten Mustern abholen, um sie an etwa 160 Frauen, die für dieses Geschäft in Heimarbeit sticken, zu verteilen. Die Stickerinnen sind Bäuerinnen, die sich neben der Landarbeit der Stickerei widmen, um für die Familie einen Zusatzverdienst zu bekommen. Der Besucher der Insel kann überall – etwa in Estreito, Campanário, Machico oder Câmara de Lobos – beobachten, wie diese Frauen vor ihren Häusern auf den Terrassen sitzen, mit groben, abgearbeiteten Händen die feinsten Stiche applizieren. Sie erhalten ihre Bezahlung durch die Agenturen per Stück und ausgerechneter Punktzahl, wobei bei mangelhafter Qualität durchaus ein Punkteabzug erfolgen kann.

Die Agentinnen bringen die fertig bestickten Blusen, Röcke, Kleidchen und Tischdecken zunächst in die Manufaktur. Dort werden mit einer kleinen Schere die bestickten Ränder glatt- und die Löcher in die Muster hineingeschnitten. Dann wäscht man mit einer Spezialseife die blaue Farbe heraus, trocknet die Stücke auf einem winzigen Balkon und bügelt sie. Die Vorarbeiterin näht noch die Knöpfe an und säubert die Nähte. Erst danach wird das ›Institut für Stickerei, Gobelinarbeiten und Kunsthandwerk von Madeira‹ das Siegel für die garantierte Güte und Original-Handarbeit von Madeira erteilen und das entsprechende kleine Metallplättchen befestigen lassen.

Neben dieser Form der Verlagsarbeit existieren auch Manufakturen, in denen Frauen hauptberuflich als Stickerinnen angestellt sind. Sie wurden dafür in der Stickereischule von Machico ausgebildet und erhalten ein festes monatliches Gehalt – und zwar nach mitteleuropäischen Maßstäben einen Hungerlohn von etwa 312 DM (1987).

Die Stickerei auf Madeira hatte keine weite Verbreitung: Frau Phelps, eine Engländerin, machte aus ihr erst einen möglichen Gelderwerb, denn in der Mode der viktorianischen Zeit hatte sie es nicht schwer, in England Interessenten für Spitzen und gestickte Blusen zu gewinnen. Das erfolgreiche Geschäft von Frau Phelps – heute gibt es eine Straße, die ihren Namen trägt – wurde zu Ende des 19. Jahrhunderts von englischen Kaufleuten weiter ausgedehnt, levantinische Händler sollen ihm den südamerikanischen Markt erschlossen haben. Den Madeirensern bot die Stickerei eine kleine Kompensation für den Verlust des Weingeschäfts in dieser Zeit. Ein auf Madeira ansässiger Deutscher organisierte den Export nach Deutschland und führte in seiner Manufaktur ein neues Verfahren ein: Hatte man vorher das beabsichtigte Muster mit blauem Garn nach eigenen Zeichnungen möglichst genau z. B. auf Batist per Faden vor- und dann aufgestickt, so wurde nunmehr, um den Ausstoß zu steigern und die Produktionskosten zu senken, das oben beschriebene Auftragen des Musters per Farbe durchgesetzt. Dies erlaubte es der Madeirenser Stickerei, mit der Konkurrenz aus Malta (›Malteser Spitzen‹) und den traditionellen Arbeiten aus Irland, St. Gallen und dem Orient mitzuhalten.

1912 zählte man auf der Insel 32000 Stickerinnen in Heimarbeit und 2500, die in Manufakturen angestellt waren. Im Verlauf des Ersten Weltkriegs gingen diese Zahlen rapide zurück, da die europäischen Staaten keine derartigen Luxusgüter mehr importierten und weil die traditionelle Kundschaft z. B. von den Luxusdampfern, die in Funchal anlegten, ausblieb.

Natürlich hat das Gewerbe heute mit der Konkurrenz der maschinellen Stickerei zu kämpfen. Die heimische Fertigung wird jedoch von dem genannten Institut für Stickerei unterstützt, das Ausstellungen organisiert, die Einfuhr von Werkzeugen und Rohstoffen koordiniert, die Qualität kontrolliert, Zuschüsse gewährt, die Gesundheitsfürsorge überwacht – häufig genug grassierte in den Manufakturen Tuberkulose – und auch Volksfeste organisiert, um Touristen auf die Traditionen der Insel aufmerksam zu machen.

Maria kennt sich mit ihrer Arbeit gut aus; sie erklärt alles mit größter Lebhaftigkeit und Sachkenntnis. Sie bedauert, daß trotz der Versuche, mehr Eleganz in die Schneiderei von Kleidern und Röcken zu bringen, die Stickerei immer noch volkstümlich ist. Ihr Wunsch? Eine eigene Boutique und keinen Ärger mehr mit der so unterschiedlichen Qualität der Handarbeiten, deren Ungenauigkeit und Flüchtigkeit sie moniert.

Teppichstickerei

Das Besticken von Leinwänden nach Zeichnungen ist auf Madeira wahrscheinlich durch den Handel mit Flandern und durch Waren aus Persien und China bekannt geworden. Seit wann man diese Kunst auf der Insel praktiziert, ist nicht überliefert; allerdings gibt es bereits 1780 in einem Dekret einen Hinweis, daß die madeirensische Handarbeit besonderen Schutz genießen solle. Ob sich das auch schon auf diese Kunstfertigkeit bezog? Verbürgt ist, daß 1850 auf der Madeira-Messe ›Madeira-Gobelins‹ ausgestellt wurden. Der Aufbau einer ersten Manufaktur begann aber erst 1937 aufgrund der Initiative des Österreichers Max Kiekeben und des deutschen Kaufmanns und Konsuls Emil Gesche. Heute sind 20 000 Frauen in der Teppichstickerei beschäftigt, als Heimarbeiterinnen oder fest Angestellte.

Für die Teppiche wird zunächst auf dem Kanvas ein Muster – nach eigenen Motiven oder aber nach bekannten Gemälden von Van Gogh bis Picasso – in Öl oder Acryl-Farben entworfen, meist in der Größe, die auch der fertige Teppich haben soll. Weder Tinte noch Bleistift dürfen benutzt werden, da dies die natürlichen Farben der Wolle beeinträchtigen würde. Das Bild überträgt man auf Zeichenpapier, um die benötigten Stiche ausrechnen und die erforderlichen Farbtöne der Wolle analysieren zu können. Nach dieser Vorlage lassen sich dann mehrere Exemplare herstellen. Einzelstücke, von denen es nur eine einzige Ausführung gibt, sind im Handel nicht erhältlich; sie werden von Museen erworben oder schmücken die Wände derer, die sich einen solchen Luxus leisten können – etwa Ronald Reagan, Prinz Charles oder die Banken Madeiras.

Diese Technik der Teppichstickerei wurde in den fünfziger Jahren von Gino Romoli weiterentwickelt, der auch die Feinheiten von Gesichtern und Perspektiven darstellen wollte. Im Eingang des Instituts für Kunsthandwerk von Madeira hängt sein eigenes Meisterwerk: Ein Teppich von 20 m², der aus 7 Millionen Stichen besteht, hergestellt von 16 Frauen, die drei Jahre daran gearbeitet haben. Der Teppich wirkt wie eine Mosaikarbeit: In

1 Ponta do Pargo an der Westküste Madeiras ▷

2 Blick vom Pico do Arieiro auf den Adlerfelsen an der Nordküste ▷ ▷

4   Weidenrutenverarbeitung

5   Schaufenster in Ribeira Brava

6   Kommunionkind

7   Stickerin

8   Kirchenopfergabe in Estreito de Câmara de Lobos

9   Das Weihnachtsschwein wird geschlachtet

10   Apfelfest in Ponta do Pargo

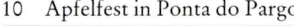

11 Rosária, Tochter der Familie Correia

12 Bar auf dem Lande

13 Blumenfest in Funchal

14 Schälen von Weidenruten

15 Verkauf von Pimpinelas

16 Wiegen der Weidenruten

17 und 18   Kachelbilder in der Quinta Vigia, Funchal

19   Quinta do Palheiro Ferreiro

20 und 21   Häuser in Santana

23   Berghaus Pico Ruivo ▷

22   Bauernhaus in Curral das Freiras

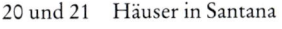

24   Funchal: São António

25   Funchal: Altstadt

26   Fischerboote in Câmara de Lobos ▷

27 Levada do Norte an der Südküste

30 Blick vom Cabo Girão ▷

28 Wanderweg zum Torrinhas-Paß

29 Levada das Rabaças

31 Pico do Arieiro

32 Blick von der Pousada dos Vinháticos auf den Gusta do Galo

33 Encumeada-Paßstraße ▷

35 Ponta de São Lourenço an der Ostspitze von Madeira

◁ 34 Auf Deserta Grande

36 Granatapfel

37 Fensterblatt

38 Englische Tomaten

39 Pimentos auf dem Markt von Funchal

40 Annonas

41 Japanische Mispeln

42 Weihnachtsstern

43 Calla

44 Cattleya-Orchidee

45 Beschreikraut und Thunbergien

46 Protea

47 Weißer Stechapfel, Datura

48 Fackellilie

49 Strelitzia Reginae

50 Flamingoblume

51 Baumäonie

52 Tibouchine

53 Rachenlilie

der linken Ecke stehen die Namen der 16 Frauen und der des Meisters selbst. Die goldenen Stellen an den Ecken sind aus echter englischer Seide, die sich mit der französischen Wolle im Zentrum des Teppichs vermischt. Eine endemische Geranie rankt sich hoch, umgeben von einer Belladonna-Lilie und einer afrikanischen Liebesblume (Agapanthus). Die Königin der Nacht öffnet ihre Blüten, in den Zweigen der Kamelie leben phantastische Vögel. Auf der rechten Seite steht ein schon recht alter Heidebaum, aus dessen Stamm neue Zweige wachsen; ein junges Mädchen, das einen alten Stamm berührt, soll die Symbiose zwischen Tradition und Zukunft darstellen. Eine Frau lächelt den Betrachter vielsagend an.

Korbflechterei

Die Korbflechterei hat auf Madeira eine lange Tradition: Um auf den steilen Terrassenfeldern Baumaterialien wie Sand und Erde oder die Ernte bergauf und bergab schleppen zu können, benötigte man Körbe verschiedener Größen und Arten. Noch heute ist der braune, aus ungekochter Weide hergestellte, grob geflochtene Korb unentbehrlich für die Bearbeitung der Felder und für den Transport der Waren zum Markt von Funchal. Zu einem spezialisierten Erwerbszweig entwickelte sich die Flechterei allerdings erst ab 1880, als die Engländer James Taylor und William Hinton Korbwaren aus Italien mitbrachten, um sie in Camacha kopieren zu lassen. 1912 wurden bereits 260 000 kg Flechtarbeiten und fast die gleiche Menge an Rohmaterial exportiert, und zwar vor allem nach England, zu den Kanarischen Inseln und nach Südafrika. Heute sind die Hauptimporteure die USA und Kanada.

Die Weide, die für die Korbflechterei auf Madeira angepflanzt wird, ist eine Kreuzung zwischen Salix alba und Salix fragiles. Diese Weiden haben lange, biegsame Zweige, wachsen schnell und üppig, vor allem an den vielen Bächen im Norden der Insel. Von Januar bis März ziehen die Bauern auf die kleinen Felder, schneiden die hellbraunen bis rötlichen schlanken Ruten und tragen sie zu großen Sammelstellen (Farbtafel 4). Dort werden sie in einem langen viereckigen Bottich von den Männern gekocht und anschließend von Frauen und Kindern geschält (Farbtafel 14), wobei die Hände wie durch Sandpapier aufgerauht und braun eingefärbt werden. Die dreckigbraune Brühe vermischt sich mit dem Wasser der Levada, die Rauchfahnen ziehen abends weit über das Dorf, und über dem Arbeitsplatz hängt ein penetranter Geruch. Gekochte Weiden erhalten eine braune Farbe, die ungekochten bleiben weißlich. Diese letzteren werden nur eine Woche lang vor der Verarbeitung eingeweicht, damit sie geschmeidig werden. Nach dem Schälen stellt man die Weiden zum Trocknen auf, was der Landschaft ganz besondere Farbtupfer verleiht. Die fertigen Bündel werden gewogen (Farbtafel 16). Die kleineren erzielen höhere Kilopreise als die größeren, da sie biegsamer sind. LKWs holen die Bündel ab und bringen sie zur Weiterverarbeitung in die Manufakturen von Camacha.

◁ 54 Südküste: Blick von Ponta do Sol auf den Cabo Girão

Korbflechter in Camacha

Man kann die mehrstöckigen, dunklen Häuser der Manufakturen, die zwischen den kleinen Wohnhäusern am Abhang von Camacha fremd wirken, betreten und den Leuten bei der Korbflechterei zusehen – einer harten und extrem schlecht bezahlten Arbeit (Abb. 45). Die Räume sind dunkel, feucht und kalt, die Arbeiter, meist Frauen und Kinder, erhalten nicht mehr als 1,20 DM pro Stunde (1987). Auf kleinen Hockern sitzend, fertigen sie mit Händen, Füßen und Zähnen Stühle, Taschen, Körbchen für Ostereier, Spielzeuge und folkloristische Gegenstände.

In den umliegenden Läden auf dem großen Platz von Camacha kann der Besucher vom korbgeflochtenen Toilettenstuhl über Hundekörbe und Spiegelumrandungen bis zu sehr schönen Sitzgarnituren eine Vielfalt von Flechtarbeiten kaufen – etwa 800–1000 verschiedene Artikel werden auf Madeira produziert. Die Händler verpacken sie fachgerecht und schicken sie dem Reisenden auch nach. Daß die Möbel und Taschen auch heute noch ohne Nägel hergestellt werden, trifft zumindest für die preiswerteren Waren nicht mehr zu.

Kunst und Architektur

Die Kunst auf Madeira ist vor allem christlichen Ursprungs. Kirchen und Kapellen bilden seit jeher die Zentren der kleinen Ortschaften, um die sich die Wohnhäuser gruppieren. Von den ursprünglichen Kirchen aus dem 15. Jahrhundert sind noch manche im Kern erhalten, auch wenn die meisten im Lauf der Jahrhunderte renoviert, umgebaut und vergrößert wurden. Die Architektur folgte zunächst portugiesischen Vorbildern, mit dem Ausbau des Handels und dem Erwerb von Reichtümern aus anderen Ländern gewannen aber andere Stilrichtungen, vor allem aus Flandern, an Bedeutung. Allgemein läßt sich ein charakteristischer Kontrast beobachten: Die Kirchen wirken von außen streng und schmucklos; die Kanten der weißen Mauern sind mit dunklem Tuffstein abgesetzt, die Kuppeln der Türme mit bunten Kacheln, Fenster und Türen mit zurückhaltendem manuelinischen Dekor verziert. Das Innere dagegen ist aufwendig mit Kunstwerken verschiedenster Stilrichtungen ausgestattet: Triptychen, Taufsteine, Skulpturen, Gemälde aus allen möglichen europäischen Handelsstädten schmücken die Wände der Kirchen und Kapellen – Kunstschätze, gespendet von Königen, Fürsten und Kaufleuten, verfertigt aus wertvollen Hölzern, aus Gold und Silber, versehen mit schönen Intarsien. Besonders die Holzdecken der Kirchenschiffe – am prachtvollsten sind die der Sé (vgl. S. 164) und der Gemeindekirche von Calheta (Abb. 14) – erfuhren seit jeher ornamentale Ausschmückungen mit geometrischen Figuren, wobei häufig umstritten bleibt, ob sich diese nunmehr maurischen oder manuelinischen Einflüssen verdanken. Viele Decken sind auch mit Szenen des religiösen oder ländlichen Lebens ausgemalt, wofür die Gemeindekirche von São Vicente das wohl gelungenste Beispiel liefert.

Die verschiedenen europäischen Stilrichtungen wurden auf Madeira erst mit einiger Verspätung rezipiert. Die ersten Kirchen der Insel waren romanisch-gotisch mit manuelinischen

Elementen. Im 17. und 18. Jahrhundert schmückte man die Kirchen im barocken Stil aus, wofür die Kirche von São Jorge der eindrucksvollste Beleg ist. Die Kirchenneubauten zeigten von außen weiterhin die gewohnte Sachlichkeit.

Die wertvollsten Stücke sakraler Kleinkunst werden im Museum de Arte Sacra von Funchal aufbewahrt.

Von der profanen Architektur der älteren Vergangenheit ist kaum etwas erhalten geblieben. Viele repräsentative alte Wohnhäuser Funchals wurden im 19. Jahrhundert abgerissen, um die Stadt zu ›modernisieren‹; geschmacklose Imitate und Straßenzüge ohne jegliche architektonische Abstimmung entstanden an ihrer Stelle. Diese unglückliche Tradition setzt sich leider mit den Hotelbauten und dem sozialen Wohnungsbau im Westen Funchals bis in unsere Tage fort. Wie die Bauruinen bei Canhas und auf Porto Santo, Neubauten in Ribeira Brava, am Pico do Arieiro oder am Strand von Praínha beweisen, ist diese Rücksichtslosigkeit gegenüber der Landschaft und dem historischen Baubestand nicht auf die Hauptstadt beschränkt.

Trotz dieser Modernisierung lassen sich jedoch noch immer Elemente vergangener Epochen an den Häusern entdecken: ein schwungvoller manuelinischer Bogen über einem alten Tor, Einfassungen von Türen und Fenstern aus rotem Basalt, die unter später aufgetragenem Putz wieder hervorgeholt werden, schwere Eisengitter vor den Fenstern, die die großen, oft palastartigen Wohnhäuser vor Seeräuberüberfällen schützen sollten, und Türmchen oder überdeckte Terrassen, die als Ausguck über das Meer dienten. Wiederentdeckte alte Skulpturen, Grabplatten, Fenstereinfassungen, Wappen usw. sind im archäologischen Park der Quinta das Cruzes (vgl. S. 173 f.) ausgestellt. Auch das herrschaftliche Stadthaus von Frederico de Freitas, das einen Eindruck der ehemaligen Wohnkultur Funchals vermittelt, ist seit 1989 zu besichtigen (vgl. S. 176).

Als Menschenkopf gestalteter Abschluß eines Dachfirstes

Das 19. Jahrhundert sah allerdings nicht nur den stillosen Neuaufbau Funchals, sondern auch die Entwicklung der für Madeira charakteristischen Quinta, eines repräsentativen Landhauses nach englischem Geschmack, umgeben von einem sorgfältig angelegten Garten. Einige dieser Quintas wurden inzwischen vom Staat übernommen und der Öffentlichkeit zugänglich gemacht. Für die Architektur auf dem Lande sind die verzierten Schornsteine und die gegenständlichen Darstellungen von Tauben, Hunde- und Menschenköpfen an den Enden der Dachfirste typisch.

Von den nicht-sakralen Kunstwerken sind vor allem die Gemälde der flämischen Schule bedeutsam: Wohlhabende Bürger der Insel schmückten ihre Wohnhäuser mit Bildern, die sie im Rahmen des florierenden Zuckerhandels erworben hatten. In der Quinta das Cruzes sind Möbel, Teppiche, Silberarbeiten und Porzellan ausgestellt, die die wohlhabenden Bürger Madeiras aus allen Ländern in ihren Wohnhäusern zusammentrugen. Vieles ist leider nicht mehr erhalten, da es den Seeräubern in die Hände fiel.

Azulejos – bemalte Kacheln

Wer durch Funchal spaziert oder durch die Dörfer fährt, wird immer wieder auf Kachelbilder stoßen (Farbtafel 17, 18; Abb. 9–13, 48, 49). Dieser nicht nur für Madeira, sondern für ganz Portugal charakteristische Schmuck hat sich zwar im Lauf der Zeit stilistisch gewandelt, er erfreut sich aber nach wie vor größter Beliebtheit.

Kachelbilder sind auf Madeira allgegenwärtig: Kunstvolle Jagdszenen oder Geschichten aus alter Literatur schmücken die Quintas. Kacheln dienen auf dem Markt als Blickfang, die kleinen, alten, in die Kaimauer eingelassenen Steinbänke am Hafen zeigen Landschaftsmotive der Insel, die Außenwände der Handelskammer sind dekoriert mit der Darstellung inseltypischer Verkehrsformen und Handwerksarbeiten, an den Wänden der Kirchen finden sich biblische Motive, viele Brunnen haben Kacheln als Einfassung.

Man nimmt gemeinhin an, daß der Name *Azulejos*, wie diese Kachelarbeiten heißen, sich der vorherrschenden Farbe Blau *(Azul)* verdanke. Dabei dürfte es sich jedoch um eine volkstümliche Deutung handeln, denn das Wort leitet sich ursprünglich ab von dem arabischen *al-Zulayi*, was soviel wie ›kleiner Stein‹ bedeutet. So nannten die Araber die Überreste römischer und byzantinischer Mosaiken, die sie in Nordafrika und Vorderasien vorfanden. Die ersten Kacheln Portugals wurden aus Sevilla importiert, wo sie im *Cuerda seca*-Verfahren hergestellt wurden: Die arabischen Kunsthandwerker ritzten dabei die Linien des Musters – meistens geometrische Formen – in den Ton und legten dann fettige Fäden darauf, damit die Oxydfarben beim Brennen nicht ineinanderlaufen konnten. Das Fett verdampfte im Ofen. Bei einer anderen Technik wurden die etwas vertieft aufgetragenen Farben durch kleine Erhebungen voneinander getrennt. Diese frühen Kacheln zeigen übrigens keineswegs die ›typischen‹ Farben Blau-Weiß, sondern Ocker, helles Blau, dunkles Violett und gebrochenes Weiß.

Die ersten portugiesischen Manufakturen übernahmen eine später entwickelte Technik von Mallorca, bei der bereits glasierte Kacheln zusätzlich bemalt werden konnten. Gelb und Kobaltblau traten an Farben hinzu, die Absage an figürliche Darstellungen, wie die arabische Tradition es gebot, gab man bald auf. So entwickelte sich ein Motivreichtum, der sich immer weiter von der ornamentalen Kunst entfernte, bis die Kachelbilder schließlich ganze Geschichten erzählten; viele Figuren wurden dabei bis zur Skurrilität verzeichnet. Die Manufakturen im holländischen Delft produzierten später mehr Kacheln für Portugal als für den eigenen Bedarf; hier kam die Mode auf, die Kacheln vorwiegend in Blau und Weiß zu gestalten.

Die portugiesischen Kacheln nahmen die verschiedenen europäischen Stilrichtungen auf eigene Weise auf: Unter dem Einfluß des Barock gerieten die Kachel-Engel zu ungeheurer Opulenz, Ranken wurden üppig hinzugefügt. Am Ende des 18. Jahrhunderts kamen Blau und Weiß wieder aus der Mode, unter dem Einfluß des Rokoko zeigten die Kacheln galante und kokette Bilder mit Schäferszenen. Im 18. Jahrhundert drangen die Fliesen auch in die Wohnhäuser der Bürger vor, 100 Jahre später wurden die Fassaden öffentlicher und auch privater Bauten damit geschmückt, wobei romantisierende, oft auch kitschige Darstellungen handwerklicher Kunst oder grandiose Schlachtenbilder als Themen hinzutraten. Im 19. Jahrhundert wurden dann die Fliesen – auch die, die man hauptsächlich heute in Funchal sehen kann – in Manufakturen mit Schablonen hergestellt. Nicht zu übersehen ist bei den modernen Kachelbildern in Privathäusern die pathetische Darstellung vor allem religiöser Motive.

Die Kacheln dienen übrigens nicht nur als Schmuck, sondern auch als praktisches Isolationsmaterial: Sehr viele Häuser auf Madeira haben bis unter das Dach gekachelte Außenwände, damit sie nicht so leicht von der salzigen Meeresluft angegriffen werden können. Auf den Betrachter mögen sie oft kalt, zu bombastisch wirken – bis das Grün und die Blumen auch diese Wände überwachsen oder ihre Strenge angenehm auflockern.

Der Besucher wird die Kachelbilder an vielen Stellen der Insel für sich selbst entdecken können. Hier sei deshalb nur auf einige besonders eindrucksvolle Darstellungen hingewiesen: auf die Anbetung von Bethlehem links vom Hochaltar der Sé, auf die einschiffige Kirche von Santa Clara, die bis zum Chor mit Kacheln dekoriert ist, und auf die Eingangshalle des Rathauses.

◁ Kachelbild an der Kirche von Porto Santo

Verkehr und Tourismus

Insulare Verkehrsmittel – Von der Hängematte zum Flugzeug

Daß man auf Madeira ›mit den Touristen Schlitten fährt‹, und zwar ohne Schnee und somit zu jeder Jahreszeit, dürfte eines der bekanntesten Madeira-Klischees sein; solche Fahrten stehen sogar bei den Tagesausflügen der Kreuzfahrtschiffe mit auf dem Programm. Daß auch heute noch Fahrgäste gemächlich mit dem Ochsenschlitten durch Funchal gezogen werden, ist dagegen eine Legende, auch wenn entsprechende Bilder noch die Titel derzeitiger Reisehandbücher zieren. Seit Beginn dieses Jahrzehnts gibt es keine Ochsenschlitten mehr auf Madeira, auch nicht für touristische Zwecke; nur im Restaurant ›O Boieiro‹ (›Der

Auf bestimmte Waren spezialisierte Träger: Von links nach rechts Leiteiro, Borracheiro …

144

Ochsentreiber‹) können die Gäste noch in Schlitten steigen – allerdings in solche ohne Ochsen, umfunktioniert zu Speisetischen.

Was ist nun so besonders an den Verkehrsmitteln auf Madeira, daß sie uns ein eigenes Kapitel wert erscheinen, daß das offizielle Kulturinstitut 1982 sogar einen Bildband dazu herausgegeben hat, daß viele Kachelbilder in Funchal diesem Thema gewidmet sind, daß sogar auf neuesten Briefmarken der Insel Korb- und Ochsenschlitten geehrt werden?

Die Hänge von Madeira sind so steil, daß die Inselbewohner außergewöhnliche Mittel und Wege finden mußten, um die Verbindung zwischen den verschiedenen Tälern und von den Häusern zu den Feldern zu ermöglichen. Vor allem mußten die Wein- und Zuckerernten zur Verarbeitung und Verschiffung nach Funchal gebracht werden. Da die Buchten – vor allem im Norden – sich nicht als Häfen für größere Schiffe eignen, waren selbst die Küstendörfer auf Überlandwege angewiesen. Dabei wollte man möglichst wenig von dem wertvollen Ackerland opfern, und so baute man die Straßen und Wege enorm steil und schmal (ganz anders wird heute im Westteil der Insel verfahren, wo sich manch schöne Stelle in eine riesige Baugrube verwandelt hat und wo manche neugebaute Straße planlos im Nichts endet). Die alten Wege wurden häufig treppenartig angelegt und mit kleinen, abgerundeten Basaltsteinen belegt, die auch heute noch am bequemsten sind, will man zu Fuß die Höhenunter-

...Pesquito und Homen das cestas

schiede überwinden. Diese Stufen sind abgerundet, um Holz oder beladene Schlitten hinter sich herziehen zu können.

Traditioneller Warentransport

Die einfachste Methode des Warentransports war und ist natürlich diejenige, die sich allein auf die menschliche Körperkraft stützt. Noch heute kann man ältere Männer und Frauen sehen, die Waren in Körben oder Bündeln auf dem Kopf tragen (Abb. 10). Einige Trägerberufe haben sich über die Jahrhunderte hinweg auf bestimmte Gegenstände spezialisiert, die sie direkt in die Häuser der Konsumenten zu bringen hatten:

Den *Leitero*, den Milchmann, kann man auch heute noch dann und wann sehen, wenn er mit seinen Kannen, die er an einem Joch über der Schulter trägt, von Haus zu Haus geht und mit seinen kleinen Blechbechern die frische Milch viertelliterweise abfüllt. Er bezieht die Milch direkt von den Bauern. Der *Ceboleiro* ist der Zwiebelmann, der die gebundenen Zwiebelballen auf einer Stange über der Schulter vom Anbaugebiet in die Stadt bringt. Den *Barrileiro*, der den Wein in Fässern trägt, und auch den *Borracheiro,* der den Wein in Ziegenhäuten nach Funchal schleppt (Abb. 1), sieht man dagegen nur noch selten. Der *Pesquito* war derjenige, der die Fische in einer flachen Tonne auf dem Kopf trug, um sie in Stadt und Land zu verkaufen, während der *Homen das cestas* das Mittagsbrot in die Stadt brachte.

Die zweite Art des Warentransportes nutzte die Kraft der Tiere, wenn auch dieser Möglichkeit durch die Enge und Steilheit der Wege stets Grenzen gesetzt waren. Am häufigsten

Weintransport per Ochsenschlitten

packte man die Lasten einfach auf die Rücken von Eseln oder Maultieren. In seinem Buch ›Eine Reise nach Madeira‹ berichtet Hans Sloane bereits 1687 von der Einmaligkeit der von Ochsen gezogenen Holzschlitten und meinte, es gäbe für das steile Gelände nichts Besseres (vgl. Abb. 2). Für die wenigen ebenen Strecken wurde – und wird auch heute manchmal noch – ein ebenfalls von Ochsen gezogener Holzkarren mit zwei massiven Rädern benutzt. Die damals im übrigen Europa längst üblichen Pferdefuhrwerke spielten dagegen wegen fehlender Straßen kaum ein Rolle: Der Chronist Langerhans zählte 1885 in Funchal nur vier derartige Wagen.

Die Maschinenkraft wurde für den Warenverkehr nur zu Beginn dieses Jahrhunderts kurz eingesetzt: Eine Draisine brachte Kohle von der Halde über den neu gebauten Kai Pontinha zu den Dampfern, die Madeira seit 1838 anliefen, vor allem um hier Steinkohle für die Weiterfahrt zu bunkern. Nachdem die Schiffe auf Öl umgerüstet hatten, bevorzugten sie die Häfen der Kanarischen Inseln, die über Tanklager verfügen. Von den Draisinen gibt es nur noch alte Fotos, längst ist ihr Schienenstrang der Erweiterung des Hafens zum Opfer gefallen.

Traditioneller Personentransport

Für den Personentransport haben die Madeirenser zwar keine neuen Transportmittel ersonnen, aber sie haben bestehende auf originelle Weise adaptiert. Die meisten Bewohner mußten stets die langen und beschwerlichen Fußmärsche in Kauf nehmen, Touristen und Reiche konnten sich jedoch tragen oder ziehen lassen.

Die Sänfte (Palaquin)
John A. Dix berichtet 1842 über den Gebrauch der Sänfte: »Viele Kranke, die nicht mehr zu Fuß gehen können und die auch nicht mehr die Kraft haben, auf das Pferd zu steigen, haben als eine Möglichkeit die Sänfte, eine Holzplanke in der Form eines Schuhs, umzäumt von einem Gitter von 6 Zoll Höhe und einer Lehne. Die Länge reicht für eine Person, um ihre Beine ausstrecken zu können. Sie ist gewöhnlich mit einem Tuch verkleidet, das über den Balken liegt, an dem die Sänfte aufgehängt wird, das häufig einen guten Geschmack in seiner Ausführung und seinem Reichtum der Verzierung zeigt.«

Die Hängematte (Rede)
Vom Beginn des 17. bis zur Mitte des 20. Jahrhunderts wurde auf der gesamten Insel zum Personentransport die Hängematte benutzt (Abb. 3). Sie bestand aus einem starkmaschigen, lokal gefertigten Netz, das an einer Stange befestigt war, die zwei Männer auf den Schultern trugen. Die Wohlhabenderen und die Gouverneure ließen sich in der Hängematte tragen, und auch die Touristen genossen jahrhundertelang diese für sie bequeme Art des Reisens. So war es durchaus üblich, die höchste Erhebung der Insel, den Pico Ruivo, in einer Hängematte zu ›besteigen‹. Bis zum Ende der Sklaverei wurden – wie für viele andere schwere

Rede (Hängematte)   Zeitungsillustration zur Korbschlittenfahrt; 1893 ▷

Arbeiten auch – Sklaven als Träger eingesetzt; später gab es dann den eigenen Berufsstand der *Portadores*, die sich ganz in Weiß und mit einem Strohhut kleideten.

Einfache und komfortablere Matten standen zur Auswahl; die letzteren wurden hauptsächlich in der Stadt benutzt: Sie waren gepolstert, die Stoffe bestickt; in Kopfhöhe hatten sie kleine Marquisen, um die Damen vor der Sonne und vor Neugierigen zu schützen. Von früheren Besuchern der Insel wird immer wieder enthusiastisch gelobt, daß die *Rede* so bequem wie ein Bett sei, und daß sie den gleichmäßigen Gang ihrer Träger, bergauf wie bergab, bewunderten.

Die Korbschlitten (Carro de cesto)
In den berühmten Korbschlitten – 1849 (nach anderen Quellen schon 1820) von Russel Manners eingeführt und auch unter der englischen Bezeichnung ›Toboggan‹ bekannt – rutschen die Touristen, heute genauso wie vor über 100 Jahren, von Monte in die Stadt hinunter (Abb. 4). Es war übrigens das erste öffentliche Verkehrsmittel Portugals. Der Besucher steigt in einen aus Weidenruten geflochtenen Korb, der eine gepolsterte Bank für zwei bis drei Personen hat und auf zwei Kufen aus Linden- oder Kiefernholz befestigt ist. Zwei Männer, die nebenher laufen, dirigieren und bremsen den Schlitten mit einem Seil; wenn nötig, springen sie mit einem Fuß hinten auf oder ziehen das Gefährt an.

THE GRAPHIC

AN ILLUSTRATED WEEKLY NEWSPAPER

No. 1,209—Vol. XLVII.
Registered as a Newspaper.

SATURDAY, JANUARY 28, 1893

WITH EXTRA SUPPLEMENT
The First Steeplechase on Record

PRICE SIX
By Post

Die Schlittenfahrt ist auch heute noch eine touristische Attraktion: Busse bringen die ›Rutschlustigen‹ von den Hotels oder den Kreuzfahrtschiffen zum Fuß der Kirche von Monte oder 300 m höher bis Terreiro da Luta.

Wer die Rutschpartie auf eigene Faust unternehmen möchte, kann mit einem der vielen Busse (Nr. 20 und 21) bis zur Kirche von Monte fahren. Die alte Brücke der ehemaligen Zahnradbahn passierend, findet man unterhalb der breiten Kirchentreppe leicht den Platz, wo die Fahrt beginnt. Die weißgekleideten *Carreiros* warten hier, das Seil lässig über die Schulter geschwungen, auf Fahrgäste. Erst wenn der Bus mit der Ladung von Touristen naht, kommt Bewegung in die Runde: Die Schlitten, die kreuz und quer auf dem Pflaster standen, werden ordentlich hintereinander aufgereiht, die rechten Posen für die Fotografierbegeisterten eingenommen, dann kann mit viel Gekreische die Fahrt beginnen. 2,5 km sind es bis zur ersten Station in Livramente, 4,5 km bis ins Zentrum von Funchal, bis zum Ende der Rua de Santa Luzia, was etwa 20 Minuten dauert. Als Erinnerung an die holprige Fahrt kann man sich den gleichen Strohhut (›Kreissäge‹) wie die *Correiros,* die Toboggan-Fahrer, ihn tragen, kaufen.

João ist mit 76 Jahren der älteste der 60 Toboggan-Fahrer. Seit 50 Jahren führt dieser schmächtige Mann den Schlitten abwärts, etwa zweimal am Tag. An einer Fahrt bis Livramento – die meisten Touristen wählen die kürzere Strecke – verdient er etwa 6,50 DM, doch jeder Fahrer hofft auf ein Trinkgeld – denn wie sollte er von einem Tageslohn von 13 DM leben können? Wie andere Arbeiter und Angestellte in Funchal auch, muß er zusätzlich mit dem Ertrag seines Gartens kalkulieren. Wie die Familie Correia besitzt er ein Schwein, das Weihnachten geschlachtet wird, Hühner und Ziegen, die er vor allem wegen des Dungs hält, sowie Kaninchen, die unter den Bananenwedeln ihren Stall haben.

Die Korbschlitten, die etwa 300 DM pro Stück kosten und heute aus australischem Holz gefertigt werden, sind Eigentum der Gruppe. Ein Lkw der Genossenschaft fährt ständig die Strecke ab, um die Schlitten und die Männer wieder nach Monte hoch zu holen; die Kosten dafür sind anteilig zu zahlen. Für die traditionelle weiße Kleidung und den Strohhut, Eigentum der jeweiligen Fahrer, müssen diese selbst sorgen.

João hat immer noch Spaß an dem Bugsieren seines Schlittens, und er bestellt sich noch einen *Cortado,* einen schwarzen Kaffee auf Zitronenschale mit einem Schuß Madeirawein. Angst muß der Fahrgast nicht haben: Auch wenn das Holpern und Schlingern eine ziemlich hohe Fahrtgeschwindigkeit suggerieren, werden maximal 10–12 Stundenkilometer erreicht. Auch verfügen die Fahrer – selbst nach mehreren *Cortados* –, über soviel Routine, daß noch nie ein Unfall passiert ist.

Der Ochsenschlitten (Carro de bois)

Bis etwa 1980 konnten sich die Besucher langsam und teuer mit einem Ochsenschlitten durch den dichten Verkehr Funchals ziehen lassen. Jetzt sind diese Schlitten nur noch in den Museen oder Hotels ausgestellt. Ein englischer Chronist berichtet über die Entstehung dieses wohl einmaligen Gefährts: Die Gattin eines gewissen Major Bulkeley litt an Überge-

Carro de bois

wicht und schwerer Arthritis, und so konnte sie weder laufen, noch transportierte man sie
gern in der Hängematte oder Sänfte. Also erfand ihr Mann 1848 den ersten Ochsenschlitten
für den Personentransport, in dem sie sich von ihrer Quinta in der Vorstadt nach Funchal
›rutschen‹ lassen konnte. Edmund Elliott soll einige Jahre später dem Schlitten Federn
hinzugefügt haben, dann kamen nach und nach die Aufbauten mit den verschiedenen Verzierungen, farbenprächtigen Kissen und Vorhängen oder bemalten Öltüchern hinzu. Um
1900 fungierten diese Ochsenschlitten quasi als die Leihwagen der Insel, die man für eine
Stunde, einen Tag oder einen Monat anmieten konnte.

J. Stenzel berichtet 1906 in seinen Tagebuchaufzeichnungen ›Kreuz und Quer auf
Madeira...‹ über diese »sonderbaren Fuhrwerke«: »Da ist zunächst der Ochsenschlitten,
der von zwei kleinen Ochsen, die einen ziemlich flotten Schritt am Leibe haben, gezogen
wird. Diese Tiere sind in der Regel nicht auf der Insel gezogen, sondern von der portugiesischen Provinz Beira importiert. Geführt werden diese Schlitten von zwei Menschen, dem
sogenannten ›boiciro‹ und einem Jungen, ›candieiro‹ genannt. Letzterer geht den Ochsen
voran, sie unablässig durch mehr oder weniger portugiesisch klingende Laute aufmun-
ternd... Diese Schlitten wären natürlich nicht verwendbar, wenn nicht die Straßen in der
Stadt und mit wenigen Ausnahmen auch diejenigen im Innern mit kleinen, runden und sehr
glatten Steinchen gepflastert wären, über welche die Schlitten leicht hinweggleiten.«

Stenzel fügte hinzu, daß es sich »auf dem schon erwähnten Pflaster der Stadt mit starksohligen Schuhen« sehr schlecht gehe, und empfiehlt dem Reisenden den Gebrauch der einheimischen Schuhe aus gegerbtem Ziegenfell. Diese Empfehlung gilt sinngemäß auch heute noch, da – außer auf den wenigen neu angelegten Bürgersteigen der Innenstadt – der Spaziergang mit hochhackigen Schuhen schwierig sein dürfte.

Das Pferd
Viele alte Bilder zeigen Picknickausflüge hoch zu Pferde, und auch Reiseberichte früherer Zeit erzählen von Ritten in das Inselinnere, begleitet von einem *Burriqueiro*, einem Pferdeknecht, der zugleich als Reiseführer diente. Inzwischen mußten die Pferde ebenso wie die Ochsenkarren dem Autoverkehr weichen; erst seit 1982 beginnt der Reitsport wieder an Boden zu gewinnen.

Die Zahnradbahn nach Monte

Es wäre sicherlich eine touristische Attraktion, gäbe es noch diese Bahn, die von 1893 bis 1943, also immerhin 50 Jahre lang, die Fahrgäste von dem Stadtzentrum Funchals – von Pombal – hinauf nach Terreiro da Luta brachte (Abb. 4, 6). Diese Fahrt wäre gewiß gemütlicher als die derzeitige im Bus, der sich mühsam durch die viel zu engen Straßen Funchals windet. Die Zahnradbahn wurde seinerzeit vor allem gebaut, um den vielen Fremden, die auf Madeira Genesung oder Erholung suchten und dafür in den Sommermonaten bevorzugt die Hotels und Pensionen des 500–600 m hoch gelegenen Monte-Bereichs aufsuchten, den Aufstieg zu erleichtern. Alte Reisebeschreibungen schwärmen immer wieder von der Fahrt entlang prächtiger Quintas, zwischen Weingärten hindurch bis fast zur Terrasse der Kirche von Monte, die einen weiten Blick über die Bucht von Funchal gewährt. Ein solcher Ausflug endete meist mit der oben beschriebenen Toboggan-Fahrt abwärts.

Auf der kurzen Strecke von 4,8 km überwand die Zahnradbahn eine Steigung von 920 m in etwa 20 bis 30 Minuten. Es gab Pläne, sie bis nach Poiso und dann zum Pico do Arieiro weiterzuführen, um dem Tourismus die Bergwelt besser zu erschließen. Man sagt, ein tragischer Unfall (1930) mit vielen Toten, verursacht durch die Explosion eines Wasserkessels, hätte diese Pläne zunichte gemacht. Der Bahnverkehr wurde 1943 eingestellt. Die demontierten Schienen verschiffte man nach England, wo das Alteisen in der Bombenproduktion für den Weltkrieg Verwendung fand.

Um die Zahnradbahn bequem erreichen zu können, wurden die Fahrgäste ab 1896 mit einer Pferdebahn vom Praça da Constituição nach Pombal gebracht. Drei Pferde, die nebeneinander im Geschirr gingen, zogen die auf Schienen laufenden Wagen. Diese Bahn mußte bereits 1915 dem beginnenden Autoverkehr weichen.

An die alte Trasse der Zahnradbahn erinnern heute nur noch die hohen Bögen der Brückenstraße über dem schön angelegten Garten von Monte und der Name Rua do Comboio, ›Straße des Zuges‹.

Das Auto

Am 22. Januar 1904 brachte ein Engländer das erste Auto nach Madeira. Es wird erzählt, er sei damals mit »seinem eleganten Automobil« in 19 Minuten von ›Reid's Hotel‹, wo er wohnte, nach Câmara de Lobos gefahren – heute braucht man dafür in der Regel länger! 1907 wurden die ersten öffentlichen Busdienste innerhalb Funchals und nach Câmara de Lobos eingerichtet (für weitere Linien fehlten die Straßen). Die Inselbewohner und vor allem die Handelshäuser begrüßten diese bequeme, zeitsparende Transportmöglichkeit voller Enthusiasmus.

Es zeigt sich heute, daß das Auto die seit jeher bestehenden Verkehrsprobleme der Insel nicht gelöst, sondern nur verlagert hat. Funchal, eine moderne Großstadt mit Dienstleistungsbetrieben, Hotels, Verwaltung und Handel, mit 100 000 Einwohnern und zahlreichen Pendlern, ist dem Verkehr nicht mehr gewachsen: Im Innenstadtbereich gibt es nur zwei Ost-West-Verbindungen, und die Nord-Süd-Straßen erlauben wegen ihrer Steilheit und Enge kaum die Durchfahrt. Entsprechend erstickt Funchal täglich in den berüchtigten Rush-Hour-Staus, und zwar nicht nur morgens und abends, wie fast alle europäischen Großstädte, sondern auch in den Mittagsstunden – viele Leute fahren über Mittag von der Arbeit nach Hause. Eine neue vierspurige Schnellstraße durch Funchal in etwa 300 m Höhe ist im Stadtteil von São Martinho bereits fertig und hat eine breite Schneise durch Funchals Wohngebiete geschlagen.

Es wäre schön gewesen, wenn Madeira nicht nur nostalgische Erinnerungen an seine alten Verkehrsmittel pflegen würde, sondern auch eine moderne inseltypische Lösung seiner Verkehrsprobleme gesucht hätte. Aber davon ist die Insel weit entfernt.

Der Schiffsverkehr

Es würde den Rahmen des vorliegenden Buches sprengen, hier im einzelnen die Geschichte des Schiffsverkehrs ausführen zu wollen, der natürlich für eine Insel wie Madeira in jeder Hinsicht äußerst wichtig war und noch ist. Das Hauptproblem für die Schiffahrt stellte stets die Schroffheit der Felsen dar, die Landungen erheblich erschwerte. Da in Funchal ein Kai fehlte, war es noch bis zum Ende des letzten Jahrhunderts üblich, Passagiere von den Schiffen durch das Wasser an das Ufer zu tragen und Weinfässer schwimmend zur Verladung zu bringen.

Durch den Ausbau der Mole verfügt Funchal heute über einen kleinen Containerhafen und einen neuen, geschützten Yachthafen. Die großen Kreuzfahrtschiffe legen am äußeren Kai an. Täglich verläßt morgens um 8 Uhr ein Katamaran-Boot Funchal, um in 1½ Stunden nach Porto Santo hinüberzufahren. Der durch die Blandy-Familie eingerichtete Schiffsverkehr entlang der Küste, für den in den Ortschaften kleine Kais gebaut wurden, ist inzwischen eingestellt. So besteht für den Touristen nur noch die Möglichkeit, ein Ausflugsboot zu buchen, will er den imposanten Blick auf die Küste der Insel vom Wasser aus genießen (vgl. S. 289).

Flugverkehr

Am 22. März 1921 landete das erste Wasserflugzeug in der Bucht von Funchal (Abb. 8). Den beiden Piloten, Gago Coutinho und Sacadura Cabral, setzte man später ein Denkmal im Stadtpark. 26 Jahre nach diesem für die Inselbewohner spektakulären Ereignis wurde in England die ›Aquila Airways‹ gegründet, die mit ihren Wasserflugzeugen einen regelmäßigen Verkehr zwischen der Isle of Wight, Madeira und Lissabon aufnahm. Ihre Maschinen landeten in der Bucht von Funchal. Wenn die Winde ungünstig wehten, so daß das Meer aufgewühlt war, gestaltete sich die Landung schwierig. Nach zwei verlustreichen Abstürzen wurde der Flugverkehr 1958 eingestellt und zugleich dringend der Ausbau eines Flughafens verlangt, denn es zeichnete sich ab, daß Madeira ohne einen solchen von dem neuen Touristenboom, der schon längst die Kanaren und verschiedene Mittelmeerinseln erreicht hatte, ausgeschlossen bliebe.

1960 wurde der Flughafen von Porto Santo eröffnet. Eine Fähre brachte die Besucher in 2½ Stunden nach Funchal, wobei die Abhängigkeit vom Wetter oft zu langen Wartezeiten führte. So blieb der Wunsch bestehen, daß auch auf der Hauptinsel eine Landebahn gebaut werden möge – wo aber war eine ebene Fläche, die ausreichend Platz bot? Nur die Hochebene Paúl da Serra im Westen der Insel wäre dafür in Frage gekommen, sie schied aber wegen des dort fast täglich aufkommenden Nebels aus. 1961 begann man schließlich, auf den sanften Hängen von Santa Catarina auf der Südseite eine 1600 m lange Landebahn zu bauen, die im Juli 1964 eingeweiht werden konnte. Sie galt bald als gefährlich, weil sie für größere Flugzeuge zu kurz war. 1986 baute man die längst überfällige Verlängerung ins Meer hinaus. Da An- und Abflug über das Meer erfolgen, hat man das Gefühl, auf einem Flugzeugträger zu landen (die Madeirenser nennen die Landebahn auch *Porta aviões*). Es bieten sich dabei prächtige Ausblicke auf die steilen Hänge z. B. der Berge der Ponta de São Lourenço.

Mit der Eröffnung des neuen Flughafens hat Madeira mittlerweile den Anschluß an den modernen Tourismus gefunden. Die portugiesische TAP und Charterflüge von zahlreichen Städten bringen die Gäste inzwischen im ständigen Non-Stop-Verkehr nach Madeira. Das ausgestellte Modell im Flughafen zeigt die geplante Verlängerung der Landepiste über die gesamte Bucht von Zarco.

Tourismus auf Madeira

1986 feierte die Insel ›200 Jahre Tourismus‹. Wer wohl 1786 der erste Tourist gewesen sein mag? Wer zählt eigentlich als Tourist? Reiseberichte über die Insel existieren jedenfalls seit dem 15. Jahrhundert: Zunächst schrieben italienische Reisende ihre Erlebnisse auf (15.–16. Jahrhundert), seit dem 17. Jahrhundert immer wieder Engländer, dann auch einige Franzosen. Recht spät, im ausgehenden 19. Jahrhundert, schilderten schließlich auch deutsche

Werbeplakat des Tourismusbüros

Autoren ihre Erfahrungen als Besucher der Insel, priesen die heilende Wirkung des Klimas und erzählten von den herrlichen Touren bis zu den Berggipfeln.

Dank seiner geographischen Lage und der frühen Blüte der Handelsstadt Funchal war Madeira seit Beginn der Entdeckungs- und Handelsfahrten von Europa nach Afrika und Südamerika eine beliebte Zwischenstation – u. a. für James Cook, der 1768 und 1772 hier ankerte. Metapherreiche Umschreibungen wie ›Insel der Liebenden‹, ›Blumeninsel‹, ›Perle des Atlantik‹, ›Versunkenes Atlantis‹ sowie der Ruf eines gesunden Klimas lockten schon seit der Mitte des 18. Jahrhunderts auch Erholungsreisende an, und bald galt es in ›besseren Kreisen‹ als ›schick‹, auf Madeira eine Heilkur zu machen, vor allem im milden Winter. Ihre erste Hochkonjunktur erlebte die Insel im 19. Jahrhundert, als manches traditionelle Kurbad auf dem europäischen Kontinent infolge von Kriegen oder politischen Spannungen nicht mehr erreichbar war.

Prinzen und Prinzessinnen, Kaiser und Königinnen, Schriftsteller und Maler weilten in dieser Zeit monatelang auf Madeira, und noch heute wird in alten Quintas liebevoll ihrer Namen gedacht: Napoleon machte hier 1815 Zwischenstation auf seiner Fahrt ins Exil – gezwungenermaßen zwar, doch heißt es, er wäre lieber nach Madeira als nach St. Helena verbannt worden. 1847 kam die britische Königinmutter Adelaide, die Witwe von Wil-

155

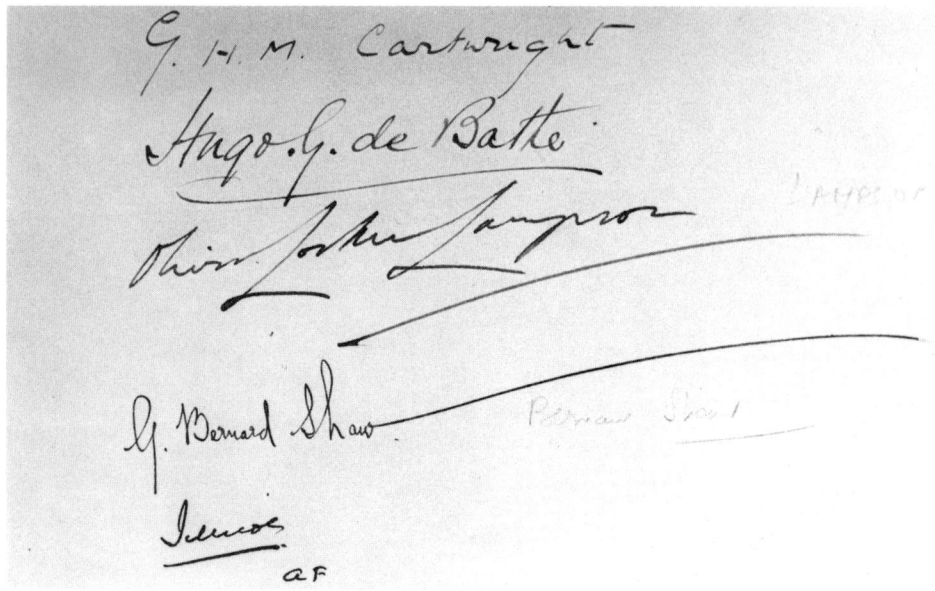

Seite aus dem Gästebuch des ›Reid's Hotel‹ mit der Unterschrift von George Bernhard Shaw

liam IV., 1848 Prinz Alexander der Niederlande, dann Prinzessin Amelia von Brasilien, später dann Elisabeth von Österreich, die Gattin von Kaiser Franz Josef, Maximilian von Österreich, der Kaiser von Mexiko, mit seiner Gemahlin und schließlich Karl I., der letzte Kaiser von Österreich und König von Ungarn und Böhmen, der hier 1922 im Exil starb und in der Kirche von Monte seine letzte Ruhestätte fand (vgl. S. 181). Die europäischen Herrscher kamen als Gäste, aber waren hier ohne Macht, sie hinterließen auch keine Regierungsgebäude oder Denkmäler – man rühmt sich ihrer, um die Attraktivität der Insel zu beweisen. Im Gefolge der gekrönten Häupter kamen auch andere Adlige, Bankiers und bekannte Politiker – darunter als wohl prominentester Winston Churchill, und zwar zweimal (Abb. 7). Anzeigen von der Jahrhundertwende belegen schließlich, daß schon damals ›Pauschalarrangements‹ angeboten wurden – so auch von dem Norddeutschen Lloyd, der Woermann-Linie und der Deutschen Ost-Afrika-Linie. Ab 1935 sah Madeira dann im Rahmen des nationalsozialistischen Verschickungsprogramms ›Kraft durch Freude‹ für einige Jahre ganz neue Besucher. Wiederholt bekam die Insel schmerzlich die Abhängigkeit von der jeweiligen Konjunktur in den europäischen und auch amerikanischen Staaten zu spüren. In schlechten Zeiten verzichten viele als erste Sparmaßnahme auf den Urlaub, entsprechend erlebte das Hotelgewerbe der Insel ein stetiges Auf und Ab.

Trotz der großen Nachfrage gab es 1840 nur zwei Hotels. Ein deutschsprachiges Handbuch für Madeira von 1885 zählt bereits sechs auf, von denen vier der schottischen Familie Reid gehörten (noch heute ist das ›Reid's Hotel‹ das bekannteste der Insel), für 1925 werden dann zwölf genannt, die 800 Übernachtungsplätze bieten konnten. Daneben gab und gibt es Pensionen in der Art von Boarding Houses. Eine touristische Besonderheit existiert dagegen leider nicht mehr: Früher konnte man Quintas – Herrenhäuser zumeist englischer oder madeirensischer Kaufleute – inklusive Dienern und Gärtnern anmieten, falls es der Geldbeutel erlaubte monatelang. Das deutsche Handbuch von 1885 verzeichnet etwa 100 Quintas, ein Plan von 1930 noch über 50.

Seit jeher gab es nur wenige Übernachtungsmöglichkeiten außerhalb Funchals. Auch das jetzige Hotelgewerbe konzentriert sich ganz auf den direkt am Meer gelegenen Westteil der Hauptstadt, da man meint, dem modernen Touristen Meeresblick und wenn schon keinen Strand, dann wenigstens ein Stück Felsen am Meer anbieten zu müssen. Der Tourismus des vorherigen Jahrhunderts bevorzugte die Hotels und Quintas an den 300–700 m hoch gelegenen Abhängen von Funchal. In keinem vergleichbaren Ferienort der Welt gibt es inzwischen eine derartige Konzentration erstklassiger Hotels auf kleinem Raum wie in Funchal, was es zu einem beliebten Kongreßzentrum werden ließ. 1990 kam sogar der PEN-Club zu seiner internationalen Tagung hierher.

Madeira verfügt heute über 10 000 Hotelbetten, mindestens 20 000 sollen es werden; für diese Planung war die Verlängerung der Landepiste die Voraussetzung und ist die Erweiterung bis in die Bucht von Machico vorgesehen, die man sich als Modell im Flughafen anschauen kann. Der Ausbau des Flugverkehrs gab den Touristik-Unternehmern Vertrauen in zukünftige Geschäfte, was von der Regierung Madeiras durch entsprechende Kredite honoriert wurde. Dabei läßt sie es zu, daß in Konkurrenz um die Geschäftsanteile die Grundlage des Geschäfts selbst allmählich zerstört wird: die gute Luft, die Ruhe beim Spaziergang, die kunstvoll angelegten Gebirgswege, ja selbst die Blumenpracht; Quintas mit ihren üppigen Gartenanlagen müssen dem Straßenbau, die Bananenhaine Funchals den Hochhäusern weichen; der knappe Zugang zum Meer wird von Hotels privatisiert, die alten *Miradouros* sind nicht mehr mit Blumenrabatten, sondern mit Verkaufsständen und Abfall ›geschmückt‹. Viele Gäste blicken von ihren Balkons nur noch auf den lauten Stop-and-Go-Verkehr oder auf den Beton des Nachbarn. Von den großen Hotels hat nur das ›Reid's‹ noch etwas von der Atmosphäre des vorigen Jahrhunderts bewahren und wenigstens seinen Garten vor Lärm schützen können.

Nur diejenigen Reisenden werden daher heute zu Liebhabern der Insel, die sich von den Pauschalarrangements der großen Hotels lösen und als Individualtouristen die Gebirgswelt und die vielen weitab gelegenen Ortschaften und Küstenstreifen für sich entdecken. Dafür bieten erst einige, außerhalb des touristischen Zentrums gelegene Anlagen Appartements an, wie am Pico dos Barcelos, bei Caniço de Baixo, Garajau und mit Einschränkung wegen des Fluglärms auch ›Matur‹ bei Machico.

Das Bemühen der Verantwortlichen für die Entwicklung des Tourismus geht dahin, weitere Teile der Insel außerhalb Funchals zu erschließen: Dafür wurde die Bauruine am Pico do Arieiro vom Staat übernommen und 1989 als zweite Pousada Madeiras eröffnet, die allerdings wegen der Kälte und des häufigen Nebels in 1800 m Höhe bislang keine Auslastung ihrer großräumigen Anlage aufweisen kann. Porto Moniz' schönes Schwimmbad in den Lavafelsen wurde modernisiert, der erste und bislang einzige Campingplatz Madeiras dort angelegt und ein neues Hotel eingeweiht. Der Bau der neuen Höhenstraße von Bica da Cana zum Encumeada-Paß, die über die unbewohnte Hochebene von Paúl da Serra führt, wurde forciert. Sicher werden noch einige atemberaubende Miradouros die fertige Straße schmücken. Ob diese aber die gesprengten Felswände, in denen einst Levadas, Treppen und alte Pfade angelegt waren, wird kompensieren können? Es wird des weiteren erwogen, aus den über die Insel verstreuten Forsthäusern Unterkünfte für Wanderer zu machen, doch war es 1990 immer noch schwierig, dort zu buchen. Für den Erhalt der jahrhundertealten Kulturlandschaften Madeiras könnte es durchaus von Vorteil sein, daß sich immer noch alles auf Funchal konzentriert, da es auf der Insel noch kein modernes Konzept der Verbindung von Tourismus und Erhalt der Natur zu geben scheint. Auch die Einrichtung des Naturparks unter Wasser an der Südküste, wo Flora und Fauna des Meeres geschützt sind, verdankt sich privater Initiative.

Wer kommt heute als Tourist nach Madeira? Handelt es sich ›nur‹ um eine ›Senioreninsel‹? Abgesehen von der Frage, warum dieses Etikett eigentlich negativ sein sollte, wäre es schön, wenn die Insel tatsächlich dieser Charakterisierung eines Tages gerecht werden könnte. Da die Zeiten des Bustourismus längst vorbei sind, müßte diesen Reisenden für ihre eigenen Aktivitäten mehr geboten werden, zumal das entspannende Strandleben – außer auf Porto Santo – völlig fehlt. Immer wieder sieht man die Unternehmungslustigen in legerer Sommerbekleidung, gutem Schuhwerk und einem kleinen Tagesrucksack die endlose Estrada Monumental entlanglaufen und enttäuscht in ihr Hotel zurückkehren. Nur langsam gewinnen die Touristikunternehmen an Boden, die diesen, vor allem älteren Touristen auch geführte Spaziergänge und Wanderungen anbieten. ›Rucksackwanderer‹ sieht man hingegen selten, obwohl ein Wanderurlaub durchaus für jüngere Leute auch eine Herausforderung darstellen würde. Selbst in fünf Wochen wäre kein Weg zweimal zu laufen! Beliebt ist Funchal hingegen bei Kreuzfahrtschiffen, die vor allem zu Sylvester ihren Gästen das berühmte Feuerwerk der Insel anbieten.

Seit 1930 existiert auf Madeira eine ›Tourismus-Kommission‹, eingerichtet, um die Insel für den in Europa und den USA damals allmählich wieder beginnenden Tourismus attraktiv zu machen. 1932 wurde eine ›Kommission der kulturellen Feste‹ gegründet, 1937 gefolgt von einem Touristenbüro (Delegação do Turismo da Madeira), das, zusammen mit anderen Behörden, für die Einrichtung von Sport- und Spielplätzen, den Bau des Casinos und die Werbung im In- und Ausland verantwortlich zeichnete. Die Werbung konzentriert sich dabei vor allem auf die Blumenpracht und das angenehme Klima, das einen Urlaub auf der Insel zu jeder Jahreszeit ermöglicht.

Ist Madeira auch für die Portugiesen attraktiv? Man sagt, daß in den sechziger Jahren auch viele Portugiesen vom Festland anreisten, um ein Stück ›ungekanntes Portugal‹ zu entdekken. Heute fahren in den Schulferien und an langen Wochenenden vor allem die Madeirenser selbst in großen Gruppen zu den Picknickplätzen in den Bergen, zum Schwimmen nach Porto Moniz oder zum Strand von Porto Santo. Diese Anlagen sind vor allem Ausflugsorte der Funchalenser, von denen sich die meisten eine Reise zum Festland nicht leisten können.

Inselführer

Funchal – vier Rundgänge durch die Stadt

Die Hauptstadt der Insel sollte man zu Fuß erkunden. Warum? Der Verkehr ist dicht, die zahlreichen Einbahnstraßen gestatten es dem ortsfremden Autofahrer nicht, seine Richtung beliebig zu ändern, in der Innenstadt gibt es kaum Parkmöglichkeiten, außerdem sind die Straßen eng und steil, so daß man manchmal auf Steigungen bis zu 20 % hinter einem Bus oder Lastwagen ›herkriechen‹ muß. Funchal hat inzwischen zwar Fußgängerzonen mit Cafés, Restaurants und Läden, dennoch muß man sagen, daß ein Stadtspaziergang nicht zu den Höhepunkten des Inselbesuchs gezählt werden darf. Der gesamte Ost-West-Verkehr der Stadt, die immerhin 100 000 Einwohner zählt und die täglich noch Tausende von Pendlern anzieht, muß sich über zwei Straßen des Zentrums quälen: durch die Avenida do Mar und die Avenida Arriaga. Die nächste Ost-West-Verbindung folgt erst wieder 400 m höher: die 105, die die Ortsteile São Martinho, São António, São Roque und Monte miteinander verbindet. Die neue vierspurige Stadtautobahn, die später zu einer Schnellstraße von Calheta bis zum Flughafen führen soll, ist im Stadtteil São Martinho bereits dem Verkehr übergeben. Bei allen anderen durchgehenden Straßen handelt es sich um Nord-Süd-Verbindungen, die sich z. T. parallel zu den vier seit 1813 einbetonierten Flußbetten die steilen Abhänge hinaufziehen. Von diesen Hauptstraßen gehen kleinere Wege ab, häufig Sackgassen, die an einem Abhang, in einer Bananenpflanzung, vor einem Hügel oder Flußbett enden. Allerdings führen viele Fußwege und steile Treppen weiter durch die Gärten, aber man wird keine Mühe haben, aus diesem Gewirr wieder herauszufinden, da die Anwohner hilfreich den Weg zeigen. Für derartige Stadtspaziergänge empfehlen sich strapazierfähiges Schuhwerk und gute Kondition. Spaziergänge durch Funchal sind ermüdend, nicht nur wegen des Verkehrslärms, sondern auch wegen der warmen, oft auch schlechten Luft, die sich an dem windgeschützten Steilhang staut. Es empfiehlt sich daher, bei allen Wanderungen eine Rast in einem Park, einer Quinta oder einem Café einzuplanen.

1. Weg: Von der Sé über den Markt bis Alt-Funchal

Die **Kathedrale von Funchal** (im nachstehenden Stadtplan Nr. 1) wird *Sé* genannt, was auf portugiesisch einen Bischofssitz bezeichnet (auch der Heilige Stuhl heißt ›a Santa Sé‹); häufig hört man auch die Bezeichnung Igreja grande (›große Kirche‹). König Manuel, zugleich Großmeister des Christusordens, gab die Kirche 1493 in Auftrag; als Architekt wird Gil (Pedreiro) Enes genannt (vgl. S. 174). Ihre offizielle Einweihung fand am 18. Oktober 1516 statt. Für lange Zeit war sie die größte Kirche in den portugiesischen Überseegebieten.

Die Sé befindet sich am Ostende der Avenida Arriaga, im Kreuzungsbereich von zwei neu entstandenen Fußgängerzonen. Von der Seite des Hauptportals aus betrachtet, präsentiert sich ihr Äußeres schmucklos. Reizvoller wirkt die Rückansicht der Apsis mit Zinnen, Schnörkeln, Pfeilern und verschiedenen Balustraden aus rotem Tuffstein. Diese verspielten Formen sind typisch für den manuelinischen Stil, der sonst leider nur noch an wenigen Baudenkmälern zu entdecken ist. Die Frontseite hat ein gotisches Portal. Über dem Portal sieht man das königliche Wappen und eine Rosette. Die Kirche hat drei Längsschiffe und ein Querschiff mit einem Hauptaltar und acht Nebenaltären. Die flämische Malerei über dem Hochaltar gelangte im Rahmen des Zuckerhandels nach Madeira. Die Decke der Vierungs-

Sé, die Kathedrale von Funchal

Funchal: Innenstadt

1 Kathedrale von Funchal: Die Sé   2 Altes Zollgebäude   3 Hafenpromenade mit ›schwimmenden Cafés‹   4 Markt   5 Kapelle von Corpo Santo   6 Fort São Tiago   7 Kirche von Santa Maria Maior   8 Festung von São Lourenço   9 Stadtgarten D. Amélia   10 Handelskammer mit Kachelbildern   11 Stadttheater   12 Casa do Turista und Einkaufszentrum ›Infante‹   13 Denkmal Heinrich des Seefahrers   14 Stadtpark   15 Capela de Santa Catarina   16 Quinta Vigia   17 Casino   18 Naturkundliches Museum (Museu Municipal)   18a Casa-Museu Frederico de Freitas   19 Kirche von Sao Pedro   20 Convento de Santa Clara   21 Quinta das Cruzes mit archäologischem Park   22 Fotomuseum Vicentes   23 Rathaus   24 Kollegiumskirche   25 Museum religiöser Kunst (Museo de Arte Sacra)   26 Tourismusbüro; in der Seitenstraße Weinmuseum der Madeira Wine Company   27 Weinmuseum des Weininstituts   28 Kirche Bom Jesus   29 TAP-Flugbüro   30 Abfahrtskai für Porto Santo-Fähren   31 Hauptpostamt   32 Postamt   33 Englische Kirche   34 Aussichtspunkt mit schönen Kacheln   35 Botanischer Garten   36 Startpunkt der Toboggan-Schlittenfahrt   37 Kirche von Monte mit Aussichtspunkt   38 Garten von Monte und alte Brücke der ehemaligen Zahnradbahn   39 Ankunft der Toboggan-Fahrt   40 Pico Fort

Sehenswürdigkeiten in den Außenbezirken vgl. Karte S. 162/163

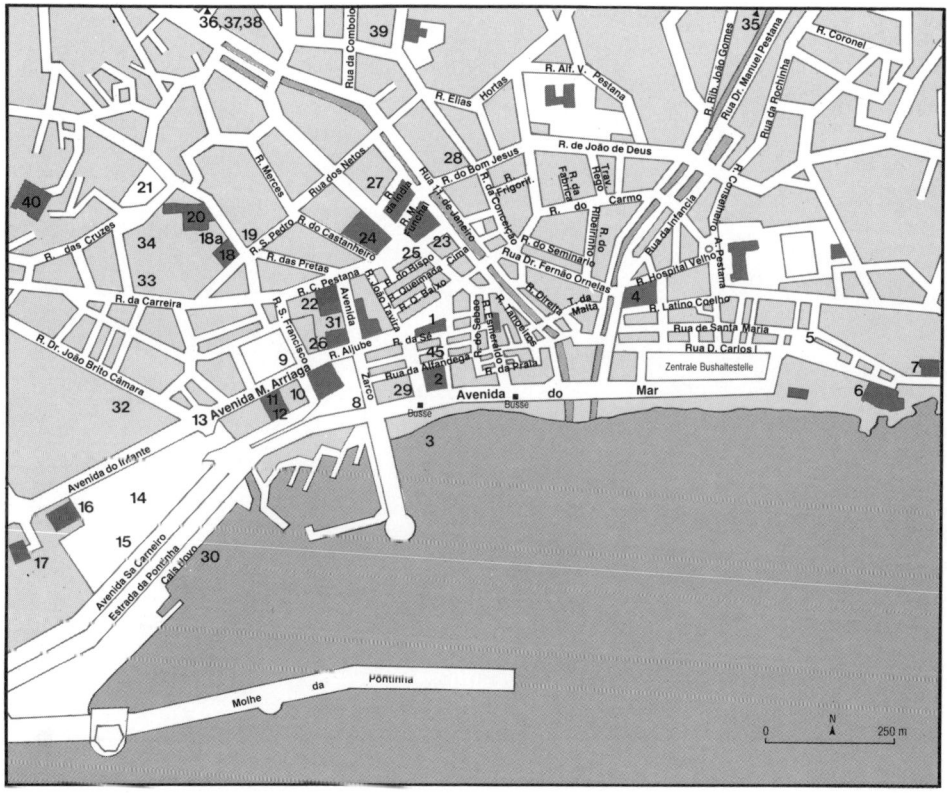

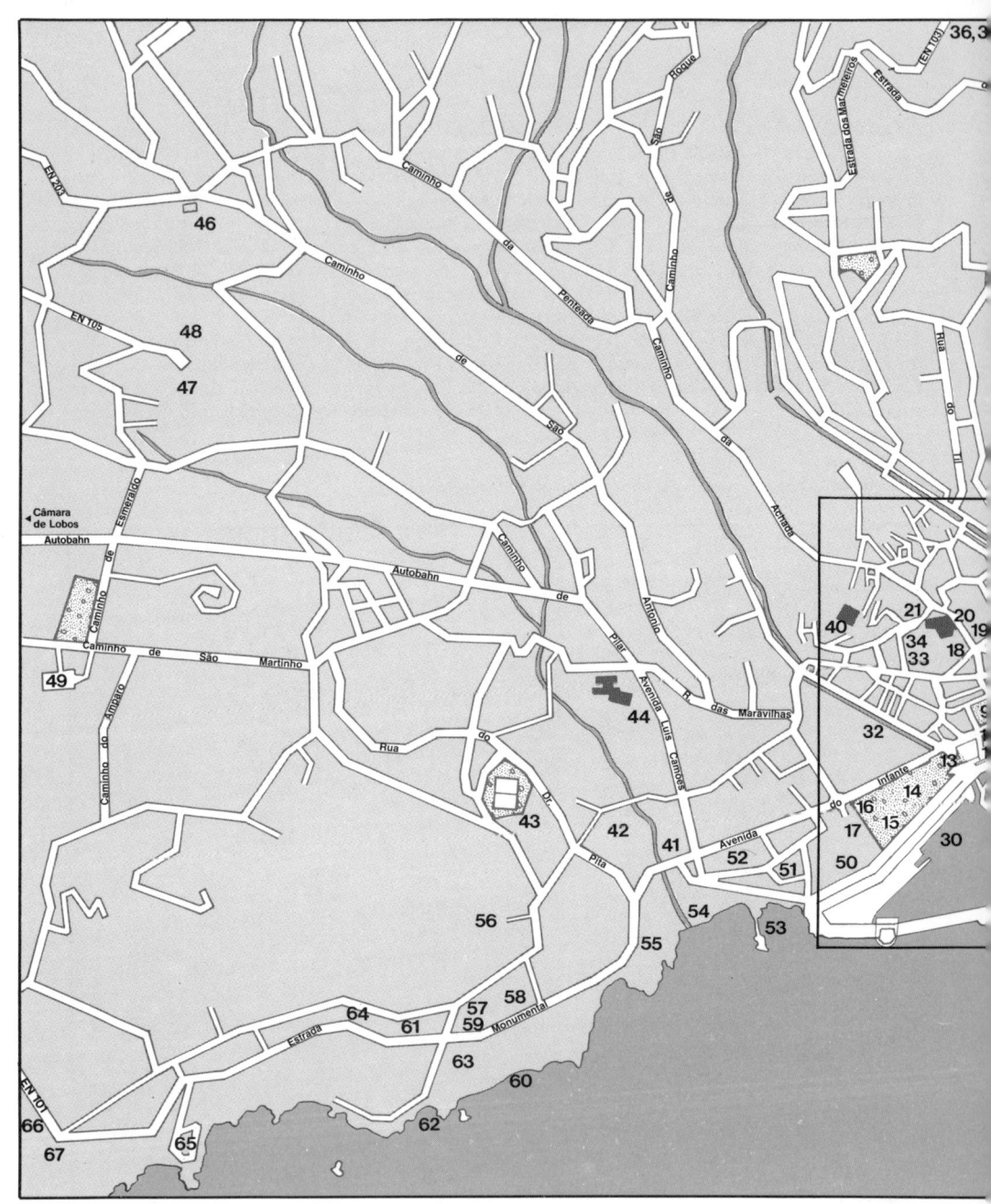

Funchal: Sehenswürdigkeiten in den Außenbezirken (1–34 vgl. Karte S. 161)

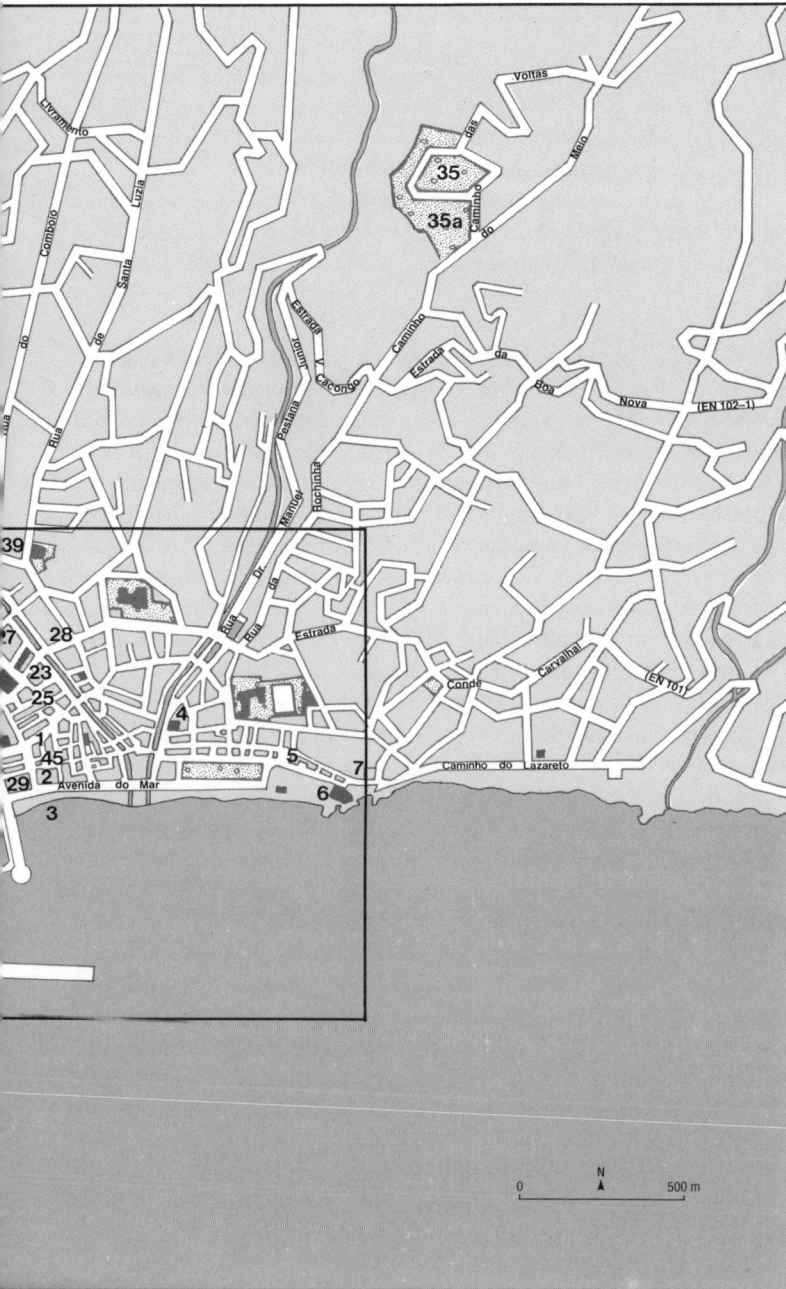

35 Botanischer Garten
35a Vogelpark
36 Startpunkt der
    Toboggan-Fahrt
37 Kirche von Monte
    mit Aussichtspunkt
38 Garten von Monte
    und Brücke der
    ehemaligen Zahn-
    radbahn
39 Ankunft der
    Toboggan-Fahrt
40 Pico Fort
41 Hochschule für
    Musik
42 Quinta Magnólia und
    Hotel Quinta do Sol
43 Fußballstadion
44 Hospital
45 Gesundheits-
    zentrum
46 Kirche Santo
    Antonio
47 Aussichtspunkt Pico
    dos Barcelos
48 Appartements Pico
    dos Barcelos
49 Kirche São
    Martinho
50 Casino-Hotel
51 Pension Quinta da
    Penha da Franca
52 Hotel Savoy
53 Swimmingpool des
    Hotels Savoy
54 Hotel Sheraton
55 Reid's Hotel
56 Hotel Vila Ramos
57 Hotel Casa Branca
58 Hotel Navio Azul
59 Hotel Girassol
60 Touristenclub mit
    Schwimmbad
61 Hotel Raga
62 Lido
63 Hotel Gorgulho
64 Hotel Florasol
65 Hotel Apartamentos
    do Mar
66 Hotel Madeira
    Palacio
67 Hotel Duas Torres

163

kuppel ist zu Recht berühmt; leider läßt die Dunkelheit kaum Einzelheiten der Schnitzereien erkennen: Es handelt sich um eine Decke aus Madeira-Zeder (ein baumähnlicher Wacholder) mit Elfenbeinintarsien. Die Motive – Blumen und fremde Tiere – sind der damals neu entdeckten exotischen Welt entnommen; die Erde wird nicht mehr flach, sondern rund dargestellt. Der Stil vereint gotische und maurische Elemente, denn die Kirche verdankt diese Schnitzereien der Kunstfertigkeit der Mudejaren, jener Moslems also, die nach der Mauren-Vertreibung in Spanien zurückgehalten worden waren bzw. als ›Bekehrte‹ *(Mudejares)* in Europa blieben.

Die **Avenida Arriaga** wird mit der Westseite der Kathedrale abgeschlossen. Diese Allee ist von Jacaranda-Bäumen gesäumt, die im Mai blühen. Das Kleinpflaster des Mittelwegs zeigt die typischen Intarsien, die Bänke könnten zum Ausruhen einladen, wenn nicht gerade in dieser schönen Straße der dichteste Autoverkehr stören würde. Geht man, aus der Kirche kommend, die Straße links zum Hafen hinunter, gelangt man in den 1985 eingeweihten Fußgängerbereich. Die beiden dortigen Restaurants haben mit Markisen überdachte Terrassen, durch die Jacaranda-Bäume hindurchgewachsen sind. Schuhputzer bieten ihre Dienste an. Offensichtlich handelt es sich hier um den Treffpunkt der akademischen Jugend Funchals; die Touristen werden kaum wahrgenommen. Die jungen Mädchen sind elegant gekleidet, die jungen Männer wirken eher unauffällig. Sie stehen herum mit ihren Büchern unter dem Arm, essen Eis und trinken den vorzüglichen Kaffee.

Das **Zollgebäude** (2) – das renoviert wurde – liegt links, noch bevor man die Avenida do Mar betritt. Von dem ursprünglichen Bau, der laut königlicher Urkunde 1477 entstand, sind noch einige Spitzbögen, Gewölbe, das Portal an der Nordseite, die Wasserspeier und die erst kürzlich freigelegte Decke vorhanden. Große Teile des Gebäudes fielen dem Erdbeben von 1748 zum Opfer, so daß das Gebäude heute vor allem durch die Umbauten des 18. Jahrhunderts geprägt ist. Der ›steinerne Wasserfall‹ und moderne Rundbau, die dem Zollhaus recht fremdartig angefügt sind, gehören zum Sitz der Regierung.

Die **Hafenpromenade** (3) vor den Kaianlagen des erst kürzlich geschaffenen Yachthafens ist neu gestaltet. An der Hafenmauer kann man in den Sitznischen noch die alten, leider häufig zerstörten Kachelbilder erkennen, die die verschiedenen Landschaften der Insel darstellen. Das ›Beatles Boat‹, ein Schiff aus dem Besitz der Beatles, ist hier für immer vor Anker gegangen – als Café und Restaurant. Von dort blickt man auf die Kreuzfahrtdampfer, die Hunderte von Tagesgästen auf Kurzvisite zur Stadt bringen. Der Kai des Yachthafens – *Marina* – ist zu einem weiträumigen Fußgängerbereich mit vielen Restaurants, die sich auf Fischgerichte spezialisiert haben, geworden.

Die Avenida do Mar ist der Abfahrtsort für fast alle Buslinien der Stadt. Gegen Abend warten die Leute, die von der Arbeit kommen, in langen Schlangen am *Paragem* (Haltestelle), so daß die Busse recht schnell ihr Schild ›completo‹ herunterklappen müssen, um dann – voll besetzt – in die verschiedenen Stadtteile hochzufahren.

Den **Markt** (4) erreicht der Besucher, indem er die Hafenpromenade nach Osten geht und links in die Rua dos Profétas einbiegt, die entlang eines mit Bougainvilleen zugewachsenen

Blick auf Funchal von Westen; Stich von J. F. Eckersberg, 19. Jahrhundert

Flusses zum Mercado dos Lavrodores führt. Bevor man die Markthalle selbst erreicht, passiert man zahlreiche Stände, wo Obst und Gemüse, Schuhe, Kleidung und vielerlei Plastikwaren verkauft werden. Vor dem Gebäude steht ein Brunnen mit massiven, erstaunlich großen Wasserhähnen. Das eigentliche, oft beschriebene Markttreiben findet in den Hallen statt, und zwar vor allem am Freitag bis 20 Uhr und am Samstag bis 16 Uhr, wenn die Bauern aus den Dörfern herbeiströmen. Dann ist auch der Hof mit Ständen gefüllt. Wer auf der Insel seinen Urlaub verbringt und selbst kocht, der sollte hier einkaufen und sich von den Händlern beraten lassen. Der Haupteingang – beachten Sie die schönen Kachelbilder (Abb. 10) – zu der atriumartig gebauten Markthalle, deren Arkaden in zwei Etagen einen freien, gepflasterten Platz umgeben, ist traditionell den Blumenfrauen vorbehalten, die hier ihre je nach Saison unterschiedliche Ware verkaufen und auch auf Wunsch versandfertig verpakken. Auf dem gepflasterten Innenhof stehen freitags und samstags dicht gedrängt die aus Weidenruten hergestellten Körbe mit verschiedenen Kartoffelsorten darin – zu jeder Zeit kann man fest- oder weichkochende kaufen, oder wie wäre es damit, einmal Süßkartoffeln zu probieren? Die Männer tragen die *Carapuças,* die Wollmützen mit Kappen, die je nach Bedarf hochgeklappt oder über die Ohren gezogen sind, die Frauen hocken auf den Körben oder Säcken, plaudern mit den vielen Bekannten und wiegen zwischendurch auf den alten, schweren, schwarzen Waagen das Gemüse ab. Auf der vom Eingang aus gesehen rechten

Seite verkaufen Händler die exotischen Früchte der Insel, recht unterschiedlich im Preis, je nach Jahreszeit. Sie erklären dem Besucher gern, wie man die Maracujas zubereitet, wie die Papayas ihren Geschmack erhalten und wann die Annona eßbar ist (vgl. S. 32 ff.).

In den Seitenräumen finden sich Stände mit Fleisch und Milchproduktion. Über die Treppe an der Stirnseite der Freilufthalle gelangt man zu dem **Fischmarkt,** der immer laut und geschäftig ist. Bei den lang herabhängenden, schlanken, schwarzen Fischleibern handelt es sich um *Espadas*, um Degenfische (vgl. S. 39). Die Händler sind ständig damit beschäftigt, die Fische für die Käufer zuzubereiten, bis die Leckerbissen kunstvoll zusammengerollt, das Schwanzende im Maul (dem man vorher die scharfen, weißen Zähne herausgebrochen hat), in den Plastiktüten verschwinden. Je nach Jahreszeit kann man beobachten, wie riesige Thunfische in Scheiben geschnitten werden; hier hat sich nicht viel in den letzten Jahrhunderten geändert, wie die vielen Kachelbilder in der Halle oder die Zeichnungen am Fischmarkt des Hafens beweisen (Abb. 48–50). Um die Markthalle herum finden sich verschiedene Restaurants, aber auch kleine Eck-Kneipen, in denen man sich bei einem Getränk und einem *Sandes,* einem belegten Brötchen mit Filet, Führei, Fisch und dergleichen, erholen kann. Übrigens: Es ist ein Geschäft der Kinder, hier dem vergeßlichen Einkäufer Plastiktüten zu verkaufen – zwar haltbar, aber teuer.

Vom Markt aus ist es nicht weit nach ›Alt-Funchal‹. Am besten geht man die Rua D. Carlos I entlang. Rechts liegt der Busbahnhof und am Ende des Platzes, dort, wo die Avenida do Mar um den Platz herumführt, war einst der kleine Fischmarkt mit deftigen Malereien zum Thema Fischfang (s. Umschlaginnenklappe). Jetzt ist dort eine kleine Gartenanlage.

Die **Capela Corpo Santo** (5) erreicht man auf der Straße, die durch Blumentöpfe für Autos gesperrt ist. An den Toreingängen dieser weiß gestrichenen Kapelle lassen sich noch Spuren manuelinischer Kunst entdecken. Die winzigen Wohnhäuser sind frisch gestrichen; zwischen ihnen finden sich gemütliche, teilweise als Gartenlokale aufgemachte Restaurants mit lokaler und internationaler Küche. Eine große Anzeige wirbt für den Besuch eines Abends mit Fado-Musik (Abb. 26). Folgt man dieser kleinen, mit Basaltsteinen gepflasterten Straße – der Travessa do Porta –, steht man nach wenigen Schritten vor dem Fort.

Das **Fort São Tiago** (6) präsentiert sich als Festung aus dem Bilderbuch – eine Wache im Wächterhäuschen, dicke, gelb getünchte Mauern mit Schießscharten, umrandet mit dem dunklen Tuffstein. Der Kern des 1614 begonnenen Baus ist noch original erhalten, die modernen Geländewagen im Innern des Hofes weisen jedoch auf den aktuellen Gebrauch: Das Fort dient als Sitz der ›Esquadrão de Lanceiros do Funchal‹. Lanzenträger noch heute? Nein, es handelt sich um die Militärpolizei, die hier ausgebildet wird. Es ist vorgesehen, die Festung zu einem Militärmuseum umzugestalten.

Der Besucher sollte auf keinen Fall versäumen, rechts vor der Festung den kleinen Weg zum Meer hinunterzugehen. Er wird überrascht sein: Auf engstem Raum drängen sich weißblau gestrichene Buden von Fischern, davor liegen die bunt bemalten Boote. Über den steinigen ›Strand‹ hat man hier einen Ponton angelegt, der an heißen Tagen zum

Sonnen und Baden benutzt wird (Eintritt). Auf einer winzigen Terrasse können Sie an einem der runden, blauen Tische sitzen und – je nach Fangzeit – z. B. frisch gebratenen Thunfisch essen und dem Treiben hier zuschauen. Das Geklapper der von den Wellen angerollten Kiesel übertönt gerade noch die Musik aus dem Kassettenrekorder.

Vom Eingang des Forts aus gelangt man über einen unmittelbar links gelegenen kleinen Fußpfad, der an der Mauer entlangführt, nach etwa 20 m zu der **Kirche von Santa Maria Maior** (7). Sie wurde 1523, als die Insel von einer Pestepedemie heimgesucht worden war, auf Wunsch der Stadt erbaut, weswegen sie auch *Igreja do Socorro* (›Kirche der Rettung‹) heißt. Anfang Mai beginnt hier eine Prozession – vieleicht in Erinnerung an die besagte Katastrophe, die an anderer Stelle auch auf 1536 datiert wird. Vor der Kirche kann man sich auf Steinbänken unter einer von Bougainvilleen bewachsenen Überdachung ausruhen und auf das Meer schauen. Von 30 m tiefer schallt der Lärm der Badenden herauf, denn hier befindet sich das traditionsreiche Bad von Barreirinha, wo ein Ponton in das Meer hinausgebaut ist.

Die Kapelle von Corpo Santo am Eingang zu Alt-Funchal

2. Weg: Von der Festung São Lourenço zum Casino

Geht man vom Touristenbüro in Richtung Westen, sieht man linker Hand die **Festung São Lourenço** (8). Auch vom Hafen aus gesehen dominiert dieses Fort die Innenstadt. Es ist nicht zu besichtigen, und die ständigen Wachen lassen nur die offiziellen Bewohner durch: Der *Palácio,* wie diese Festung offiziell und zu Recht heißt, dient als Wohnsitz des Regierungschefs und des Militärkommandanten von Madeira. Mit dem Bau wurde 1513 begonnen; nach verschiedenen Umgestaltungen entstand dann im 18. Jahrhundert das drei Stockwerke hohe Gebäude als Unterkunft für Offiziere und Mannschaften.

Um die Festung herum zieht sich eine gepflegte Gartenanlage. Auf der Seite der Avenida Arriaga, gleich gegenüber dem Touristenbüro, wird der freie Platz für einen gelegentlich stattfindenden Flohmarkt genutzt oder, während der zahlreichen Festlichkeiten, für den Aufbau von Verkaufsständen.

Rechter Hand beginnt der **Stadtgarten D. Amélia** (9), mit dessen Anlage bereits 1878 begonnen wurde. Viele der Bäume sind beschildert, man findet hier Korallenbäume, Frangipani, Araukarien, Magnolien, Aloen u. v. a. Im mittleren Teil erhebt sich ein Musikpavillon von nicht gerade bestechender Schönheit; er ist viel zu groß für diesen kleinen Garten. An

Der Palácio São Lourenço; Stich aus dem 19. Jahrhundert

den zahlreichen gepflasterten Wegen stehen Bänke, Schuhputzer bieten ihre Dienste an, und hin und wieder baut auch ein Fotograf seinen altertümlichen Kasten auf. Das westliche Ende des Parks bildet ein See mit Springbrunnen, der nachts erleuchtet ist, mit Schwänen und Enten, die um zwei Putten herumschwimmen. Manchmal wird auch diese Ecke von unermüdlichen Kartenspielern umlagert.

Die acht Kachelbilder an den Wänden der **Handelskammer** (10) gegenüber dem Garten wollen idyllisch vermitteln, was als typisch für die Insel gelten soll: Fischerei, Stickerei, Weinbau, Korbflechterei und die alten Verkehrsmittel. Das Gebäude der Handelskammer beherbergt den Automobilclub von Madeira.

Das **Stadttheater** – Teatro Municipal (11) –, im ausgehenden 19. Jahrhundert erbaut, befindet sich unmittelbar neben der Handelskammer. Hier finden festliche Veranstaltungen, Konzerte, Gastspiele von Theatergruppen, Kinovorführungen und Ausstellungen statt. Das im Rundbau mit vielen repräsentativen Logen ausgestattete Haus, einem Barocktheater nachempfunden, verfügt über eine gute Akustik. Ein Hof lädt zum Kaffeetrinken ein.

Das **Casa do Turista** (12 a) sollte man sich für den Schluß des Aufenthalts merken. Es liegt, vom Theater aus gesehen, am Ende der nächsten kleinen Nebenstraße links. Wie auch in anderen ›Touristenkaufhäusern‹ ist hier quasi in Form einer Ausstellung alles an Exportartikeln vereint, was als typisch für Madeira gilt. Das Einkaufszentrum **Centro Comercial do Infante** (12 b) passiert der Besucher, bevor er den Verkehrskreisel Praça do Infante erreicht (dessen dort aufgestellte Weltkugel symbolisiert die einstige Weltmacht Portugal). Der ›Infante‹, wie dieser Betonklotz kurz genannt wird, bietet in 49 Geschäften alles ›Lebensnotwendige‹, darunter Obststand, Supermarkt, Schuhläden, Bars, Restaurants, Souvenir- und Zeitungsstände (täglich – auch samstags und sonntags – von 10–22 Uhr geöffnet). Das sicher nützliche, aber absolut häßliche Gebäude stört stets, will man von der Westseite der Insel aus einen Panoramablick genießen; innen wirkt es unübersichtlich und dunkel mit ungemütlichen Restaurants.

Das **Denkmal Heinrichs des Seefahrers** (13), 1947 aufgestellt und von einem Spitzbogen umrahmt, steht am Aufgang zu dem großen Stadtpark. Es erinnert an den Beginn der Besiedlung Madeiras.

Der **Stadtpark** (14), angelegt 1945–1966, zieht sich den Hang zwischen den beiden Ost-West-Durchgangsstraßen – den Avenidas do Mar und do Infante – hinauf. Er bietet eine herrliche Aussicht auf die Stadt und gewährt dem Spaziergänger Ruhe und viel Freude an den beeindruckend angelegten Beeten, die den See mit seinen schwarzen Schwänen umrahmen. Agaven, Rosen, Gerbera, Pampagras, Agapanthen, Korallenbäume, Kapokbäume und Oleander blühen hier. Einige Denkmäler haben in diesem Park ihren Standort gefunden: Christoph Columbus, der nachdenklich über den neuen Hafen schaut, am höchsten Punkt der Wiese der Sämann, der bis 1985 vor dem Parlamentsgebäude in der Avenida de Zarco stand, das Fliegerdenkmal für Gago Coutinho und Sacadura Cabral, die am 22. März 1921 den ersten Flug von Lissabon nach Madeira bewältigten (vgl. Abb. 8). Für Besucher mit Kindern lohnt sich der Weg zum Kinderspielplatz, der mit viel Phantasie am Südwestende des Parks angelegt wurde. Am West- und Südende befinden sich auch Gartenlokale. Im übrigen ist es ein Eldorado für Liebespaare.

Dominiert wird der Stadtpark von der leider stets verschlossenen **Capela de Santa Catarina** (15), die einen reizvollen Kontrast zu den dahinter ansteigenden Hängen Funchals bildet. Sie wurde bereits 1425 im Auftrag der Ehefrau von João G. Zarco erbaut und ist damit das älteste noch existierende Gotteshaus der Insel. Beachtung verdienen das Taufbecken unter dem Vordach an der Frontseite und der Glockenturm aus der Zeit von König Manuel an der linken Seite.

Die rosa gestrichene Quinta das Augustias, auch **Quinta Vigia** (16) genannt – die ursprüngliche Quinta Vigia mußte dem Casino-Hotel weichen – scheint am Westende des Parks durch die Bäume. Ihren Eingang erreicht man von der Avenida do Infante aus; er ist stets bewacht, denn heute dient die Quinta als Sitz der Regierung von Madeira. Dennoch kann man den Garten besuchen und vielleicht auch einen Blick in das Gebäude selbst werfen. Wer noch keine Vorstellung davon hat, was *Quinta* – Herrensitz – bedeutet, kann hier ein eindrucksvolles Bild von der Wohnkultur der wohlhabenden Kaufleute und Adligen des 19. Jahrhunderts erhalten. Das Haus und die Kapelle, die schöne Kachelbilder birgt, wurden 1662 erbaut. Alte Karten zeigen, daß sich der Landbesitz dieses Herrenhauses über Teile des Stadtparks und des heutigen Casinos erstreckte. Im 18. Jahrhundert gehörte die Quinta dem Grafen Lambert, der verschiedene Änderungen vornehmen ließ. 1847 – jede Chronik erwähnt das – wohnte dort Adelaide von England, die Königinmutter (vgl. S. 155). Auf dem überdachten Balkon, der in der oberen Etage zum Garten mit seinen Volieren, gepflasterten Wegen und kunstvoll angelegten Beeten weist, sind die Wände mit alten Kachelbildern geschmückt, die französische Fabeln nacherzählen (Abb. 12, 13).

Um Buchungen für die staatlichen Rasthäuser in den Bergen zu erhalten, muß sich der Besucher in dieser Quinta den Erlaubnisschein holen – eine gute Gelegenheit für den gemütlichen Gartenbummel.

Das **Casino** und das Casino-Parkhotel (17) direkt neben der dagegen fast bescheiden wirkenden Quinta Vigia muß der Besucher nicht erst suchen. Der Komplex markiert den Beginn des Hotelviertels im Westen Funchals und beherrscht das hier in den letzten Jahren aus dem Boden gestampfte Viertel. Der Architekt des Casino-Rundbaus und des auf Stelzen stehenden Hotel-Halbrunds ist Oskar Niemeyer, der Planer von Brasilia, der seine Vorstellungen der dortigen Weite des Raumes wohl auf Madeira übertragen wollte.

3. Weg: Die Oberstadt

Das **Museu Municipal** (18), das 1933 gegründete naturwissenschaftliche Museum Funchals, ist im Palast von São Pedro untergebracht, der ehemaligen Residenz des Grafen von Carvalhal in der Rua Mouraria. Dieses Gebäude vom Ende des 18. Jahrhunderts gilt wegen seines Hauptportals, der Anordnung der Steinmetzarbeiten, der geschmückten Fenster, seiner

Proportionen und vor allem wegen seines gediegenen Treppenhauses als eines der schönsten noch erhaltenen Wohnhäuser dieser Zeit.

Im Erdgeschoß befindet sich ein bescheidenes, aber durchaus imponierendes Aquarium, das besonders für Kinder attraktiv sein dürfte: Kraken, Wasserschildkröten, Muränen, Krebse aller Arten, Langusten, also Tiere aus der heimischen Meeresfauna, schwimmen aufgeregt in den kleinen Bassins umher. Eine Treppe höher erhält man einen guten Überblick über Fauna, Flora und Geologie des Madeira-Archipels. Wer sich von der Würde verstaubter Bücher beeindrucken lassen möchte, sollte einen Blick in die hier untergebrachte Bibliothek und das Bezirksarchiv für Geschichte werfen, wo etwa 30 000 Bücher der bereits 1838 gegründeten Städtischen Bibliothek aufbewahrt werden.

Die **Kirche von São Pedro** (19) schließt mit ihrem Portal den kleinen Platz neben dem Museum ab. Die hervorstehenden, braunen Kantensteine geben diesem sonst schlicht weiß gestrichenen Bau ein gefälliges Aussehen. Ein Blick in das ganz mit Kacheln ausgekleidete Innere lohnt sich. Westlich der Kirche führt eine steile Gasse, die Calçada Santa Clara, zu dem gleichnamigen Kloster. Einen Blick in den Hof des **Convento de Santa Clara** (20) können Sie werfen, wenn die Eltern ihre Kinder zum dortigen Kindergarten bringen bzw.

Der englische Friedhof und das (nicht zu besichtigende) Pico Fort, das die Oberstadt dominiert; Stich aus dem 19. Jahrhundert

von dort abholen. Die gotischen Spitzbögen des Klosterganges stammen noch aus der Zeit der Gründung. Die Enkelinnen Zarcos sollen den Bau in Auftrag gegeben haben, und zwar an dem Platz, wo einst Zarcos Kapelle zu Ehren von Nossa Senhora da Conceição stand. 1492 wurde er begonnen, 1497 vollendet.

Die Wände der an den Hof angrenzenden Kirche sind ganz mit Kacheln aus dem 16./17. Jahrhundert ausgeschmückt, was ihr fast den Charakter einer Moschee verleiht. Bilder und Ornamente manuelinischer Stilrichtung zieren die Decke. Unter dem Boden der Hauptkapelle liegen prominente Persönlichkeiten Madeiras begraben, darunter Zarco selbst, zwei seiner Töchter und sein Schwiegersohn.

1566 wurde das Kloster von französischen Korsaren, die Funchal überfallen hatten, geplündert. Die Nonnen von Santa Clara flohen in das unzugängliche Curral das Freiras (›Tal der Nonnen‹), das ihnen per Schenkung bereits seit Gründung des Klosters als Landbesitz gehörte. Die Nonnen von Santa Clara – und später auch von Curral – waren nicht nur für ihre Kochkunst berühmt, sondern auch für die Herstellung von kandierten Früchten, deren Rezepte sie sorgsam geheim hielten. Die begehrten Süßigkeiten wurden in ganz Europa verkauft. Bis heute besteht die Tradition der Herstellung kandierter Früchte auf Madeira fort.

Der Überlieferung nach hat Zarco nur einige Schritte weiter bergauf residiert, und zwar dort, wo heute die **Quinta das Cruzes** (21), das ›Haus der Kreuze‹, steht. Dieses Herrenhaus umfaßt heute eine Gartenanlage mit einem ›archäologischen Park‹ und einem Gewächshaus (eindrucksvolle Orchideenzucht) sowie das ehemalige Wohnhaus mit Kapelle, das nun als Museum für wechselnde Ausstellungen dient. Zwischenzeitlich war hier die Deutsche Schule Madeiras untergebracht.

Der etwa 1 ha umfassende Besitz liegt heute – da sich Funchal ständig ausdehnt – durchaus schon im Zentrum der Stadt. In dem berühmten ›archäologischen Park‹, dessen Exponate zwischen Strelitzien, Efeu, Rosen, Farnen, Lilien aller Art, Bougainvilleen, Orchideen, hohen Kapokbäumen, Jacaranden oder auch Araukarien gruppiert wurden, laden Bänke zum Ausruhen ein. Näheres zum archäologischen Park vgl. nebenstehenden Kasten.

Sicher ist, daß das eindrucksvolle Herrenhaus noch aus der Frühzeit der Besiedlung der Insel stammt; daß aber Zarco und auch Teixeira die Quinta zu ihrem Wohnsitz erkoren oder an demselben Platz vorher residiert haben sollen, dürfte wohl kaum historischer Wahrheit entsprechen. Erwiesenermaßen wurde im 15. Jahrhundert mit dem Bau des Hauses begonnen. Zwei kürzlich im Zuge von Renovierungsarbeiten freigelegte steinerne Toreinfassungen aus dieser Zeit, die manuelinische Elemente aufweisen, sind erhalten geblieben. Die Arkarden aus rotem Madeira-Basaltstein an der Hauptfassade und die Kapelle, die mit ihrer Frontseite zum Largo das Cruzes (Kreuzplatz) weist, stammen aus dem Jahr 1692, das Haus gehörte der Familie Lomelino. Man nimmt an, daß während des Erdbebens von 1748 Teile des Gebäudes zerstört und anschließend vergrößert wieder aufgebaut wurden. 1952 kaufte der portugiesische Staat die Quinta mit dem Ziel ihrer Erhaltung; seit 1953 erfüllt sie die Funktion eines Museums.

Der archäologische Park der Quinta das Cruzes

Die bekanntesten Baudenkmäler, die in dieser schönen Gartenanlage zwischen Blumen und unter exotischen Bäumen ausgestellt sind, dürften die beiden großen, von Efeu umrahmten manuelinischen Fenster im hinteren Teil des Anwesens sein (Abb. 16). Der Rasen, auf dem sie stehen, darf betreten werden, so daß man die vor allem am vorderen Fenster (Nr. 53) gut erhaltenen, kunstvollen Reliefs gut anschauen kann. Die weltlichen Motive der Reliefs lockern die Strenge der gotischen Bögen auf. Beim hinteren Fenster (Nr. 52) fällt die Vierteilung durch schlanke Säulen auf. Beide Fenster, die als besonders repräsentativ für den einstmals vorherrschenden Dekorationsstil auf der Insel gelten, wurden in einem Gebäude in der Rua dos Ferreiros (›Straße der Hufschmiede‹) gefunden. Einige Chronisten schreiben sie dem Haus eines der berühmtesten Inselbesucher – Christoph Columbus – zu, doch läßt sich das nicht belegen.

Zur Rua das Cruzes an der Südseite des Parks hin wird der Blick durch ein Altarstück aus weichem Madeira-Basalt (Nr. 54) gefangen. Es stammt aus dem 17./18. Jahrhundert und stand einst in der Kapelle der Rua do Esmeraldo. Statt einer religiösen Figur schmücken rankende Pflanzen die leere Altarnische.

Zurück in dem quadratisch angelegten, eigentlichen archäologischen Park wird sich der Besucher kaum für die Kleinigkeiten interessieren, die für die Madeirenser selbst und ihre Geschichte einige Bedeutung haben mögen. Deshalb sei nur auf einige der Steinmetzarbeiten, die aus ganz Funchal und auch aus einigen anderen Orten der Insel hier zusammengetragen wurden, um sie vor dem Verfall oder dem Vergessen zu retten, hingewiesen. Zentral steht eine unscheinbare, nicht verzierte, abgebrochene Säule aus Jaspis auf einem doppelten, runden, schmucklosen Podest: der Rest des ehemaligen Schandpfahls der Stadt Funchal, den König Manuel auf dem Platz Largo do Pelourinho in der Nähe des Rathauses aufstellen ließ (Nr. 48). Er war über 300 Jahre in Gebrauch, bis er im Auftrag der Stadtverwaltung am 3. 11. 1835 als »überlebtes Zeichen des Feudalismus, das nicht mehr in Übereinstimmung mit den aktuellen Sitten« sei*, zerstört wurde. Alte Stiche und Quellen berichten über das Auspeitschen und/oder Ausstellen der an den Pfahl gebundenen Verurteilten. Auch Bekanntmachungen wurden hier ausgehängt. In anderen Städten Madeiras existierten ebenfalls derartige Schandpfähle.

Vis á vis fällt der Rest eines marmornen Grabmals auf, das lustiger anzuschauen ist, denn es ruht auf zwei Löwenköpfen, von denen einer leicht die Zunge herausstreckt (Nr. 24). Es stammt aus dem 17. Jahrhundert; näheres scheint nicht bekannt zu sein (Abb. 17).

---

* »ser um emblema dos tempos feudais e não estar em harmonia com os costumes actuais, mandando-se guardar as pedras que se tirarem.«

Rechts vom Schandpfahl liegt eine Grabsteinplatte aus Madeira-Basalt, die in ihrer Inschrift den Eigennamen des Erbauers der Kathedrale Sé nennt. »SEPVLTV-/RA DE GYLY / ENES PEd / REY, R,O MES-/TRE dA Se.« (»Grab von

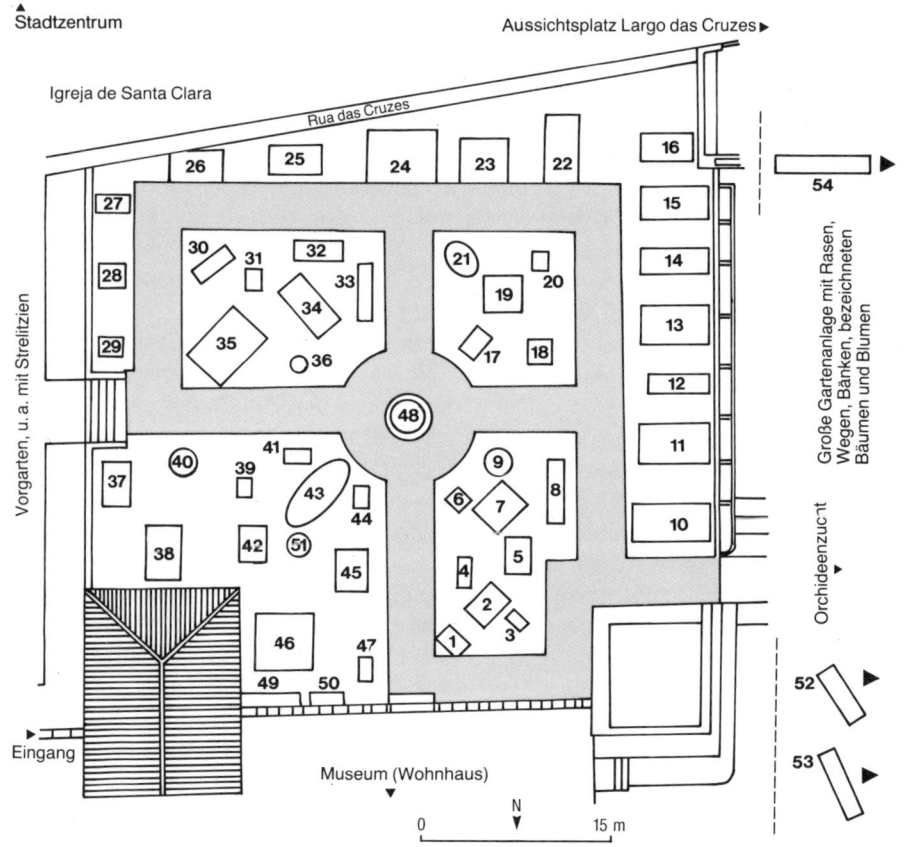

Gil Enes, Steinmetz und Meister der Sé.«) Die Platte stammt aus dem 16. Jahrhundert (Nr. 17).

Links sieht man die Nr. 34, ein interessantes Wappenschild aus Basalt, bei dem nach der Befreiung von Spanien 1640 dem spanischen Wappen das portugiesische aufgesetzt wurde. Es stammt aus der Festung São Lourenço. Auf den Steinen aus Marmor und teilweise Basalt (Nr. 22, 23, 38) läßt sich gut das Wappen von Funchal mit den fünf stilisierten Zuckerhüten erkennen.

Dicht vor dem Arkadenvorbau der Quinta steht ein auffälliger Stein aus weißem Marmor mit dem Wappen des Vereinigten Königreichs von Portugal, Brasilien und dem Algarve (Nr. 43). Für Brasilien erfanden die Portugiesen im 16. Jahrhundert ein Wappen, das die Entstehung des Kolonialreichs symbolisieren sollte: Der mit Sternen belegte Reifen stellt die Armillarsphäre – ein astronomisches Meßgerät nach Kopernikus – dar und das etwas ausgeschweifte Kreuz den Christusorden, dessen Großmeister Heinrich der Seefahrer war. Portugals Wappen besteht aus fünf ins Kreuz gestellten, mit je fünf silbernen Münzen belegten Schildchen, von einer Bordüre mit sieben Kastellen umrandet (die gleiche symbolische Darstellung des Weltreichs findet sich auf dem Praça do Infante).

Blickt man nun zur Südseite, so sieht man hinter einem Frangipani-Strauch, der im Herbst blüht, die mit Fliesen geschmückte Kuppel der Kirche von Santa Clara. Der Besucher, der einen Blick auf die berühmte Orchideenzucht der Quinta das Cruzes werfen möchte, muß an dem Museumseingang vorbei in den hinteren Teil der Gartenanlage gehen. Unter einem schützenden Dach werden hier in langen Reihen vor allem die Arten Cymbidium und Cattleya gezogen; dazwischen gedeihen aber auch seltene Formen der Flamingoblume. Die Gärtner, die hier arbeiten, bieten dem Besucher gern – wenn auch etwas heimlich – einige Rhizome (Wurzelsprosse der Orchidee) an, aus denen dann vielleicht im kalten Norden bei entsprechender sachkundiger Pflege eine wunderschöne lila Blüte hervorwächst.

◁ Der archäologische Park der Quinta das Cruzes 1 Eiserne Königskrone (19. Jahrhundert) 2 Königlich-Portugiesisches Wappenschild (19. Jahrhundert) 3 Weihwasserbecken 4 Tropfstein 5 Fragmente eines Schiefergrabes 6 Kreuz (16. Jahrhundert) 7 Königlich-Portugiesisches Wappenschild 8 Grabstein (1845) 9 Maske einer öffentlichen Quelle 10 Wappengeschmückte Marmorgrabplatte (17. Jahrhundert) 11 Marmorgrabplatte 12 Grabplatte (Ende 15. oder Anfang 16. Jahrhundert) 13 Geschliffener Grabstein aus Hainaut-Stein (Belgien) 14 Grabstein aus Madeira-Basalt 15 Marmorgrabstein (1674) 16 und 17 Grabplatten aus Madeira-Basalt 18 Marmorstein mit Familienwappen 19 Phantasieschild mit dem Wappen der Stadt Funchal (1758) 20 Weihwasserbecken aus Marmor 21 Gravierter Marmorstein (1816) 22 Gekröntes Wappenschild und Gedenkstein (1689) 23–25 Marmorfragmente 26 Gravierter Stein (1787) 27 Königlich-Portugiesisches Wappenschild (17. Jahrhundert) 28 und 29 Königlich-Portugiesisches Wappenschild (18. Jahrhundert) 30 Wappen-Steinfragment (18. Jahrhundert) 31 Wappen mit Phantasieschild (18. Jahrhundert) 32 Weiße Marmortafel 33 Grabplatte 34 Portugiesisches Wappenschild, dem spanischen nach der Revolution von 1640 aufgesetzt 35 Königlich-Portugiesisches Wappenschild (18. Jahrhundert) 36 Fragment eines Trinkbrunnens 37 Geritzte Krone (17./18. Jahrhundert) 38 Wappen aus der Stadt Funchal (1851) 39 Königlich-Portugiesisches Wappenschild (17. Jahrhundert) 40 Weihwasserbecken 41 Fragment einer Grabplatte 42 Basaltschild (1881) 43 Schild aus weißem Marmor mit dem Wappen des Vereinigten Königreiches von Portugal, Brasilien und dem Algarve (1816–1825) 44 Fragment eines Grabsteins (16. Jahrhundert) 45 Weißes Marmorfragment (Ende 18. Jahrhundert) 46 Gravierte Grabplatte (1800) 47 Offene Königskrone 48 Fragment des Schandpfahls der Stadt Funchal (Ende 15. Jahrhundert) 49 Kleine Spiralsäule aus weißem Marmor 50 Marmorschild (1784) 51 Runder gravierter Stein (1726) 52 und 53 Manuelinische Fenster (1507) 54 Altarstück (Ende 17. oder Anfang 18. Jahrhundert)

Die Steinmetzarbeiten im Garten stammen aus dem 15. bis 19. Jahrhundert. Die in den Räumen des Hauses ausgestellten Sammlungen repräsentieren weder eine bestimmte Zeit noch beziehen sie sich auf eine Familie. Sie gewähren vielmehr einen Einblick in die gehobene madeirensische Gesellschaft des 17. bis 19. Jahrhunderts, die sich mit Kunstgegenständen aus aller Welt, erworben durch die weitreichenden Handelsbeziehungen, umgab.

Da finden sich indisch-portugiesische neben spanisch-maurischen Möbeln, Schränke und Truhen aus dem Holz der Zuckerkisten, Porzellan, Fayencen, Elfenbeinarbeiten, Skulpturen, religiöse Darstellungen, Weihnachtskrippen, eine wertvolle (und extra einbruchssicher geschützte) Silbersammlung, Malereien, alte Stiche, die Landschaften Madeiras darstellen, Stickereien, Teppiche sowie zwei alte Sänften, die zum Transport der Bessergestellten in dem steilen Gebiet der Insel dienten (vgl. S. 147). Die numerierten Gegenstände sind jeweils auch in Deutsch erläutert.

Die private Residenz von Frederico de Freitas liegt an derselben steilen Straße und wurde 1989 nach gründlicher Restaurierung als Museum eröffnet. Sie ist ein einzigartiges Beispiel gediegener Wohnkultur aus Funchals Vergangenheit.

4. Weg: Spaziergang durch das Zentrum

Ein guter Ausgangspunkt für Spaziergänge durch Funchal ist das Denkmal von Zarco, denn der ›Entdecker‹ der Insel steht, bekleidet mit einem weiten Mantel, an der Kreuzung der zwei wichtigsten Straßen Funchals, der Avenida Arriaga und – natürlich – der Avenida Zarco (Abb. 23). Sein Blick geht an dem befestigten Palast São Lourenço vorbei zum Hafen. Das Monument wurde in den zwanziger Jahren dieses Jahrhunderts von Francisco Franco, einem Madeirenser Bildhauer, entworfen und hier aufgestellt.

Geht man von dem Denkmal entgegen der Fahrtrichtung der Autos die Straße an der Hauptpost entlang, so findet man in der ersten Straße links – der Rua da Carreira – gleich linker Hand einen schönen Hof mit Tischen und Stühlen unter einigen hohen Silberbananen. Wie in einer Theaterkulisse führt im Hintergrund eine Treppe zu dem **Fotomuseum Vicentes** (22), das erst 1982 eröffnet wurde. Im Patio selbst sitzen die Gäste des Cafés vor alten Aufnahmen, die Szenen aus der Geschichte der Insel zeigen.

Vicente Gomes da Silva, 1827 in Funchal geboren, widmete sich bereits 1853, also in den ›Kinderjahren‹ dieses Metiers, ganz der Fotografie. 1865 erwarb er das hiesige Haus und gründete die ›Photographia Vicente‹, das erste Fotoatelier Portugals, das er 1886 zusammen mit seinem Sohn (der, wie auch die ältesten Nachkommen der folgenden Generationen, ebenfalls Vicente hieß) umbaute und erweiterte. Die ›Photographia Vicente‹ blieb bis zum Tod des letzten Vicente 1960 in Familienbesitz.

Erst das neuerliche Interesse an alten Fotografien hat die lange vergessene Geschichte der Vicentes wieder lebendig werden lassen. In früheren Zeiten erfuhren die Fotopioniere durchaus Würdigung, denn der erste Vicente durfte immerhin den Titel ›Fotograf Ihrer Majestät, der Königin von Österreich‹ tragen und das Wappen der Herrscherin über seinem

Vicente Gomes da Silva, der Begründer
des ersten Fotoateliers in Portugal

Geschäft anbringen; sein Sohn brachte es zum ›Königlichen Fotografen‹ des eigenen Herr-
scherhauses mit dem Privileg, dem österreichi..chen das portugiesische Königswappen hin-
zuzufügen.

Der Besucher des Museums kann heute das originale, noch von dem ersten Vicente
gegründete Fotostudio mit seinen alten Fotoapparaten und den in eigener Werkstatt verfer-
tigten Kulissen und Möbeln bewundern. 380 000 Negative, auf Glasplatten in verschiedener
Größe oder auf Celluloid, warten noch immer auf ihre Auswertung. Die im Museum
ausgestellten historischen Fotos (Abb. 1–6, 8) zeigen ein nostalgisches Madeira: Berühmte
Persönlichkeiten posieren vor der aufgemalten Kulisse von Funchal, ein einfacher Landar-
beiter schleppt Wein im Ziegenschlauch auf den Schultern in die Hauptstadt, man sieht
Prinzessinnen in Hängematten, Fürsten zu Pferde, alle bedeutenden Gebäude der Stadt,
Marktszenen, Landschaften und immer wieder die verschiedenen Verkehrsmittel.

Daß seit Ende des 19. Jahrhunderts nicht nur die Vicentes, sondern auch andere Fotografen die Besonderheiten Madeiras im Bild festhielten, entnehmen wir übrigens einer Anzeige
von William Reid, des schottischen Eigentümers von vier Hotels. Der warb nämlich schon
um die Jahrhundertwende mit ›Dark Rooms for Photographers‹.

177

›Lärm – Gestank – Abfall‹

Die Regionalregierung von Madeira hat ein Faltblatt in Form eines belehrenden Comics herausgegeben, nicht für die Touristen, sondern für die einheimische Jugend. Eine genauere Betrachtung der nebenstehenden Bildfolge kann den Besucher mit einigen Problemen der Insel vertraut machen:

»Beachte die Zeichen für die Überquerung der Straßen« – »Alle leben besser ohne Lärm und Gestank« – die Bilder zeigen – durchaus realistisch – den dichten Verkehr der Hauptstadt. »Und die Sauberkeit ist auch wichtig« – der Müllschlucker sperrt vor der idyllischen Kirche Corpo Santo am Eingang zu Alt-Funchal sein Maul auf. »Aber die Flüsse sind keine Abfallgrube« – man sieht einen der begradigten Flüsse Funchals, darüber sind hängende Bougainvilleen angedeutet, die in der Tat manchen Dreck gnädig überwachsen. »Schützt die Natur!«, ruft der Junge im Anblick der Bucht von Funchal, in deren Vordergrund Vögel picken – denn der Schmutz tötet die Tiere der Insel.

Die im Comic ›ausgemalten‹ Folgen von Lärm, Schmutz und Gestank sind nicht ›übertrieben: In den Flüssen Madeiras und neben den zerbrochenen Müllbehältern türmt sich der Abfall, nicht nur Autoreifen, ganze Wagenwracks sind über die Mauern ins Wasser gestürzt worden, Pappkartons, Flaschen und Plastiktüten warten darauf, von den Überschwemmungen im Frühjahr ins Meer gespült zu werden. Die Ohren muß man sich zuhalten vor dem Lärm der Moped- und Motorradfahrer, die ohne Schalldämpfer durch die engen Straßen Funchals rasen. Die Zebrastreifen werden weder von den Fußgängern noch den Autofahrern beachtet.

Die Insel Madeira will, damit man ihr mit Freude ›Guten Tag‹ sagen kann, wieder leiser, sauberer und sicherer werden. Viele Bewohner der Insel stöhnen über den *Lixo* (›Lischu‹ ausgesprochen), den alltäglichen Müll, der auf den sonst so schönen Levada-Wanderungen die Nähe eines Hauses ankündigt. Doch trotz aller Umweltverschmutzung kann man selbst in Funchals Hafengebiet noch baden und das Wasser der Gebirgsbäche in Höhenlagen ohne Gefahr trinken – es ist eben doch ein Unterschied, ob die Industrie die Gewässer und die Landschaft verunreinigt oder nur der private Müll. So bleibt zu hoffen, daß Madeira seine Umweltprobleme lösen kann.

Die Rua da Carreira und die Rua das Pretas sind für den Durchgangsverkehr gesperrt, so daß der Besucher ungestört an den Cafés, Restaurants, Kneipen und kleinen Läden entlangbummeln kann. Von dem kleinen Platz aus, wo die beiden Straßen zusammenlaufen, fällt der Blick auf den Rathausplatz, Praça Municipal, der durch das langgestreckte Rathaus begrenzt wird. Dessen an der Ostseite gelegenen Eingang erreicht man, indem man über den für madeirensische Verhältnisse weitläufigen Rathausplatz geht, den ein großflächiges, weiß-schwarzes Mosaik schmückt.

179

Das **Cámara Municipal** (23), das Rathaus von Funchal, wurde 1758 begonnen. Der langgestreckte Bau mit seinen gefälligen Proportionen ist im ›madeirensischen Baustil‹ schmucklos weiß; Akzente setzen nur die schwarzen Fenstersimse aus Lavagestein und das Eingangstor. Den Aufgang schmücken blauweiße Kacheln, im Innenhof dominiert eine Statue von Zeus mit Leda. Die Treppe zur Galerie führt auf das Stadtwappen von Funchal zu, das die Zuckerhüte und Zinnen diesmal auf Kacheln zeigt. Seit 1584 ist dieses Wappenemblem überliefert, das den durch Zuckerhandel erworbenen Reichtum der Insel symbolisiert.

Die **Igreja do Colégio** (24), die Kollegiumskirche, schließt den Platz nach Norden ab. Sie wurde im 17. Jahrhundert von den Jesuiten erbaut und blieb in deren Besitz, bis der Marquis von Pombal 1760 alle Angehörigen dieses Ordens von portugiesischem Boden vertreiben ließ. Später diente die Kirche den britischen Truppen als Kaserne.

Die strenge, weiße Fassade wird unterbrochen von dunklen Fenstereinrahmungen aus Lavagestein und von vier Nischen aus dem 18. Jahrhundert, in denen Statuen bedeutender Jesuiten stehen (darunter Ignatius von Loyola, der Begründer des Ordens). Unter dem First sieht man das Wappen von Funchal. Im Innern der einschiffigen Kirche fallen die reich vergoldeten Schnitzereien der Kapellen auf. Die Wände zieren bunte Kacheln und Gemälde aus dem 17. Jahrhundert mit schweren barocken Rahmen. Einige Bilder sind älteren Datums, sie stammen aus dem 15./16. Jahrhundert und gehören der flämischen Schule an.

Der Auszug der Jesuiten aus ihrer Kirche spiegelt übrigens – wie so viele andere Ereignisse auf Madeira auch – große europäische Politik wider. Die Jesuiten hatten nämlich 1608 in Paraguay die Macht an sich gerissen und einen theokratischen Ordensstaat gegründet, der sich 150 Jahre später der Bevormundung durch Spanien und Portugal, die ›Mutterländer‹ Südamerikas, widersetzte. Daraufhin wurden die Jesuiten aus Spanien, Portugal und deren Kolonien vertrieben, so auch aus Madeira.

Vis à vis der Kollegiumskirche befindet sich das **Museu de Arte Sacra** (25), das in einem ehemaligen Bischofssitz aus dem 17. Jahrhundert untergebrachte und 1955 eröffnete Museum für sakrale Kunst. Es enthält eine bedeutende Sammlung flämischer Gemälde aus dem 15./16. Jahrhundert, die im Auftrag madeirensischer Kaufleute oder des Klerus gemalt wurden, weiter portugiesische Gemälde und Heiligenbilder aus dem 16. bis 18. Jahrhundert sowie Kirchenschmuck aus verschiedenen Zeiten und Orten der Insel. Auf drei besonders wertvolle Stücke sei hier kurz hingewiesen:
– Das Prozessionskreuz, das der Kathedrale Sé von König Manuel geschenkt wurde, besteht aus vergoldetem Silber und trägt vielfältige Verzierungen in manuelinischem Stil.
– Das Bild ›Die Heiligen Drei Könige‹, Teil eines Triptychons vom Beginn des 16. Jahrhunderts, wird der Schule von Antwerpen zugeschrieben. Die Ausführung zeigt große Vollkommenheit im Faltenwurf der Gewänder und in den vielen liebevoll ausgeführten Details wie Schmuck und Kopfhaltung der Figuren. Die Szene spielt sich auf einem für die flämische Malerei dieser Zeit typischen Hintergrund ab: Durch ein Fenster fällt der Blick auf eine romantische Landschaft mit Burgen, Bergen und einem See.

– In einem weiteren flämischen Meisterwerk, dem ›Treffen der Heiligen Anna mit dem Heiligen Joachim‹, möchte die madeirensische Tradition gerne die historische Rolle der Insel als Reiseziel von bedeutenden Herrschern bestätigt sehen: Könnte es eine Darstellung von Heinrich dem Deutschen (König Ladislaus von Polen) mit seiner Gemahlin Agnes sein, welche in Madalena do Mar wohnten?

Den beschriebenen vierten Rundgang durch Funchal kann man beschließen mit einem Blick in die Kellerei der ›**Madeira Wine Company**‹, gelegen zwischen der Avenida Arriaga und der Rua São Francisco, also in der Nähe des Touristenbüros (Eingänge von beiden Straßen). Zweimal täglich finden Führungen statt: durch die Küferei, zu modernen Abfüllanlagen, über knarrende alte Treppen, zwischen riesigen Weinfässern, die man auf einer Leiter hinauf klettern kann, hindurch zu schummerigen Räumen mit Hunderten von Fässern, die mit für den Laien unverständlichen Kreidezeichen versehen sind (vgl. dazu Erläuterungen S. 97 f.). Auf dem Gelände weist eine Inschrift auf die älteste noch erhaltene Straße Funchals hin. Ein eigenes kleines Weinmuseum erläutert die Herstellung des Madeiraweines in vergangenen Jahrhunderten.

Ausflug nach Monte

Das ca. 6,5 km nördlich von Funchal gelegene Monte (was einfach ›Berg‹ bedeutet) hatte in früheren Jahrzehnten eine weitaus größere Bedeutung für den Tourismus als heute. Hier oben, in 600–800 m Höhe, unterhielten wohlhabende Leute Sommerresidenzen, die sie auch vermieteten; Hotels oder deren Dependancen boten Unterkunft in der guten Waldluft. Wenn man im Toboggan-Schlitten den steilen Caminho do Monte herunterpoltert oder, vielleicht noch besser, denselben Weg noch einmal zu Fuß hinabgeht – aufwärts ist er recht steil –, kann man zunächst das ›Grand Hotel Belmonte‹ bewundern. Das einstige Luxushotel ist jetzt eine Privatschule, geleitet von italienisch-portugiesischen Geistlichen. Etwas unterhalb steht das allmählich verfallende ›Palace Hotel‹ in einem nicht verschlossenen Garten, der noch gepflegt wird. Man hat von hier aus einen eindrucksvollen Blick auf den neuen Kai von Funchal und kann gut die ein- und ausfahrenden Schiffe beobachten; es soll Pläne geben, dieses Hotel wieder instandzusetzen.

Die Madeirenser waren immer stolz darauf (und sind es noch), daß so viele gekrönte Häupter Europas die Insel besucht haben. Diesbezüglich gebührt Monte in den Annalen eine besondere Ehre: Der letzte Kaiser von Österreich, Karl I., der nur von 1916 bis 1918 herrschte, wurde nach Ende des Ersten Weltkrieges hierher in die Verbannung geschickt. Er kam am 19. November 1921 mit seiner Frau, die königlich-portugiesischer Abstammung war, nach Funchal, wo er bis zu seinem Tode – er starb bereits 1922 an Lungenentzündung – in der Quinta Gordon auf Monte lebte. Wen Einzelheiten interessieren: Der Führer durch die Kirche von Monte wird sie dem Besucher erzählen. Des Kaisers Sarg ist in einer Seitenkapelle aufgebahrt, deren schmiedeeisernes Gitter sein Wappen ziert. Den Einwohnern von

Monte scheint besonders zu imponieren, daß Kaiser Karl zugeschrieben wird, ein tiefgläubiger Katholik, mildtätig und bescheiden gewesen zu sein, weswegen man am 11. 7. 1949 sogar ein Verfahren zu seiner Seligsprechung einleitete. Es erstaunt nicht, daß der Vorname ›Zita‹ auf der Insel weit verbreitet ist.

Für einen Besuch Montes sollte man – außer vielleicht in den Sommermonaten – vorzugsweise den Vormittag wählen, da die Hänge nachmittags oft wolkenverhangen sind. Die Taxen und der Bus halten auf dem Platz Largo da Fonte, an dessen einer Seite die **Capelinha da Fonte,** die ›Brunnenkapelle‹, mit einem stets von Blumen geschmückten Bild der Jungfrau von Monte steht. Hier beginnt der kleine Spaziergang zur Kirche, zum Garten von Monte und zur Abfahrtsstelle der Korbschlitten. Die Balustrade des Platzes gewährt einen Blick auf einen Teil des kunstvoll angelegten Gartens, der einlädt zu einem Spaziergang zwischen Hortensien, Belladonna-Lilien, Azaleen, Agapanthus und Baumfarnen, die dekorativ zwischen den Arkaden der alten Eisenbahnbrücke von Monte wachsen. Mit der gärtnerischen Gestaltung begann die Stadt 1894, und bis in unsere Tage vergrößerte sie die Anlage durch weitere Landankäufe ständig. Man achte auf die vielen liebevoll angelegten Details wie z. B. auf den Lago dos Cines, den ›Schwanensee‹, in dessen Mitte ein bearbeiteter Felsen steht, der die Umrisse der Insel Madeira zeigt. Unter den großen, schattigen Platanen auf dem Platz kann man einen Kaffee trinken und dann gestärkt den kleinen gewundenen Pfad und die Stufen zu der 598 m über dem Meeresspiegel gelegenen Kirche Nossa Senhora do Monte hinaufsteigen. Eine breite Freitreppe mit 68 Stufen führt zu dem Eingangsportal, flankiert von zwei weißen Türmen, deren Kanten mit dunklem Tuffstein abgesetzt sind. Die Kirche wurde ab 1741 auf dem Platz errichtet, wo 300 Jahre lang die schlichte Kapelle Erimida da Incarnação gestanden hatte. Historische Quellen erzählen über die Gründung dieser ersten Kirche das Folgende:

Das Land um Monte und Babosas wurde von Zarco seinem Gefährten Gonçalo Ayres Ferreira vermacht, der damit zum ›Fürst von Monte‹ avancierte. Gonçalo heiratete eine der neuen Siedlerinnen der Insel, die bald Zwillinge zur Welt brachte. Diese taufte man Adam und Eva, denn sie waren die ersten Kinder, die überhaupt auf Madeira geboren wurden. Adam erbte das Gebiet von Monte und gelobte, hier oben der Jungfrau Maria eine Kapelle zu errichten, was 1470 auch geschah. Da die Kirche jedoch im Lauf der Zeit für die vielen Gläubigen zu klein wurde, entschied man sich 1741 für den Bau eines neuen, größeren Gotteshauses. Dessen Einweihung konnte erst am 20. 12. 1818 erfolgen, weil 1748 ein Erdbeben den gerade erst fertiggestellten Neubau wieder zerstört hatte.

Im Hochaltar der Kirche von Monte steht ein verehrtes Bild der Heiligen Jungfrau, das stets von Blumen geschmückt ist, vor allem in der Zeit um den 15. August, wenn die große Prozession zu Ehren der Jungfrau stattfindet. Nach der Überlieferung wurde die kleine, hölzerne Statue in der Nähe von Terreiro da Luta gefunden, bis heute kennt man den genauen Ursprung jedoch nicht, so daß sich zahlreiche Legenden um den mysteriösen Fund ranken. Die Jungfrau, der die Gläubigen Wunderheilungen zuschreiben, wurde zur Schutzheiligen der Insel erkoren, und entsprechend stellt die Prozession von Monte, die *Romaria,* den Höhepunkt der religiösen Feste Madeiras dar. Sie beginnt am 14. 8. mit einem Feuerwerk, Musikkapellen spielen; der Platz vor der Kirche, die kleinen Wege, die zu ihr hinaufführen und die breite Treppe sind mit Fahnen und Blumengirlanden geschmückt, vor allem mit Myrte, Lorbeer und Hortensien. Die Kirche und die Wege sind nachts beleuchtet. Am 15. August wird dann die Statue in einer feierlichen Prozession durch die Straßen von Monte getragen.

Nur wenige Schritte von der Kirche von Monte entfernt, in der der Toboggan-Abfahrt entgegengesetzten Richtung, steht die sehenswerte Kapelle von Babosas. Von dort aus erreicht man leicht die Levada dos Tornos, die hier aus dem vom Norden kommenden Tunnel austritt (vgl. Levada-Wanderung ⑪).

Oberhalb von Monte liegt, 8,8 km vom Zentrum Funchals entfernt, in 867 m Höhe **Terreiro da Luta,** bis 1943 Endstation der Zahnradbahn und Beginn der Korbschlittenfahrt nach Funchal (vgl. S. 150). Der Name ›Kampfplatz‹ verdankt sich nach der Überlieferung folgender Legende: Ein Sklave, der seinem Herrn entflohen war, hatte sich hier im Wald versteckt und die Felle der von ihm getöteten Tiere angezogen, um so als ›Teufel‹ Holzfäller und Wanderer zu überfallen. Marcos de Braga spürte ihn todesmutig auf, überwältigte den ›Teufel‹, ließ ihn bestrafen und seinem Herrn übergeben.

Hier oben erheben sich auch die weithin sichtbare, 5,50 m hohe und 20 Tonnen schwere Marmorstatue Nossa Senhora da Paz und die gleichnamige Kapelle. Man hat von hier eine herrliche Aussicht auf Funchals weite Bucht. Die hiesige Bronzestatue von Zarco, das erste Denkmal, das auf der Insel überhaupt geschaffen wurde (Einweihung am 2. Juli 1919), stammt von Francisco Franco; gestiftet hat es die Eisenbahngesellschaft. Es stellt den Kapitän in dem Augenblick dar, wo er sich in seiner Karavelle der Insel nähert.

Das erwähnte Denkmal der Jungfrau des Friedens, das den Platz beherrscht, erinnert dagegen an historische Ereignisse der heutigen Zeit: Als 1916 deutsche U-Boote Funchal angriffen, beteten die Bewohner der Stadt zur Jungfrau um Hilfe und versprachen, wenn sie den Krieg bald beende, ihr zu Ehren eine Statue zu errichten. Wenn sie es auch nicht war, die den Krieg beendete, so wurde zehn Jahre nach Kriegsende dennoch das Versprechen eingelöst, nachdem Spenden von Madeirensern aus der ganzen Welt eingegangen waren. Am 14. August 1927 fand die Einweihung des Standbildes statt. Am 1. November desselben Jahres stifteten Fischer aus Câmara de Lobos und Fuhrleute, die beim Bau des Denkmals mitgearbeitet hatten, den eigenartigen Rosenkranz zu Füßen der Statue. Sie hatten auf ihren Rücken große, runde Steine von Ribeira de Santo António den Berg hinaufgeschleppt und diese mit der Ankerkette des 1916 versenkten Kriegsschiffs ›Surprise‹ zu einem Rosenkranz verbunden, um den erreichten Frieden symbolisch für immer zu festigen. Das Denkmal wird von einem reizvollen Garten umgeben. Das große Ausflugslokal ›Esplanada‹, einst Ziel der Fahrgäste der Eisenbahn, bevor sie mit dem Schlitten abwärts fuhren, ist leider geschlossen und zerfällt immer mehr.

Quintas und Parks

Madeira wird ›Blumeninsel‹ oder ›Schwimmender Garten‹ genannt, Attribute, die zu Recht bestehen, denn in jeder Jahreszeit kann man die verschiedenen heimischen oder exotischen Blumen und Bäume bewundern. Sie wachsen an Straßenrändern, in öffentlichen Parks wie im Stadtgarten D. Amélia und dem Stadtpark von Funchal, in den Vorgärten der Wohnhäuser, in Töpfen auf den gefliesten Treppenstufen, an den Rändern der Levadas und vor allem in den ausgedehnten, parkähnlichen Gärten der Quintas. Bei den Quintas, die häufig wohlklingende Namen tragen, handelt es sich um Landhäuser reicher Kaufleute oder Schiffsmakler, die ihren Ehrgeiz darein setzten, möglichst Pflanzen aus aller Welt in ihren Gärten heimisch werden zu lassen. Im 19. Jahrhundert gab es in der Umgebung von Funchal etwa 40 derartige Häuser.

Der Botanische Garten

Der Botanische Garten – *Jardim Botânico da Madeira* – war früher die Quinta do Bom Sucesso (›Landgut zum guten Erfolg‹), die der geschäftlich sehr erfolgreichen schottischen Familie Reid gehörte. Später in staatlichen Besitz übergegangen, wurde das Gut am 30. 4. 1960 als Botanischer Garten eingeweiht. Damit erfüllte sich nach 100 Jahren endlich ein Wunschtraum der beiden großen Botaniker J. R. Theodor Vogel und Frederico Welwitsch, die schon damals »für das Wohl Portugals und ganz Europas« den Gedanken gefaßt hatten, auf Madeira einen Garten mit Pflanzen aus der ganzen Welt anzulegen.

Wenn der Besucher bei seinen Rundgängen auf Madeira nicht nur die Exotik und Blütenpracht der Pflanzen bewundern, sondern auch deren Namen und Herkunft erfahren möchte, dann empfiehlt sich gleich zu Beginn des Aufenthalts ein Besuch des Botanischen Gartens. Alle Pflanzen sind beschriftet, die meisten wurden nach systematischen Gesichtspunkten angepflanzt. Dennoch blieb der Charakter eines Parks durchaus erhalten.

Im Bereich 10 verdienen die endemischen Pflanzen Madeiras, die neben den exotischen eher bescheiden wirken, besondere Aufmerksamkeit: Madeira-Margariten, Strauchgänsedisteln, Fenchel, Natternkopf, ›Stolz Madeiras‹, Wildorchideen und verschiedene Lorbeerbäume. In den mit ›Gärten‹ bezeichneten Teilen sind die kultivierten Nutzpflanzen zusammengefaßt: Zuckerrohr, Bananen, die regional verschiedenen Arten des Yams, Guavenbäume und rankende Maracujas. Hunderte von Strelitzien stehen auf einem Acker oberhalb des Nutzgartens. Kakteen, sorgfältig beschriftet, wachsen unter Glas in flachen Gewächs-

27 Madeiraweine
◁ 26 Fado-Restaurant in der Altstadt von Funchal
28 Weinberg

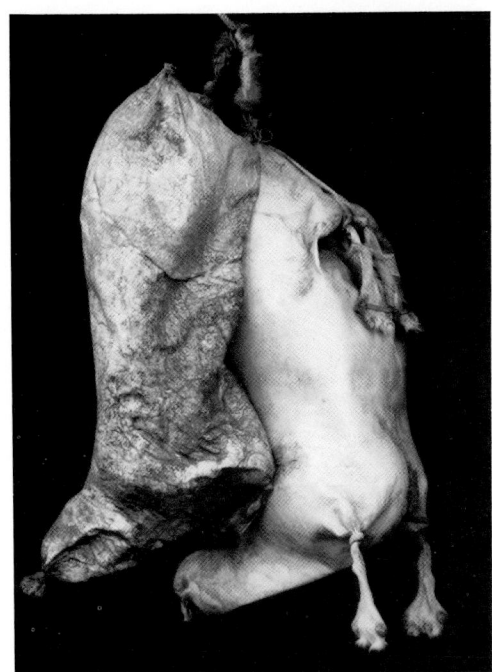

29 Küfer

30 Ziegenhäute für den Transport des Mostes

31 Weinverkaufsraum

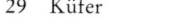

32   Ziegengatter auf dem Weg nach Curral das
     Freiras
34   Palheiro (Kuhstall)

33   Ein Bauer holt Futter für seine Kuh

35   Landschaft bei Encumeada; auf den Terrassen stehen Palheiros ▷

36   Levada do Norte bei Campanário

37   Levada-›Kreuzung‹

38   Treppe zum Pico do Arieiro

39   Treppe auf dem Höhenweg vom Pico do Arieiro
      zum Pico Ruivo

40 Levada do Curral e Castelejo

41 Treppe in Ribeira Brava

42 Treppe bei den Häusern von Queimadas

43 Picknick

44 Männer vor einer Bar in Machico (1966)

45 Korbflechterin in Camacha

46 Espetada, die Fleischspezialität von Madeira

47 Dorfklatsch in Curral das Freiras (1986)

 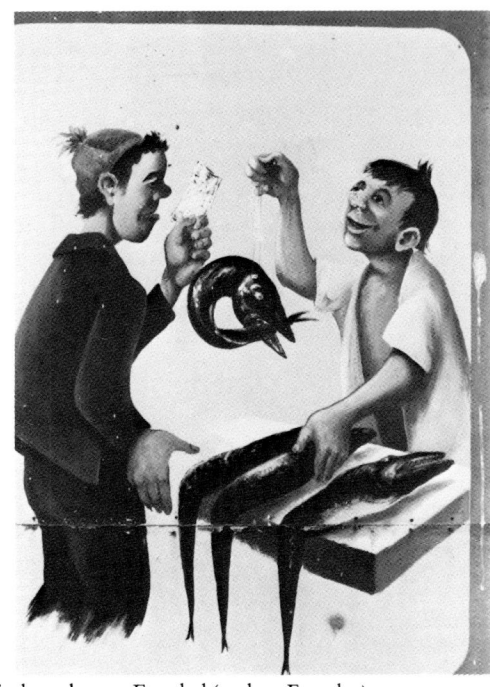

48 und 49   Kachelbilder auf dem ehemaligen Kleinen Fischmarkt von Funchal (rechts: Espadas)

50   Thunfischverkauf auf dem Fischmarkt von Funchal

51 und 52   Fischer in Câmara de Lobos (oben 1966, unten 1986)

54 und 55   Blandy's Garden (Quinta do Palheiro Ferreiro)

◁ 53   Wanderweg von Encumeada nach Curral das Freiras

56   Felder bei Porto Moniz

57   Blandy's Garden

58   Terrassierte Felder mit Furchen für die Bewässerung

61   Blick von der Ponta de São Lourenço auf die Nordküste ▷

59   Drachenbaum   60   Im Laurazeenwald bei Boaventura

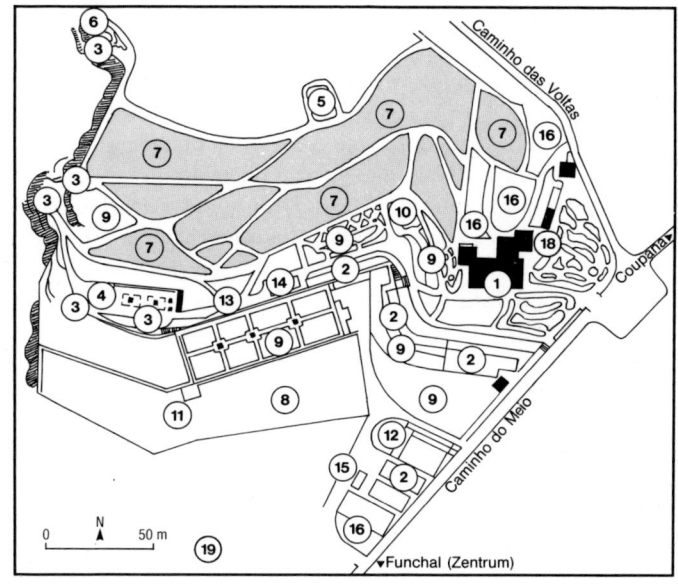

Der Botanische Garten
1 Museum
2 Gewächshäuser
3 Aussichtspunkte
4 Bar
5 Teich.
6 Grotte der Liebenden
7 Bäume
8 Tropische Pflanzen
9 Gärten
10 Endemische Pflanzen
   Madeiras
11 Meteorologische Station
12 Pflanzenverkauf
13 Pfauen
14 Fasane
15 Tank
16 Baumschulen
17 Parkplatz (Bus/Taxi)
18 Büste von C. Azevedo de
   Menezes (Botaniker)
19 Vogelpark

häusern (2)*. In einem der Häuser können Blumenzwiebeln gekauft werden (12). An den Hängen ragen tropische und einheimische Bäume, die noch aus der alten Gartenanlage der Quinta stammen, in den Himmel (7). Die Terrasse der Bar gewährt einen weiten Blick auf Funchal, das sich wie ein Amphitheater entlang dem Halbrund der Bucht ausdehnt; der Gast sitzt hier zwischen Teichen, in denen Seerosen blühen. Dutzende von Eidechsen huschen unter den Tischen hin und her (4). Die Aussichtspunkte – *Miradouros* – stammen noch von der Parkanlage der Quinta (1882) und bezeugen den guten Geschmack der früheren Besitzer (3). Schön ist auch die steile, von Palmen umrahmte Treppe mit abgerundeten Basaltstufen im oberen Teil.

Drachen-, Korallen- und Kapokbäume, Rizinussträucher, blühende Akazien und viele Hibiscussträucher säumen die Wege. Je nach Jahreszeit kann man die Blüten der sorgsam gepflegten Orchideen bewundern. In dem ehemaligen Wohnhaus der Quinta ist ein naturkundliches Museum (1) untergebracht.

Neben dem Botanischen Garten wurde 1989 ein Vogelpark – *Jardim dos Loiros* – eröffnet, der sich auf die Zucht von Papageien spezialisiert hat. Mehrere Pärchen haben inzwischen schon Nachwuchs großgezogen (19). Der Lärm der etwa 300 Vögel begleitet den Besucher auch auf dem weiten Gelände der Quinta.

Öffnungszeiten: täglich von 9–18 Uhr. Eintritt. *Anfahrt:* Der Bus Nr. 30 fährt alle 30 Minuten von der Avenida do Mar über den Caminho do Meio zum Jardim Botânico hoch.

* Nummern vgl. obenstehenden Plan

Die Quinta Magnólia

Die Quinta Magnólia ist, wie der Botanische Garten, ein einstiges Landhaus, das durch die Verstaatlichung der Öffentlichkeit zugänglich gemacht wurde. Sie liegt fast noch im Zentrum der Stadt, etwas unterhalb des großen Stadions in der Rua Pita, 500 m vom ›Reid's Hotel‹ entfernt. Ihr Garten zieht sich unter der hohen Stadtbrücke, die den Ribeiro Seco überspannt, fast bis zum Meer hin. Die Quinta war früher der ›British Country Club‹; das Haus wurde jedoch inzwischen völlig umgebaut und beherbergt jetzt im vorderen Teil Ausstellungsräume für moderne Kunst. In der Eingangshalle hängen Bilder des deutschen Malers Siegward Sprotte, der versucht, Motive von Sylt und Madeira – von Nord und Süd – zu verbinden; die hinteren Räume, die zur Gartenterrasse führen, sind zu einem Restaurant mit Bar geworden, mit großen Fenstern, die zum Garten hinausgehen. Traditionelle Korbstühle aus Camacha laden auf der Terrasse – in englischer Tradition – zum ›four (!)-o'clock-Tea‹ ein. Wenn man sich einen Tag vorher anmeldet, kann man in dem Restaurant exquisit

Quinta Magnólia 1 Quinta mit Ausstellungsräumen und Restaurant/Bar/Café der Hotelfachschule 2 Kinderspielplatz 3 Tennisplätze 4 Schwimmbad mit Kaffeebar 5 Trimmpfad 6 Eingänge mit Parkplätzen 7 Pförtnerhaus (Billetts für Schwimmbad und Tennis) 8 Squashhalle 9 Golfübungsplatz

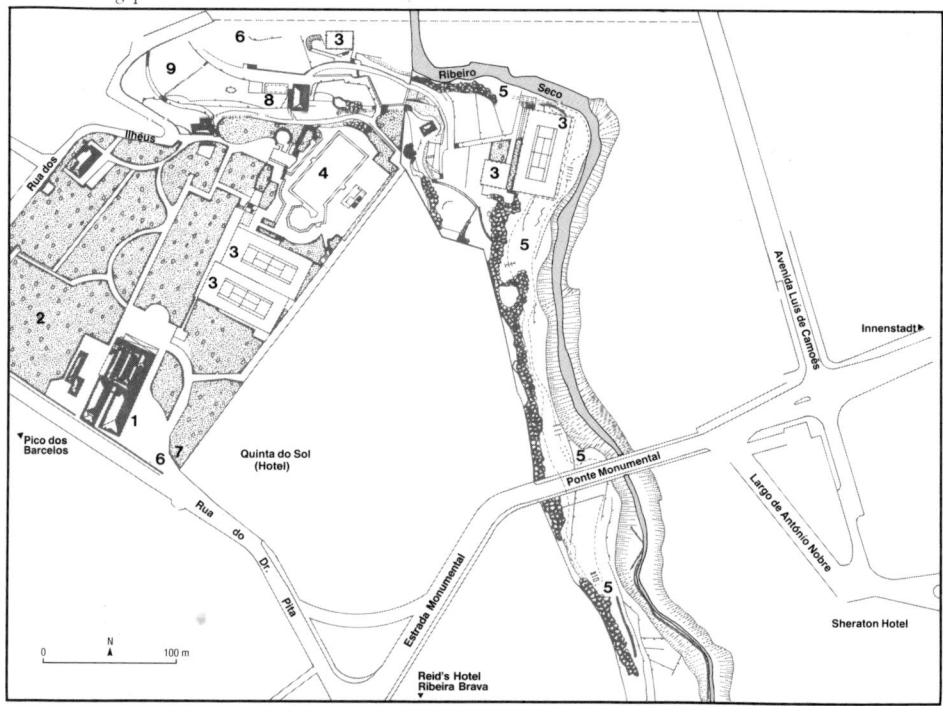

essen, bedient von jungen, oft noch etwas linkisch wirkenden Kellnern und Serviererinnen, die sich bemühen, in der Sprache des Gastes Konversation zu treiben: Hier kocht und serviert die Hotelfachschule Funchal! Bevor das Mittagsmenü pünktlich um 13 Uhr beginnt – man erwartet die Gäste etwa 15 Minuten vorher zu einem Drink –, sollen die Hotelschüler wissen, wie das Menü in den verschiedenen Sprachen heißt, welcher Wein dazu paßt, wie die Gerichte zubereitet, welche Gewürze verwendet worden sind. Am eindrucksvollsten ist das kalte Büfett, das manchmal donnerstags serviert wird, ein kulinarischer wie ästhetischer Genuß! Es gehört zur Tradition der Küche, eine reiche Auswahl an lecker zubereiteten Desserts zu offerieren, die allein schon den Weg zu dieser Quinta lohnen. An manchen Tagen ist die Hotelfachschule für das Publikum geschlossen, denn dann bewirtet die Regierung von Madeira hier ihre offiziellen Gäste (in den Schulferien geschlossen).

Seitdem der Staat die Quinta übernommen hat, ist ihr Garten ein öffentlicher Erholungspark. Hinter dem Haus hat man einen großzügigen Kinderspielplatz angelegt, die Zahl der Tennisplätze wurde auf vier erhöht, seit 1986 kann man auch Squash spielen, und am Weg entlang des Ribeiro Seco ist ein anspruchsvoller Trimmpfad entstanden. Am Süßwasserschwimmbad, das in den kälteren Monaten durch Sonnenkollektoren erwärmt wird, kann man eine Tasse Kaffee trinken und guten Kuchen essen (Eintritt). Im Garten, dessen großzügig angelegte Rasenfläche sich den Hang hinaufzieht, wachsen zahlreiche exotische Bäume, teilweise beschriftet. Aus den Volieren hört man das Zwitschern von Kanarienvögeln, aus den Ställen das Geschnatter von Gänsen und Enten. Öffnungszeiten: täglich 8–21 Uhr.

Die Quinta do Palheiro Ferreiro (Blandy's Garden)

Diese Quinta liegt etwa 9 km außerhalb Funchals; man erreicht sie mit dem Bus Nr. 29, der nach Camacha fährt. Der Privatbesitz der Familie Blandy ist für Besucher Mo. bis Fr. von 9.30 bis 12.30 Uhr geöffnet, Picknicks sind nicht gestattet: Der Besuch hier oben soll nur der landschaftlichen Schönheit der Gartenanlage und der Pracht der Blumen gelten (Farbtafel 19, Abb. 54, 55, 57).

Die relativ hohe Eintrittsgebühr zahlt man am Eingang an eine Frau, die mit ihrer traditionellen Madeirenser Tracht kaum in das Pförtnerhäuschen hineinpaßt. Man geht oder fährt einen etwa 500 m langen, mit kleinen Basaltsteinen gepflasterten Weg hinunter, den rechter Hand dunkelgrüne, im Winter blühende Kamelienhecken säumen. Die mit jeweils verschiedenen Ornamenten versehenen Schornsteine kündigen das Landhaus an, das gleich neben dem Parkplatz am sonnigen Südhang liegt und die etwa 12 ha große Anlage dominiert.

Der Graf de Carvalhal gründete diese Quinta 1790; sein altes Landhaus liegt versteckt hinter großen Bäumen am Südhang des Gartens. Ein französischer Landschaftsgärtner gestaltete den Park, so daß sich hier englische und französische Elemente der Gartenarchitektur in einzigartiger Weise mit der Fülle der auf Madeira gedeihenden Flora vermischen. 1885 verkaufte ein Neffe des Grafen den Besitz an die reichste Familie auf Madeira, an die Blandys, weshalb der Garten heute auch ganz einfach ›Blandy's Garden‹ genannt wird und

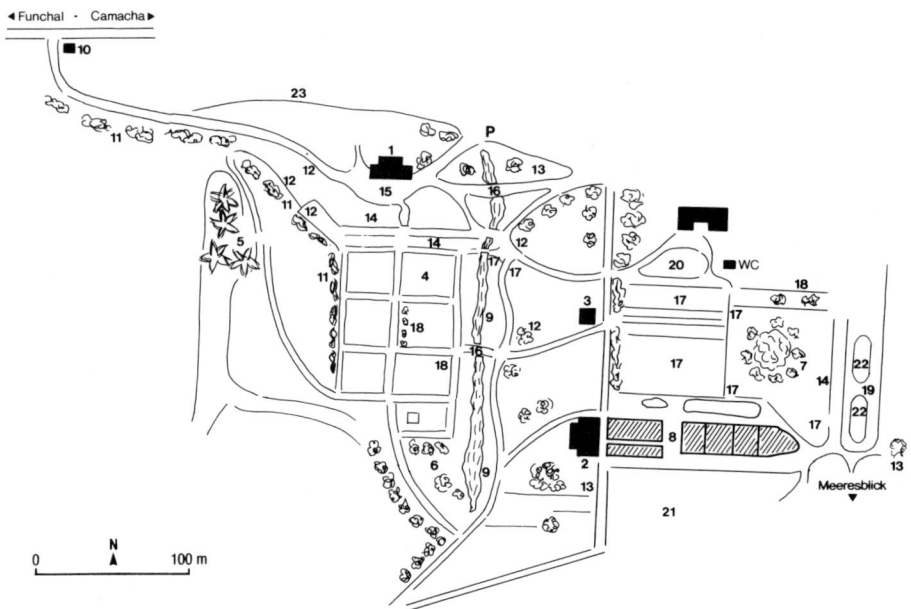

Quinta do Palheiro Ferreiro (Blandy's Garden) 1 Neues Haus 2 Altes Haus 3 Kapelle
4 ›Versunkener Garten‹ 5 ›Hölle‹ (Inferno) 6 Dreieck 7 Garten der Dame 8 Alte Fischteiche
9 Gestaute Levada 10 Eingangstor 11 Kamelienhecken 12 Proteas 13 Große Araukarien
14 Steingärten 15 Brunnen/Terrasse 16 Brücken 17 Beete und Rabatten 18 Sträucher 19 Son-
nenuhr 20 Obstgarten 21 Reitwege und Wald 22 Teiche 23 Weiden

nicht mehr ›Landhaus zur strohgedeckten Hütte des Schmiedes‹, wie der portugiesische
Name lautet.

Das neue Haus, das sich die Blandys errichten ließen, hat eine große, nach Süden führende
Terrasse (Farbtafel 19). Ein Hund liegt träge neben einer Kanone auf Holzrädern – wen
mußte diese einst verteidigen? –, aus einem kleinen Brunnen mit Seerosen ragt eine schlanke
Statue empor. Durch die großen Bäume – Platanen, Himalaya-Kiefern, Araukarien, afrikanische Zypressen, die noch aus der Zeit des Gründers stammen und auf den etwas tiefer
liegenden Hängen des Gartens angepflanzt wurden – erhascht man einen Blick auf das blaue
Meer, das häufig noch sonnenbeschienen ist, wenn sich hier oben – in 500 bis 600 m Höhe –
am späten Vormittag die erste leichte Bewölkung zeigt. Wenn auch wegen der Höhenlage
einige tropische Pflanzen in Blandy's Garden nicht gedeihen können, so stellt der häufige
Nebel ein Lebenselixier für viele subtropische Pflanzen des Parks dar.

Gleich neben dem Haus – auf dem leichten Abhang des Rasens und zwischen den Sträuchern in der Nähe der Hauswand – gedeiht eine Vielfalt von Proteas aus Südafrika, die zu
verschiedenen Zeiten blühen. Die Hecke aus Kamelien zieht sich den Hang hinab, ihre

Einige der Pflanzen in Blandy's Garden			
Name	Herkunft	Monat der Blütezeit	ungefährer Pflanzort
Äonium-Baum (Baumäonie)	Marokko	12–2	4
Äonium-Drüsen	Madeira	4–6	4
Agapanthus	Südafrika	5–9	18
Agaven	Mexiko	12–2	14
Baumstechapfel/Engelstrompete	Südamerika	4–9	17
Belladonna-Lilien	Südafrika	9–11	18
Calla	Südafrika	11–6	6
Clivie-Edelriemenblatt	Südafrika	7–11	17
Clivie-Riemenblatt	Südafrika	2–10	17
Datura candida/weißer Stechapfel		1–12	17
Dicksonia antarctica/Baumfarn	Australien		5
Echium candicans/›Stolz Madeiras‹	Madeira/Kanaren	5–7	17
Eukalyptusbaum	Australien	8–12	
Geranum anemonifolium/anemonenblättriger Storchenschnabel	Madeira		
Gladiolen	Südafrika		17
Hedychium/Girlandenblume	Himalaya	7–9	5, 6
Hibiscus/chinesischer Roseneibisch	Asien	1–12	überall
Holmskiolda/Mandarinhut	Himalaya	8–12	bei 2
Hymenosprium/Flügelsame	Australien	4–5	17
Lagerstroemia/Krepp-Myrte	China	6–8	div.
Lonicera hildebrandiana/Riesengeißblatt	China	5–7	12
Magnolien	verschieden		17, 18
Monstera/Fensterblatt	Mexiko	6–9	5
Oleander	Mittelmeer	5–10	div.
Ornithogalum/Milchstern	Südafrika	4–6	14
Protea	Südafrika		12
Rhododendron	Himalaya	2–3	11
Salvia sessei/Salbei	Mexiko	6–10	17
Solanum wendlandii/Wendlands Nachtschatten	Costa Rica	5–9	17
Sparmannia africana/Zimmerlinde	Südafrika	1–10	17
Strelitzie	Südafrika	8–6	18, 12
Telopea speciosissima/Waratah	Westaustralien	2–4	12
Thunbergia	Tropisches Afrika	4–7	Hauswände
Tibouchine	Brasilien	1–12	19
Trachelospermum jasminoide/Sternjasmin	China	5	Terrasse, 15
Yucca	Kalifornien	7 9	14

Blüten bedecken im Frühjahr den Boden wie mit einem weiß-rosa-dunkelroten Teppich. Heimat der Kamelien ist die Provinz Yünnan in China; 1801 wurden sie erstmals importiert, seitdem pflanzt man sie ständig nach. Das Dunkelgrün der hohen, dicht belaubten Hecken kontrastiert reizvoll mit den leuchtenden Farben der einzeln stehenden Blüten. Das ›Inferno‹, das sich hier nach Westen anschließt, ist natürlich keine Hölle: Baumfarne, Azaleen, Rhododendren und andere hohe Bäume bilden eine dunkle Landschaft. Das großblättrige Fensterblatt fügt in seiner Blütezeit hellere Akzente hinzu.

In den am südlichen Abhang angelegten Rechtecken nimmt der ›versunkene Garten‹ einen besonderen Platz ein: Er ist von Steingärtengewächsen umsäumt, zwischen den Steinen findet man dicht umrankte kleine Statuen und Säulen. Im Winter und Frühjahr dominieren hier die Blüten des Äonium arboreum, eines Dickblattgewächses aus Marokko mit mächtiger, gelber Blüte, die sich vom Dunkelbraun der rosettenförmig angeordneten Blätter abhebt. Azaleen, Lilien, die aus Natal stammende orangerote Flaschenbürste und blaue Salvien blühen hier je nach Jahreszeit; auf einem der weiteren rechteckig angelegten Beete kann man die ständig blühende Tibouchine entdecken. Manche Magnolienbäume tragen wegen der hier oben herrschenden Feuchtigkeit Bärte aus Flechten. Sich selbst aussäende Freesien, Mittagsblumen und Oleander wachsen zwischen Aloen und Agaven.

Verläßt man den ›versunkenen Garten‹ nach Osten, führt der Weg über eine kleine Brücke, unter der die Levada hindurchfließt. Sie wird spielerisch einige Stufen hinuntergeführt und ist leicht aufgestaut, so daß sich Teiche bilden, in denen gelb-grün-goldene Frösche leben. In der Herbstsonne wärmen sich die Tiere oft im hohen Gras zwischen den Belladonna-Lilien, und der Schritt des Besuchers läßt sie zu Dutzenden aufspringen und ins Wasser hüpfen, wo sie zwischen Algen und Entengrün hervorlugen. Reiher aus Portugal und sogar Westafrika kommen in den Garten, um den Fröschen nachzustellen. In dem etwas tiefer gelegenen, größeren See werden Fische gehalten. Umrahmt von Agapanthus steht die kleine Kapelle St. John, die der Graf de Carvalhal im barocken Stil errichten ließ. Sie ist umgeben von Rasenflächen, auf denen eine weitere Gruppe von Proteas aus Südafrika angepflanzt wurde. Dazwischen blüht im Frühjahr auch die seltene Pflanze Telopea speciosissima (Waratah) aus Westaustralien.

Ein gerader Weg, aufgelockert durch berankte Tore, führt an dicht bepflanzten Rabatten vorbei zum Jardim da Senhora, zum ›Garten der Dame‹. Mit dem strengen Schnitt der Buchsbaumhecken und den geometrischen Figuren erinnert er an eine französische Gartenanlage, zeigt aber keinesfalls deren Perfektion, vor allem deshalb nicht, weil die Üppigkeit der Inselvegetation diese stets ein wenig durchkreuzt. Hier blühen Daturas mit ihren großen weißen oder rot-gelben Trompetenblüten, von Bienen oder Schmetterlingen ständig umschwirrt; Rosen, Dahlien, groß blühende Clivien und Rittersporn drängen sich auf den kleinen Beeten. Von einer unter einem überhängenden Strauch versteckten Steinbank fällt der Blick auf die mächtige Araukarie, die nach Osten den Abschluß des Gartens bildet. Der Gartenfreund wird hier viele mitteleuropäische Blumen wiedererkennen. Manche fehlen aber auch, da sie die Kälte des Winters als Ruhepause brauchen – so etwa Pfingstrosen, Enzian, Edelweiß oder Maiglöckchen.

Der weitere Rundgang entlang der Südseite führt an den versumpften, teilweise zerbrochenen ehemaligen Fischbecken des alten Herrenhauses vorbei zu einem Wald, in dem zwischen dunklem Lorbeer, Eukalyptusbäumen und Akazien das intensive Weiß der immer blühenden Calla fasziniert. Auf den nicht gepflasterten Wegen der ›Hölle‹ und des ›Dreiecks‹ ist bei Feuchtigkeit wegen Rutschgefahr Vorsicht geboten.

In Blandy's Garden gibt es zwar kein Café, aber viele Bänke zum Ausruhen. Um 12.30 Uhr wird der Besucher unerbittlich aufgefordert, den Park wieder zu verlassen. Es ist leicht möglich, von hier aus die Wege entlang der Levadas dos Tornos oder Santo da Serra do Faial zu erreichen, um nach Funchal zurückzukehren oder nach Camacha oder sogar bis Portela weiterzulaufen (vgl. Wege ⑪ und ⑫).

Der Park von Santo da Serra

Nachdem man, von der Straße 102 kommend, den Ort Santo da Serra erreicht hat, sieht man links ein großes Holztor mit der Aufschrift ›Património da Região autónoma da Madeira‹ (›Eigentum der autonomen Region Madeira‹). Es weist auf die ehemalige Quinta do Santo der Familie Blandy hin, die heute der Regierung gehört und zu einem öffentlichen Park gemacht wurde. Den Eingang säumen Kamelien, die im Winter und Frühjahr rosarot, weiß und dunkelrot blühen. Dahinter gibt es Picknickplätze, einen großen Kinderspielplatz und – mitten im Garten – ein Fußballfeld. In einem Gehege weidet unter großen Bäumen Dammwild; ein Tennisplatz und Minigolf laden zum Spielen zwischen Blumen ein. Sogar grillen kann man in diesem gepflegten Sonntagspark. Der Weg endet in einem Wald, in dem Callas blühen und wo es nach Eukalyptus riecht. Von einem Aussichtsturm bietet sich ein weiter Blick auf das Tal von Machico.

Die Wege sind noch mit den charakteristischen Basaltsteinchen belegt, die Hecken zurückgestutzt. Zwischen den Blumenbeeten und Spielflächen wird Gemüse angebaut. Die alte Quinta selbst steht abweisend schmucklos zwischen riesigen Bäumen. Ein unglaublich großer Magnolienbaum wurde aus Nordamerika hierher gebracht, eine Zeder aus Nordafrika und aus Neuseeland ein Baum namens ›leptus bernom scoparium‹ – man bekommt das Gefühl, Botaniker sein zu müssen, um diese fremden Pflanzen einordnen zu können.

Der alte Brunnen ist ausgetrocknet, man kennt heute modernere Formen der Bewässerung. Drei kleinere Magnolienbüsche sind eingerahmt von lila, roten und weißen Azaleen. An einem riesigen, aus vielen Stämmen zusammengesetzten Baum steht ein weiterer noch nie gehörter Name: ›Gin Geira brava prunus lusitanica rosacae‹. Er stammt aus Madagaskar und hat wohl etwas mit einer ›Kirschbaumfamilie‹ zu tun.

Das Naturschutzgebiet Ribeiro Frio

Das Naturschutzgebiet von Ribeiro Frio liegt 17 km von Funchal an der Straße nach Faial/ Santana. Dort, an der regenreichen Nordseite der Insel, befindet sich in 860 m Höhe ein Gebiet mit noch erhaltener einheimischer Flora, genannt Laurisilva (›Wald der Lorbeerbäume‹; vgl. S. 23). Der Ribeiro Frio, der ›kalte Fluß‹, der hier nach Norden fließt, bietet mit seinem klaren, frischen, sauerstoffreichen Wasser ideale Bedingungen für die Aufzucht von Forellen, die dann in anderen Bächen der Insel ausgesetzt oder zum Verzehr verkauft werden (nicht weit von der Forellenzucht entfernt, in der ›Casa de Chá‹ in Lombo de Baixo kurz vor Faial, stehen stets frische Forellen auf der Speisekarte). Die runden, bereits von der Straße aus sichtbaren Fischbassins sind terrassenförmig angelegt und von Blumen und besonders von Baumfarnen umgeben. Ein Teil einer Levada wird durch die Bassins hindurchgeleitet, um dann etwas tiefer wieder von dem Fluß aufgenommen zu werden und teilweise die Levada do Furado mit Wasser zu versorgen, die von hier aus nach Portela führt.

Im Januar beginnt die Aufzucht der Fische: Den reproduktionsfähigen Weibchen wird durch leichtes Massieren des Bauches der Rogen entnommen, den man in einer Schale auffängt und mit dem auf die gleiche Weise gewonnenen Samen (Milch) der männlichen Forelle vorsichtig vermischt. Innerhalb von zehn Minuten findet die Befruchtung der Rogen statt. In Becken, die ständig von frischem Wasser mit einer Temperatur von 7° C umspült sein müssen, werden jährlich etwa 90 000 dieser Fischeier ausgebrütet. Nach 40–45 Tagen schlüpfen die jungen Forellen aus.

Ein endemischer Wald umgibt die Forellenzuchtstation; die Beschriftung der Bäume verweist auf die Vielfalt insbesondere der Lorbeerarten. Überall finden sich verschlungene

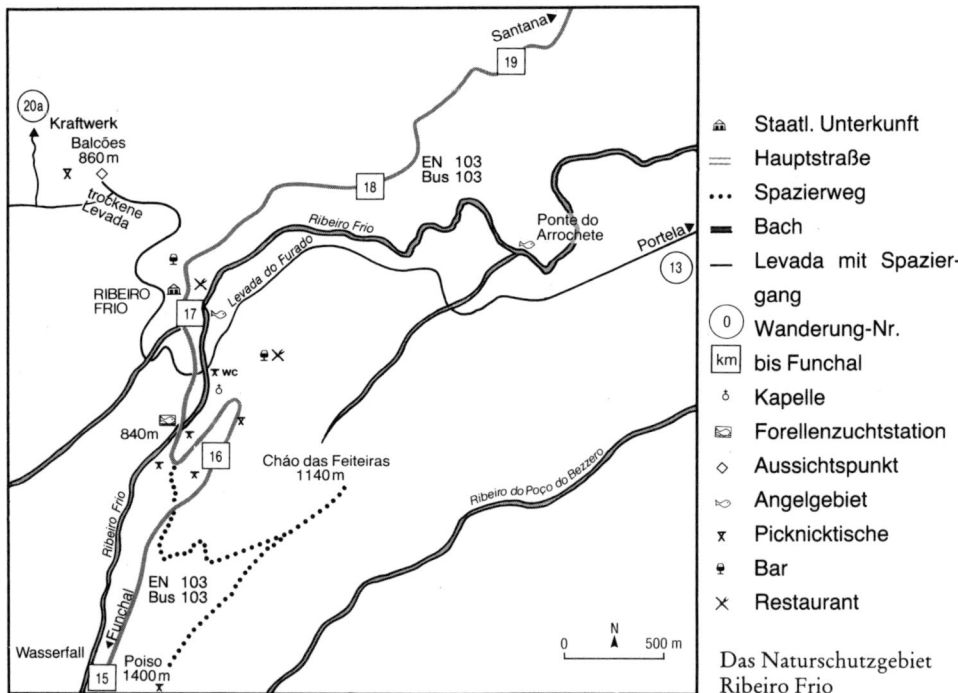

Das Naturschutzgebiet
Ribeiro Frio

Pfade sowie Bänke und Tische zum Picknicken. Unterhalb der Station liegt ein Anglerrevier, direkt dort, wo der Weg entlang der Levada do Furado nach Portela beginnt (vgl. Weg ⑬). Schräg gegenüber, auf der anderen Seite der Straße, weist ein Schild zu dem Aussichtspunkt Balcões über dem tiefen Tal Fajã da Nogueira. Oberhalb der Station (der Straße in Richtung Poiso folgend) kann man rechter Hand auf einem sehr schönen Picknickplatz mit Holzbänken rasten und von hier aus auch die Levada hinaufsteigen, die mit starkem Gefälle die angelegten Stufen hinabfließt, um die Forellenteiche zu bewässern. An sonnigen Feiertagen sind die Plätze bevölkert mit Madeirensern, die auf Grillstellen ihr Essen kochen. Ein alter, breiter Weg mit abgerundeten Stufen führt durch den Wald aufwärts, überquert die Straße und bringt den Wanderer in eine Landschaft mit ganz anderem Charakter, zum Chão das Feiteiras, der ›Ebene des Farnkrauts‹, von wo man nach abermaliger Kreuzung der Straße 103 bis zum Paß nach Poiso aufsteigen kann (etwa 90 Minuten Aufstieg von 850 auf 1400 m).

In Ribeiro Frio, 1 km unterhalb der Forellenstation, macht der Bus nach Boaventura 30 Minuten Pause. Die kleine Bar bietet Eier, belegte Brötchen, Kaffee, Wein und einen vorzüglichen *Cortado* an. Das große Haus neben der Bar mit seinem gepflegten Vordergarten und meistens geschlossenen Fensterläden ist ein *Casa de abrigo* der Regierung und kann als Unterkunft gemietet werden (vgl. S. 278). Neu eröffnet hat daneben das Restaurant ›O Caramujo‹, das den *Espetada-Spieß* sogar am Lorbeerstock im offenen Kaminfeuer grillt. Am Ausgangspunkt der inzwischen sehr bekannten Wanderungen zum *Balcões* oder nach Portela sind nunmehr auch Souvenirstände aufgebaut und bieten zwei Restaurants Erfrischungen an.

Die Quinta Nossa Senhora da Conceição

Dieser Garten, der im englischen Privatbesitz ist, wurde 1987 der Öffentlichkeit zugänglich gemacht. Auf dem Weg der Kirche von Monte nach Babosas kommt man bei der ›Ole Monte Tavern‹ vorbei, wo man von montags bis freitags von 10–18 Uhr Eintrittskarten (300 E) für den subtropischen Garten mit Picknickmöglichkeiten kaufen kann (Bus Nr. 22). Dieser Garten hat eine eigene Geschichte: Die Quinta wurde vor 200 Jahren von einem englischen Offizier, der das Belmonte-Hotel gebaut hatte, als Wohnsitz benutzt. In seinem Testament verfügte er 12 Erben, die im monatlichen Wechsel Eigentümer der Quinta wurden, die daraufhin nur noch Herr Januar, Herr Februar, usw. hießen. Schließlich wurde die Quinta zum Englischen Country Club.

Das Schild an der o. g. Taverne zeigt eine neue Form von Nostalgie: Die Erinnerung an Seeräuber. Seeräuber und Schmuggler tauschten an entlegenen Orten die heiße Ware, angeblich auch hier (✆ 4 73 06).

Wandern auf Madeira

Madeira wird nicht nur von alten Verkehrspfaden durchzogen, die von Ort zu Ort, vor allem von Süden nach Norden über den Gebirgskamm führen, sondern auch von Wegen zu den einzelnen Feldern und von Levadas, an denen man entlangspazieren kann. Die Insel bietet folglich zahlreiche Möglichkeiten für Wanderungen, die es erlauben, auf engem Raum außerordentlich viele verschiedene Landschaften zu genießen: Steilküste, Flußtäler, Schluchten, tiefe Täler, hohe Bergspitzen, Hochebenen... Jeder Aussichtspunkt vermittelt ganz neue, nur für diese Gegend Madeiras charakteristische Eindrücke.

Es gibt eine Vielzahl von Wanderwegen. (Vgl. Wanderkarten hintere Umschlagklappe und S. 223.) Einige – wie der Hochgebirgsweg im Pico Ruivo-Massiv – werden von der Regierung unterhalten, andere – etwa die vor allem von Levada-Arbeitern oder Forstbeamten benutzten – dagegen gar nicht; die Instandhaltung von Geländern und das Wegräumen von Erdrutschen oder umgefallenen Bäumen sind dort keine Selbstverständlichkeit. Sehr viele der schönsten Wege – vor allem im Westen der Insel – haben in den letzten Jahren durch den forcierten Straßenbau gelitten, der ohne Rücksicht auf alte Pfade und die vorhandene Vegetation weitere Hänge zerstörte. In dieser Ausgabe (1990) werden daher die Beschreibungen der Wege ⑱ und ⑲ auf Hinweise begrenzt und neue Wanderungen, vor allem bei Rabaçal, hinzugefügt (vgl. S. 237 ff.).

Die notwendige Ausrüstung hängt von der Gegend ab, in der man wandern will. Für alle Touren im Norden und im Hochgebirge sollte man vorsorglich warme Bekleidung und Regenzeug mitnehmen. Gutes, festes Schuhwerk verlangt jede Wanderung, da die Wege stets feucht und damit rutschig sein können. Viele Strecken sind zudem steil. Eine Taschenlampe ist dort erforderlich, wo Levadas durch längere Tunnels fließen.

Für den Fremden ist es oft schwierig herauszufinden, wie er zum Ausgangspunkt der Wanderung gelangt und wie vom Endpunkt wieder zurück zu seinem Quartier. In vielen Fällen bleibt nur die Möglichkeit, per Anhalter zu fahren oder sich ein Taxi zu besorgen.

Unentbehrlich sind die detaillierten Wanderkarten in der 3. Auflage des auch in Deutsch auf Madeira erhältlichen Wanderführers von J. u. P. Underwood ›Landschaften Madeiras‹. In unseren Beschreibungen finden Sie viele Kurzhinweise auf schwierige Wege, die Sie erst wählen sollten, wenn Sie mit dem Wetter und der Orientierung auf Madeira vertraut sind, z. B. Wege ①a, ①b, ②a, ⑧, ⑮a, ⑰a–⑰e und ⑳. Diese findet man nicht im Standardwerk von Underwood.

Gebirgswanderungen im Gebiet des Pico Ruivo

s. dazu Wanderkarte (Ausschnitt) S. 223

Vom Rasthaus Pico Ruivo (Farbtafel 23) – man kann hier nur übernachten, wenn man vorher im Touristenbüro gebucht hat (vgl. S. 278) – gelangt man in acht Minuten zum Gipfel des höchsten Berges Madeiras, des Pico Ruivo (1862 m), wo sich ein Doppelaussichtspunkt befindet. Ein besonderer Genuß sind die Sonnenuntergänge bzw. -aufgänge von diesem Gipfel aus, da die gesamte Insel zu Füßen des Betrachters liegt: Im Osten ragt die Landzunge Ponta de São Lourenço, an deren Spitze ein Leuchtturm sichtbar wird, ins Meer, im Nordosten erscheint bei klarer Sicht Porto Santo (mit einem Fernglas erkennt man sogar den hellen Sandstrand), im Norden liegen die verstreuten Häuser von Santana und die Täler, die nach São Jorge führen, im Westen erblickt man die Hochebene von Paúl da Serra und im Süden das steil abfallende Gelände des Curral-Tales.

Es kann hier oben kalt und windig werden, selbst Handschuhe können manchmal von Vorteil sein. Im Rasthaus scharen sich alle um den offenen Kamin, in der Küche mit den großen, offensichtlich nur für Gruppen gedachten Töpfen kann man sich seine Suppe oder heiße Getränke zubereiten. Die Doppelzimmer sind gut eingerichtet, auch wenn es nur kalte Duschen gibt und die Räume wegen der fehlenden Heizung das ganze Jahr über kalt und feucht bleiben. Für Bettwäsche, Decken und Petroleumlampen sorgt der Wirt, ein Angestellter des Naturschutzes; der Wanderer muß also nur seine Verpflegung mitbringen.

Es übt immer einen besonderen Reiz aus, den höchsten Punkt eines Landes zu ersteigen. Die ›rote Spitze‹ Madeiras ist zudem landschaftlich besonders eindrucksvoll, da man von hier aus einen guten Überblick über die verwirrende Vielfalt der Täler erhält.

① Höhenwanderweg vom Pico Ruivo zum Encumeada-Paß mit ⓐ alternativem Abstieg nach Curral und ⓑ über Pico Grande nach Curral

16 km, 6 Stunden; keine Schwierigkeiten, nicht Schwindelfreie werden auf den Stufen am Nordhang Probleme haben. Höhen: 1800 m – 1862 m – 1440 m – 1007 m.
Man erreicht den Weg von mehreren anderen Wegen (②, ③, ④), den Encumeada Paß mit dem Bus Nr. 6 (Funchal-Boaventura-Funchal).

Dieser 1949 wieder angelegte, gut erhaltene alte Höhenweg folgt dem Gebirgskamm, der die Insel in eine Nord- und eine Südhälfte teilt, in durchschnittlich 1600 m Höhe von Ost nach West. Er führt wechselweise am Süd- und Nordhang des Kammes entlang mit entsprechenden Ausblicken auf die Nord- und die Südküste bzw. nach Curral das Freiras, das 1000 m tiefer in einem Kessel liegt, und auf das Meer im Norden. Die Wanderung weist keine besonderen Schwierigkeiten auf, ist aber bezüglich der Schönheit der Ausblicke stark vom Wetter abhängig.

Gehzeit

Aufbruch vom Rasthaus aus wie auf dem Weg zum Pico Ruivo; nach wenigen Minuten Wegweiser nach Encumeada (16 km). Höhe 1800 m. Der Pfad führt nach links abwärts.

10 Min.   Pforte, unter 1700 m: Blick auf das Curral-Tal mit dem höher gelegenen Ort Fajã dos Cardos und zurück auf den pyramidenförmigen Pico Ruivo mit Zaun und kleiner Madonna auf der Spitze. Zwischen 1500 und 1600 m Höhe verläuft der Weg mal auf der Süd-, mal auf der Nordseite; Ginster, Erikabüsche, Thymian, manchmal Graspfad, ein roter Felsen, um den man herumgeht.

35 Min.   Markanter Vorsprung eines grasbewachsenen Bergrückens. Hier kann man den Höhenweg verlassen, geht auf dem Bergrücken entlang und nimmt mit Blickrichtung auf den Pico Ruivo im Geröll den kaum erkennbaren Serpentinenweg abwärts. Er endet nach etwa 1 Stunde im Montado-Tal, von dort ist Curral das Freiras in etwa 2 Stunden zu erreichen (vgl. S. 216, Weg ⑴ₐ).

1 Std. 20   Erste gut erkennbare Weggabelung, 1560 m hoch. Ein großer Stein mit Pfeil liegt in der Mitte der Gabelung, seine Inschrift ist kaum zu erkennen: links nach Curral (vgl. Weg ④), rechts (nach oben) nach Encumeada. Schöner Lagerplatz (Camping möglich), bevor man zur steilen Passage an der Nordküste kommt. Auf der Nordseite dann 15 Stufen abwärts durch offenes Gatter, die weiteren Treppen und Wege an der Nordseite sind nur mäßig gesichert und etwas rutschig.

1 Std. 30   Weggabelung auf der Nordseite, 1500 m hoch. Man geht rechts. Der noch als Hauptweg erscheinende Weg, der geradeaus führt, endet neben einigen Felsenhöhlen vor zerstörten Treppen, die unbenutzbar sind.

2 Std.   Torrinhas-Paß in 1400 m Höhe mit vier großen, kaum leserlichen Verkehrsschildern, die auf alte Verkehrswege verweisen: rechts über Torrinhas nach Boaventura (vgl. Weg ⑧), links nach Curral (vgl. Weg ④), geradeaus nach Encumeada und entgegengesetzt dazu zum Pico Ruivo (vgl. Weg ①). Idealer Picknickplatz auf der Südseite von den Schildern. Treppen führen aufwärts zum Pico do Jorge, man erreicht rasch über 1500 m Höhe. Ein Tor, Felsspalte, Wechsel zur Nordseite.

2 Std. 30   Viele in den Felsen gehauene Treppen, Aufstieg bis auf 1600 m. Auf der Nordseite Fels mit Unterstellmöglichkeit. Man erreicht den Pico do Jorge, 1650 m hoch; Blick nach Westen auf die Hochebene von Paúl da Serra, wo man den neuen, breiten Erdweg sieht, der den Hang zerstört hat (vgl. Weg ⑲). Blick auf São Vicente und leichter Abstieg auf 1570 m.

2 Std. 55   Auf der Nordseite linker Hand eine kleine Quelle in einer Felshöhle. Wenige Schritte weiter auf der rechten Seite zwei Terrassen, die sich zum Campen eignen. Geht man danach über den Kamm, gelangt man zur Südseite, wo 5 m weiter abwärts eine Weggabelung zu erkennen ist. Links Weg zum Pico Grande, der dann weiter nach Curral oder Jardim da Serra (vgl. Weg ⑴ᵦ und

3 Std. 40	Verlängerung von Weg ⑥) führt; kein Schild. Rechts geht es nach Encumeada, dem Pfad muß weiter nach Westen gefolgt werden.
3 Std. 40	1400 m Höhe, geschlossene Ziegenforte; Felsen mit einem ›Guckloch‹.
4 Std.	Der Weg erhält einen neuen Charakter: rechts steile Basaltfelsen, kein Blick mehr nach Norden, links schöne, große Lorbeerbäume. Nach einem Tor und dem Abstieg über eine lange Felsentreppe geht man über einen Felsrücken, den man schon von weitem von oben sehen konnte. Gute Campingmöglichkeit, aber kein Wasser. Der weitere Abstieg (etwa 300 m) erfolgt fast nur auf Treppen, die manchmal wie breite Wendeltreppen ohne Geländer wirken.
4 Std. 50	Auf einem Platz, zu dem ein Erdweg führt (nördlich vom Encumeada-Paß), endet der Wanderweg. Der Erdweg verläuft geradeaus weiter bis zur Teerstraße, wo ein Wegweiser zum Pico Ruivo steht. Sollte man in der anderen Richtung gehen, ist der Beginn des Wanderweges (= in der Kurve des Erdweges) nicht markiert.
5 Std.	Bei dem Encumeada-Paß auf der Teerstraße nach Süden, linker Hand kleines Café; Haltestelle des Busses Nr. 6 nach Funchal. Auf der Nordseite des Passes Beginn der Levada-Wanderung ⑲, auf der Südseite ⑱ (Schild ›Folhaldal‹). Etwa 500 m der abwärts nach Ribeira Brava führenden Teerstraße folgen, dann links der Erdweg ⑤ nach Curral und Estreito de Câmara de Lobos.
5 Std. 30	2,5 km weiter südlich (und weiter abwärts) liegt die ›Pousada dos Vinháticos‹ mit Restaurant und Café; schöne Terrasse und herrliche Picknickplätze oberhalb des Gartens (vgl. S. 278).

Geht man auf Weg ① nach 2 Std. 55 an der Weggabelung nach links, erreicht man über den Pico Grande den Ort Curral das Freiras (Weg ⑯): einer der schönsten Wege, der bislang noch nicht durch den geplanten Straßenbau beeinträchtigt wird.

Gehzeit

	Abstieg von 1570 auf 1500 m. Übersteigen eines Gatters. Kaum erkennbarer Geröllweg unterhalb eines überhängenden Felsens. Steinschlag- und Rutschgefahr. Die unterhalb wieder erkennbaren Stufen geben die Orientierung.
33 Min.	1350 m Höhe: Abstieg über noch erhaltene Stufen. Anschließend guter Weg durch den Laurazeenwald. Auf dem Weg Feuerstellen der Schäfer. Ausblick auf die Straße zum Encumeada-Paß und das Dorf Serra de Água.
1 Std.	Der Weg scheint vor einem Schafstall zu enden; auf einem Steg die Mauer des Stalles überklettern. Anschließend ein guter Grasweg.
1 Std. 10	1450 m Höhe. Basaltfelsen mit ausgewaschenen Höhlen. Kurz darauf stecken auf der linken Seite Stöcke im steilen Abhang als Orientierungshilfe beim Aufstieg zum Pico Grande. Über Treppen erreicht man den Gipfel.
1 Std. 40	Nach der letzten Treppe eine kleine Ebene, 1600 m hoch. Die vor einem liegende Mauer aus aufgeschichteten Steinen läßt sich auf einem Steg überwinden. Blick auf Curral, 1000 m tiefer gelegen. Nur Gras, Moose und Trampel-

pfade von Schafen und Ziegen. Genau in Richtung der sichtbaren Kirche führt ein guter Grasweg nach Curral.

2 Std. 1420 m Höhe. An einer steilen Stelle ein Ziegengatter, Felsentreppen, der Weg hat seine alte Qualität. Unterstand im Felsen.

2 Std. 15 Schafställe, die man durchqueren muß. Links geht der Weg weiter abwärts durch Maronenwald (vgl. Weg ⑥). Aufwärts über den Kamm gehend, stößt man auf den breiten Weg von Encumeada nach Estreito (vgl. Wege ⑤ und ⑥).

② Höhenwanderweg vom Pico do Arieiro zum Pico Ruivo mit ②ⓑ Rundweg um den Pico das Torres

4 km, 2 Stunden; Höhen: 1800 m – 1600 m – 1862 m. Drei kurze Tunnel. Abb. 20, 38, 39

Gehzeit

Die Teerstraße endet am Pico do Arieiro. Der hier beginnende Wanderweg wurde in den sechziger Jahren angelegt, er ist gut gesichert.

Oberhalb der modernen Pousado do Pico do Arieiro weist ein Schild mit veralteter Kilometerangabe (10 km) auf den Weg zum Pico Ruivo. Er beginnt etwas unterhalb des Aussichtspunktes des Pico do Arieiro, des dritthöchsten Gipfels Madeiras. Der Weg ist an steilen Stellen mit einem Eisenseil gesichert und teilweise mit Platten ausgelegt. Bei Schnee oder Nebel sollte er nicht begangen werden.

5 Min. Picknickplatz mit Steinen.

10 Min. Erste ausgebaute Aussichtsplattform.

25 Min. Alter Weg nach Curral (vgl. Weg ②ⓐ).

45 Min. Schild ›Pico do Gato‹ (›Katzenberg‹), unter dem ein Tunnel hindurchführt.

50 Min. Ende der Treppe im Anschluß an den ›Katzenberg‹ und rechts ein Ziegengatter. Man muß jedoch links weitergehen. (Der Weg nach rechts durch das Gatter führt zum Pico das Torres. Er wird nicht mehr unterhalten, ist aber – bei gutem Wetter – als Rundweg (②ⓑ) für sehr Trittsichere zu empfehlen und stößt nach etwa 70 Minuten wieder auf den Hauptweg.)

1 Std. Zweiter Tunnel, Höhe nur noch 1600 m.

1 Std. 30 Kleiner Tunnel, Gatter mit Hinweisen: links zum Pico Ruivo, rechts auf den Weg zum Pico das Torres (s. o.) und daß es durch den Tunnel zum Pico do Arieiro geht. Der Blick fällt jetzt auf die Nordküste, die Abhänge schimmern rötlich. Weiterer Aufstieg an knorrigen Erikabüschen vorbei.

1 Std. 45 bis Anstieg bis zum Berghaus von Pico Ruivo (vgl. Farbtafel 23). Ziegengatter,
2 Std. rechts führt der Weg nach Santana (vgl. Weg ③), links zum Gipfel des höchsten Berges Madeiras. Vor dem Rasthaus bestehen Picknickmöglichkeiten – ›Fußballspielen verboten!‹ – Nur Getränke können an der Bar des Hauses gekauft werden. (Vgl. S. 278.)

②ⓐ Alternativer Abstieg nach Curral

20 Minuten nach dem Beginn des Weges ②, noch vor dem ›Katzentunnel‹ führen unterhaltene Stufen abwärts. Wanderer, die schwindelfrei sind und gern den Weg etwas suchen, werden die 3 Stunden Abstieg genießen.

③ Aufstieg von Queimadas zum Pico Ruivo

Annähernd 3 Stunden, ca. 5 km, Aufstieg von 820 auf 1862 m.

Gehzeit

	Wenn man vor den Häusern von Queimadas steht (vgl. S. 244), sieht man linker Hand einen breiten Weg, der an den Häusern vorbei und rasch aufwärts führt. Hinter einer Pforte wird er schmaler. Dieser Weg, eigentlich fast eine Treppe, überwindet etwa 500 m Höhendifferenz. Bei Weggabelungen muß man dem Hauptweg folgen (meist links). Da der frühere Abflußgraben des Pfades nicht mehr unterhalten wird, kann er abwärts rutschig sein. Aufstieg durch flechtenverhangene Erikabüsche, die einen Hohlweg bilden.
1 Std. 30	Teerstraße, zu der auf den letzten 10 m Steintreppen führen. Man geht die Straße nach rechts weiter, läßt den Picknickplatz in der Kurve hinter sich liegen (das ist der Markierungspunkt für einen Abstieg, da hier der Weg abwärts führt) und erreicht nach etwa 50 m linker Hand eine alte Lehmtreppe, die aufwärts geht. Kleine Levada, u. U. sind immer noch Pfeile zu erkennen, die nach oben zeigen. Grasweg.
1 Std. 40	Rechts eine in Röhren eingefaßte Quelle.
2 Std.	Neben einer alten Schäferhütte taucht plötzlich der *Homem em Pé* auf, ›der stehende Mensch‹ – ein Felsen, der besonders dann, wenn es neblig ist, wie ein Riese wirkt. Treppen im Gras führen weiter aufwärts. Knorrige, dicke Erikabäume säumen den Pfad. 1650 m Höhe.
2 Std. 05	Man erreicht am Ende des Pfades die Teerstraße, die von Santana nach hier oben führt. Achada do Teixeira, ein Neubau mit Restaurant, Hotel, Grill- und Picknickplätzen. Ein ca. 1 m breiter Plattenweg mit weißen Pfeilen führt auf einem Grat weiter zum Pico Ruivo.
2 Std. 30	1700 m. Das erste Unterstellhäuschen, gut angelegt, aber oft verunreinigt. Kurz danach in 1750 m Höhe ein zweites Häuschen, auf dem Vorplatz Picknicktische und eine eingefaßte Quelle. In den Nischen an den Nordhängen kann noch bis ins Frühjahr hinein Schnee liegen.
2 Std. 50	Dritte Hütte, danach ein grüner Zaun mit Pforte. Links sieht man den Weg ②, der vom Pico do Arieiro herüberführt. Das Berghaus Pico Ruivo liegt vor einem.

④ Aufstieg von Curral das Freiras zum Torrinhas-Paß

4 Stunden, Aufstieg von 600 m auf 1440 m.
Der Bus 81 fährt von Funchal nach Curral das Freiras (werktags ab 5.45, feiertags 7.45 Uhr).
Fahrzeit 1 Stunde.

Gehzeit

	Vom Bushalteplatz in Curral (700 m Höhe, einige Cafés und Restaurants) geht man die Straße wieder aufwärts (zurück) bis zum Brunnen. Rechts eine weitere Haltestelle des Busses, der gegenüber ein breiter Weg durch die Häuser in Richtung Norden führt (nach links).
10 Min.	Der Weg wird schmaler und führt steil abwärts. Ende des oberen Ortsteils. Ungefähr 800 meist leicht gerundete Stufen führen 100 m tiefer ins Tal, vorbei an terrassierten Feldern. Beginnender Straßenbau (1990) auch hier.
20 Min.	Überquerung der ersten Steinbrücke. Linker Hand, etwa 30 m tiefer, sieht man den Beginn einer Levada, an der entlang man bis nach Funchal laufen kann (vgl. Weg ⑭). Weg durch kleine, terrassierte Felder mit Obst- und Gemüseanbau.
25 Min.	Links führt ein von Laternen gesäumter Weg weiter abwärts zu einer Brücke über den Fluß. Am gegenüberliegenden Hang klettert er Serpentinen hoch bis zum Cerro-Paß (vgl. Weg ⑤). Der Weg zum Torrinhas-Paß geht weiter links des Baches (von der Quelle aus gesehen) zwischen Garten und Häusern hindurch; gegenüber erkennt man den Pico Grande und den Pico São Jorge. Am Fluß viele Weiden, die im Frühjahr hellbraun ausschlagen.
40 Min.	Eine zweite Steinbrücke führt zum Schulhaus gegenüber; unser Weg geht aber am linken Bachufer tiefer in das Tal hinein (an der Gabelung also rechts halten). Gegenüber erkennt man die schwarze Wanne, in der im März/April die Weiden gekocht werden. Von den Felswänden kommen weiterhin schnell strömende Zuflüsse, der Weg ist feucht. Die Häuser dieses nur zu Fuß erreichbaren Ortsteils von Curral, der Fajã dos Cardos heißt, sind mit Blumentöpfen geschmückt, die Veranden vom Wein überrankt. Der Weg führt nur leicht aufwärts. Eine Straße, die unter dem Torrinhas-Paß hindurchführen soll, ist im Bau und wird den Reiz dieses Tales zerstören. Die ›besseren‹ Häuser haben Strom, sie sind hellgrün oder blau gestrichen, die Türen oft knallrot. Azaleen und Orchideen blühen im Frühjahr in den Gärten, die Hänge sind übersät von blühendem Beschreikraut, das an rankende Gänseblümchen erinnert.
1 Std. 05	Links die nächste Steinbrücke, auf der man den Fluß überquert (geradeaus, das Montado-Tal) weiter aufwärts, führt ein alter Weg zum 1862 m hohen Pico Ruivo ①ⓐ und einer zum Pico do Arieiro ②ⓐ. Die Wege durch die Felder sind nur bei Ortskundigen zu erfragen (vgl. dazu S. 212, 215). Zwei Minuten danach rechts ein Levada-Becken.

	Der Weg zum Torrinhas führt in Serpentinen aufwärts auf einen Bergrücken zwischen dem Einschnitt der Ribeiro do Furado und dem Montado-Tal.
1 Std. 35	850 m Höhe. Die letzten Felder läßt man hinter sich, Pinien und Eukalyptusbäume beginnen. Im Frühjahr blüht der Ginster. Der Weg führt durch den Wald hindurch oder an seinem Rand entlang, abwechselnd fällt der Blick auf die beiden Flußtäler. Nach Süden zu liegt Curral das Freiras, und der Einschnitt der Ribeiro dos Socorridos gibt den Blick auf das Meer frei.
2 Std.	In etwa 930 m Höhe eine Weggabelung, wir bleiben rechts.
2 Std. 10	Aus dem Wald heraustretend Blick auf die letzten Häuser des Montado-Tales mit einer Brücke; man erkennt einen alten Pfad.
2 Std. 40	1130 m Höhe. Zwischen den Eukalyptuswäldern Lichtungen mit vereinzelten Obstbäumen. Grasflächen und Laubbäume an den steilen Hängen. Camping ist nirgends möglich. – 1300 m Höhe. Die Grenze der Eukalyptusbäume wird erreicht, der Weg setzt sich fort zwischen Erikabüschen.
3 Std. 15	20 m nach dem allerletzten Eukalyptusbaum rechts ein Pfad, der auch zum Pico Ruivo führt, durch ein Ziegengatter. Er ist begehbar, aber nicht gut unterhalten. Der Weg zum Torrinhas-Paß, teilweise Grasweg, ist sehr viel besser, er geht geradeaus, unter Erikabüschen hindurch.
4 Std.	Ankunft auf dem 1440 m hohen Torrinhas-Paß, wo vier viel zu große ›Verkehrsschilder‹ stehen. Guter Picknickplatz, Kreuzung mit dem Weg ①, Fortsetzung in Richtung Boaventura (vgl. Weg ⑧).

⑤ Vom Encumeada-Paß über die Boca do Cerro nach Curral das Freiras

6 Stunden, Höhen: 1000 m – 700 m – 1400 m – 1300 m – 600 m – 700 m.
Diese Wanderung kann man sehr gut mit öffentlichen Verkehrsmitteln beginnen und beenden: Man nimmt den Bus Nr. 6 von Funchal (Abfahrt 7.35 Uhr) nach Boaventura, der um 9.40 Uhr am Encumeada-Paß ankommt. Den Bus von Curral zurück nach Funchal um 17.45 oder den letzten um 20.30 Uhr erreicht man bequem. Die Wanderung führt durch Hochgebirge, aber am Südhang des Kammes entlang, so daß Nordwest- und Nordostwinde etwas zurückgehalten werden.
   Zwischen der ›Pousada dos Vinháticos‹ und dem Encumeada-Paß, 500 m vor der Paßhöhe, geht in etwa 1000 m Höhe rechts ein unbeschilderter Erdweg nach Curral und Jardim da Serra ab (Wege ⑤ und ⑥). Auf Bitten hält der Busfahrer vielleicht hier. Ansonsten geht man von der Encumeada-Bar die Straße in Richtung Ribeira Brava wieder abwärts.

Gehzeit

	Der Erdweg ist zunächst befahrbar.
5 Min.	Erste Weggabelung, eine etwas zugewachsene Levada kommt von links oben. Man folgt dem Hauptweg nach rechts, eventuell ist noch ein roter Fleck als Markierung erkennbar. Auf gleicher Höhe bleiben!

10 Min.	Der Weg ist bislang (1990) nur bis zu den Rohrleitungen, die das Wasser aus der Levada do Norte zum Kraftwerk von Serra de Água leiten, befahrbar.
15 Min.	Passieren der Rohrleitungen, Eukalyptuswald.
25 Min.	In einer Biegung erkennt man jetzt gut die Teerstraße von Ribeira Brava nach Encumeada und die ›Pousada dos Vinháticos‹. 900 m Höhe. Die Bergspitzen geradeaus sind der Pico Grande und der Pico São Jorge, an denen die Wanderung vorbeiführen wird (vgl. Abb. 53).
30 Min.	Überquerung eines Baches, roter Pfeil in beiden Richtungen des Weges. Danach führt ein Pfad abwärts zu dem Ort Serra de Água. Man muß aufpassen, immer dem Hauptweg zu folgen, der nur leicht an Höhe verliert. An den Bächen ist er stets etwas ausgemauert. Es handelt sich um einen vor längerer Zeit angelegten Pfad, der nicht mehr häufig benutzt wird. Im Frühjahr blühender Ginster, viele Lorbeerbäume, Erika, Farne, die über den Weg hängen.
1 Std. 05	Die Höhe bleibt bei 800 m bis zur Überquerung des Baches Ribeiro do Poço, der hier in zwei Armen fließt (700 m Höhe). Gelegentlich arbeiten einige Bauern auf den terrassierten Feldern, in einigen Palheiros steht auch noch Vieh, was sehr überraschend ist, da man in dieser Gegend keine Menschen vermutet. Hier an der Brücke ein idealer Platz zum Campen (Wasser vorhanden). Der Weg wird am Ende des Tales über die Brücke geführt und verläuft jetzt wieder weiter am Gegenhang. Bei Weggabelungen muß man nun stets den linken Weg nehmen, der rasch an Höhe gewinnt. Manchmal sind noch rote Markierungen erhalten. Gleich nach den Häusern führt rechts ein Weg abwärts nach Serra de Água, der zwischen den Bauten am Ende der Teerstraße endet.
1 Std. 20	900 m Höhe. Viele Felder sind noch in dieser Höhe bebaut, viele Bäche.
1 Std. 50	1000 m Höhe. Eine Steinmauer, an der man entlanggehen muß. Nur noch niedrig wachsende Farne, dazwischen Ginster und Gras.
2 Std. 15	1150 m Höhe. Der Anstieg ist anstrengend. Links eine Quelle, Pfad durch freieres Gelände, dann am Felsen entlang; Erikabäume, Lorbeer, Brombeerranken haben das Farnkraut und den niedrigen Bewuchs abgelöst. Der nicht stachelige Ginster wächst z. T. brusthoch. Rechts geht der Blick weit in das unten gelegene Tal von Serra de Água.
2 Std. 25	Dunkler Bergrücken, dessen ausgezackte Felsen wie ein Schwanenhals ausschauen, der in die Wolken ragt.
2 Std. 30	Der Weg macht eine Biegung nach Südost, die markante Felsformation bleibt zurück. Man befindet sich nun in einem weiteren, trockeneren Seitental. Man hört Wasserfälle, sieht sie aber nicht. Nach unten fällt der Blick auf *Palheiros*.
	Steil aufragender Lavafelsen, rechts davon ein langer Wasserfall, der weit oberhalb des Weges anfängt. Der Weg ist gut begehbar, Grassohle. Am Felsen linker Hand, der manchmal feucht ist, wachsen verschiedene Steingartengewächse, auf dem Grasweg Thymian.

2 Std. 40	1250 m. Der Weg geht entlang des Kessels, der nach Süden hin offen ist und so auch Wärme einfängt. Bizarres Lavariff bei 1280 m.
3 Std. 10	1300 m. Der Kessel wird immer feuchter. An den abgesägten Erikazweigen erkennt man, daß der Weg noch unterhalten wird. An dieser Stelle können Erdrutsche den Weg verschütten; wenn dann die daneben fließende Levada aufgestaut wird, fließt das Wasser den Weg entlang und macht ihn rutschig. Dies ist die einzige heikle Stelle auf der Wanderung.
3 Std. 15	1300 m Höhe. Der Weg wird breiter und trockener. Schöner Ausblick ins Tal, Pflanzung von Eßkastanien, die sich rechts den Hang des Cerro-Passes hochziehen. Im Frühjahr sind die Bäume noch weiß. Wenn man in dieser Pflanzung angelangt ist, muß man auf die Wegkreuzung achten. Geradeaus führt der Weg ⑥ durch hohen Ginster an den Kastanien vorbei nach Jardim da Serra, Corticeiras/Estreito de Câmara de Lobos. Herrlicher Picknick- und Campingplatz. Geht man über den kleinen Sattel durch ein geschlossenes Ziegengatter, so blickt man in den Kessel des Curral-Tals, das häufig auch dann in der Sonne liegt, wenn die Berggipfel verhüllt sind (Beginn des Weges ⑯ zum Pico Grande, indem man die Schafställe durchquert). Der folgende Abstieg nach Curral ist ein gut unterhaltener Pfad, aber steil und nach starken Regenfällen rutschig. Nach dem Gatter begegnet man scheuen Schafen und Ziegen. Von hier aus erkennt man die steile Zufahrtsstraße Funchal – Curral. Linker Hand liegt der Pico Grande. Auf dem Weg liegen viele Maronen vom vergangenen Herbst.
3 Std. 25	1250 m Höhe. Der Weg überquert einen Bach mit Wasserfall (Wasser trinkbar).
4 Std.	Es geht rasch abwärts, schöner Ausblick auf das Montado-Tal. Unterhalb liegt ein markanter Bergrücken mit eingearbeiteten, etwa 2 m breiten Treppen.
4 Std. 20	Überquerung dieses Bergrückens. Rechts und links fallen die Abhänge senkrecht ab. Der Weg geht am Nordhang in kleinen Serpentinen abwärts durch einen Kastanienwald. Blick auf das Massiv des Pico Ruivo im Norden. Im Tal erkennt man als größtes Gebäude am Bach die Schule.
	Im Kastanienwald und später im Eukalyptuswald muß man sich rechts halten, um den besten Weg nach Curral zu finden. Geht man dagegen nach links, gelangt man zum Schulhaus und überquert dann den Fluß erst auf der zweiten Brücke (flußabwärts von Curral aus betrachtet, vgl. Weg ④).
4 Std. 40	990 m. Auffälliges Ziegengatter, von Schuhsohlen gehalten, damit es elastisch wieder zuschlägt (Abb. 32).
4 Std. 45	Eukalyptuswald beginnt. Mehrere Wege sind durch das Schleifen des Holzes und durch Auswaschungen entstanden. In 750 m Höhe eine auffällige Gabelung, wo man am besten rechts geht.
4 Std. 50	Aus dem Wald heraustretend, trifft man auf ein Wasserbecken, das eine Levada speist. Die ersten Felder, man nimmt abwärts stets den breiteren Weg.

5 Std. 10	Man passiert die ersten Häuser (Farbtafel 22, Abb. 47). 650 m, der beleuchtete Weg beginnt, den man von Weg Nr. ④ aus gut sehen kann. Er führt in Serpentinen bis zum Bach hinunter. Agaven sind angepflanzt.
5 Std. 20	600 m Höhe. Steinbrücke, der Weg steigt an, um sich dann mit dem Fußweg zu vereinigen, der von Curral zu dem Dorf flußaufwärts führt. Man geht rechts, sieht bald rechts unterhalb den Beginn der Levada do Curral e Castelejo, der man bis Funchal folgen kann, und überquert dann eine große Steinbrücke über einen zufließenden Bach.
5 Std. 30	Es beginnen dann die 800 Stufen, die aufwärts nach Curral führen (man muß dafür noch einmal 15 Minuten rechnen). Der Weg mündet direkt im Ort bei einem Brunnen (700 m), wo auch der Bus hält. Ansonsten kann man noch bis zur Kirche weiter abwärts gehen, wo es Cafés und Restaurants gibt. Unterkunftsmöglichkeiten bestehen hier nicht (vgl. auch Weg ⑭).

⑥ Höhenweg von der Boca da Corrida zur Boca do Cerro

1 Stunde 35 Min., 1200 m – 1300 m Höhe, guter Höhenweg.
Der Bus Nr. 96 fährt von Funchal über Estreito de Câmara de Lobos nach Corticeiras. Man kann auch ein Taxi von Estreito bis zur Boca da Corrida nehmen, vorbei an der Quinta Jardim da Serra.

Von Corticeiras 90 Minuten Aufstieg bis zum Corrida-Paß: Hinter der Endstation des Busses geht man in Fahrtrichtung weiter; die Straße führt zunächst abwärts. Nach 8 Minuten an einem Haus des Elektrizitätswerks rechts abbiegen und 450 Höhenmeter Aufstieg bis zum Forsthaus am Paß. Schöner Weg durch Obstgärten, in denen die verlassene Quinta Jardim da Serra liegt (vgl. Autotour Nr. 3).

Gehzeit

	Vom Paß (1200 m) gute Aussicht auf Curral das Freiras, das im Osten im Talkessel liegt. Schöner Grasplatz, der sich zum Picknicken eignet. Neben dem Forsthaus, wo man bestimmt Wasser erhält, neu angepflanzte Gartenanlage, Ginster wächst am Abhang.
	Oberhalb des Forsthauses geht man auf eine Aussichtsplattform zu, wo zwei neue Schilder nach Curral und Encumeada weisen. Auf dieser Plattform steht in einer Nische eine kleine Madonna, meistens mit Blumen und/oder einer brennenden Kerze geschmückt.
30 Min.	1300 m Höhe. Grasweg, schön in die Felsen gebaut und bequem zu begehen. Rechter Hand stets Blick in das Curral-Tal. An den Felshängen links erkennt man gut die schräg geschichteten Lagen von Tuff und Basalt. Farne, Erika und kleine Wiesenblumen. Einige Kastanienbäume wurden bis hier oben angepflanzt.

| | Bei 1280 m Höhe Blick in das nächste Tal auf der Nordseite (Serra de Água) bis zum Encumeada-Paß. Der Pfad führt nun wieder zur Seite des Curral-Kessels hinüber. Alte Steintreppen, gut abgestützter Weg, hohe Kastanienbäume, die bis ins Frühjahr hinein noch kahl sind. |

50 Min. An der Boca dos Corgos Platz für Camping, aber kein Wasser. Ein alter Weg führt nach Serra de Água (100 Minuten Abstieg: schwierig, zum Schluß Überquerung der Levada do Norte, vgl. Weg ⑮).

1 Std. 1300 m, Ares-Paß. Zwei Minuten später ein Gatter. Der Weg verläuft weiter direkt auf dem Kamm, man kann den Weg erkennen, der im Norden weiterführt nach Encumeada.

1 Std. 20 Weiteres Ziegengatter und Blick auf den Hang, der nach Curral hinunterführt.

1 Std. 35 1300 m, Boca do Cerro. Ein Stein mit Inschrift weist nach rechts den Weg über einen kleinen Kamm nach Curral.

Im Ginster ist nur ein kleiner Trampelpfad sichtbar; der große Weg führt weiter nach Encumeada. Nach Westen imponierender Blick auf das Dorf Serra de Água vor den Hängen der Hochebene Paúl da Serra. Eine Eßkastanienanpflanzung zieht sich den Hang bis zum Weg hoch. Geht man die wenigen Schritte über diesen Kamm, hat man einen überwältigenden Blick auf den gesamten Kessel des Curral-Tales. Im Norden erhebt sich der Pico Grande, an dem ein Weg entlangführt zum Höhenweg ①. Der Paß Boca do Cerro eignet sich gut zum Picknicken und Camping, aber nur bei günstigem Wetter (vgl. Wege ⑥ und ⑯). Abstieg von hier nach Curral das Freiras über den Weg ⑤.

⑦ Von Corticeiras über die Boca dos Namorados nach Curral das Freiras

4 Stunden; Höhen: 750 m – 800 m – 1065 m – 930 m – 420 m – 630 m.

Gehzeit

Bus Nr. 96 von Funchal über Estreito de Câmara de Lobos zur Endstation Corticeiras. Etwas die Straße abwärts zurückgehen und die zweite links (neben einer Trafostation), eine alte Pflasterstraße, nach oben nehmen. Höhe 750 m.

15 Min. Quinta Mis Muchachos (800 m Höhe). Von hier aus den Weg links nehmen, steiler Aufstieg bis zum ›Paß der Verliebten‹ (Namorados), 1065 m hoch.

1 Std. Neuerdings führt hierher auch ein Erdweg (außen herum), so daß man bis zum Paß auch per Taxi hochfahren kann. Auf der Paßhöhe nach links wenden. Der Blick auf den Talkessel von Curral das Freiras lohnt den steilen Aufstieg. Der Abhang mit der Straße Funchal – Curral das Freiras verläuft gegenüber.

1 Std. 20 Neben einem Telefonmast führt der Weg steil nach rechts abwärts; er ist zunächst breit und grasbewachsen und wird später steiler und teilweise steinig: Besonders bei feuchtem Wetter müssen Sie mit Schwierigkeiten rechnen. Stets den Telefonmasten folgen.

1 Std. 35	Kuppe des Pico do Cedro (908 m), danach ein weiterer auffallender Berg mit Kastanien und Eukalyptus (gut zum Rasten).
2 Std. 30	Die ersten Felder, dann in Curral de Baixo und Terra Chá die ersten Häuser. Etwa 500 m Höhe. Vor dem ersten Haus den Pfad nach links einschlagen; er führt durch den Ort. Zahlreiche Treppen führen nun auf und ab bis zur Brücke über den Curral de Baixo.
3 Std. 30	Anschließend 450 Stufen aufwärts bis zur Levada, wo man sich auf halbem Weg zum Dorf erfrischen kann. Auf ihrer Mauer könnte man dann in weiteren 3 Stunden Funchal erreichen (Weg ⑭). Es folgen dann noch 500 Stufen aufwärts bis der Weg links zum Dorfplatz von Curral das Freiras führt. Dieser alte Aufstieg ist seit 1989 durch eine neue Straße, die unten am Bach endet, unterbrochen.

⑧ Abstieg vom Torrinhas-Paß nach Lapinhas

3 Stunden; Abstieg von 1440 m auf 360 m. Ungefährlicher, aber z. T. zerstörter Weg.

Gehzeit

	Vom Paß (1440 m; vgl. Wege ① und ④) dem Wegweiser nach Norden folgen. Nach 20 m intaktes Ziegengatter, das aufgebunden werden muß.
15 Min.	1370 m Höhe, es geht nur leicht abwärts. Lorbeerbäume; der Weg kann leicht rutschig sein, da er am Nordhang entlangführt. Er wendet sich – teilweise mit Treppen, Gras, Steinen – unterhalb des Höhenweges ① in Richtung Osten.
20 Min.	Nächstes Ziegengatter, 1350 m Höhe.
30 Min.	Quelle.
1 Std.	Die Höhe bleibt bei 1270 m. Kleine Hohlwege mit Laub und Steinen. Die in der Karte in 1245 m Höhe verzeichnete ›Casa das Torrinhas‹ (oder Reste davon) ist nicht zu finden.
1 Std. 10	1170 m Höhe. In weiten Serpentinen geht es langsam abwärts.
1 Std. 18	1130 m Höhe. Rechts wird der Pfad von steilen Basaltfelsen begrenzt, Aussicht in das Tal des Urzal. Man sieht Ställe und bebaute Felder. Imposante Felsformationen.
1 Std. 25	Alte, bemooste Treppe mit einem Gatter; sie führt über einen Steilhang hinunter, um einen riesigen Lorbeerbaum herum und dann steil abwärts. Hier ist im Felsen eine Art Riß von etwa 5 m, der dort, wo die Treppe beginnt, durch einen kleinen Sattel überbrückt wird (vgl. Farbtafel 28).
1 Std. 40	1100 m Höhe. Der steile Hang (Rutschgefahr!) ist überwunden. Ein überhängender Felsen gewährt Schutz bei Regen. Picknickmöglichkeit in 1050 m.
2 Std. 10	820 m Höhe. Der Weg wird durch Zweige versperrt; man muß deshalb in Furchen abwärts rutschen bis in 560 m Höhe. Holztransporte haben den Weg zerstört, denn das Hinunterschleifen des Holzes hinterläßt tiefe Rillen. Kreu-

zung mit einer alten ausgetrockneten Levada, die bereits durch die terrassierten Felder führt.

3 Std. Die Schule von Lapinhas links liegen lassen. Überquerung des Flusses auf einer Brücke. Der weitere Weg abwärts folgt dem linken Ufer der Bäche Ribeira do Urzal (oberer Zulauf) und Ribeiro do Porco. 360 m; der Weg hat Laternen.

Der Erdweg (ER 107) endet nach ca. 4 km an der Teerstraße EN 103, auf der der Bus 103 nach Funchal verkehrt. Will man die Wanderung von hier aus in umgekehrter Richtung durchführen, muß man den Bus 103 eine Haltestelle hinter dem Ort Fajã do Penedo verlassen.

Wanderkarte (Numerierung vgl. Übersichtskarte Umschlaginnenklappe)
1 Höhenwanderweg vom Pico Ruivo zum Encumeada-Paß 1a Abstieg nach Curral 1b Über Pico Grande nach Curral 2 Höhenwanderweg vom Pico do Arieiro zum Pico Ruivo 2a Alternativer Abstieg nach Curral 2b Rundweg um den Pico das Torres 3 Aufstieg von Queimadas zum Pico Ruivo 4 Aufstieg von Curral das Freiras zum Torrinhas-Paß 5 Vom Encumeada-Paß über die Boca do Cerro nach Curral das Freiras 6 Höhenweg von der Boca da Corrida zur Boca do Cerro 7 Von Corticeiras über die Boca dos Namorados nach Curral das Freiras 8 Abstieg vom Torrinhas-Paß nach Lapinhas 13 Levada do Furado/Levada da Portela von Ribeiro Frio nach Portela (Norden) 15a Levada do Norte bis zur Pousada dos Vinháticos 20 Levada do Caldeirão Verde (Norden) 20a Alternativer Rückweg nach Queimadas oder Funchal

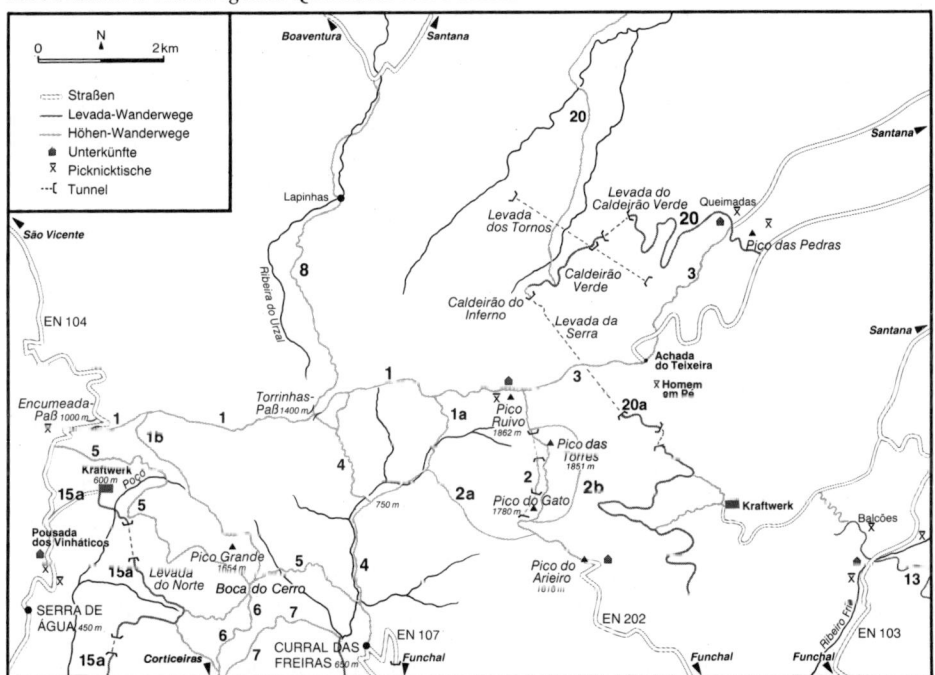

223

Küstenwanderungen

⑨ Küstenwanderung Ponta de São Lourenço

Ca. 4 km, 2 Stunden (ab Baia de Abra). Weg ohne Schatten, besonders empfehlenswert an kühleren Tagen. Mit dem Bus 113 nach Caniçal; dann 5 km zu Fuß (nicht zu empfehlen) oder per Taxi bis Baia da Abra am Ende der Teerstraße (Parkplatz).

Gehzeit

	Der Fußweg beginnt in Richtung Norden; nicht markiert, aber leicht ausgetreten. Überraschend die weidenden Kühe. Gras, Disteln, kleine Erosionstäler. Die Wiesen sind durch Steinwälle geschützt.
6 Min.	Blick auf den markanten Felsen im Osten, einen Felsbogen im Meer.
8 Min.	Erreichen der Nordküste; steiles Ufer, imponierende Lavafelsen im Meer (Pedra Furada), viele Möwen. Man folgt dem Pfad weiter in Richtung der Ostspitze von São Lourenço.
15 Min.	Der Weg ist mit roten und/oder weißen Flecken markiert, die sich auf Schotter aber leicht verlieren. Große Bucht im Norden; Blick zurück nach Westen über die schroffen Felsen und Buchten der Nordküste bis São Jorge. Der Weg führt auf einem schmalen Gebirgskamm entlang, so daß der Blick einmal auf die steile Nord-, dann wieder auf die sanfter zum Meer hin abfallende Südseite fällt. Kein Bewuchs außer Gras. Der Pfad geht nach Südosten.
50 Min.	Man erreicht auf dem Kamm die Höhe der Casa da Sardinha, die man schon von weitem sieht. Das verriegelte Haus ist von Palmen und Agaven umwachsen, im verwilderten Garten blühen Oleander und Agapanthus. In der Nähe des Hauses gute Campingmöglichkeit; die Fonte do Geraldo im Südosten des Anlegesteges soll Wasser haben.
1 Std. 03	Spitze der Landzunge, die 60 m höher liegt als der Pfad. Blick auf die Südküste Madeiras (Farbtafel 35), besonders schön im Abendlicht. Der 1870 auf der Ilhéu de Fora (›äußere Insel‹) erbaute Leuchtturm, den ein 150 m breiter Kanal von der Insel trennt, markiert den östlichsten Punkt Madeiras. Die Spitze von São Lourenço breitet sich wie ein Luftbild vor einem aus: Die Felsen schwarz, die Abbrüche oft rot in vielen Schattierungen, die Wiesen – außer im Sommer – knallgrün, das Wasser leuchtet blau bis smaragdgrün. Bei Ebbe soll man die Ilhéu dos Desembarcadores (›der Ankommende‹) erreichen können.
	Rückweg direkt am Haus entlang. Ein alter Weg führt in Stufen zum Cais das Sardinhas, von Besitzern des Hauses aus Funchal 1904 angelegt. Sehr gute Bademöglichkeiten. Steigt man zur Nordküste hoch, trifft man auf den beim Hinweg benutzten Pfad, der wieder zum Parkplatz zurückführt.
2 Std. 10	Vom Parkplatz 5 km zurück in Richtung Caniçal, links die Ponta das Gaivotas: Bergkristalle und beachtenswerte Kalkablagerungen mit Fossilien, über deren Entstehung keine Klarheit herrscht. Wahrscheinlich handelt es sich hier um

Ponta de São Lourenço; Stich von T. Taylor aus dem 19. Jahrhundert

eine durch Hebung an die Oberfläche gelangte Korallenbank. Kleine Kapelle Nossa Senhora da Piedada auf einer Anhöhe. Eine Treppe führt von der Straße zum einzigen Sandstrand Madeiras: Praínha (unfertiger Betonbau am Meer). Die regelmäßigen Bootsfahrten von Funchal hierher gibt es leider nicht mehr. Stichstraße, die zur Ponta do Rosto, dem Sendeturm des Flughafens, führt. Imponierender Blick auf eine weitere Bucht im Norden (Abb. 61). Die von hier sichtbare futuristische Filmkulisse eines französischen Spielfilms von 1988 ist inzwischen ausgebrannt und wird demontiert.

Caniçal: Erst 1956 erhielt der Ort durch einen 750 m langen Straßentunnel Anschluß an das Straßennetz Madeiras; vorher bestanden außer gelegentlichen Bootsfahrten nach Machico kaum Verbindungen zur ›Außenwelt‹, so daß behauptet wird, die Einwohner hätten sogar einen eigenen Akzent entwickelt. Einst wuchsen hier Drachen- und Ölbäume, jetzt ist das umliegende Land erodiert. Durch die Levada Nova, die durch den neuen Tunnel geführt wird, gibt es inzwischen genügend Wasser, um das Land aufzuforsten und landwirtschaftlich zu nutzen. Die hier lebenden Bauern und Fischer hatten bis 1981 einen Zuverdienst durch den Walfang. Der ehemalige Walfänger Eleutério Reis setzt sich seit Jahren für die Wale ein und eröffnete 1990 ein Walfangmuseum. Es steht leider nicht bei der ehemaligen Walfangstation (hier waren bis 1990 noch die alte Esse, der Kai mit Kränen, die Fabrik für Verarbeitung, die Zäune mit Pfosten aus Walfischknochen zu sehen), sondern mitten im Ort. Ein Wal ist dort in Originalgröße nachgebildet, Fotos und Gerätschaften dokumentieren den ehemaligen Walfang. Man hofft, aus diesem ›Museu da Baleia‹ ein Zentrum zum Schutz der Wale machen zu können. Das Gelände der ehemaligen Walfangstation wurde 1990 eingeebnet und in die neue ›Freihandelszone von Madeira‹ einbezogen, die mit einem hohen Zaun von der Ponta abgetrennt ist (vgl. S. 71).

Caniçal hat trotz seiner schonen Lage keine Romantik eines ›Fischerdorfes‹ zu bieten. *Lixo* (Schmutz) ist allgegenwärtig, die verfallenden, meist in Eigenarbeit gebauten Wohnhäuser werden jetzt planlos durch Neubauten ersetzt. Allerdings stellt die Prozession zu Ehren der Senhora da Piedade am 3. September-Wochenende auch für viele Madeirenser aus anderen Orten eine Attraktion dar: Sie findet in geschmückten Booten auf dem Meer mit anschließendem Feuerwerk statt.

⑩ Küstenwanderung von Ribeira Seca nach Porto da Cruz

10 km, 4 Stunden; nur bei gutem Wetter und nicht zu starkem Wind zu empfehlen; z. T. ungesicherter Pfad.

Anfahrt: Mit dem Bus bis Machico und dann Taxi zu dem Ort Ribeira Seca oder Bus Nr. 113 von Funchal (Abfahrt 7.30, 9 und 11.15 Uhr) nach Caniçal bis Ribeira Seca. Auch von Ribeira de Machico entlang der Levada, zu der der Abstieg über ca. 2000 Stufen erfolgt, zu erreichen.

Gehzeit	Von dem Ort Ribeira Seca aus:
	Nach der Haltestelle etwa 200 m weit links der Pflasterstraße aufwärts folgen, die dann wieder leicht abwärts führt. Links dreistöckiges gelbes Haus mit Bar. Die kleine steile Treppe gegenüber hochgehen. Nach 30 m eine kleine Wegkreuzung, links halten. Gegebenenfalls nach Boca do Risco fragen. Farne, Kartoffeläcker, Heide, Mimosen. Der Fluß Ribeira Seca verläuft etwa 50 m tiefer. Überquerung der großen Levada von Portela nach Machico. Der Weg führt geradeaus aufwärts, er ist teilweise mit Steinplatten belegt.
30 Min.	Links ein *Palheiro* (Stall) mit hellblau gestrichenem Wellblechdach, danach Blick in einen Bergkessel mit hochstämmigen Pinien; Ginster zwischen den Farnen. Keine Häuser mehr, nur kleine Ställe. Überquerung eines kleinen Baches, der Weg tritt aus dem Wald heraus, weitere kleine Äcker, z. T. geschützt mit Steinwällen. Ca. 300 m Höhe.
1 Std.	Wegkreuzung, links halten, der Weg führt etwas nach Westen. 30 m weiter stößt ein Pfad von links dazu, der von der Levada Nova aus emporsteigt. Lila blühende Disteln, Tiere weiden hier. Freie Fläche auf felsigem Grund; man erkennt über sich eine Höhle im Felsen, daneben einen markanten Einschnitt: Boca do Risco (›gefährliche Gebirgsöffnung‹). Die Höhle, die noch zur Südseite liegt, dient als Unterstand und Feuerstelle.
1 Std. 15	Man geht durch den Felseinschnitt: Überraschender Blick auf das Meer und die Nordküste, am Horizont Porto Santo. Steilküste, an der der Weg – ein Arbeitspfad der Bauern und deshalb auch unterhalten – entlangführt. Man geht nach Westen (links) und folgt dem Weg bis zum Abstieg oberhalb von Porto da Cruz. An steilen, unbewachsenen Abhängen können – vor allem im Winter und Frühjahr – Erdrutsche die Wanderung beschwerlich machen. Das Meer ist tiefblau mit weißen Schaumkronen. Man sieht, wie sich der Pfad am Felsen entlangzieht (stets in etwa 300–350 m Höhe), überquert kleine Geröllfelder und Bäche, kann in bewachsene Schluchten hineinschauen. Kleine, graswachsene Vorsprünge laden zur Rast ein. Nach jeder Biegung sieht man neue Felseninseln und Landspitzen. Daß die Bauern diesen weiten Weg auf sich nehmen, um hier oben noch winzige, nur 20 m breite Terrassen anzulegen und Zäune für die Ziegen zu setzen, muß ihrer Not geschuldet sein. Früher

Blick auf den Adlerfelsen und Porto da Cruz; Lithographie von A. Picken, Anfang des 19. Jahrhunderts

diente der Pfad als ›bequemste‹ Verbindung von Porto da Cruz nach Machico, um Waren zu transportieren.

Die Felsen sind bedeckt mit Moos, die Rosetten des Äoniums, rote Brombeerhecken, blühendes Beschreikraut, Glockenblumen, Löwenzahn und Wegerich setzen dekorative Akzente. Es riecht nach Thymian und Pfefferminze. Dazwischen wieder Passagen mit etwas Wald auf schmalstem Raum.

3 Std. 10 Pinien- und Eukalyptuswald vis-à-vis des Adlerfelsens.

3 Std. 25 Der Pfad führt rasch abwärts, trifft auf eine Levada und folgt ihr. Man überquert die Levada, wenn unterhalb im Ort Treppen sichtbar werden.

3 Std. 45 Man geht auf die Treppen zu. Diese treffen bald auf einen beschwerlichen Erdweg, der zu der asphaltierten Straße heruntergeht. Die Straße, auf der weder Taxis noch Busse verkehren, führt über einen Bach, um einen markanten Felsen herum und überquert schließlich die Ribeira do Juncal, die in Porto da Cruz (Restaurant ›Penha d'Ave‹) in das Meer mündet.

Für die Rückfahrt gilt zu beachten, daß der Bus 53, der die Strecke Faial – Funchal befährt, nicht an Sonn- und Feiertagen verkehrt.

Will man die Wanderung umkehren, empfiehlt sich ein Taxi von Porto da Cruz bis zum Beginn des Caminho da Boca do Risco kurz vor der Levada, da der neue Erdweg (s. o.) zum Wandern nicht gut geeignet ist.

Levada-Wanderungen

s. dazu Wanderkarte (Ausschnitt) S. 223

Wer nur wenig Zeit zur Verfügung hat, sollte sich auf jeden Fall eine der im folgenden vorgeschlagenen Wanderungen entlang einer Levada aussuchen: Dieses Bewässerungssystem ist typisch für die Insel (vgl. S. 81 ff.), das Gehen strengt meist wenig an, da keine Ab- und Aufstiege erforderlich sind; zudem haben die Levadas, die das ganze Land in fast allen Höhenlagen durchziehen, jeweils einen völlig eigenen, unverwechselbaren Charakter.

⑪ Levada dos Tornos (Südküste)

Die Levada beginnt unweit von Funchal bei Monte (600 m), wo sie aus einem von Norden kommenden Tunnel heraustritt, und führt in das Gebiet von Santo da Serra. Der erst 1966 fertiggestellte, 106 km lange Hauptkanal (davon 16 km in Tunneln) speist im Norden das Kraftwerk Fajã da Nogueira; er hat 100 000 Ausflüsse. Beginnen Sie die Wanderung am besten am Ostende der Levada und gehen Sie dann in Richtung Funchal. Der Spaziergang kann jederzeit abgebrochen werden, da die Levada parallel zu den Straßen 201 und 102 verläuft. Taschenlampe und gutes Schuhwerk sind erforderlich.

Anfahrt: Bus Nr. 60 Richtung Gaula und Weiterfahrt nach Bouqueirão (früheste Abfahrt in Funchal: 11 Uhr). 60 Minuten Fahrzeit bis zur Haltestelle Lombo Grande (kein Ort, sondern die Kreuzung der Levada mit der Straße). Von Funchal aus: Beginn neben der Kirche von Babosas.

Gehzeit

	Links gehen, entgegen der Fließrichtung der Levada, die gut zementiert ist. Ginster blüht zwischen den Kiefern, Ziegen laufen frei herum. Nach 100 m großes, betoniertes Wasserbecken (Reservoir der Levada). Roter, lehmiger Weg. Kirche von Gaula im Tal nach Süden. Der Levada-Weg hat streckenweise den Charakter einer Dorfstraße: Es gibt elektrisches Licht und Wasserhähne – das Wasser ist trinkbar –, Frauen waschen ihre Wäsche in auszementierten Becken neben der Levada, Obstbäume säumen den Weg; man schaut in Gärten voller Rosen, sieht Kamelien- und Zitronenbäume. Viele kleine Wege und mehrere Pflasterstraßen, die zu den Feldern und zu anderen Häusern führen, kreuzen den Levada-Weg, der stets auf etwa 600 m Höhe bleibt.
25 Min.	Steile Kopfsteinstraße.
30 Min.	Die Levada fließt durch einen Tunnel mit ›Fenstern‹, den man unterhalb umgehen kann. Oberhalb liegt Camacha. Man folgt der Levada weit in das Tal hinein, Hindernisse wie abgerutschte Pinienstämme sind zersägt oder weggebrannt.
45 Min.	Kurzer Tunnel.

1 Std. 05	Überquerung einer Brücke, beim Zurückblicken sieht man einen eindrucksvollen Wasserfall von etwa 70 m Höhe. Es kann hier sehr feucht sein, Wasser tropft von den Felswänden, von Farnen, Brombeeren, Efeu und Lorbeer.
1 Std. 10	Tunnel, recht flach, aber nur 50 m lang. Danach steile Hänge, die oft Erdrutsch- oder Sturmschäden aufweisen (Bäume können wie Mikados verstreut herumliegen). Dann wieder das schulterhohe Grün der Levada.
1 Std. 30	Kurzer Tunnel.
1 Std. 40	Auffallend schönes Haus mit einer Palme. Die Levada ist 30 m vor und hinter dem Haus wie ein blühender Steingarten eingefaßt.
1 Std. 45	Überquerung einer asphaltierten Straße.
1 Std. 55	Nach der Überquerung einer weiteren Staße (sandig mit tiefen Furchen) führt die Levada über ein Privatgrundstück in den Garten hinein (schöne Koniferen). Wunderschöner Blick auf die Desertas. Gartenbänke für Picknick. Ein Pfad oberhalb des Hauses führt aus dem Grundstück heraus; der Weg unterhalb mündet auf eine verschlossene Pforte. Man folgt der Kopfsteinpflasterstraße nach links abwärts und geht zwischen den Häusern wieder zur Levada hinunter.
2 Std. 30	Tunnel (sehr naß) von 1 km Länge; der Durchgang ist wegen der tief hängenden Mauervorsprünge nicht ungefährlich (Taschenlampe unbedingt erforderlich). Nach dem Tunnel Wasserbecken und eine weitere Levada, die links nach Süden weiterfließt und sich in Richtung Caniço verläuft. Die breite Levada des Tornos ist manchmal zugedeckt. Wieder schöne Obstgärten. Auffällig ist ein großer Viehstall.
3 Std. 40	Überquerung der Straße 201, die rechts nach Terreira da Luta und links nach Funchal führt.
3 Std. 55	Steile alte Straße, anschließend Wasserbecken mit Wasserhaus, rot gestrichene Türen. Die Levada fließt durch die verlassene Quinta do Pomar, deren Grundstück man betreten kann; herrlicher Blick auf Funchal, schöner Garten, bei der Kapelle gute Picknickmöglichkeit. Die rote Gartenpforte neben der Kapelle führt auf einen steilen Weg, den die Levada kreuzt. Nach Überquerung von zwei Wasserfallstufen
4 Std. 10	erreicht man die Häuser von Romeiros. Blick auf die Madonna von Terreiro da Luta und auf die Kirche von Monte.
4 Std. 35	Der Erdweg links führt nach Funchal (Bus). Durch den Ort geht man z. T. auf den Platten, die die Levada abdecken.
5 Std.	Mit Blick auf Monte verläßt man Romeiros und steigt abwärts zur Ribeira de Jodo Gomes und wieder aufwärts bis zum Platz der Kirche von Babosas.

⑫ **Levada da Serra do Faial** (Südküste)

Dieser Weg kann in verschiedenen Abschnitten gelaufen werden, da die Levada von Monte bzw. Terreiro da Luta bis Portela fast parallel zu der Straße 102 verläuft. Bei der Lamaceiros-Zisterne kann man den Weg bis Ribeiro Frio oder auch zu dem Portela-Paß fortsetzen (vgl. Weg ⑬) oder nach Referta absteigen. Seitdem parallel zu dieser großen Levada die neuere Levada dos Tornos entlangläuft, führt die Levada da Serra kein Wasser mehr. Ständiger Blick auf die Südküste, bebaute Felder, nicht ganz so dicht besiedelt wie das Gebiet um die Levada do Norte (vgl. Weg ⑮). In Verbindung mit Besuchen der Orte Santo da Serra, Camacha, Blandy's Garden u. a. kann man den großen gelben Schildern ›Levada Santo da Serra do Faial‹ folgen. Bis zur Levada manchmal steiler Anstieg.

Gehzeit

	Zwischen Terreiro da Luta und Choupana liegt der Reitclub (ausgeschildert ›Hipismo‹) auf dem Gelände einer alten Quinta. Aufstieg zur Levada links hinter dem Reitfeld, steiler Pfad.
15 Min.	Man erreicht die breit angelegte Levada neben einem großen, aus Stein gehauenen Picknickplatz, der leider verfallen ist. Zerstörtes Wasserhaus. Rechts geht es in Richtung Camacha, links in Richtung Monte. Eukalyptuswald, Lilien, Ginster. Man sieht die Südküste und den Osten von Funchal.
35 Min.	Die schnell fließende Levada Blandy kreuzt den Weg. Sollte es noch Vormittag sein, kann man diese Wanderung mit dem Besuch des sehr reizvollen Quinta-Gartens von Blandy (auch Quinta do Palheiro) verbinden, der aber nur bis 12.30 Uhr geöffnet ist (vgl. S. 203).
1 Std.	Ein kleiner Weg führt in den sehr schönen Garten der Quinta Vale Pareiso (›Paradiestal‹). Hier findet man Sitzgelegenheiten mit einem schönen Blick über die Südküste; herrlicher Baumbestand, Kamelienbüsche, die im Januar/Februar blühen. Dieses Tal ist bekannt für seine Rhododendronbüsche. Der Levada-Weg erhält im Herbst seinen Reiz durch die Hortensien, Agapanthen und die Eichen, die im Winter noch kahl sind.
1 Std. 15	Man überquert den gepflasterten Weg, der nach Poiso führt. Ein Schild weist in umgekehrter Richtung zum ›Vale Pareiso‹ (s. o.). Man geht an zwei bunt gestrichenen Häusern vorbei. Der Weg verlangt bei Feuchtigkeit größte Aufmerksamkeit, da er rutschig ist. Man geht durch die Felder, sieht den Weidenanbau, kann die Leute beim Arbeiten beobachten.
2 Std.	Überquerung einer Straße mit Kopfsteinpflaster. Man schaut auf die Desertas-Inseln und sieht die Spitze der Ponta de São Lourenço. Manche Häuser sind strohgedeckt, mit steilem Giebel und bunt gestrichen wie in Santana.
2 Std. 30	Man kann nun nach Camacha absteigen zur Teerstraße und zurückfahren, aber auch bis zum Wasserhaus von Lamaceiros und dann nach Portela oder Ribeiro Frio weiterlaufen.

⑫ₐ Abstieg von dem Wasserhaus Lamaceiros nach Portela

Gehzeit

	Der Weg nach Portela führt (wenn man von Ribeiro Frio kommt) links steil abwärts, an einer kleinen, schnell fließenden Levada entlang; er ist etwas mit Gras bewachsen und wirkt teilweise wie ein Hohlweg. Ginster und Farne.
10 Min.	Wegweiser ›Ribeiro Frio‹ an einem Forsthaus (zeigt in die Gegenrichtung). Man folgt einem befahrbaren Weg durch Kiefern und Tannen.
16 Min.	Die kleine Levada verläuft weiterhin links neben der Straße. Bei einem Schild mit drei Ortsangaben nimmt man die Richtung nach Portela, verläßt dafür den Fahrweg nach links und folgt einem Feldweg durch Wiesenland, das rechter Hand eingezäunt ist. Man sieht Schafe und Ziegen, Ginster und Farne – im Vergleich zur Levada vorher eine offene Landschaft.
25 Min.	Bei der nächsten Wegkreuzung wird der Weg nach rechts genommen, der der Levada folgt. Links ist nach Referta ausgeschildert (45 Minuten steiler Abstieg). Hortensien. Man ist nun etwa 150 m abgestiegen. Umgestürzte Bäume, fast ursprünglicher Wald.
30 Min.	Der Zaun rechts hört jetzt auf, Waldweg. Die Levada fließt rechter Hand.
35 Min.	Ein zerstörtes Haus, wohl ein früheres Wasserhaus. Hier der Treppe aus Baumwurzeln nach links unten folgen. Die Levada fließt weiter schnell neben diesem steilen Weg, der rutschig ist. Lilien, Hortensien.
45 Min.	Man erreicht die Teerstraße (Schild ›Ribeiro Frio‹). Kurz danach links ein eingezäuntes Wasserbecken. Nun sind es noch 50 m bis zum Rasthaus Portela. Vom Rasthaus Portela fahren nachmittags und am frühen Abend noch Busse nach Funchal, Faial und Santo da Serra; die Abfahrtszeiten erfragt man im Café unterhalb der Wegkreuzung. Im Restaurant von Portela werden am offenen Feuer vorzügliche Fleischspieße *(Espetada)* gebraten. Vor dem Gasthaus Verkauf touristischer Artikel.

⑬ Levada do Furado/Levada da Portela von Ribeiro Frio nach Portela (Norden)

Diese Levada fließt in 850 m Höhe am Nordhang. Frühmorgens geht man also einen guten Teil des Weges im Schatten, es kann – je nach Jahreszeit – recht kühl werden. Da der Weg ausgezeichnet gesichert ist, kann man ihn auch bei aufkommendem Nebel fortsetzen, auch wenn dann natürlich die Aussicht auf die Nordküste und auf den Pico Ruivo leidet. Verbinden läßt sich dieser Ausflug mit einem Besuch der Forellenzuchtstation Ribeiro Frio am Ausgangspunkt der Wanderung sowie mit einem 40minütigen, wegen der Aussicht sehr lohnenden Spaziergang (hin und zurück) nach Balcões (ausgeschildert gegenüber dem Schild ›Portela‹, vgl. S. 209). Bus Nr. 103 fährt morgens um 7, Nr. 139 um 9 Uhr (außer dienstags und mittwochs) von Funchal hierher (80 Minuten, Richtung Boaventura).

Beginnt man die Wanderung von der anderen Richtung aus – z. B. von Machico –, nimmt man den Bus 53 bis Portela. Es ist dann jedoch ein langer Anstieg bis zum Wasserhaus von Lamaceiros erforderlich (300 m Höhenunterschied). Die dritte Möglichkeit besteht darin, die Wanderung von der Levada Santo da Serra aus zu beginnen; dieser Weg endet bei dem Wasserhaus von Lamaceiros, wo er auf die Portela-Levada trifft. Auf die Levada Santo da Serra stößt man, wenn man die Straße 102 entlangfährt (sie ist von dort immer wieder ausgeschildert).

Die Wanderung beginnt in Ribeiro Frio wenige Meter unterhalb der Forellenzuchtstation (vgl. S. 207) an einem Picknick- und Angelplatz. Ein gelber Wegweiser weist nach Portela. Man überquert auf einer alten Brücke den Bach, der die Levada speist. Links liegt ein ausgebranntes, großes Haus. Dieser Weg führt immer an der Levada entlang; wegen der Moose und der Farne ist die vorherrschende Farbe Grün. Blumen gibt es kaum. Die stets gut gefüllte Levada hat viele Zuflüsse. Der Weg ist z. T. breit und bequem, wenn er auf der Levada-Mauer entlangführt aber eng, wenn auch durch Gitter gesichert.

Gehzeit

	Überquerung der Brücke.
20 Min.	Rechts alter Levada-Tunnel, Blick zurück auf den Pico Ruivo und das Meer. Erika und Lorbeer.
50 Min.	Links guter Rastplatz, wo meist Spuren einer Feuerstelle zu erkennen sind, wahrscheinlich von den Levada-Arbeitern. Möglichkeit, ein kleines Zelt aufzustellen. Das Wasser ist klar. Danach folgt ein breiter, bei gutem Wetter sonnenbeschienener Weg, leichte Biegungen der Levada-Mauer. Viele Zuflüsse, tropfende Felswände.
1 Std.	Wie ein am Felsen aufgemaltes Schild besagt, ist man nun 3 km gelaufen.
1 Std. 05	Brücke über den Bach; eine Art Levada-Kreuzung ist zu studieren. Man kann hier zu dem Bach mit einem Wasserfall hinaufsteigen (zwei Minuten), von wo aus das Wasser zur Levada geleitet wird. Steil führt eine Treppe neben einer kleinen Levada den Hang hinauf. In dieser Feuchtigkeit sind die Erikabüsche von Flechten verhangen, im Winter und im Frühjahr blüht der Ginster.
1 Std. 15	Wasserfall; der Weg wird unterhalb entlanggeführt, wo sich ein Becken gebildet hat (in der warmen Jahreszeit Baden möglich). Ab mittags kommt auch hier die Sonne durch.
1 Std. 20	Schild ›4 km‹, die Hälfte des Weges ist absolviert.
1 Std. 25	Schöner Blick auf Faial und den Adlerfelsen an der Nordküste.
1 Std. 35	Schild ›5 km‹. Inzwischen hat man die Levada auf kleinem Pfad unterhalb dreimal umgangen, um Wasserfällen auszuweichen. Es ist sehr rutschig.
1 Std. 55	Nach der weiträumigen Umgehung eines Wasserfalls Schild ›6 km‹. U-Bogen der Levada mit einem Felsvorsprung, auf dem man gut rasten kann. Die Hänge fallen jetzt links steil ab, die Levada ist mit kleinen Tunneln in den Felsen eingehauen.

2 Std. 15	Schild ›7 km‹. Die Levada ist jetzt wegen der Bemoosung grün. Vor dem Durchgang durch einen Felsspalt findet sich links ein Platz, von dem aus ein Pfad zum Pico do Suna (1130 m), der schöne Aussicht bietet, führt (jeweils 30 Minuten Auf- und Abstieg).
2 Std. 35	›8 km‹-Schild.
2 Std. 40	Ankunft bei dem Wasserhaus von Lamaceiros mit seiner roten Tür. Ablaufende Wasserkanäle. Ein kleiner, hölzerner Wegweiser zeigt hier nach Ribeiro Frio (8 km). Lilien sind angepflanzt; ein weiter, ruhiger Platz, ideal für Camping. Hinter dem Haus eine Kreuzung: Santo da Serra nach rechts, Portela nach links. Man kann hier die Wanderung auf dem bequemen Weg nach Santo da Serra–Camacha Serra fortsetzen und dann jederzeit abbrechen, indem man einen Weg links zur Straße 102 wählt, auf der es Busverbindungen nach Funchal gibt (Abstieg nach Portela vgl. Weg ⑫).

⑭ Levada do Curral e Castelejo von Curral das Freiras nach Funchal (Südküste)

Man folgt dem Tal der Ribeira dos Socorridos (›Fluß der Geretteten‹) und hat faszinierende Ausblicke in seine Schluchten. Die Levada-Mauer ist fast immer ohne Geländer und deshalb nur für absolut schwindelfreie und trittfeste Wanderer geeignet (Abb. 40).

Gehzeit

	Von dem kleinen Marktplatz von Curral das Freiras (Bars und Restaurants) geht man in südlicher Richtung weiter durch den Ort, vorbei an dem Postamt. Hinter einem öffentlichen WC folgt man der ersten Kopfsteintreppe rechts, die abwärts führt.
25 Min.	Alle abwärts führenden Wege – auch die neu gebaute Straße – kreuzen die große Levada do Curral e Castelejo. Man geht auf ihrer Betonmauer entlang. Die Levada fließt schnell, der Pfad ist die ganze Strecke über sehr schmal. Einst war ein Geländer montiert, jetzt muß man sich ganz auf die schmale Mauer konzentrieren. Herrliche Ausblicke auf den Ort, den Fluß, die Felder und die Schlucht.

Immer wenn man sich dem Curral-Tal nähert oder in ihm wandert, hört man die Fülle der Dorfgeräusche, die sich hier im Kessel vielfach brechen: das Blöken von Ziegen, Tanzmusik, Kreissägen, Hundegebell, Kindergeschrei, Stimmengewirr und dazwischen das beständige Rauschen des Baches. Wie aus einem Flugzeug schaut man von der Levada auf die Häuser, die einige hundert Meter tiefer am Fluß liegen. Die Felder mit den Eßkastanien ziehen sich bis zum Kanal hoch. Auf dem gegenüberliegenden Hang erkennt man den Pfad von Boca dos Namorados nach Curral (vgl. Weg ⑦).

1 Std.	Die Häuser bleiben zurück. Oberhalb der Levada lassen kleine, weiße Steine den Aussichtspunkt der Straße 107 erkennen. Die Levada fließt rasch und hat bereits etwa 100 m an Höhe verloren. Blick in die tiefe Schlucht des Flusses; Eidechsen huschen vorbei, viele Schmetterlinge.
1 Std. 10	Kleiner Tunnel, keine Taschenlampe notwendig.
1 Std. 20	Kleine Tür aus Holz.
1 Std. 50	Der Levada-Rand wird so schmal, daß man etwa 15 m über einen Geröllhang steigen muß, um sie wieder zu erreichen. Rutschgefahr! Dann geschlossenes Eisentor; fünf Stufen abwärts, 10 m an der Levada vorbei und wieder fünf Stufen aufwärts. Kurz darauf zwei Sandrutsche. Auf einem Geröllhang steigt man 50 m lang abwärts, um bei einem Wasserfall wieder auf die Levada zu stoßen.
2 Std. 15	Man sieht vor sich die steile Felswand, in die die Levada kunstvoll hineinge-hauen ist. Eisengitter; danach ist man froh, daß die Levada etwas in den Felsen hineingesetzt wurde, da es rechts mehrere hunderte Meter steil abwärts geht (kein Geländer!). Die Levada ist inzwischen sehr einsam; man sieht Häuser nur auf der gegenüberliegenden Seite des Flusses und hat das Gefühl, im Hochgebirge zu wandern.
2 Std. 50	Bewaldete Passage (Feigenbäume), eine Schleuse, ein verlassenes Haus, über-wucherte Ruinen: das ehemalige Dorf Fajã de Dentro.
2 Std. 55	Drei Steintreppen abwärts; die Levada hat nun den Charakter eines kanalisier-ten Wasserfalls; hohe Farne, Brombeeren. Nach 60 m drei Stufen aufwärts, anschließend Steintreppen, die neben der Levada abwärts führen. Eukalyptus-wald, zwei Schleusen; die Levada wird in zwei zementierten Becken an einem überhängenden Felsen weitergeführt. Rechts danach ein schwer zu findender Weg, der zu den Häusern abwärts führt; ihn muß man nehmen, da der alte Hang vor dem Tunnel mit den ›Fenstern‹ abgerutscht ist und die Levada ein kurzes Stück in Röhren geführt wird, die nicht zu überqueren sind. Man sollte aber um die nächste Biegung gehen, um einen Blick auf den Wasserfall zu werfen. Kommt man von Funchal hoch, könnte man bis zum Tunnel gehen, was aber auf der sehr schmalen und rutschigen Levadamauer unter Wasserfäl-len nicht ungefährlich ist.
3 Std. 30	Abstieg durch das ehemalige Dorf, Überquerung eines Flusses, Aufstieg zur Levadamauer.
4 Std. 10	Häuser. Die Levada führt nun durch bewohntes Gebiet, Weinanbau, Terras-sen mit vielen Blumen. Ein V-förmiger Durchbruch durch den Felsen gibt den Blick auf das Meer frei. Eukalyptuswald.
4 Std. 20	Agaven. Blick auf Câmara de Lobos, wo der Socorridos mündet. Doppel-Levada, es riecht nach Schweinen. Die Levada ist manchmal zugedeckt, um sie vor Verschmutzung zu bewahren. Jede etwas steilere Stelle hat nunmehr ein Geländer, da die Levada hier als allgemeiner Verkehrsweg dient.

4 Std. 45	Die Levada ist wieder offen – obwohl man sich bereits im Stadtgebiet von Funchal befindet (São Martinho), hat man das Gefühl, nur durch Gärten, Bananen- und Weinanpflanzungen zu laufen.
5 Std. 05	Man sieht den Kirchturm von São Martinho. Die Häuser haben von hier aus nur über Treppen und kleine Pfade, die durch Gärten verlaufen, Zugang zu der Hauptstraße. Hinter einer alten Mühle viele gepflasterte Stufen weiter abwärts nach Funchal.
5 Std. 20	Man erreicht den Caminho do Dr. Barreto, von wo aus man zu Fuß oder per Bus zur Innenstadt gelangt.

Wenn man in umgekehrter Richtung läuft, fragt man am besten bei der Kirche S. Martinho bei São Amaro nach dem Beginn der Levada (Taxi). In 45 Minuten hat man dann die Häuser von Funchal hinter sich gelassen. Auf jeden Fall ist es von dieser Seite aus leichter, den Abstieg durch das Dorf Fajã zu finden, um damit die lebensgefährliche Passage bei dem Tunnel (3 Std. 20) zu vermeiden. Dabei achte man auf den letzten Telefonmasten an der Levada. Kurz vor demselben führt der Weg zwischen den Häusern und teilweise noch bestellten Feldern abwärts.

⑮ Levada do Norte von Estreito de Câmara de Lobos nach Ribeira Brava (Südküste)

Die Levada, die das Wasser vom Encumeada-Paß durch das Tal Serra de Água an die Südküste bis zu den Gärten westlich von Funchal bringt, verläuft von Ribeira Brava über Estreito de Câmara de Lobos (vgl. Wanderung ⑫) bis zum Steilhang der Ribeira dos Socorridos, und zwar durch sonnige Terrassen, auf denen vor allem Weinanbau betrieben wird, wo daneben aber auch fast alles andere Obst und Gemüse gedeiht. Dieser Weg bietet keine Einsamkeit, sondern wirkt in manchen Partien wie eine Dorfstraße: Kinder spielen im Wasser, schleppen Gras für die Tiere zu den Ställen, Frauen waschen Wäsche, die auf den bis zur Levada herunterreichenden Terrassen getrocknet wird, oder sitzen stickend vor der Tür, um das Licht für die Arbeit auszunutzen, Bauern gehen zur Arbeit auf ihren Feldern.

Anfahrt: Bus 96 bis zur Kreuzung der Straße mit der Levada (Haltestelle Levada do Norte). Zu Fuß ist sie von der Straßenkreuzung Estreito de Câmara de Lobos zu erreichen, wenn man etwa 1 km in Richtung Jardim da Serra hochsteigt, an der Kirche vorbei. Sie ist ausgeschildert, wenn man ihr nach Westen folgt. In Fließrichtung führt sie noch 1 Stunde lang durch die Gärten von Estreito bis zu dem jäh abfallenden Hang der Ribeira dos Socorridos, wo man unterhalb São Martinhos die Levada von Curral sieht (Weg ⑭).

Gehzeit

Der Fußweg beginnt in 550 m Höhe einige Meter oberhalb der Straße. Man geht entgegen der Fließrichtung und verliert nie den Blick auf das Meer. Der

Weg ist sonnig und kann im Sommer heiß sein, während er sich in der kalten Jahreszeit empfiehlt, um den ›Sonnenhunger‹ zu stillen. In den zum Meer hin geöffneten Flußtälern macht die Levada jeweils einen weiten Bogen nach Norden in das Landesinnere, bis sie am Hang, auf einer Brücke oder in den Felsen gehauen, einen Wasserfall überqueren kann. Man kommt so in Täler hinein, die man von der Straße aus gar nicht ahnt.

20 und 25 Min. An zwei ziemlich steilen Stellen kann man die Levada auf kleinen Pfaden umgehen.

45 Min. Weit zurückliegend das Tal Ribeira da Caixa; der Fluß wird auf einer breiten Brücke mit Planken ohne Geländer überquert. Leider sind die zulaufenden Bäche meist ziemlich verschmutzt.

1 Std. 10 Großes Wasserhaus.

1 Std. 20 Überquerung der Straße 101; die Levada wird unter der Hauptstraße hindurchgeführt. Links an der Straße der Kilometerstein 5; die Levada biegt nach Süden ab. Man geht an ihr entlang direkt auf den Cabo Girão zu. Im Tal die weiße Kapelle von Caldeira.

1 Std. 55 Erreichen des Tunnels unter der Stichstraße, die zum Cabo Girão führt. Vor der Durchquerung sollte man zunächst an einer schmalen, in Richtung Meer führenden Levada 10 Minuten weitergehen, um die Aussicht direkt unterhalb des Kaps zu genießen, wenn auch ein neuer Erdweg seit 1989 viele Terrassen zerstört hat.

Aufstieg zur Straße möglich oder zurück zum Tunnel.

1 Std. 57 Durchgang durch den Tunnel (ohne Lampe möglich). Man kommt zur Westseite des Cabo Girão, das eine Wetterscheide ist. Steile Treppe beim Ausgang, die Levada führt nach rechts.

2 Std. 15 Die Levada erreicht wieder die Hauptstraße, die man überqueren muß. Zur Orientierung: In der ersten scharfen Kurve hinter dem Cabo Girão, von der aus man einen guten Ausblick auf Quinta Grande hat, wird die Levada rechts von der Straße 101 weitergeführt. Sie ist zunächst wieder mit Betonplatten zugedeckt und scheint aufwärts zu führen. Die Abhänge sind mit Pinien bepflanzt. Steile, gepflasterte Wege führen immer wieder von der Levada abwärts durch bewohntes Gebiet zur Straße. Eukalyptuspflanzungen, Blick auf den nächsten Ort: Campanário.

3 Std. Im Tal von Campanário führt die Straße wieder weit zurück nach Norden, das Flußtal der Ribeiro do Campanário hoch. Pinienwald; der Weg ist von den Nadeln weich, verlassene Häuser. Die Levada erhält nun durch das Moos einen anderen Charakter; alte Steinbrücken überqueren hier die steilen Straßen.

Will man hier die Tour beenden, muß man auf Treppen und kleinen Wegen fast in der Fallinie abwärts gehen; bis zur Hauptstraße braucht man gut 30 Minuten. Die Kirche von Campanário kann dabei als Orientierung gelten.

4 Std.	Nachdem man an einem zerstörten Levada-Arbeiterhaus vorbeigekommen ist, gelangt man zu dem neuen Haus mit Schleuse direkt an der Teerstraße, die links nach Boa Morte abwärts führt.

Folgt man der Levada weiter entgegen ihrer Fließrichtung, kommt man in 5 Stunden zum Kraftwerk ›Central Serra de Água‹ bei der Pousada dos Vinháticos, einer der imposantesten Levada-Wanderungen, jedoch nur für absolut Schwindelfreie geeignet.

⑮ₐ Levada do Norte bis zur Pousada dos Vinháticos

Gehzeit

	Beginn an der Teerstraße oberhalb von Boa Morte in einem Wald.
15 Min.	Erdweg nach Boa Morte.
30 Min.	Ende des Waldes.
50 Min.	Ein imponierender Treppenweg ist am Gegenhang sichtbar.
1 Std. 30	Markanter Felsendurchgang.
1 Std. 40	Wasserfall, der einen eventuell durchnäßt.
1 Std. 50	Erster Tunnel, in dem Taschenlampe erforderlich ist.
2 Std. 30	Tunnel (Taschenlampe nicht erforderlich).
3 Std.	Schwieriger Tunnel, den man 10 Minuten lang gebückt durchquert. Pro Person ist eine Taschenlampe erforderlich. Der Blick auf das Hochgebirge und das Tal von Serra de Água, das 500 m tiefer liegt, entschädigt für die Mühe.
3 Std. 30	Der erste deutliche Weg, der die Levada kreuzt. Abstieg zum Ort Serra de Água in 30 Minuten möglich, Aufstiege von hier aus führen in 3–4 Stunden zu den Höhenwegen ⑤ und ⑥, sind aber allein schwierig zu finden. Kastanienwald, ein kleinerer und ein längerer Tunnel (1 km).
4 Std. 30	Der Levadaweg ist beleuchtet, Abstieg zum Dorf möglich. Den Weg zu dem Dorf Poço (s. Weg ⑤) kreuzt man nicht, da dieser über den Tunnel geführt wird. Eine Treppe führt hinauf zum E-Werk: ›Central Serra de Água‹. An dem Kraftwerk vorbei findet man eine Kopfsteinpflasterstraße.
4 Std. 45	Sie führt zur Pousada dos Vinháticos hinauf.

⑯ Levada-Wanderung von Rabaçal nach Loreto (Westen)

Leichte Wanderung mit schönen Blicken auf die westliche Südküste. Die zwei Häuser von Rabaçal sind unbedingt einen Besuch wert. Es gibt keine Busverbindung nach Rabaçal; man kann aber mit dem Taxi von Canhas hierher fahren oder aber nur bis zum Wasserreservoir, um dann zu Fuß in etwa 25 Minuten nach Rabaçal hinabzusteigen. Schöner Platz zum Campen oberhalb der Häuser neben der Straße.

Rückweg: Da der Bus Nr. 107 ab Canhas zu einer ungünstigen Zeit verkehrt, muß man per Autostop oder Taxi bis Ribeira Brava fahren, von wo es um 18.35 noch einen Bus nach Funchal gibt.

Gehzeit

Von Rabaçal (1064 m hoch) die Treppen vor dem Eingang des Hauses abwärts gehen, vorbei an Picknicktischen und öffentlichem WC, unter alten, flechtenverhangenen Bäumen.

10 Min.   Man erreicht die ›Levada der 25 Quellen‹ (25 Fontes) und folgt ihr in Fließrichtung. Schneller Zufluß von der oberhalb gelegenen Levada do Risco, dann eine kleine Schlucht, über die die Levada auf einer Brücke hinweggeführt wird. Man erreicht einen großen Grasplatz, eingefaßt mit einer Mauer (gut zum Picknicken oder Camping). Vor sich sieht man die mächtige Öffnung des großen Tunnels aus dem 19. Jahrhundert. Er ist so hoch, daß die Leute früher hindurchgeritten sind.

20 Min.   Durchgang durch den kalten Tunnel (Taschenlampe erforderlich), Ausgang auf der Südseite (wo völlig andere Wetterverhältnisse herrschen können als im Norden). Häuschen der Levada-Arbeiter, Tische, Bänke und Wasser: ein idealer Platz für Picknick und Camping. Gleich nach dem Tunnel links an der Levada weitergehen, über eine kleine Steinbrücke, auf gleicher Höhe bleiben (nicht den Weg nach rechts nehmen). Selten für Madeira: weidende Kühe. Pinienwälder und Erikabüsche.

30 Min.   Zwei Röhren werden passiert, die das Wasser zum Elektrizitätswerk hinunterführen. Schöner Waldweg, unterhalb sieht man eine weitere Levada-Überquerung eines kanalisierten Baches. Eine einzelne Rohrleitung führt das Wasser der Levadas 25 Fontes und Risco zum E-Werk. Der Weg geht weiter zur nächsten Levada, der da Rocha Vermelha, und anschließend an einem Arbeiterhäuschen vorbei, wo das Wasser ebenfalls abgeleitet wird.

1 Std.   Weiter auf einer Fahrspur. An der nächsten Kreuzung mit einem Erdweg rechts halten.

1 Std. 05   Bei der nächsten Gabelung führen die Wege rechts und links abwärts. Der linke, gepflasterte Weg ist eine alte Dorfstraße, der man weiter abwärts folgt, um die neue Levada zu finden, die nunmehr das Wasser vom Kraftwerk aufgenommen hat.

1 Std. 10   Man geht an den ersten Ställen vorbei und auf der Straße weiter abwärts. Die Straße kreuzt die Levada Calheta – Ponta do Pargo. Man läuft links – in Fließrichtung – die Levada entlang, die gleich am Hang wieder nach Norden führt, um einen Bach zu überqueren und dessen Wasser aufzunehmen. Neue Steinbrücke über die Ribeira do Atouguia. Im Winter und im Frühjahr blühende Mimosen, überall sind Lilien angepflanzt. Schöne Ausblicke auf die sich durch die Orte windende Straße 101 und das Dorf Florenças.

Der Wasserfall Risco bei Rabaçal; Stich von J. F. Eckersberg, 19. Jahrhundert

1 Std. 30	Die Levada überquert einen zweiten Fluß, die Ribeira das Faias, auf einer Holzbrücke.
1 Std. 35	Eine steile Pflasterstraße, auf der man zur 101 hinabgehen kann, kreuzt die Levada.
1 Std. 50	Man folgt der Levada weiter; Stufen führen durch einen Tunnel von 5 m Länge.
1 Std. 60	Ein weiterer Fluß wird überquert (Steinbrücke).
2 Std. 10	Verlassen der Levada bei einem großen neuen Reservoir: rechts abwärts nach Loreto. Die Straße ist extrem steil (200 m bis zur Straße), umsäumt von blühenden Gärten.
2 Std. 40	Ankunft in Loreto.

⑰ Levada das Vinte e Cinco (25) Fontes ab Rabaçal mit ⑰a-e Levada-Wanderungen bei Rabaçal (Westen)

Gehzeit

	Vor den Häusern von Rabaçal rechts die Treppe abwärts, an deren Ende der Levada rechts, entgegen der Fließrichtung, folgen. Gut erhaltener Weg.
10 Min.	Verwaschener Wegweiser: geradeaus zum Risco-Wasserfall (Spaziergang) mit einem Platz wie auf dem alten Stich S. 239 und links abwärts zur ›Levada der 25 Quellen‹ (Abb. S. 83). Gut ausgebaute Treppe, man hört den Wasserfall. Im Halbschatten bricht die Sonne durch die Erikabäume.
15 Min.	Am Ende der Treppe sechs charakteristische Steinstufen, die man auf dem Rückweg wiedererkennen muß. (Ginge man links weiter, käme man nach 5 Minuten zu einem Abstieg zu der Levada da Rocha Vermelha und nach weiteren 15 Minuten zu dem großen Tunnel – vgl. Weg ⑯ –, von dem man ebenfalls zu den Häusern emporsteigen kann.) Die vorherrschende Farbe ist lindgrün, das Wasser der Levada schwarz.
20 Min.	Vorsprung mit Feuerstelle, Camping möglich. Blick auf den Wasserfall, die Felsen sind schwarz und mit grünen Bäumen bewachsen. Kleine, bemooste Steinbrücken führen Bäche über die Levada.
30 Min.	Brücke, zu der 61 Stufen abwärts führen. Auf der anderen Seite geht es wieder hoch zu einem Wasserhaus, durch das die Levada fließt. Man folgt der Levada weiter nach Westen entgegen der Fließrichtung. Der Weg wird schmaler, die Levada-Mauer ist so hoch, daß man sich an ihr festhalten kann.
1 Std.	Zweite Brücke, viele Zuläufe zur Levada. Im Herbst knallrote Hagebuttensträucher. Kleiner Kessel, wo das Wasser von etwa 100 m herabfällt. Nur 400 m führt der Levada-Weg noch weiter, dann muß man umkehren.
1 Std. 10	Ein Weg führt abwärts durch Erika an Bienenstöcken vorbei.
1 Std. 25	Erreichen der Levada da Rocha Vermelha am Wasserhaus.
	Von hier aus gibt es verschiedene Möglichkeiten:

Weg ⑰a

Beendigung der Wanderung ⑰ auf einem Rundweg: 10 Minuten entlang der Levada in Fließrichtung. Nach einer Brücke, noch vor dem ersten Tunnel links an einem Feigenbaum hochsteigen. Nach 15 Minuten Aufstieg Erreichen der ›Levada der 25 Quellen‹. Levadaabwärts (10 Minuten) oder -aufwärts (5 Minuten) Aufstieg nach Rabaçal suchen.

Weg ⑰b

Der Levada da Rocha Vermelha weiter flußabwärts folgen, durch einen kleinen Tunnel; der zweite lange Tunnel (20 Minuten) führt zur Südseite wo man an der Levada oder an der steilen Straße 211 bis nach Calheta absteigt.

Weg ⑰c

Entlang der Levada entgegen der Fließrichtung. Nach 5 Minuten erreicht man einen Tunnel. Er holt das Wasser für die Levada von der Nordseite bei Seixal. Für ein Durchschreiten (mit Lampe) wäre ½ Stunde zu veranschlagen.

Empfehlenswerter ist die Wanderung weiter levadaaufwärts mit fantastischen Blicken in das Tal der Ribeira da Janela. Die Levada hat einen bemoosten Rand und wird von Erikabüschen umrahmt. Nach 60 Minuten fällt sie als kleiner Wasserfall durch Farne herab. Auf etwa 250 Stufen kann man fast senkrecht an ihre entlang hochsteigen, kommt zu einem Wasserfall und kann den Weg bis zum Fanal hinauf finden. Von hier führen die Straße 209 und die Levada dos Cedros bis zu dem Ort Ribeira da Janela.

Weg ⑰d

Ein Abstieg direkt unterhalb des Levada-Häuschens bringt Sie etwa 250 m tiefer zu der Ribeira da Janela. Flußabwärts, vorbei an Seen mit Forellen und kleinen Wasserfällen, verliert der Weg sich leicht in der noch ursprünglichen Vegetation. Wo kleine Erdrutsche ihn verschüttet haben, muß man sich immer wieder am Fluß orientieren.

Nach 3 Stunden etwa gelangt man zu einer Art Geröllhalde, wo die Levada da Central da Ribeira da Janela beginnt. Nach 2 weiteren Stunden Wandern entlang der Levadamauer, durch kürzere Tunnel, unter Wasserfällen hindurch – mit Blicken weit zurück ins Tal bis Rabaçal – und steil hinunter zum Fluß gelangt man zu einem großen Wasserreservoir. Von hieraus ist der Aufstieg nach Santa auf einer gepflasterten Straße in 20 Minuten möglich oder auch ein Abstieg bis Porto Moniz, der zu erfragen ist. Auf jeden Fall ist diese Wanderung nur ›Madeira-erfahrenen‹ Wanderern zu empfehlen!

Weg ⑰e

Dieser letzte Vorschlag beginnt auf dem Vorplatz von Rabaçal, direkt hinter dem Brunnen. Ein kleiner Pfad mit einigen Stufen führt steil aufwärts, überquert die geteerte Straße und taucht in den ursprünglichen Laurisilva ein: Erikabüsche bilden kleine Hohlwege, Quellen – von Farn bewachsen – laufen über den Pfad, und ständig ist das Rauschen des Risco-Wasserfalls zu hören. Nach etwa 150 weiteren Höhenmetern oder 45 Minuten Anstieg führt an einer Weggabelung der linke Weg leicht abwärts entlang eines Wasserfalls, der sich noch bescheiden ausnimmt zu dem, was den Besucher dann erwartet: Ein smaragdgrüner See, von weichem Gras umgeben, liegt zu seinen Füßen. Er wird gespeist von einem etwa 50 m hohen Wasserfall und läuft über Felsen ab, um den unteren Wasserfall do Risco zu bilden (Abb. S. 239). Sie stehen also dort, wo das Wasser hinabstürzt und schauen auf die winzig erscheinenden Besucher bei den alten Steinbänken herab. Wenn das Wasser auch recht kalt ist, so kann man hier gut baden.

Auf dem *Rückweg* hat man folgende Wahl: Wenn die Weggabelung wieder erreicht ist, führt der Weg abwärts nach Rabaçal zurück. – Weiter aufwärts wiederholt sich das Schauspiel: Nach 20 Minuten gabelt sich der Weg, links führt er oberhalb an den Wasserfall heran, den man gerade erleben konnte. Rechts verliert er sich in dichter werdenden Erikabüschen, folgt einer winzigen, alten Levada, die früher ihre *Madre* in der Ribeira Grande hatte, die die Wasserfälle vom Risco speist. Wenn man nach 15 Minuten den Fluß überquert, gelangt man über die bereits kahlen Hänge zu den weiten Flächen des Paúl da Serra auf 1300 m Höhe. Am Hang gegenüber wird der Lauf einer weiteren Levada sichtbar. Welche mag es sein? Die Levada do Paúl oder do Alecrim? Sie können es selbst erkunden, wenn das Wetter gut ist und die Kräfte reichen.

⑱ und ⑲ Levada-Wanderungen vom Encumeada-Paß aus und auf der Hochebene von Paúl da Serra (Westen)

1990 wird die Hochgebirgsstraße vom Encumeada-Paß über die westliche Hochebene bis Porto Moniz fertiggestellt sein. Damit ist diese immer noch sehr einsame Gebirgslandschaft für die bekanntesten Wanderungen nicht mehr zugänglich. Die Auswirkungen werden im folgenden kurz zusammengefaßt (die alten Beschreibungen s. bei Underwood):

Weg ⑱

Auf dem Encumeada-Paß bei der kleinen Bar steht auf der Südseite des Passes das große Schild ›Folhadal‹. Diese Levada Rabaças führt bis zu den grandiosen Wasserfällen von Cascalho. Ihre Abhänge sind durch die Straßenbauarbeiten 200 m höher von jeglicher Vegetation entblößt; auch ist mit Steinschlag zu rechnen. Wer trotzdem einen Rundweg unternehmen möchte, kann über den Pico Redondo zur Pousada dos Vinháticos oder beim Levada-Häuschen ins Tal absteigen. Ein Aufstieg zum Bica da Cana ist nicht zu empfehlen. Von der Cascalho müßte man denselben Weg zurück wählen.

Weg ⑲

Die Levada do Norte verläuft an der Nordseite des Encumeada-Passes. Sie hat außerordentlich viele Tunnel. Der Weg endet bei dem Ginjas-Wasserhäuschen an einem breiten Erdweg, der alle Pfade zerstört hat. Die Häuser von Caramujo sind zerfallen, die Gärten und Felder nicht mehr bestellt. Der Wanderweg über den Pináculo ist deshalb von Nordwesten aus nur schwer zu finden. Wenn man 45 Minuten auf der neuen Straße vom Encumeada-Paß aus Richtung Bica da Cana gegangen ist, kann man versuchen, rechts die Levada da Serra auszumachen, um ihr auf einem Weg, der rasch an Höhe gewinnt, zu folgen, um so zu dem eindrucksvollen Pináculo von der anderen Seite aus zu gelangen.

Da auch der Weg durch den Fanal über die Hochebene weder befahrbar noch die Pfade wieder auffindbar sind, haben wir neue Wandervorschläge in dem schönen Talkessel von **Rabaçal** zusammengestellt (Wege (17a) bis (17e)). Die Skizze unten gibt die Wanderungen nach ihrer Höhenlage wieder, denn die Wege verteilen sich etagenartig von 600–1300 m Höhe; sie bieten Wasserfälle, Ruhe, Bademöglichkeiten, anspruchsvolle Auf- und Abstiege, gemütliche Levada-Wege, Fluchtmöglichkeit vor Nebel entweder auf die Süd- oder Nordseite, Picknickplätze – aber weder Bar, Restaurant, Telefon, Taxistand noch Souvenirstände. Leider ist es nach wie vor schwierig, in Rabaçal eine Unterkunft zu buchen. Dennoch ist der Hauswirt, der der einzige Bewohner dieses Tals ist, gern zu Auskünften bereit; er spricht etwas Französisch. Die nächsten Unterkünfte sind in der Pousada dos Vinháticos, Ribeira Brava, Santa oder Porto Moniz. Demnächst wird in Calheta vielleicht eine Pension eröffnet. Der schnellste Weg zurück zur Hauptstraße an der Südküste ist durch die zwei großen Levada-Tunnel.

Schematische Wanderkarte um Rabaçal (vgl. Underwood: S. 118/119)

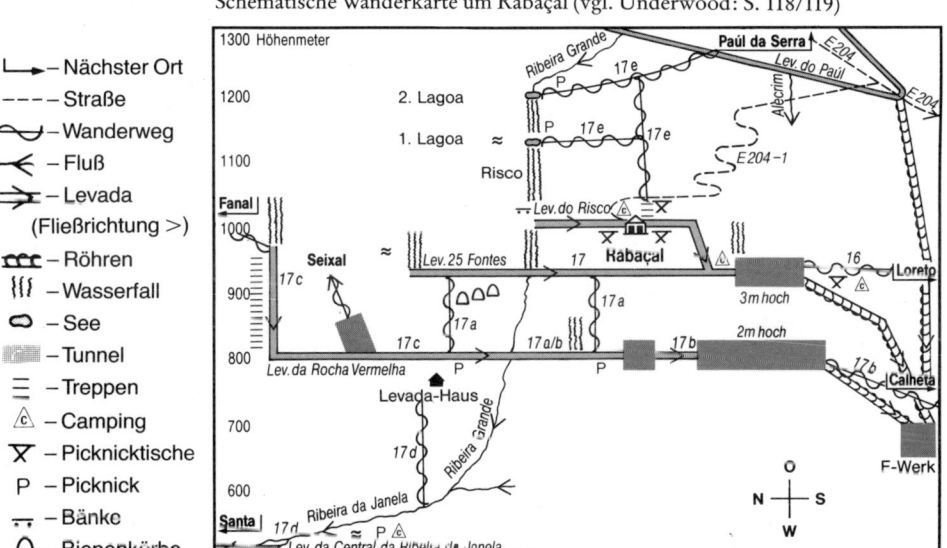

243

⑳ **Levada do Caldeirão Verde** (Norden)

Für diese reizvolle Wanderung, die man gut von Santana aus unternehmen kann, sollte man einen Sonnentag wählen.

Anfahrt: von Funchal nach Santana mit Bus 103 (2¼ Stunden); in Santana gibt es ein Restaurant mit Übernachtungsmöglichkeit (vgl. S. 277). Von Santana aus mit dem Taxi entweder bis Queimadas (Abb. 42) fahren oder bis zur Levada do Caldeirão kurz vor dem ›Casa das Pedras‹. Geht man von Santana aus zu Fuß hoch, ist der alte, recht steile, gepflasterte Weg, der am Ortsende in Richtung São Jorge beginnt, reizvoller, da er an vielen Santana-Häuschen vorbeiführt (5 km). – Die Queimadas Häuser werden von der Regierung unterhalten und kostenlos ›vermietet‹ (vgl. S. 278). Das kleinste Haus ist tagsüber geöffnet und verfügt über einen Tisch, WC, Dusche und Feuerstelle mit Holz. Vor den Häusern auf der Wiese Campingmöglichkeit und – ebenso wie im Park, entlang der Wege, Seen und Levadas – viele Picknicktische. Verpflegung kann man nur in Santana kaufen. Die Häuser liegen 900 m hoch. Von hier aus kann man einen sehr reizvollen Treppenweg zur Achada do Teixera (zum Pico Ruivo) wählen, vorbei an dem ›Stehenden Menschen‹ (vgl. Weg ③).

Gehzeit

	Man geht an den beiden Santana-Miniaturhäuschen für die beiden schwarzen Schwanenpaare vorbei (vgl. S. 262), um an der Levada do Caldeirão Verde entlangzulaufen. Der Weg ist zu Beginn extrem rutschig. Bei guter Sicht sieht man im Nordosten am Horizont Porto Santo.
2 Min.	Weggabelung; nach links führt ein schöner Spaziergang zu einem weiteren See, einer kleinen Levada und einem Aussichtspunkt (30 Minuten), der Levada-Weg bleibt jedoch rechts auf gleicher Höhe. Hortensien, Lilien, viele Koniferen. Rechts ein neuer, großer Picknickplatz mit Bänken und Baumstämmen. Unterhalb links sieht man die Ribeira São Jorge, rechts Santana und bei dem nächsten Ausblick auch die kleine, landeinwärts gelegene Ortschaft Ilha.
15 Min.	Ziegenpforte; der Weg wird schmaler. Km-Schild ›7‹.
20 Min.	Die Levada-Mauer ist zerstört; man umgeht die Stelle auf einem Pfad nach rechts abwärts. Im Herbst wachsen hier Madeira-Heidelbeeren.
30 Min.	Brücke über die Levada, gesichert durch ein Holzgitter. Der Bach, über den sie geführt wird, fließt durch eine dunkle Schlucht; stark bemooste Gräser und Farne hängen über der nun in den Felsen gehauenen Levada; der Stein leuchtet oft rot. Knorrige Erikaäste rahmen den Weg; alte Lorbeerbäume. Km-Stein ›6‹; Biegung mit Blick auf die ebengenannten Ortschaften.
50 Min.	Offener Zaun. Nach 10 Minuten Blick auf zweistufigen Wasserfall mit See.
1 Std. 15	Wasserfall, der die Levada füllt; Brücke mit Holzgeländer. Der Weg ist gut begehbar, auch schon lange nicht mehr rutschig.
1 Std. 25	Kleiner Wasserfall; die Levada wird nicht mehr unterhalten. Die Mauern sind bemoost, die Flechten der Erikabäume blitzen hellgrau auf in der Sonne. Im

	Regen sehen sie aus wie eisgraue Bären. Immer, wenn man auf der Levada-Mauer gehen muß, hat diese ein Geländer; der Weg ist also ungefährlich.
1 Std. 40	Tunnel.
1 Std. 45	Schild nach rechts: ›Vale da Lappa posto florestal‹. Der Weg dorthin wird über den Tunnel hinweggeführt, nach rechts geht ein alter Levada-Weg. Unsere Wanderung setzt sich durch den zweiten Tunnel fort. Nach dem dritten Tunnel kleiner Weg nach rechts, man geht links weiter an der Levada entlang.
2 Std.	Auch der vierte Tunnel ist passiert, bei dem man sich bücken muß (Taschenlampe). Danach folgt ein bereits bewachsener Erdrutsch von 5 m Breite, der die anschließende Levada zurückstaut. Der fünfte Tunnel in einer Kurve ist kurz. Die Levada fließt steil unter einem überhängenden Felsen.
2 Std. 15	Schöner Ausblick auf den rauschenden Bach unterhalb des Pfades, steile, häufig von Nebel umhüllte Felsen oberhalb.
2 Std. 25	Ein Wasserlauf speist die Levada. Schwarzweißes Schild: ›Caldeirão Verde‹. Nach zwei Minuten steht man, folgt man dem Schild, vor einem Wasserfall in einem Felsenkessel. Geht man weiter auf dem Levada-Weg, muß man den Bach auf sehr rutschigen Felsen überqueren. Kurz darauf ein kleiner, mit Gras bewachsener Vorsprung; oft liegt hier Feuerholz unter einem Schutz. Man muß je nach Witterung und Kondition entscheiden, ob man weitergeht oder umkehrt. Die Levada fließt hier nicht mehr, die Erdrutsche sind eventuell so festgetreten, daß man sie überqueren kann. – Ab hier hat man zwei Möglichkeiten, auf Umwegen nach Queimadas zurückzukehren.

Abstieg zum Ribeira Grande, Ankunft in São Jorge (Fortsetzung von Weg ⑳)

10 Min.	Der sehr schmale und schwierige Weg am Hang weitet sich noch einmal, eventuell Reste eines ehemaligen Arbeiterhäuschens. Nur an dieser Stelle führt rechts ein recht breiter, aber inzwischen wohl stark beschädigter Weg abwärts zum etwa 200 m tiefer liegenden Bach.
25 Min.	Am Ende dieses steilen und je nach Jahreszeit rutschigen Abstiegs gelangt man zu einer Brücke über den Fluß. Sollte sie weggeschwemmt sein, gibt es bei niedrigem Wasserstand eine Furt über die hohen Felsbrocken. Der ursprüngliche Lauraceenwald zieht sich hier bis zum Ufer des Baches. Nur links des Baches führt nach der Brücke der recht gut ausgetretene Weg weiter abwärts.
45 Min.	Nach weiteren 90 m Höhenanstieg, am Ufer des Ribeiro Grande entlang, führt eine steile Treppe auf einen großen Platz, wo eine neu gemauerte Levada durch einen Tunnel von links (Ribeiro de São Jorge) heranfließt. Guter Platz zum Campieren. Die Lorbeerbäume sind so dunkel, wie man sich sonst einen Eichenwald vorstellt (Abb. 60). Der weitere Weg, einst viel benutzt, wird leider nicht mehr unterhalten. Es ist ausgesprochen schwierig, sich jetzt zurechtzufinden, man wird in den nächsten 90 Minuten wohl niemandem begegnen, um Auskunft und Hilfe zu erbitten.

1 Std. 45	Vorsicht! Ein kleiner Weg, der gut sichtbar ist, führt hier links absolut in die Irre: Am Felsen aufwärts gelangt man nach 10 Minuten zum Beginn einer kleinen Levada. Hier muß man umkehren!
2 Std.	Der Weg, mit Geröll und Laub bedeckt, führt weiter abwärts; man findet von ihm nur gelegentlich Spuren, und zwar dadurch, daß noch angepflanzte Lilien und Hortensien durch das Unterholz sich Bahn brechen. Man sollte sich durch einen oft von Ziegen und ihren Hirten benutzten Trampelpfad nicht täuschen lassen: Der ehemals breite Weg bleibt verschüttet. Manchmal führt er aufwärts und hat jetzt Markierungen (›MN/CMS‹ auf gemauerten Steinen), die man unbedingt etwa 45 Minuten nach dem o. g. Platz mit den Röhren der neuen Levada finden sollte. Man erwartet, daß der Weg einen abwärts zum Meer nach Norden führt, aber er schlängelt sich, in seiner Höhe gleichbleibend, an den Zuflüssen entlang bis zu einer breiten, schnell fließenden Levada.
3 Std. 30	Erreichen der Levada (noch etwa 500 m Höhe); gleiche Wegmarkierung.
3 Std. 45	Man stößt auf eine Stelle der Levada, wo in Röhren Trinkwasser nach São Jorge abgeleitet wird, und danach auf einen Erdweg, der mit Geländewagen befahrbar ist. Auf diesem Weg wären es noch immer 10 km bis São Jorge. Deshalb nur 50 m auf dem Fahrweg gehen, dann rechts der Levada auf gleicher Höhe folgen. Eukalyptuswald. Lilien sind an der Levada gepflanzt, neben der Mauer ist eine Röhre auf den Weg gesetzt. Auf ihr geht man entlang.
4 Std. 15	Die erste Hütte *(Palheiro)* direkt am Levada-Weg.
4 Std. 35	Die Levada zeigt ein größeres Gefälle, sie ist aber gut zu umgehen. Man trifft die ersten Bauern, die auf den Feldern arbeiten. Den befahrbaren Erdwegen immer abwärts folgen, sich stets links halten. Die Straße, schließlich von Laternen bestanden, stößt bei einem Orangenhain auf die EN 101.
4 Std. 45	Km-Stein ›Arco de S. Jorge 6,4 km/Boaventura 13,4 km/S. Jorge 1,6 km/ Santana 3,8 km‹. Von hier den Bus 103 nach Santana oder Funchal nehmen.

⃝20ⓐ Alternativer Rückweg nach Queimadas oder Funchal

Man folgt dem absolut ungesicherten (!) Pfad bis zum Ende des Kessels – Caldeirão do Inferno –, wo nur noch steile Felsabstürze das Tal begrenzen. Wenn nach 20 Minuten der Pfad wirklich nicht mehr weiterführt, muß man links einen gut sichtbaren steilen, in Stufen übergehenden Anstieg finden. 100 m höher stößt man auf einen Tunnel der neuen Levada da Serra. 35 Minuten durch den z. T. nassen Tunnel, anschließend trifft man nach weiteren 40 Minuten auf den Weg, der zu dem 335 m tiefer liegenden Kraftwerk Fajã da Nogueira führt (30 Min.). Der Erdweg endet nach 5 km bei der Straße Faial–Funchal. – Sollte man noch nicht müde sein, kann man nach 2 km auf dem Erdweg rechts einen Bergpfad entdekken, der zu den Balcões ansteigt (1 Stunde), von wo man in 20 Minuten auf bequemem Spazierweg Ribeiro Frio erreicht (vgl. S. 257, Weg ⃝13).

Autotouren mit anschließenden Spaziergängen

Autotouren sind auf Madeira sehr reizvoll, da der rasche Wechsel der Landschaften nicht ermüdet. Die im folgenden gemachten Vorschläge für Tagesausflüge mit einem privaten bzw. gemieteten Wagen enthalten knappe Hinweise zu Entfernungen, landschaftlichen Höhepunkten und Sehenswürdigkeiten; sie werden ergänzt durch Hinweise auf lohnende Spaziergänge und schöne Picknickplätze. Will man nicht selbst einen Leihwagen fahren (an sonnigen Tagen besonders empfehlenswert: die offenen Mini Mokes), kann man zu etwa demselben Preis stunden- oder tageweise ein Taxi mieten und dem Fahrer Vorschläge für Touren machen. An Sonn- und Feiertagen sind viele Picknickplätze von den Madeirensern selbst belegt, auswärtige Gäste werden jedoch herzlich begrüßt und auch eingeladen, einige inseltypische Spezialitäten zu probieren.

Außer auf der Strecke zwischen Funchal und dem Flughafen beträgt die durchschnittliche Reisegeschwindigkeit nur etwa 30 km/h. Lassen Sie sich also durch gering erscheinende Entfernungen nicht über die Dauer der Autofahrten hinwegtäuschen.

Die im Rahmen der Autotouren beschriebenen Spaziergänge sind ungefährlich und nicht anstrengend, da – außer beim Weg zum Pico Ruivo – keine Auf- und Abstiege erfolgen. Gerade ältere Leute sollten aber dennoch grundsätzlich feste Schuhe tragen, da viele Wege –

Autotouren auf Madeira (Rundfahrt Porto Santo vgl. S. 268 f.)

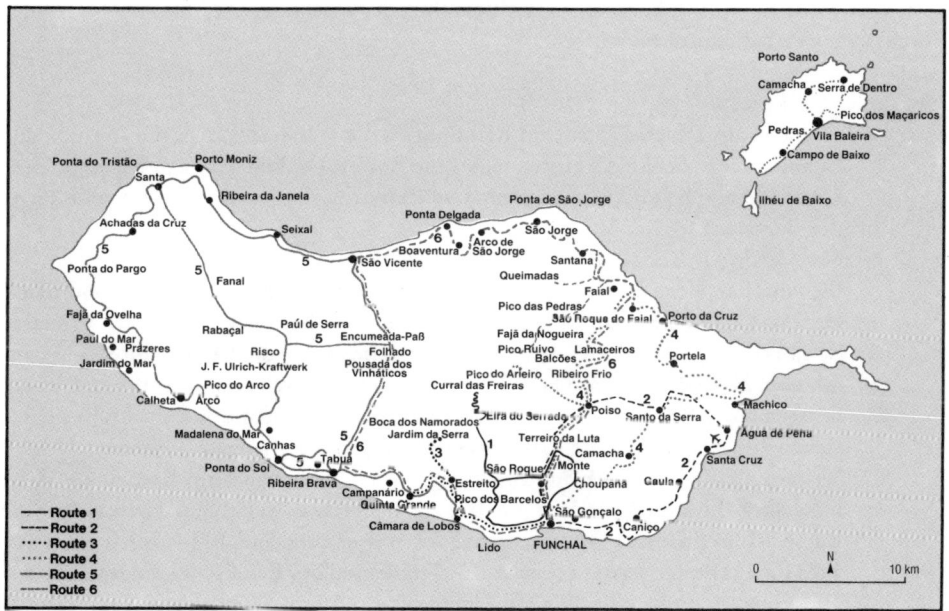

vor allem im Norden – aufgrund der Feuchtigkeit sehr glatt sein können. Bei Fahrten ins Gebirge und nach Norden muß man zudem mit großen Temperaturunterschieden rechnen (vgl. Klimatabelle, S. 19). Abgesehen von der neuen Straße Nr. 202 im Hochland sind die kurvenreichen Landstraßen immer nur für wenig Kilometer einsam. Stets müssen Sie mit Fußgängern rechnen, für die es keine eigenen Gehwege gibt. Besondere Vorsicht ist gegen Abend geboten, wenn viele Leute riesige Grasbündel auf dem Kopf tragen, unter denen sie kaum hervorgucken können. Den Kindern dienen die Straßen als Spielplatz, vor allem zum Fußballspielen, da ansonsten zuwenig ebene Flächen dafür zur Verfügung stehen. Oft sind zudem nachts unbeleuchtete Busse und Lkws am Straßenrand abgestellt.

In abgelegeneren Gebieten und auch am späten Abend, wenn keine Busse mehr fahren, sind Privatwagen häufig bereit, Anhalter mitzunehmen. Das ist besonders hilfreich, wenn man nach einer Wanderung seinen abgestellten Wagen wieder erreichen möchte. Oft wird an den Straßen auf einen *Miradouro* hingewiesen, einen Aussichtspunkt (die meisten sind auch auf den Karten verzeichnet). Man sollte keinen versäumen.

Autotour 1

Funchal – Curral das Freiras – Monte – Terreiro da Luta – Choupana – Funchal (56 km)

Kleine Tour in eines der schönsten Täler der Insel (über dessen geologische Entstehung gestritten wird; vgl. S. 16), kombiniert mit Besuchen der Außenbezirke von Funchal, ohne durch die Innenstadt fahren zu müssen.

km	
	Ausfahrt aus Funchal (Stadt) in Richtung Pico dos Barcelos über die Avenida do Infante; kurz vor ›Reid's Hotel‹ rechts die Rua do Dr. Pita nehmen, vorbei an der Quinta Magnólia und dem Sportstadion Barreiros, dann den Schildern nach Pico dos Barcelos folgen.
3	São Martinho; schöner Ausblick vom Kirchplatz, Basaltmosaike.
5	Pico dos Barcelos: Aussichtsplattform mit kleiner Gartenanlage (Aloen) und Bänken. Verkauf von Stickereien. Blick über die südliche Küste: im Westen Câmara de Lobos, im Osten der Hafen von Funchal, im Süden die Kirche von São Martinho, im Norden die Abhänge von Funchal und die Kirche Santo António. Direkt unterhalb der Plattform liegt die Apartment-Anlage ›Picos dos Barcelos‹; es entstehen hier neue Geschäfte. Großes Gartenrestaurant: ›Barcelos a Noite‹.
7	Weiterfahrt auf der EN 105 in Richtung Monte, nach etwa 2 km Kreuzung: nach links sind ›Eira do Serrado‹ und ›Curral das Freiras‹ angezeigt. Haltestelle des Busses 81 nach Curral. Weiterfahrt auf dieser kurvenreichen EN 107 in die Berge; altes Basaltpflaster. In der Höhe von 500 m Beginn des Eukalyptuswaldes, Mimosen, Ginster. Links eine Bar mit einem blauen Stern, Möglichkeit, Liköre und

Honigkuchen zu probieren und andere einheimische Produkte zu kaufen. Bei 1000 m Höhe schön angelegter Aussichtsplatz mit Steinbänken. Von hier Blick in das Socorridos-Tal bis zur Mündung bei Câmara de Lobos. Am gegenüberliegenden Hang steile Terrassierung, dazwischen Wege (vgl. Weg ⑦).

16 Rechts Abzweigung zur Eira do Serrado, der Platz ist von Kastanienbäumen umrandet, Bar, Verkauf von Stickereien. 15 Minuten Fußweg zum Pico do Serrado, von dort Aussicht auf den Kessel von Curral das Freiras.

Rückkehr zur Hauptstraße, die rechts steil abwärts nach Curral führt (durch zwei Tunnel). Man kann noch den alten Fußweg erkennen, der in kleinen Serpentinen neben der Straße verläuft und für Wanderer reizvoll ist.

20 Die Straße endet auf dem kleinen Dorfplatz in der Nähe der Kirche (633 m Höhe). Restaurant und Bar, Spaziergänge nur mit Treppauf- und -absteigen.

Es gibt Pläne, die Straße durch das Tal nach Norden bis unter den Torrinhas-Paß zu verlängern. Bislang können die Dörfer an den Flüssen Furado, Montado (flußaufwärts) und Socorridos (flußabwärts) nur zu Fuß erreicht werden (vgl. Wege ④–⑦). Diese Dorfwege sind reizvoll, aber durch die Treppen (800 Stufen bis ins Flußtal) anstrengend.

33 Bei der Rückfahrt nach Funchal an der obengenannten Kreuzung der EN 105 über São Roque (39 km) nach Monte (45 km) folgen und nach Terreiro da Luta (48 km) weiterfahren.

51 Auf der EN 201 dem Schild ›Hipismos‹ in Richtung Choupana folgen. Reitstall auf dem Gelände einer ehemaligen Quinta.

56 Schöne Waldstrecke mit Aussichtspunkten auf Funchal. Die erste Landstraße rechts (ohne Nummer) in Choupana endet im Stadtgebiet von Funchal bei dem Caminho do Meio, an dem der Botanische Garten liegt (vgl. S. 184). Findet man diese Straße nicht, kann man die EN 201 weiterfahren bis zur EN 102. Rechts geht es dann nach Funchal; der ›Jardim Botânico‹ ist ausgeschildert.

Autotour 2

Funchal – Poiso – Santo da Serra – Flughafen – Santa Cruz – Caniço – Funchal (60 km)

Kleine Rundfahrt, die auf wenigen Kilometern sehr viel Verschiedenes bietet: Gebirge, Hochebene, Obstanbaugebiete, Besuch eines Parks, Bademöglichkeit im Meer

km

Ausfahrt aus Funchal in Richtung Monte/Terreiro da Luta; man folgt der ausgeschilderten EN 103 nach Ribeiro Frio. Die Straße wird von Hortensien und Lilien gesäumt. Heideähnliche Hochlandschaft, weidende Schafe, Ausblicke auf das Meer vor Funchal.

10   Nach dem ersten Forsthaus führt links eine steile Straße durch ›Montado do Barreiro‹ (geöffnet von 8–19 Uhr), ein großes Picknickgelände, das sich am Hang 7 km bis zur EN 202 hochzieht. – In 1300 m Höhe folgt mit ›Montado do Pereiro‹ ein weiterer großer Picknick- und Erholungspark (bis 17 Uhr geöffnet). Fährt man durch dieses Gelände abwärts, kommt man zur EN 201.

13   Auf 1400 m Höhe Picknickplätze; Restaurant ›Poiso‹ (›Pause‹), bis 24 Uhr geöffnet (während der kalten Jahreszeit mit Kaminfeuer). Kreuzung Ribeira Frio/Pico do Arieiro. Weiterfahrt nach rechts auf der EN 202 durch eine Hochebene; Steinwälle von Schafställen, kleines Levada-Reservoir; die Gegend erinnert an Schottland, Campingmöglichkeiten, kein Windschutz.

Abwärts durch Lärchenschonungen bis zu einem großen, von Hecken umgebenen Haus, Picknicktische und Grillplätze unter schattigen Bäumen. Kurz vor der Kreuzung mit der EN 102 das Hinweisschild nach Portela, entlang der Levada da Serra do Faial (vgl. Weg ⑫).

15   675 m Höhe; Straße nach Santo da Serra nach links. Obstanbaugebiet.

18   **Santo da Serra** (800 m Höhe) rechter Hand. Besuch des Parks (vgl. S. 207). Camping auf Anfrage eventuell möglich. Englischer Club und Golfclub mit 18 Löchern. Am Golfplatz entlang in Richtung Flughafen Santa Cruz (Straße ER 207), hohe Eukalyptusbäume. Gewächshäuser, Landwirtschaft.

Der Wald tritt zurück (ca. 300 m Höhe), plötzlicher Blick auf das Flugfeld, das auf einem aufgeschütteten Wall wie ein Flugzeugträger in das Meer hinausragt. Steile alte Dorfstraße; abwärts durch Bananenwälder und schön geschmückte Vorgärten; zwischen dem Wein Papayas. Auf den Dachterrassen der Häuser spielt sich das Familienleben ab.

29   Kreuzung mit der EN 101, die nach Funchal führt. Kurz darauf **Santa Cruz:** bemerkenswerte Kirche mit origineller, vieleckiger Kirchturmspitze. Sie wurde von König Manuel in Auftrag gegeben und 1507 vollendet. In einer Kapelle ein schönes Zwillingsportal. Abseits der Hauptstraße reizvoller Dorfplatz mit manuelinischen Gebäuden, grellweiß mit dunklem Tuffstein. Ponton zum Baden unter Palmen. Weiterfahrt über die neu ausgebaute Flughafenstraße.

40   **Caniço** – nach dem hier einst reichlich wachsenden Schilfrohr benannt – erhält mehr und mehr den Charakter eines noblen Vororts von Funchal. Die Trockenheit, die leichte Brise, die vom Meer her weht, und der fehlende Autoverkehr garantieren Ruhe und Erholung. Beachtung verdient die große Kirche mit den charakteristischen Basaltmosaiken. Den Ort, der etwa 200 m über dem Meer bei der Mündung des kleinen Flusses Caniço liegt, umgeben intensiv genutzte Felder, die sich bis nach Camacha hochziehen. Bekannt ist Caniço für seine Zwiebeln, es hat aber auch einen guten Ruf als Weinanbauort.

43   Verläßt man die Hauptstraße von Caniço nach links, gelangt man abwärts nach **Caniço de Baixo,** einem neu geschaffenen Feriendorf (Bungalows, Ferienhäuser). Über die Terrassen des Hotels und Restaurants ›Galomar‹ gelangt man auf Trep-

pen abwärts zum Badeplatz des Unterwasserparks Madeiras. Zementierte Nischen in Felsen, ein Kinderschwimmbecken, ein relativ ruhiges Meer, das zum Schnorcheln und Tauchen einlädt, bieten Erholung bei niedrigen Eintritts- und Kuchenpreisen. Fährt man wieder zum Ort hoch – auf den neu angelegten Straßen, die manchmal überraschend in kleinen Sackgassen enden können –, so läßt sich links ein weiterer Abstecher zum Meer machen, indem man die steile Straße nach Ponta do Garajau hinunterfährt. Vorbei an der gewaltigen Christusstatue kommt man durch eine neue Feriensiedlung, in Serpentinen steil abwärts fahrend, zu den Strandhäusern der Madeirenser direkt am steinigen Ufer, die aus dem Spielzeugladen stammen könnten.

60 Von dem Aussichtspunkt do Pináculo – kurz hinter São Gonçalo – weiter Blick auf Funchals Hafen (besonders nachts sehr imposant).

Autotour 3

Funchal – Câmara de Lobos – Cabo Girão – Jardim da Serra – Funchal (55 km)

Tour für Genießer schöner Ausblicke

km

Ausfahrt aus Funchal durch das Hotelviertel – auf der EN 101 – in Richtung Câmara de Lobos. Besonders an Werktagen herrscht hier dichter Verkehr.

5 Rechts Bäckerei, die auch sonntags geöffnet ist (Kuchen und sehr gutes Brot). Bananenplantagen.

8,5 Im Mündungsgebiet der Ribeira dos Socorridos ein großes Fußballfeld. Man gelangt nun nach **Câmara de Lobos,** das nicht nur wegen seiner Fischerei bekannt ist, sondern auch für den hier hergestellten Aguardente und die guten Weinreben, die sich am sonnigen Südhang bis Estreito hinaufziehen. Am Ortseingang eine Tankstelle, an der sich die Straße gabelt. Hier befindet sich ein kleiner, dem Andenken Churchills gewidmeter Platz. Die aufgestellte Tafel besagt, daß er von hier aus das Dorf malte: *»Aqui pintou em 1950, Winston Churchill«* (Abb. 7). In der durch Lavariffe geschützten Bucht von Câmara de Lobos liegen Boote mit den für den Ort typischen Farben Blau, Hellblau, Gelb, Grün und Rot (Farbtafel 26), Männer sitzen in den Booten und spielen Karten oder Domino (Abb. 52). Erst abends fahren sie zum Fischfang hinaus.

9 Nach der Tankstelle links zum Zentrum fahren, Einbahnstraße. Direkt am Strand die im Auftrag von Zarco gebaute Capela de Nossa Senhora da Conceição von 1420, 1723 rekonstruiert und mit einigen schönen Barockschnitzereien ausgestattet. Zur Hauptstraße zurückkehren, nach etwa 1 km eine Straße nach rechts einbiegen (Wegweiser: ›Pico das Torres‹).

11   Vom Aussichtspunkt des Pico das Torres faszinierender Blick auf den Ort und den imposanten Cabo Girão. Zurück zur Hauptstraße.

17   Estreito de Câmara de Lobos, ein Ort mit Weinmonokultur: Malvasia, Verdelho und Tinto (Weinfest im September).

19   Stichstraße links zum Cabo Girão.

21   **Cabo Girão,** mit 580 m eines der höchsten Kliffs der Welt. Kiefern und Eukalyptusbäume. Von der Aussichtsplattform direkt oberhalb des Kaps Blick bis nach Funchal und auf die zahlreichen Felder, die bis zum Rand der Steilküste reichen. Stände für Souvenirs, Läden für Kunsthandwerk, oberhalb davon Picknicktische.

     Spaziergang: Wenn man bei der Zufahrt zum Kap vor der langen steile Treppe steht, die zur Fátima-Kapelle führt (zu der die Pilger am 13. Mai kniend wallfahren), so gehen zu beiden Seiten kurze Wege zu der großen Levada, die hier unter der Straße hindurchläuft (vgl. Weg ⑮). Die Hauptstraße ist von dieser Levada aus jederzeit leicht zugänglich, man kann dem Bewässerungskanal also unbesorgt folgen, um anschließend mit Bus oder Taxi zum Ausgangspunkt zurückzukehren.

25   *Rückfahrt:* Bei Estreito de Câmara de Lobos ausgeschilderter Abstecher in die Berge (Jardim da Serra). Über Corticeiras – die verlassene Quinta Jardim da Serra

34   sieht man links – und durch Obstgärten bis zum Forsthaus von der Boca da Corrida, schöner Picknick- und Campingplatz. Blick in das Curral-Tal (von der

Câmara de Lobos; Lithographie von
A. Picken, frühes 19. Jahrhundert

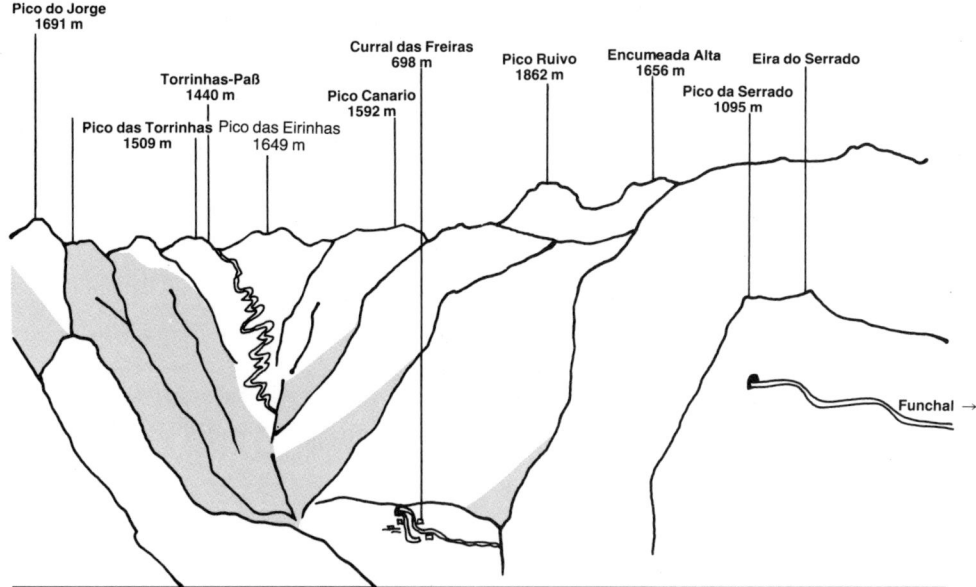

← Encumeada-Paß

Pico do Jorge
1691 m

Curral das Freiras
698 m

Pico Ruivo
1862 m

Encumeada Alta
1656 m

Eira do Serrado

Torrinhas-Paß
1440 m

Pico Canario
1592 m

Pico da Serrado
1095 m

Pico das Torrinhas   Pico das Eirinhas
1509 m   1649 m

Funchal →

Blick in das Tal von Curral das Freiras von der Boca dos Namorados aus (vgl. Weg ⑦). Nach Norden Blick auf den Weg ④ zum Torrinhas-Paß. Der Höhenwanderweg ① führt entlang der Bergspitzen Pico do Jorge und Pico das Eirinhas zum Ruivo.

der Autotour 1 gegenüberliegenden Seite; Beginn von Weg ⑥). Von Corticeiras (1065 m) über eine neue Erdstraße Auffahrt zur Boca dos Namorados möglich, vorbei an der Quinta Mis Muchachos (vgl. Weg ⑦). In Estreito kann man, dem Levada-Schild ›Northern Watercarrier‹ mit dem Symbol eines Wanderers folgend, die Tour mit einem Levada-Spaziergang beenden. Rückkehr über Câmara de Lobos nach Funchal.

55

Autotour 4

Funchal – Blandy's Garden – Camacha – Santo da Serra – Portela – Porto da Cruz – Faial – Ribeiro Frio – Poiso – Pico do Arieiro – Poiso – Funchal (81 km)

Landschaftlich sehr reizvolle Fahrt von der Südküste durch das Hochgebirge an die Nordküste. Trotz der relativ kurzen Strecke muß man für diese Tour mindestens zehn Stunden veranschlagen, will man die Besichtigung von Blandy's Garden genießen, einige Spaziergänge unternehmen und unterwegs etwas essen.

km

Ausfahrt aus Funchal Richtung Flughafen, eine der Straßen in Richtung Camacha wählen, um auf die EN 102 zu gelangen.

5   An der Bushaltestelle (Linien 29, 77) ist Blandy's Garden ausgeschildert, der Privatgarten der Quinta do Palheiro Ferreiro (vgl. S. 203). Rechts eine kleine Straße, die bis zur Pforte führt.

7   Man fährt bis zur Quinta (Besichtigung nur montags bis freitags bis 12.30 Uhr). Wenn man aus dem Garten zurückkommt, rechts die enge Dorfstraße weiterfahren (schlechtes Pflaster), bis diese wieder in die 102 (8 km) mündet.

10   Rechts nach **Camacha** – Besichtigung einer Korbflechterei möglich (vgl. S. 137 f.). Vom Dorfplatz aus Blick in das Porto Novo-Tal.

15   Weiterfahrt auf der EN 102 durch Obst- und Gemüsegärten. Águas Mansas. Ein Schild verweist auf die Levada dos Tornos (vgl. Weg ⑪).

21   Weiterfahrt durch Wald. Um nach Portela zu gelangen, lohnt sich ein Umweg über Santo da Serra. Vor dem Golfplatz führt links eine alte, steile Straße nach 2,2 km auf die 101 von Machico nach Portela.

24   Ausblick auf das Tal von Machico.

Abstecher nach Machico: Wenn nicht jetzt, irgendwann wird man durch diesen Ort kommen – etwa auf dem Weg zur Wanderung zur Ponta de São Lourenço oder bei einem Besuch der ehemaligen Walfangstation in Caniçal. Hier in der inzwischen neu benannten Baia de Zarco – schließlich landete Zarco zuerst in Machico – ist das zweite touristische Zentrum der Insel mit 2000 Betten entstanden.

Der Ort wird durch den Fluß Ribeira de Machico in zwei Hälften geteilt: auf der Ostseite das Viertel der Fischer, ›Banda d'Além‹ (= das gegenüberliegende Ufer), deren bunte Boote auf dem schwarzen Lavastrand ruhen, im Westen konzentrieren sich die Hotels und Restaurants. Die Capelo dos Milagres von Machico war das erste Gotteshaus der Insel, gegründet von Zarco und Teixeira nach ihrer ersten Landung (vgl. S. 43 f.); dere heutige Bau stammt aus dem 19. Jahrhundert. Der Name ›Kapelle der Wunder‹ bezieht sich auf ein Christusbild, das durch eine große Überschwemmung im Jahre 1803 ins Meer gespült wurde. Drei Tage später soll ein Fischer das Bild draußen auf dem Meer unbeschädigt wiederentdeckt und zurückgebracht haben. Vor dem Fest am 9. Oktober werden zu Ehren des ›Herrn der Wunder‹ auf den umliegenden Hängen große Scheiterhaufen angezündet.

Die Gemeindekirche von Machico, Igreja da Nossa Senhora da Conceição, ist wegen ihres Zwillingsportals sehenswert: Die beiden Marmorsäulen wurden der Kirche von König Manuel geschenkt. Er vermachte ihr auch eine flämische Skulptur der Jungfrau mit dem Kind (heute im Museum von Funchal), eine Orgel und diversen Kirchenschmuck. Die Festung ist dreieckig, um nur drei statt vier Seiten gegen die Seeräuber verteidigen zu müssen (1704 erbaut). Noch residiert hier das Finanzamt, sie soll aber in ein Museum umgewandelt werden.

Vor dem Tunnel nach Caniçal kann man vom schönsten Picknickplatz auf dem Pico do Facho die Aussicht auf Machico genießen. In der Nähe von Machico liegt in Richtung Funchal die große Ferienanlage ›Matur‹ mit allen touristischen Einrichtungen. Leider stört der Fluglärm die ansonsten hier herrschende Ruhe empfindlich.

27,5   Bei Portela machen die beiden Straßen eine Schleife. Sehr gutes Restaurant ›Casa da Portela‹, Verkauf von Kunsthandwerk, hinter dem Haus Erdstraße nach Norden, lohnende Aussicht auf die Nordküste und den Adlerfelsen (Camping möglich). Der Erdweg führt zu dem Ort Ribeira de Machico zurück.

33   Man folgt jedoch der EN 101 weiter abwärts bis Porto da Cruz (vgl. Weg ⑩). Restaurant neben der Kirche im Schatten des alles dominierenden Adlerfelsens. Zum Baden ist der Strand zu steinig.

Der 590 m hohe Adlerfelsen, ein Berg vulkanischen Ursprungs, stand früher mit den zentralen Massiven in Verbindung. Am Westende des seltsam gekippten Felsens vereinigen sich drei Flüsse, die bei Faial ins Meer münden. Der Adlerfelsen ist von Porto da Cruz aus nicht zu besteigen, sondern nur vom Dorf Penha de Águia de Baixo aus, das rechts der großen Flußmündung liegt. Zu dem Dorf gelangt man, wenn man an der EN 101, vor der ersten Brücke, rechts eine Treppe hochsteigt. Man geht durch den Ort bis fast zum Steilhang und folgt rechts dem Pfad, der direkt über dem Meer aufwärts führt (90 Minuten steiler Aufstieg; neue Straße rechts von der ersten Brücke führt in den Ort).

Macchio   1 Rathaus   2 Festung Nossa Senhora do Amparo   3 Fußballstadion   4 Hotel ›Dom Pedro‹
5 Forte de São   6 Igreja da Nossa Senhora da Conceição   7 Heilquelle und Kapelle São Roque
8 Capela dos Milagres   9 Lota (Fischversteigerungshalle)   10 Touristenbüro

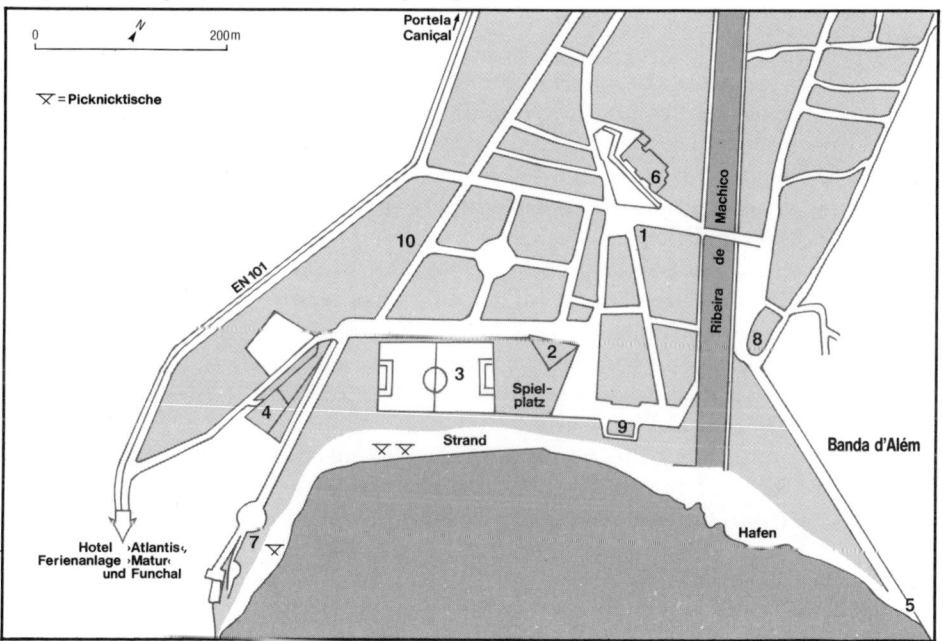

Der Adlerfelsen; Stich von J. F. Eckersberg, 19. Jahrhundert

38 Kurz vor der nächsten, neuen Brücke, über die man nach Faial gelangt, kommt von links die EN 103, die wieder ins Gebirge hinaufführt. Die Straße verläuft oberhalb des Tales der drei Flüsse da Metade, Seca und de São Roque.

40 In Lombo de Baixo links die ›Casa de Chá‹ (›Teehaus‹; nur bis 19 Uhr geöffnet) mit Glasveranda; Blick auf den gegenüberliegenden Lombo de Cima, den Bergrücken, der die beiden Täler trennt. Im Frühjahr zieht der Rauch der Öfen, in denen die Weidenruten gekocht werden, über das Tal, im Herbst sieht man viele Maisbäume – kahle Bäume, an denen der Mais zum Trocknen aufgehängt wird. Die *Palheiros* leuchten hell zwischen dem dunklen Grün.

    Über Cruzinhas steigt die Straße rasch weiter an, die bebauten Felder hören auf, der Eukalyptuswald beginnt. Die Spitzen des Pico Ruivo und des Pico do Arieiro verschwinden häufig im Nebel.

50 Ab 900 m Höhe fährt man oft in eine Nebelwand hinein, an dem Naturschutzgebiet Ribeiro Frio vorbei (vgl. S. 207). Wenn das Wetter gut ist, lohnt sich hier ein Spaziergang, aber auch der Weg zu den Balcões.

Weg zu den Balcões: Der ausgeschilderte Weg verläuft genau oberhalb von Ribeiro Frio nach Westen, an einer trockenen Levada entlang. Im Herbst ist der Weg mit Belladonna-Lilien bestanden. Nach 15 Minuten ein Gang durch den Basaltfelsen, der Blick geht in das

Tal des Metade. Bei der nächsten Weggabelung rechts halten; es sind noch 50 bis zur Aussichtsplattform, die sich kühn über das Tal schwingt. Picknicktisch und Steinbänke in den Felsen. An der Nordküste der alles beherrschende Adlerfelsen, im Süden die ausgezackten Spitzen des zentralen Massivs, wo im Winter oder Frühjahr oft Schnee liegt. Hier entspringt der Metade, der im Tal das Kraftwerk von Noguéira betreibt und dann in die Levada dos Tornos mündet, die im Süden die Felder zwischen Santa Cruz und Funchal bewässert. Ein alter Weg führt entlang einer Levada und dann steil abwärts ins Metade-Tal; er endet bei einem Arbeiterhäuschen noch vor dem Kraftwerk an dem Erdweg.

56 Zurück nach Ribeiro Frio (1400 m), viele Picknickmöglichkeiten (vgl. Weg ⑬). Fahrt durch aufgeforsteten Nadelwald und dann über die karge Hochebene von Poiso. Abends befindet man sich in dieser Gegend oft oberhalb der Wolken. Vor Sonnenuntergang empfiehlt sich der Abstecher zum Pico do Arieiro.

63 Bei klarer Sicht sieht man von dem Pico, zu dem einige Stufen hinaufführen, die Ebene von Paúl da Serra, den Leuchtturm der Ponta de São Lourenço und das ganze Hochgebirge (vgl. Weg ②).

64 Am Fuß des Pico die neue Pousada ›Pico do Arieiro‹ mit Bar und Restaurant. Ihr gegenüber nach Norden ist ein 15 minütiger Rundgang zum Miradouro do Juncal ausgeschildert; Blick in das Metade-Tal, auf den Adlerfelsen und die Felsformationen des Zentralmassivs.

70 Zurück über Poiso und Monte nach Funchal (81 km). – Achten Sie kurz nach dem Pico do Arieiro auf ein steinernes Iglu, das rechter Hand auf der weiten Hochflä-

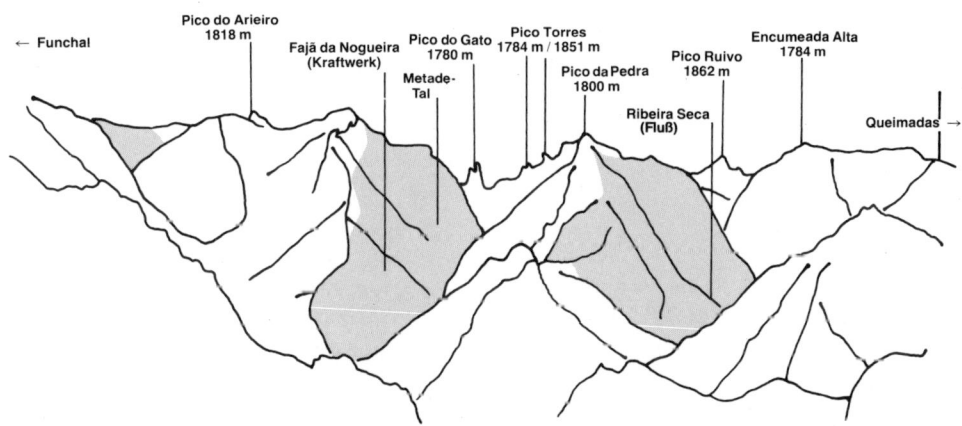

Blick auf das Zentralgebirge von Achada do Cedro (zwischen Cruzinhas und Ribeiro Frio) aus nach Westen. Der Wanderweg ② führt vom Pico do Arieiro am Pico do Gato und Pico das Torres vorbei zum Pico Ruivo, der Weg ③ vom Pico Ruivo über den Bergrücken von Encumeada Alta nach Queimadas/Santana

che steht: Es ist ein *Poço da Neve,* ein Schneeloch, in welchem in früheren Zeiten die Grand Hotels Funchals ihr Eis zum Kühlen der Getränke herstellten!

Autotour 5

Funchal – Câmara de Lobos – Ribeira Brava – Canhas – Paúl da Serra – Rabaçal – Porto Moniz – São Vicente – Encumeada – Ribeira Brava – Funchal (158 km)

Eine lange Autotour, die bei gutem Wetter zur Hochebene im Westen führt, bei schlechtem durch die noch immer einsamen Dörfer der Südwestküste. Den Kontrast bilden die steilen Felsen der Nordküste.

km

Ausfahrt aus Funchal nach Westen über Câmara de Lobos (vgl. Autotour 3).

20   Man passiert den Cabo Cirão (vgl. Autotour 3). Dicht besiedelte Südküste, viel Verkehr, kurvenreiche Straße mit ständigen Höhenunterschieden. Typischer Baustil: mehrstöckige, an den Hang gebaute Häuser, deren untere Räume als Garagen, Werkstätten oder Läden dienen; die Dächer werden als Terrassen für den Weinanbau und zum Trocknen von Gemüse genutzt. Kacheln, die zugleich Schutz gegen die Feuchtigkeit gewähren, schmücken die Hauswände. Die zumeist verzierten Schornsteine ragen in den Feldern unterhalb der Straße aus den grünen Blättern hervor. Die Enden der Dachfirste sind mit Darstellungen von Tauben, Menschenköpfen und Hunden versehen, was einst böse Geister abhalten sollte. Am Straßenrand stehen häufig Körbe mit Obst und Gemüse, die auf den Transport zum Markt warten.

Die Kleidung der Frauen in der kühlen Jahreszeit besteht aus Gummistiefeln, langen Hosen, Rock und Schürze sowie warmer Jacke; die Männer tragen im Sommer wie im Winter die *Carapuça,* eine grobgestrickte Schafwollmütze mit hochklappbaren Ohrenklappen. In den Dörfern sind auch sonntags einige Läden geöffnet.

Hinter Quinta Grande, kurz vor Campanário, schöner, aufgrund des recht dichten Verkehrs auf der engen Straße allerdings ziemlich lauter Aussichtsplatz (Meeresblick) mit Picknicktischen.

32   **Ribeira Brava:** Ein großer Betonklotz mit Neubauwohnungen, Bank und Hotel erschlägt den am Meer gelegenen, von Kirschbäumen umgebenen Ort förmlich. Sonntags Markt auf dem Kai. Bereits von der Straße aus sieht man unter sich den blau-weiß gekachelten Turm der Gemeindekirche: Der Engel an der Kanzel stammt aus dem 16. Jahrhundert (Abb. 15); er weist noch Reste von Bemalung auf. Beachtung verdienen ferner das massive Taufbecken mit Rankenschmuck, ein Geschenk von König Manuel, und die Skulptur ›Unsere liebe Frau vom Rosenkranz‹ im flämischen Stil aus dem 16. Jahrhundert.

Modernisierung eines Wohnhauses bei Ribeira Brava

Ein Spaziergang durch die engen Straßen führt auf eine alte, in Basaltsteinen angelegte Treppe mit abgerundeten Stufen, über die die neue Straße hinübergeführt wird (Abb. 41).

37 Die neu ausgebaute Straße am Meer nach **Ponta do Sol** erspart den Umweg über die Berge. Vier Tunnel bis Ponta do Sol – leider nur steiniger Strand. Vor Ortsbeginn nach links zum Meer abbiegen; Sie können dort die alte Anlegebrücke von Farbtafel 54 wiedererkennen! Die Gemeindekirche hat eine besonders reizvolle Decke im maurischen Stil und ein bemerkenswertes Keramiktaufbecken.

Für die Weiterfahrt den Schildern nach Porto Moniz oder einer kleinen engen Straße aufwärts durch den Ort folgen, um wieder die EN 101 vor der Kreuzung nach Lombo do João zu erreichen.

Abstecher nach Lombada da Ponta do Sol: Von der EN 101 führt bei der Kreuzung Tábua/ Ponta do Sol eine Kopfsteinpflasterstraße rechts nach Lombada (2 km). Ein Freund von Columbus, João Esmeraldo, besaß hier eine Zuckerrohrfarm, bewirtschaftet von Sklaven aus Schwarzafrika. Sein Herrenhaus war im 16. Jahrhundert das größte der Insel; Columbus lebte hier eine Weile als Gast. Die Ruinen des Hauses liegen neben der Capela do Espirito Santo (›Heilig-Geist-Kapelle‹), die prächtige Barockschnitzereien und Kachelbilder (Darstellungen der Tugenden) besitzt.

39   Canhas (Achtung: Von Canhas kommend, ist die kürzere Straße über Ponta do Sol nach Ribeira Brava nicht ausgeschildert; auch die Karten vermerken sie nicht. Man fährt abwärts in den Ort bis zum Meer, um sie zu finden).

41   An der Straße Darstellungen der 14 Kreuzwegstationen; dann zum Monument der Heiligen Theresa.

41,5   **Küstenstraße nach Porto Moniz:** (EN 208): Die Fahrt hinauf nach Paúl da Serra lohnt sich nur bei klarem Himmel, ansonsten herrscht auf der Hochebene Nebel. Bei schlechtem Wetter Weiterfahrt bis Porto Moniz – 55 km – auf der Küstenstraße: Herrliche Aussicht auf Madalena do Mar. Dann die drei Ortsteile von **Calheta** mit manuelinischen Baudenkmälern. In Loreto Kapelle mit Wasserspeiern an der Tür auf der Südseite und manuelinisch-maurischer Decke. In der Gemeindekirche von Calheta dreistöckiges Tabernakel aus Ebenholz mit Silberintarsien, von König Manuel I. gestiftet, und imposante Decke mit geometrischen Mustern, die maurischen Einfluß zeigen (Abb. 14; andere wertvolle Kunstwerke dieser Zeit sind im Museum für sakrale Kunst in Funchal ausgestellt). In Estreito da Calheta ›Dreikönigskapelle‹ (Capela dos Reis Magos) mit schöner Decke, Altarbild aus der flämischen Schule. Abstecher zum Aussichtspunkt Arco da Calheta (846 m) im Ort Loreto.

Über Prazeres und Ponta do Pargo – Abstecher zum Leuchtturm – weiter in Richtung Porto Moniz. Einsame Strecke, kaum Verkehr, schöne Blicke auf das Meer. Die Straße verläuft zwischen 600 und 700 m Höhe.

Von Canhas Fahrt über die Hochebene: Hinter dem Monument der Heiligen Theresa (s. o.) zweite Straße rechts nach Paúl da Serra (ausgeschildert, 12 km). Sie führt auf einem Bergrücken durch den Ort; entlang der Strecke Ställe mit Strohdächern, die bis auf den Boden reichen; blühende Gärten.

750 m Höhe: Die Felder hören auf, die Straße wird gesäumt von Lilien. Lokal auf der rechten Seite mit Platz zum Boule-Spielen. Ginsterzweige hängen über der engen Straße. Ein Viehrost in der Straße verweist auf die frei weidenen Kühe und Schafe (selten für Madeira). Picknickplatz links.

1250 m Höhe: Oleander und Brombeerhecken säumen den Hohlweg.

1300 m Höhe: Farne, Ginster; auf dem Abhang oberhalb des Forsthauses eine weiße Jesus-Statue. Es weht häufig ein scharfer Wind, der zuweilen ein imposantes Wolkenspiel verursacht.

1400 m Höhe: Kreuzung, rechts geht die neue Straße über Bica da Cana bis zum Encumeada-Paß, geradeaus nach Fanal und Ribeira da Janela (Weg nur für geländegängige Fahrzeuge), links nach Rabaçal (5 km). Wir folgen der letztgenannten Strecke. Diese neue Teerstraße führt über die Hochebene nach Porto Moniz und stellt die schnellste Verbindung zur Westspitze der Insel dar. Keine weiteren Ortschaften.

58   Links großes Wasserreservoir für das J.-F.-Ulrich-Wasserwerk; entlang der Levada kann man spazieren gehen und eins der schönsten Levada-Häuschen entdecken. Rechts gegenüber steile, gute Straße abwärts nach Rabaçal. Überquerung des Baches Alecrim.

60	Die Häuser des in 1064 m Höhe gelgenen **Rabaçal**; umgeben von flechtenverhangenen Bäumen, viele Terrassen zum Picknicken (vgl. Wege ⑯ und ⑰). Alter Brunnen mit Baumfarn. Spaziergang an der oberen Levada bis zum Wasserfall Risco (30 Minuten hin und zurück, ausgeschildert). Sehr schöner Moosteppich bei der Levada. Der Rastplatz am Wasserfall ist nach dem alten Stich von Eckersberg (vgl. S. 239) gut wiederzuerkennen. Man sieht die zweite Levada (25 Quellen) tiefer liegen (vgl. Weg ⑰). Grasplatz mit Steinbänken, Blick auf den Wasserfall (100 m). Zurück nach Rabaçal und zur Hauptstraße.
62	1400 m Höhe: Rechts zur 204 nach Porto Moniz. Aussichtspunkt; Blick auf die Gebirge der Nordseite. Weidende Kühe; Farne, Ginster, kleine Kiefern.
63	Kreuzung, links Straße nach Calheta (lohnender Weg).
64	Pico Gorda (1264 m) links.
69	Aussichtspunkt in 1350 m Höhe.
70	Fonte do Bispo links mit Picknickplätzen.
76	Fonte da Pedra (1060 m Höhe).
77	Staatsgut ›Reprodução Animal‹. Häuser mit Fußballfeld (!) rechts der Straße.
79	Rechts EN 101 nach Porto Moniz.
86	Über Santa steile Abfahrt nach **Porto Moniz**. Schöner Blick auf den Ort; markant die vorgelagerte Ilhéu Mole. Seewasserschwimmbecken in den Lavafelsen, die durch Betonmauern miteinander verbunden sind, so daß das Schwimmen im Meer auch bei starkem Seegang ungefährlich ist. Mehrere Restaurants, Hotels, Campingplatz und Picknicktische. Kleiner Hafen an der Nordseite.

Abenteuerliche Rückfahrt an der Nordküste unmittelbar am Wasser entlang, enge, feuchte Tunnel, die meist nur einem Auto Platz bieten, eine schmale Mauer begrenzt die Straße zum Steilufer hin. Das Meer ist zumeist sehr bewegt. Besonders schön in den Abendstunden zu fahren, wenn die Felsen im gleißenden Gegenlicht liegen. Ribeira da Janela (›Fenster‹) ist nach einer fensterähnlichen Öffnung im Fels benannt. |
| 96 | Seixal: Weinanbaugebiet, Wasserfälle, unter denen man hindurch fährt. Überquerung der Schlucht Ribeira do Inferno (›Höllenschlucht‹), die wegen des dichten Waldes besonders düster wirkt. |
| 104 | São Vicente: großes Restaurant mit Rundblick über das Meer am Ufer. An den Felsen gebaute Kapelle von São Roque direkt an der Straße. Rechts führt die EN 194 aufwärts zum Encumeada-Paß. Gemeindekirche mit sehenswertem Deckengemälde, das das Dorf darstellt. Zierlicher Glockenturm am Hang auf dem Weg nach Rosário, dessen Kapelle Nossa Senhora da Fâtima nur 6 × 6 m groß und deshalb von unten nicht zu sehen ist.

Rosário (Rosenkranz): viele alte Häuser. Chão dos Louros: weitläufiger Picknickplatz in einem Lorbeerwald mit Grillplätzen. |
| 115 | **Encumeada-Paß** (1004 m): Picknicktische, früher Ausgangspunkt vieler Wanderungen (Wege, ①, ⑤, ⑱, ⑲), kleine Bar. Nach Norden Blick bis São Vicente, im |

Süden auf das Tal von Serra de Água. Der Paß, der als Wetterscheide fungiert, teilt die Insel in die Hochebene Paúl da Serra und das zerklüftete Hochgebirge von Pico Ruivo. Die hiesige Straße wurde erst 1916 gebaut. Ein Spaziergang entlang der Levada do Norte (Weg ⑱, 1. Teil) beginnt gegenüber der Bar; er eignet sich auf dem ersten Kilometer auch gut für ältere Leute. Wenn der Norden verhangen ist, kann dieser schön mit Agapanthus, Hortensien, Lorbeerbäumen bepflanzte Levada-Weg noch vollkommen in der Sonne liegen.

›Pousada dos Vinháticos‹: die erste Pousada Portugals; Restaurant, schöner Garten, viele Picknicktische. Markanter, kegelförmiger Berg Gusta do Galo (1206 m; Farbtafel 32).

129   Ribeira Brava = ›reißender Fluß‹: In den Wintermonaten kann dieses Tal überflutet sein.

158   Links EN 101 zurück nach Funchal.

Autotour 6

Funchal – Poiso – Ribeiro Frio – Faial – Santana – Queimadas – Pico das Pedras – Achada do Teixeira – Pico Ruivo (zu Fuß) – Achada do Teixeira – Santana – São Jorge – Arco de São Jorge – Ponta Delgada – São Vicente – Encumeada – Ribeira Brava – Funchal (142 km)

Eine Fahrt durch die Berge, die sich bei beständigen Wetterverhältnissen im Norden empfiehlt; sie schließt die Möglichkeit der Besteigung des Pico Ruivo, des höchsten Berges Madeiras, ein. Bucht man im Touristenbüro von Funchal eine Übernachtung in der dortigen Berghütte vor, läßt sich die Tour auf zwei Tage verteilen; man kann dann den Sonnenauf- oder -untergang vom Pico Ruivo aus genießen.

km

30   Ausfahrt aus Funchal über Poiso (vgl. Autotour 2) auf der EN 103 bis zur Nordküste. Weiterfahrt links auf der EN 101 über die neue Brücke nach Faial.

34   Zwei Aussichtspunkte über dem Meer mit Ausblick zum Adlerfelsen und auf das Meer.

40   **Santana**, bekannt wegen der ›Santana-Häuser‹ mit spitzen Giebeln, bis auf den Boden heruntergezogenen Strohdächern, bunten Fensterläden und reichem Blumenschmuck (Farbtafeln 20, 21). Besichtigung der Häuser neben dem Restaurant möglich. Der Wohnraum eines solchen Häuschens ist eng, der Raum zum Schlafen oft nur einfach abgetrennt; alle Tätigkeiten finden auf der kleinen, meist von Blumen gerahmten Terrasse statt. Neuerdings wird jährlich ein Preis für das am hübschesten renovierte und geschmückte Haus vergeben. Um von Santana nach Queimadas zu gelangen, gibt es zwei Möglichkeiten:

1) Der mit ›Achada do Teixeira, Pico Ruivo, 5 km‹ ausgeschilderten Straße (links) folgen, dann dem nach rechts weisenden Schild ›Queimadas‹; das Schild ›Faial‹ – nach links – ist irreführend, weil es die Levada, die einst dorthin führte, nicht mehr gibt. 20 Minuten rutschiger, aber breiter Fußweg bis zu den Häusern von Queimadas. Rückkehr nach Santana auf demselben Weg.

2) 1,5 km weiter in Richtung São Jorge fahren; dort links eine kleine, sehr steile Straße nehmen, die zum ausgeschilderten Queimadas hochführt (5 km), vorbei an sehr schönen Häusern der Santana-Art. Denselben Weg zurück, um dann bei der unter 1) genannten ersten Kreuzung dem beschilderten Weg nach Achada do Teixeira zu folgen.

45 **Queimadas:** Spaziergang durch die Gartenanlage mit mehreren Seen, Brücken und schwarzen Schwänen, die ein Santana-Häuschen en miniature haben; Rhododendren, Agapanthus, Belladonna-Lilien, Hortensien. Ausblick auf São Jorge, bei klarem Wetter auch bis Porto Santo. Ein Picknickhäuschen mit Wasser und Feuerstelle ist bis 18 Uhr geöffnet. Die Häuser (Abb. 42) sind z. T. mit alten Möbeln eingerichtet – schon deshalb lohnt es sich, hier eine Nacht zu verbringen (Unterkunft vgl. Weg ⑳).

51 Weiterfahrt über Pico das Pedras (Unterkunft) mit Park und Gartenanlage bis nach Achada do Teixeira (1592 m): dort der *Homem em Pé* (›Stehender Mensch‹), eine auffällige Felsformation. Restaurant mit Picknicktischen.

Mit Platten ausgelegter Fußweg bis zum Pico Ruivo (1862 m), ohne Schwierigkeiten in 45 Minuten zu bewältigen, Unterkunft in Berghütte (Getränke erhältlich, aber kein Essen). Weitere 10 Minuten Aufstieg bis zum höchsten Gipfel der Insel (vgl. Wege ① und ②).

62 Rückkehr nach Achada und Rückfahrt nach Santana; von dort auf der EN 101 (links) Weiterfahrt nach São Jorge (400 m). Die Straße verläuft teilweise oberhalb des Meeres, viele enge Kurven.

71 **São Jorge:** wertvollste Barockkirche der Insel (1660 erbaut) und einziges bemerkenswertes Bauwerk an der Nordküste. Altäre mit schwungvoller Schnitzerei, vergoldete gedrechselte Säulen, schöner Kachelfries. Schön angelegter *Miradouro* (550 m) mit Blick auf die Küste im Westen (Felder von Arco de São Jorge, die sich bis zum Meer erstrecken). Direkt am Aussichtspunkt die ›Cabana de São Jorge‹ mit Restaurant (Unterkunft).

80 Boaventura: Ausblick nach Westen auf Ponta Delgada mit dem neben der Kirche gelegenen Meerwasserschwimmbad, das durch die Gezeiten gefüllt wird.

Die recht schmale Pflasterstraße führt nun durch Weingärten, die in schachbrettartigen Karées angelegt sind, um die Reben vor dem Wind zu schützen.

90 In São Vicente links die EN 104, die in Richtung Funchal zurückführt.

142 Über Encumeada und Ribeira Brava nach Funchal.

Porto Santo

Porto Santo, der ›Heilige Hafen‹, ist außer Madeira die einzige bewohnte Insel des Archipels. Es liegt 35 km nordöstlich von der Ostspitze Madeiras und 60 km von Funchal. 3600 Menschen leben hier auf 42 km² Fläche, die Besiedlungsdichte ist also weitaus niedriger als auf Madeira.

Porto Santo steht ein wenig im Schatten der ›großen Schwester‹, worüber sich manche Bewohner beklagen – so kommen z. B. die Einnahmen aus dem Tourismusgeschäft fast nur der berühmten ›Blumeninsel‹ zugute. In der Tat kann Porto Santo dem Besucher weder eine reiche Blumenpracht noch einsame Wälder oder erholsame Levada-Wege bieten – dafür aber einen 7 km langen Sandstrand, der wiederum Madeira fehlt. Von Porto Santo wird deshalb gern als der ›Badeinsel Madeiras‹ gesprochen – die gesamte Südküste besteht aus einem weißen, noch völlig sauberen, feinkörnigen Strand, der sanft ins Meer abfällt. Die Temperaturen sind denen in Funchal vergleichbar, so daß man auch im Winter mit warmen, sonnigen Tagen rechnen kann, die vielleicht sogar einen kurzen Sprung in das dann noch recht kühle Wasser erlauben. Dem Sand werden übrigens Heilkräfte gegen Rheuma und Warzen zugesprochen. In den portugiesischen Sommerferienmonaten ist Porto Santo vor allem Erholungsort der Madeirenser.

90 Minuten dauert die Überfahrt ab Funchal mit dem Katamaran ›Pátria‹; besonders bei rauher See ist sie ungemütlich, zumal man kaum etwas sieht, denn man darf sich nicht auf Deck aufhalten. Möchte man einen Badetag genießen, empfiehlt sich eher der kurze, nur 15minütige Flug.

Historisches

Porto Santo stand nicht immer im Schatten der größeren und weitaus bedeutenderen Nachbarinsel Madeira. Es war nicht nur die erste Station der portugiesischen Eroberungs- und Entdeckungsfahrten, sondern findet sich unter dem heutigen Namen bereits in einer italienischen Karte des 14. Jahrhunderts verzeichnet (vgl. S. 45), bot also wahrscheinlich schon in vorportugiesischer Zeit Schiffen Schutz. Der sanfte Südstrand gewährte auch Zarco und Teixeira eine gute und sichere Landemöglichkeit, und erst nachdem sie hier Fuß gefaßt hatten, brachen sie zur ersten Erkundung von Madeira auf. Bartolomeus Perestrelo, von Heinrich dem Seefahrer zum Statthalter über die neue portugiesische Besitzung ernannt, begann bereits 1420 mit der Besiedlung Porto Santos, die erfolgreich sein sollte, auch wenn gleich zu Beginn ein ernstes Problem auftauchte: Perestrelo hatte bei seiner Landung ein trächtiges Kaninchen mitgebracht. Dessen Nachkommen vermehrten sich derart, daß sie alles, was neu angepflanzt wurde, auffraßen. Dennoch blühte die neue Kolonie bald, wie sich aus einem Bericht des Venezianers Cadamosto ergibt, der 1456 die Inselgruppe besuchte und begeistert über Porto Santo schrieb: »Die Insel bringt Weizen und Gerste für den eigenen Gebrauch hervor und hat großen Überfluß an Fleisch: von Rindern, wilden Schwei-

Windmühle
auf
Porto Santo

nen und unendlichen Mengen von Kaninchen. Dort gibt es auch Drachenblut, das aus gewissen Bäumen fließt, das heißt: Harz... Und dort gibt es den besten Honig, den es meines Wissens auf der ganzen Welt gibt, und Wachs, aber nicht in großen Mengen.«

Weniger ruhmreich ist die Geschichte der auf Porto Santo residierenden Statthalter: Der erste, Bartolomeus Perestrelo, beschwerte sich bei Prinz Heinrich, daß ihm die Insel zu öde sei, sein gleichnamiger Enkel äußerte seine Unzufriedenheit deutlicher: Er ermordete seine Frau. Diese Tradition setzte sein Sohn fort, der seine Gattin tötete, um eine Kusine heiraten zu können, desgleichen tat wiederum dessen Sohn. Letzterer mußte allerdings büßen: Er wurde mit dem Schwert hingerichtet.

Der offene, leicht zugängliche Strand von Porto Santo bot immer wieder eine Angriffsfläche für Seeräuber, die – vom 15. bis zum 18. Jahrhundert – häufig hierher kamen, um zu plündern und sich mit Nahrungsmitteln einzudecken. Die meisten Bewohner flüchteten dann zum Pico do Castelo, der schwer zugänglich und verhältnismäßig leicht gegen Eindringlinge zu verteidigen war, oder versteckten sich in einer der zahlreichen Grotten. An diese Piratenüberfälle erinnert noch der Name des Pico do Facho (›Fackelberg‹), des höchsten Berges der Insel – dort entzündeten die Bewohner nämlich Fackeln, wenn die Seeräuber nahten. Und auch die Pfarrkirche Nossa Senhora da Piedade, 1430 erbaut, 1566 von den Seeräubern zerstört und im 17. Jahrhundert wieder aufgebaut, trägt noch Spuren aus dieser Zeit (Reste der gotischen Kirche sind übrigens noch in der Nebenkapelle Morgada an der südlichen Außenseite erhalten).

Auch nachdem mit dem Aufkommen der Dampfschiffahrt im zweiten Viertel des 19. Jahrhunderts die Piratengefahr gebannt war, brachen für Porto Santo keine rosigen Zeiten an: Heuschreckenplagen (1844), Insektenbefall in den Weinbergen (1851 und 1854), die Blockaden zu Beginn des 19. Jahrhunderts und schließlich die krasse Verarmung infolge des Ersten Weltkrieges zwangen viele Bewohner zum Auswandern, vor allem nach Brasilien und Venezuela (vgl. S. 71).

In der Inselgeschichte wird eigentlich nur auf einen berühmten Besucher mit Stolz verwiesen: Christoph Columbus, der 1474 nach Madeira gekommen war, verheiratete sich auf Porto Santo mit der Tochter des Gouverneurs, D. Felipa Moniz. In der kleinen, mit Kopfsteinen gepflasterten Straße neben der Kirche des Hauptortes steht ein altes, unscheinbares Haus, in dem Columbus damals gewohnt haben soll (Columbus verbrachte danach noch eine kurze Zeit in Funchal, wo ihm 1479 sein Sohn Diego geboren wurde). Daneben wurde 1989 ein Museum eröffnet, das Columbus gewidmet ist.

Ein Dokument der Neuzeit schmückt Porto Santo seit Beginn der achtziger Jahre: Das Hotel ›Novo Mundo‹, einige Kilometer außerhalb des Hauptortes dicht am Strand gelegen, ist seit 1984 eine Bauruine, da den Bauherren das Geld ausging. Damit war der Versuch gescheitert, Porto Santo für den Tourismus weiter zu erschließen. Ob fertig gebaut oder nicht, der Betonklotz zeigt, daß ein Hotelneubau für Touristen nicht immer im Interesse der Reisenden unternommen wird.

Ein weiteres dominierendes Bauwerk ist die 1960 eröffnete Landepiste, die die Insel in fast ihrer gesamten Breite durchschneidet. Seit 1964 steht sie im Schatten des neuen Flughafens von Madeira (vgl. S. 154); nur gelegentlich, bei schlechtem Wetter, werden Madeira-Flüge hierher umgeleitet. Der große Flugplatz auf der so kleinen Insel steht nunmehr vor allem der NATO zur Verfügung.

So wenig die Vergangenheit der Insel glorreich ist, so wenig Idylle verheißt die Zukunft: Die Armut der Leute bleibt, die touristische Erschließung geht auf Kosten der landschaftlichen Schönheit.

Vegetation und Landwirtschaft

Porto Santo ist eine Insel, auf der die warmen Farben Gelb bis Braun vorherrschen – und zwar nicht nur aufgrund des berühmten Sandstrandes. Den Beinamen ›Sonneninsel‹ verdankt sie ihrem trockenen Klima; in den heißen Sommermonaten wird das Gras gelb, da es kein Bewässerungssystem gibt. Die ursprüngliche Vegetation – Drachenbäume, Kasuarinen, Eisenholz, Wacholder, Christdorn, Buchsbaum, Heide u. a. – ist völlig verschwunden. Abgeholzt? Abgebrannt, verfeuert, zum Bau von Fischerbooten verwandt? Wenn die Darstellung des oben erwähnten Venezianers Cadamosto stimmt, dann müssen die Bewohner von Porto Santo schon früh durch Überweidung und zu intensiven Anbau, der keine Regeneration der Felder erlaubte, Raubbau an der Natur getrieben haben. Wie die zahlreichen Windmühlen, von denen noch einige übriggeblieben sind, zeigen, gab es jedoch vor nicht allzu langer Zeit viel Weizen und Mais zum Mahlen.

Im letzten Jahrhundert hat man mühsam mit der Wiederaufforstung begonnen; inzwischen gedeihen wieder Tamarisken, Espen, Palmen, Paradiesbäume und auf dem Pico do Castelo auch Pinien, Zedern und Eukalyptus. Insgesamt macht die Insel aber immer noch einen kahlen Eindruck; Wiesen und Felder müssen mit kleinen Wällen aus aufgehäuften Steinen vor weiterer Erosion geschützt werden. Nur mühselig lassen sich auf den ersten 250 Höhenmetern Getreide, Feigen, Melonen, Kürbisse u. a. anpflanzen – die einzige Basis für den Lebensunterhalt der meisten Bewohner. Berühmt sind die Weintrauben von Porto Santo, die hinsichtlich Süße und Haltbarkeit als die besten des Archipels gelten (der daraus gewonnene Madeirawein erreicht hingegen nicht die Qualität der Varianten von der Hauptinsel). Die Trauben wachsen auf dem sandigen, warmen Boden des langen Küstenstreifens, die Sonne, die Seeluft und der warme Sand tragen zur Reifung bei. Die im August eingebrachte Ernte kommt zu 99% als Tafeltrauben auf den Markt (Sorten Listrão, Caracol, Cardinal und Dona Maria); die kleinen, etwas bitteren Tricana-Trauben werden zu Rosinen getrocknet.

Die Bewässerung des niederschlagsarmen Porto Santo erfolgt durch unterirdische Quellen, deren Wasser noch bis vor wenigen Jahrzehnten mit Schöpfrädern hochgeholt wurde; heute verrichten Motorpumpen die Arbeit. Am bekanntesten ist die Fonte da Areia, die ›Quelle des Sandes‹ an der Nordwestküste (ihren Namen hat sie von dem aus weißem Sandstein bestehenden Felsen). Aus ihr stammt das beste Trinkwasser der Insel, das dem Touristen laut Werbung besondere ›Jugendfrische‹ verspricht. Die verschiedenen medizinischen Mineralwasser der Insel sind als ›Aguas do Porto Santo‹ bekannt; sie enthalten doppel-kohlensaures Salz, Chlor und schwefelsaures Natron. Das Wasser empfiehlt sich für die Behandlung von Hautkrankheiten und Verdauungsschwierigkeiten. Seit 1905 wird es fabrikmäßig abgefüllt und nach Madeira und Portugal versandt.

Rundfahrt um Porto Santo

Die von Funchal kommende Fähre legt am Porto de Abrigo an, dem neuen, weit ins Meer hinaus ragenden Kai. Busse und Taxis warten darauf, die Ankommenden in die ›Stadt‹ zu fahren. Der kleine Ort, Vila Baleira oder einfach Porto Santo genannt, ist schnell erkundet; einige Läden, ein kleiner Gemüse- und Fischmarkt und eine vorzügliche Bäckerei mit Kaffeebar ermöglichen auch einen Aufenthalt mit Selbstverpflegung. Auf dem kleinen, palmenbestandenen Platz vor der Pfarrkirche – Largo do Pelourinho – sitzen oft die Männer mit ihren zu klein wirkenden Hüten, um zu plaudern.

Hier kann der Besucher ein Taxi mieten, um in etwa zwei Stunden eine gemütliche Rundfahrt um die Insel zu machen. Sollte man mehr Zeit (und Kraft) haben, empfiehlt es sich, ein Fahrrad zu benutzten. Die in Vila Baleira in Strandnähe zu mietenden Räder sind spartanisch; man sollte vor allem auf den Zustand der Bremsen achten. Auf der geteerten

Werbeschild des Fahrradverleihs auf Porto Santo (1986)

Straße, die einmal rund um die verschiedenen Picos herumführt und herrliche Ausblicke auf die vorgelagerten Inselchen und die Steilküste im Norden gewährt, geht es nämlich steil bergauf und bergab. Mindestens an drei Hängen, die von 0 auf 300 m klettern, wird man sein Rad schieben müssen, der Lohn dafür besteht dann in drei rasanten Abfahrten. Auf den in der feuchten Zeit grünen Wiesen weiden Kühe und Schafe – im Gegensatz zu Madeira ist hier genug Platz für das Vieh, da es hier kaum Äcker gibt und die Hänge sanfter sind. In Camacha lohnen sich der Abstecher zu der Fonte da Areia und zum Pico do Castelo. Von dessen beiden Aussichtspunkten überblickt man die ganze Länge des hellen Strandes, erkennt einige Windmühlen und – je nach Wetter – in der Ferne auch Madeira. Im Westen zerschneidet die Landebahn die Insel in zwei Teile. Im Sommer, wenn die Weiden gelb geworden sind, steht der bewaldete Pico in einem schönen Gegensatz zu dem sonst so trocknen und fast öden Land.

Kommt man wieder zu dem Hauptort zurück und hält sich dort nach rechts, bieten die Windmühlen, die sich hier auf einer kleinen Anhöhe erheben, einen besonders schönen Anblick (Abb. Umschlagrückseite). Eine von ihnen, die am Ortsausgang auf einem blumengeschmückten Aussichtsplatz steht, dient abends als Diskothek/Bar. Die Mühlen – für 1603 werden bereits 36 genannt – waren stets Eigentum der Feudalherren, die sich mit einem Anteil des gemahlenen Getreides bezahlen ließen. Sie stehen auf runden Steinwällen; mittels antik anmutender Holzräder konnten sie gedreht werden. Die großen, dreieckigen Segel sind meistens an den Balken aufgerollt.

Der Besucher, der über genügend Zeit verfügt, sollte es nicht versäumen, die 7 km bis zum Ende des Strandes zu laufen. An der Spitze, bei der Ponta da Calheta, finden sich interessante Felsformationen. Auf der Terrasse des direkt am Strand gelegenen Hotels ›Porto Santo‹ kann man sich erholen, Kaffee trinken, gut essen und sich auch ein Taxi rufen lassen, sollte es Zeit sein, die Fähre oder das Flugzeug zurück nach dem lauten, geschäftigen Funchal zu erreichen.

Bild- und Quellennachweis

Farbtafeln

Wolfgang und Ursula Bauer, Hannover   46
Wendula Dahle/Wolfgang Leyerer, Bremen   Umschlagrückseite, Umschlaginnenklappe,
   5–8, 10, 12, 14–25, 27–29, 31–33, 35–45, 47–54
Bildagentur Huber, Garmisch-Partenkirchen   Umschlagvorderseite, 1–3
Américo Correia-Pereira, Funchal   9, 11, 13
Klaus D. Francke, Hamburg   4, 26, 30, 34

Schwarzweißabbildungen

Wolfgang und Ursula Bauer, Hannover   42
Américo Correia-Pereira, Funchal   23
Wendula Dahle/Wolfgang Leyerer, Bremen   9–13, 17, 21, 26, 27, 29, 30, 32, 33, 36–43,
   45–50, 52–55, 57–60
Fotomuseum Vicentes (Photographia-Museu Vicentes), Funchal   1–6, 8 (an dieser Stelle sei
   der Direktorin, Frau Maria Helena Ferraz Simões de Araùjo, herzlich gedankt, ebenso
   Herrn Thomas Fischer, Coimbra, der die Abb. 8 zur Verfügung stellte)
Klaus D. Francke, Hamburg   14–16, 18–20, 22, 24, 28, 31, 34, 35, 44*, 51*, 56, 60
Raul Perestrello, Funchal   7

---

* Ein Vergleich der Abb. 44 und 51, die aus den 60er Jahren stammen, mit den Abb. 47 und 52 zeigt,
daß sich die soziale Lage der Bevölkerung seit der ›Nelkenrevolution‹ von 1974 etwas verbessert hat:
Barfuß geht auf Madeira heute niemand mehr. Die schwarzen Segel (Abb. 51) wird man inzwischen
kaum mehr sehen, da die meisten Boote heute motorisiert sind.

Textabbildungen

António José Correia-Nunes, Funchal   S. 32, 79, 91, 140, 160
Wendula Dahle/Wolfgang Leyerer, Bremen   S. 39, 83, 96, 97, 98(2), 259, 268
Fotomuseum Vicentes (Photographia-Museu Vicentes), Funchal   S. 177
Klaus D. Francke, Hamburg   S. 142, 156

Heinz Klug (Hg.): Beiträge zur Geographie der mittelatlantischen Inseln, Kiel 1973   S. 19 oben

Madeira en mapas e em numeros. Estudos para o Planeamento Regional e Urbano 20, Lissabon 1984   S. 71, 78

Merian-Heft ›Algarve‹, Hamburg 1968   S. 47

Merian-Heft ›Madeira‹, Hamburg 1969   S. 41 (Abb. S. 41 und 47 mit freundlicher Genehmigung des Hoffmann & Campe-Verlags, Hamburg)

R. Quintal/M. J. Vieira: Ilha da Madeira, hg. vom Tourismusbüro Funchal 1985   S. 19 unten, 20 unten, 23

Regionalregierung Madeira (Governo Regional do Região Autónoma da Madeira), Funchal   S. 14, 20 oben, 82, 179

Floyd S. Shuttle/Herbert S. Zim/Gordon W. Dillon: Orchideen – Wildwachsende Pflanzen aus aller Welt, München, Zürich 1973   S. 27

Luis de Sousa Melo/Susan E. Farrow: ›Impressions of Madeira in the Past‹, Funchal 1983   S. 69, 149, 171, 225 (mit freundlicher Genehmigung der Editorial Eco do Funchal, Travessa do Freitas, 10/14)

Tourismusbüro Madeira (Delegação do Turismo da Madeira), Funchal   S. 26, 29, 40, 42, 110, 138, 144(2), 145(2), 146, 148, 151, 155, 167, 174, 265

Zeichnungen und Pläne: DuMont Buchverlag, Köln (Karte S. 46 nach einer Vorlage aus dem Merian-Heft ›Algarve‹)

Alle übrigen Abbildungen stammen aus dem Archiv der Autoren

Autoren und Verlag bemühen sich darum, die ›Praktischen Reiseinformationen‹ aktuell zu halten, können aber keine Gewähr für die Richtigkeit jeder einzelnen Angabe übernehmen – Anschriften wie Telefonnummern, Öffnungszeiten wie Währungskurse etc. ändern sich oft kurzfristig. Wir bitten um Verständnis und werden Korrekturhinweise gerne aufgreifen. DuMont Buchverlag, Postfach 10 04 68, 5000 Köln 1.

Raum für Reisenotizen

Praktische Reiseinformationen

Wissenswertes vor Reiseantritt

Informationsstellen

...in der Bundesrepublik Deutschland
Portugiesisches Touristik-Amt, Kaiserstr. 66 IV., 6000 Frankfurt/M., Ø (069) 234097, Fax: 211433 (auch zuständig für Österreich)
...in der Schweiz
Office National du Tourisme du Portugal, 1204 Genf, 50 Quai Gustave Ador, Ø (022) 357410, Fax: 7861245

Anreise

Von Düsseldorf, München und Hamburg aus gibt es Direktflüge per Charter nach Funchal. Die nationale portugiesische Fluggesellschaft TAP fliegt mehrmals täglich Madeira und Porto Santo von Lissabon aus an (90 Minuten Flugzeit). Nach Lissabon bestehen hervorragende Verbindungen ab allen größeren europäischen Flughäfen. Die Lande- und Startmöglichkeiten auf Madeira sind sehr wetterabhängig, so daß oft mit Verzögerungen gerechnet werden muß. Linienflüge von Funchal außerdem zu den Azoren, Kanarischen Inseln, Faro und nach Porto.

Regelmäßige Schiffsverbindungen für Passagiere nach Funchal werden z. Zt. nicht angeboten. *Frachtschiffe vgl. S. 282.*

Einreise- und Zollbestimmungen

Für einen Besuch Madeiras benötigen Bundesdeutsche, Schweizer und Österreicher lediglich den Personalausweis, für Kinder sollte man einen Kinderausweis ausstellen lassen. Für das Mieten eines Wagens auf Madeira genügt der nationale Führerschein.

Bezüglich der Ein- und Ausfuhr zollpflichtiger Waren gelten seit 1986 die Bestimmungen der Europäischen Gemeinschaft. Beim Warenverkehr zwischen Portugal und den anderen EG-Staaten dürfen demnach zollfrei ein- bzw. ausgeführt werden: 1,5 l Spirituosen mit Alkoholgehalt über 22% *oder* 3 l Spirituosen bzw. Aperitifs mit 22% oder weniger (zu dieser Kategorie zählt Madeirawein!) *und* 5 l sonstiger Wein; weiter 300 Zigaretten, Geschenke/Reisemitbringsel bis zum Gesamtwert von 780 DM und die üblichen Gegenstände des persönlichen Bedarfs. Für die Schweiz und Österreich gelten die niedrigen internationalen Kontingente.

Reisezeit

Ganzjährig gutes Reisewetter in Funchal, Porto Santo und anderen Orten der Südküste (vgl. Klimatabelle S. 19). An Weihnachten sind Flüge und Unterkünfte oft schon sechs Monate vorher ausgebucht.

Reisekleidung

Für Funchal und Porto Santo ist das ganze Jahr über leichte Sommerkleidung angebracht, wobei außerhalb der ›trockenen‹ Monate mit Regen gerechnet werden muß. Für Ausflüge in die Berge sind Anorak, Pullover und gute Wanderschuhe notwendig. Die Hotels und guten Restaurants erwarten ein gewisses Maß an Förmlichkeit.

Urlaub mit Kindern

Porto Santo mit seinem langen Sandstrand ist ideal für einen Urlaub mit Kindern. Auf Madeira selbst bieten die Hotels zwar Kinderschwimmbecken und Spielplätze, dennoch empfehlen sich Ferien dort nur für Familien mit etwas älteren Kindern, die bereits Spaß am Wandern und sportlichen Aktivitäten haben.

Reisebüros mit Madeira-Angeboten

Das Reisebüro ›Madeira‹, Kaiserstr. 1, 6360 Friedberg, ℘ (06031) 924 05, hat sich auf Madeira spezialisiert.

Flugreisen (mit Unterkunft) per Charter von Düsseldorf, Frankfurt/M., Hamburg, München und Stuttgart oder mit ›Flieg und Fahr‹-Tarif bieten alle großen Reiseunternehmen an, manche auch Kombinationen Porto Santo – Madeira.
Wanderurlaub: Baumeler, Airtours, Scharnow, Touropa, Portugalia, Thissen Tours, Wikinger, ATT, Kreutzer
Botanische Reise: Schefenacker
Golf: Birdie, Faust Int. Golfreisen
Angeln: Balzer, Ehret
Tauchen: NUR, Jahn Reisen (vgl. S. 291)
Kombinationsreisen
…mit den Azoren: Akademische Studienreisen, Airtours, Portugalia, Transair
…mit den Kanarischen Inseln: Akademische Studienreisen, Klingenstein
…mit Lissabon: Akademische Studienreisen, Kreisboten Reisen
Portugal-Rundreise inklusive Madeira: Intercontact, Orbis
Folgende Unternehmen hatten 1990 auf ihren *Kreuzfahrten* auch Funchal im Programm, doch ist deren Angebot schnell wechselnd:

Transocean Tours, Holiday Kreuzfahrten, Seetours.

Preisbeispiele (1990): Campingflug 700 DM; 14 Tage Übernachtung und Frühstück pro Person im DZ, incl. Flug 1000–3900 DM (letzteres im ›Reid's‹).

Unterkünfte

Hotels in Funchal (Auswahl)

Die großen Hotels Madeiras konzentrieren sich vor allem in dem westlichen Vorort von Funchal, z. T. leider an den verkehrsreichen Durchfahrtsstraßen, der Estrada Monumental und der Avenida do Infante nach Câmara de Lobos. Ein Zimmer mit Meeresblick ist oft nur mit Zuschlag zu erhalten. Die großen Hotels sind auf die Unterbringung von Kongreßteilnehmern und von Pauschalreisenden spezialisiert. Sie verfügen über Pontons, die den Zugang zum Meer erlauben, und eigene Swimmingpools – eine Kompensation für den fehlenden Strand –, über Tennisplätze, Restaurants, Sonnenterrassen, z. T. auch über Gärten, Liegewiesen und Sportanlagen. Folklore wird zur Unterhaltung angeboten, es gibt organisierte Sightseeing-Touren.

Allmählich erweitert sich auch das Angebot an Ferienwohnungen mit eigener Kochmöglichkeit. Ferienwohnungen in Privathäusern werden nicht offiziell offeriert (vgl. S. 157 f.).

Alle Preisklassen sind vorhanden, von der einfachen Einzelunterkunft (ca. 15 DM) bis zu der Suite im ›Reid's Hotel‹, in der einst Churchill wohnte (800 DM). In den Pauschalarrangements sind meistens Unterkunft und Frühstück inbegriffen.

Das ›Reid's Hotel‹ mit seiner britischen Tradition bildet einen unübersehbaren Kontrast zu der Vielzahl der modernen Hotelbauten. Es wurde 1891 eingeweiht. Seit 1937 gehört es ebenfalls der Blandy-Familie. Imponierend ist die Anlage des 50 000 m² großen Gartens mit seinen exotischen Pflanzen: Er zieht sich terrassenförmig über die Felsen zum Meer hinab und gewährt einen weiten Blick auf die Bucht von Funchal. Auch Gäste, die nicht im ›Reid's‹ wohnen, können den traditionellen englischen ›Five-o'clock-Tea‹ auf der Terrasse des Hotels einnehmen, einen kurzen Besuch des Gartens genießen und das Interieur im englischen Stil des ausgehenden 19. Jahrhunderts bewundern. Besondere Sorgfalt wird den täglich frischen Blumenarrangements gewidmet. ∅ 23001.

Das großzügige ›Casino Park Hotel‹ verdient Beachtung, da es von dem Brasilia-Architekten Oskar Niemeyer entworfen wurde – wie der gesamte ›Casino Park Complex‹, zu dem außerdem ein weitläufiger Park, eine unterirdische Disco, ein Konferenzzentrum und eben das Casino selbst gehören. Das Spielkasino mit seinem Panorama-Nachtklub ist ganzjährig täglich von 16–3 Uhr geöffnet; beim Betreten (Mindestalter 18 Jahre) muß der Ausweis vorgelegt werden. Anzug und Krawatte sind nicht vorgeschrieben, es wird ab 20 Uhr aber doch eine ›angemessene‹ Kleidung erwartet.

Das ›Hotel Savoy‹ gehört ebenfalls zu den Fünf-Sterne-Hotels. Kachelbilder, die an das alte ›Savoy‹ erinnern, lassen etwas Wehmut aufkommen, betrachtet man das jetzt zehn Stockwerke hohe Gebäude mit den kleinen, aufgereihten Balkons. Um zu dem Garten und den Schwimmbädern zu gelangen, überquert man die Rua Imperatriz Amélia. Der Badesteg führt bis zu der kleinen Ilha do Amor, der ›Liebesinsel‹, hinaus, von wo aus man Wasserski laufen kann. ∅ 22031.

Das ›Hotel Monte Carlo‹, ein in neubarokkem Stil erbauter kleiner Palast, wird abends angestrahlt. Es gehört nicht zu dem Hotelkomplex im Westen Funchals, sondern liegt in der Nähe von Pico Fort am Hang, etwa 1 km von der Innenstadt entfernt. Das Haus bietet mehr Atmosphäre, aber weniger Komfort als die großen Hotels. ∅ 26131.

Die Pension Casa do Caseiro bietet Unterkunft in einer alten *Habitação* am Caminho do Monte. Besonderer Service: im Korbschlitten von Monte bis vor die Haustür. Über Viva Travel, ∅ 351–091.

Hotels außerhalb der touristischen Zentren

…an der Südküste
Ribeira Brava: Hotel ›Brava Mar‹ (∅ 95 22 20 / 24).

São Gonçalo: ›Estalagem da Montanha‹ (∅ 20500): Ein stattliches Gasthaus mit schönem Blick über das Meer.

…an der Nordküste
Santana: Das Restaurant ›O Colmo‹ (∅ 57478) bietet einfache Unterkunft in einem auf dem Dach aufgebauten ›Santana-Häus-

chen‹ mit drei Zimmern (Bad, TV, Doppelbett; keine Kochgelegenheit).

São Jorge – Beira da Quinta: Motel Restaurante ›Cabanas‹ (∅ 5 71 90), Rundhütten für zwei Personen.

...an der Westspitze
Porto Moniz: José da Cruz Rodrigues (∅ 85233). Residencial Calhau (∅ 85104), hinter dem Schwimmbad, Doppelzimmer. Alle Zimmer mit Blick aufs Meer.

Santa: Die ›Pension Fernandez‹ hat Zimmer für ca. 15 DM (∅ 85136).

...im Landesinneren
Pico do Arieiro: Die neue ›Pousada‹ (∅ 57478) liegt 1800 m hoch. Ausgangspunkt von Gebirgswanderungen.

Santo da Serra: ›Pousada da Serra‹ (∅ 55136; nicht sehr zu empfehlen).

Serra de Água: Die sehr schön gelegene ›Pousada dos Vinháticos‹ an der Straße Nr. 104 von Ribeira Brava nach Encumeada (∅ 62344; vgl. Autotour 5) bietet Unterkunft in Zweibettzimmern mit Frühstück. Leider ist sie fast ständig von Bergsteigerclubs ausgebucht.

...auf Porto Santo
›Hotel Porto Santo‹ (∅ 98 23 81 / 5): Direkt am Strand gelegene moderne Anlage mit Swimmingpool und Terrasse; Möglichkeiten für Tennis und Windsurfen; Doppelzimmer mit Frühstück ca. 85 DM.

›Hotel Praia Dourada‹ (∅ 98 22 73): Avenida João Gonçalves Zarco; Appartements mit Kochgelegenheit.

Ferienwohnungen

Private Ferienwohnungsvermittlung durch Anni e Mirja P.O. Box 442, 9000 Funchal.

Funchal: Ferienanlage ›Pico dos Barcelos‹, für 2–5 Personen, 65–110 DM pro Tag und Wohnung (alles inclusive, 1990); Auskunft durch ›Viva Travel‹, Funchal, Rua Serpa Pinto 32 (∅ 3 10 64 / 5). Privatzimmer: Frau Corte, Rua de Santa Maria 279 (∅ 2 02 49).

Caniço: Ferienanlage ›Caniço de Baixo‹, 1–5 Personen, 25–50 DM pro Tag und Person (1988); Auskunft durch Anton Sommer, P-9125 Caniço de Baixo (∅ 93 22 19 / 93 23 58 / 93 25 43, Fax: 93 35 25).

Da in Caniço ein neues Ferienzentrum entsteht (›Vilamar‹-Appartements als Tauchzentrum), dürften zukünftig mehr Wohnungen angeboten werden.

Machico: Ferienanlage ›Matur‹, Água de Penha (∅ 5 43 11).

Berghütten – Casas de Abrigo

Berghütte von Pico Ruivo: Übernachtung nur mit schriftlicher Bestätigung des Verkehrsbüros in Funchal (Vorbestellung dort im ersten Stock, Personalausweis mitbringen; ca. 3 DM pro Person). Bettwäsche, Geschirr, Decken und Handtücher werden in der Hütte gestellt, Verpflegung ist mitzubringen (vgl. auch S. 211 f.).

Übernachtungen in den regierungseigenen **Casas de Abrigo** (Forsthäusern) Ribeiro Frio, Queimadas, Bica da Cana, Pico das Pedras und Rabaçal nur mit schriftlich bestätigter Reservierung *(Autorização)* durch die Região Autónoma da Madeira, Governo Regional, Gabinete da Presidéncia, 9000 Funchal (in der Quinta Vigia). Auskünfte erteilt dort D. Ana Maria Ramos.

Die Übernachtungen in den vollausgestatteten Häusern sind kostenlos, Lebensmittel muß man selbst mitbringen. Die Häuser liegen alle im Norden und Nordwesten der Insel, in einer Höhe ab 900 m; es kann daher in jeder Jahreszeit kalt werden, auch wenn sie alle offene Kaminfeuer haben.

Der sicherste Weg ist die schriftliche Reservierung vor dem 5. Januar des Jahres, für das man seinen Aufenthalt plant, da dann der Belegungsplan ausgearbeitet wird. Man kann es aber auch später versuchen. Angaben für die Buchung: Zeitpunkt, Anzahl der Nächte, welches Haus, Alternativvorschläge. Die Anzahl der Personen ist unerheblich, da jedes Haus über vier Schlafzimmer verfügt und zur gleichen Zeit immer nur an eine Familie oder Gruppe vermietet wird.

Camping

Bislang gibt es nur in Porto Moniz einen Campingplatz. Preis: 5 DM pro Zelt und Tag für 2 Personen (1990). Auf Porto Santo wurde 1986 ein Platz direkt am Strand eröffnet. ›Wildes‹ Camping ist überall (mit Erlaubnis des Eigentümers) möglich. An den Levadas lassen sich wegen der Steilheit des Geländes meist nur kleine Zelte aufstellen.

Essen

Restaurants in Funchal

Jedes größere Hotel und jede Ferienanlage, auch außerhalb Funchals, verfügt über ein oder mehrere Restaurants mit zumeist internationaler Küche. Im Zentrum von Funchal – vor allem in den verschiedenen Fußgängerbereichen – gibt es eine Vielzahl von Lokalen mit madeirensischer und/oder internationaler Küche. In der Mittagszeit bieten viele kleinere Restaurants preiswerte und gute Mittagsmenüs an. Die Lokale der Altstadt – am östlichen Ende der Hafenanlage – sind Spezialitätenrestaurants, sie öffnen meistens erst abends. Besondere Erwähnung verdient in Funchal die **Hotelfachschule Madeira** in der Quinta Magnólia (vgl. S. 202 f.; Bar ab 12 Uhr geöffnet, Mittagessen werktags um 13 Uhr, Teezeit ab 16 Uhr). Für das Mittagessen ist eine Reservierung ein bis drei Tage vorher notwendig (∅ 64614, 64013). Freien Transport zwischen Hotel und Restaurant bietet das **Gavinhas** in der Nähe des Lido (Rua Gorgulho, geöffnet täglich 12–23 Uhr, ∅ 26908). Spezialität: Meeresfrüchte.

Da Sie in den Touristenzentren keine Probleme haben dürften, weitere gute Restaurants zu finden, sei im folgenden nur auf einige Restaurants außerhalb Funchals und Machicos hingewiesen, um ihren Besuch u. U. bei Autotouren oder Wanderungen einplanen zu können.

Restaurants außerhalb der touristischen Zentren

Calheta: ›Praça Velha‹ (∅ 82 27 66), sehr gute regionale Küche; geöffnet täglich 8–24 Uhr.

Caniço de Baixo: ›Roc-a-Mar‹ (∅ 93 29 99), lokale Küche; Do geschlossen.
›O Galo‹ (∅ 93 22 20), beim Tauch- und Badezentrum.

Speisekarte des ›Restaurante dos Combatantes‹ (im Zentrum Funchals)

Sopas:	Suppen:	Preis ca. ($)
Sopa de Peixe	Fischsuppe	245
Sopa de Tomate a Cebola	Tomatensuppe mit Zwiebeln	245
Sopa de Tomate e Cebola con Ovo	Tomatensuppe mit Zwiebeln und Ei	275
Omeletas:	*Omelettes:*	
Omeleta de Peixe	Fischomelette	450
Omeleta de Queijo ou Fiambre	Käse- oder Schinkenomelette	450
Omeleta de Cogomelos	Champignon-Omelette	450
Peixes:	*Fisch:*	
Filete de Espada	Degenfischfilet	545
Peixe Besugo frito ou grelhado	Königsfisch, gebraten oder gegrillt	650
Posta de Espada frita/grelhada	Degenfisch, gebraten oder gegrillt	650
Posta de Espada cozida	Degenfisch, gekocht	650
Pargo ou Garoupa frito/grelhado	Scholle oder Garoupa	nach Gewicht
Bacalhau cozido con Verduras	Stockfisch, gekocht, mit Gemüse	650
Lulas grelhadas	›Lulas‹, gegrillt	700
Bacalhau Recheado à Combatentes	Stockfisch à la Combatantes	850
Bifes de Atum	Thunfisch	650
Carnes:	*Fleisch:*	
Prego no Prato	Beefsteak	500
Bacon e Ovos	Speck und Eier	450
Frango assado	Huhn, gebraten	550
Bife da Chá	Rindfleisch	650
Costeletas Porco fritas/grelhadas	Schweinekotelett, gebraten oder gegrillt	595
Carne Porco Vinho Alhos	Schwein in Wein und Knoblauch	750
Bife do Lombo Apimentado (Pepper)	Pfeffersteak	950
Bife à Combatentes	Beefsteak à la Combatentes	950
Espetada Regional	Fleisch am Spieß	995

Typische Angebote eines guten Lokals mit überwiegend einheimischer Küche (Preise von 1990). Übrigens: *Prego no Prato* heißt ›Nagel auf dem Teller‹ – guten Appetit!

Faial: ›Casa de Chá do Faial‹ (∅ Lombo Baixo 57223), auf der 103 von Ribeiro Frio nach Faial (hinter Lombo da Cima rechts ausgeschildert); ›Teehaus‹, das nur bis 19 Uhr geöffnet ist und hauptsächlich zum Kaffeetrinken besucht wird. Bietet aber auch eine gute einheimische Küche an, u. a. frische Forellen. Sehr schöne Aussicht auf São Roque do Faial von der Glasveranda.

Pico dos Barcelos (Vorort von Funchal): ›Barcelos à Noite‹ (∅ São Martinho 43773), Ausflugsrestaurant mit lokaler Küche.

Poiso: ›Poiso‹ (∅ 38269), das Kaminfeuer ist in den Monaten von Oktober bis Mai oft bitter nötig; geöffnet 7–2 Uhr (nachts).

Portela: ›Casa da Portela‹ (∅ Santo da Serra 56159), Straßenkreuzung 102/101 auf dem

Paß; Spezialitäten: Tomatensuppe und *Espetada*-Spieße.

Porto da Cruz: ›Penha d'Ave‹ (∅ 5 6127), neben der Kirche vor dem imposanten Adlerfelsen; sehr gute und reichliche regionale Küche, auch abends geöffnet.

Ribeiro Frio: ›O Caramujo‹ (∅ 78 28 52), sehr gute regionale Küche; geöffnet täglich 7–24 Uhr.

Santa Cruz: ›Império‹, am zentralen Platz.

Santana: ›O Colmo‹ (∅ 5 74 78), an der Straße 101.

Santo da Serra: ›Lagoa‹ (∅ 5 51 18), neben dem Golfclub; mit Antiquitäten aller Art ausgestattet.

São Gonçalo: ›Café Stop‹ (∅ 2 28 01), neben der Kirche an der Bushaltestelle; sehr reichliche Küche, beliebter Mittagstisch (Mo geschlossen).

São Jorge: ›A Cabana‹ (∅ Santana 5 54 90), bei Beira – Quinta – São Jorge in der Nähe des Aussichtspunktes auf der 101, Teil der Unterkunft ›Cabana‹.

Spezialitäten der madeirensischen Küche

Getränke

Aguardente: weißer oder brauner Zuckerschnaps, aus madeirensischem Zuckerrohr gebrannt.

Aniz escarchado: Anisessenz wird mit Zucker aufgekocht, Trinkalkohol hinzugefügt.

In die Flasche steckt man einen Fenchelzweig, an dem der Zucker kristallisiert.

Chá de limão (›Zitronentee‹): Zitronenschale wird mit heißem Wasser überbrüht.

Maracuja-, Bananen- und Kirschliköre: werden wie der Anis als Aperitif gereicht.

Maracujasirup: mit Wasser verdünnt, ist sehr erfrischend.

Poncha: Mixgetränk aus Rum, Honig und Zucker.

Kaffeetrinken – eine Kunst:

Café: schwarzer Kaffee.

Uma bica: schwarzer Kaffee in einer kleinen Tasse.

Café grande: schwarzer Kaffee in einer großen Tasse.

Carioca: kleiner schwarzer Kaffee, mit Wasser verdünnt.

Café branco / um café com leite: Kaffee mit Milch.

Chinesa: Milchkaffee in einer großen Tasse – ein rein madeirensischer Ausdruck (übersetzt: ›Chinesische Dame‹).

Um garoto: eine kleine Tasse Kaffee mit sehr wenig Milch.

Um galão: ein großes Glas Kaffee mit Milch.

Um meio galão: ein kleines Glas Kaffee mit Milch.

Aber: *Café de Setembro* ist der lokale Wein, der zum St. Martinstag (am 11. 11.) getrunken wird.

Land-Cocktails

Cortado: (›Schnitt‹): Kaffee, süßer Madeirawein, Zitronenschale. Der Kaffee muß heiß sein.

Pé de cabra (›Ziegenfuß‹): süßer Madeirawein mit Orangeade, Eigelb, Zucker und Black-Bier mischen.

Pescoco de galo (›Hahnenhals‹): drei gleiche Teile Bier, Wein und Orangeade.

Quentinha (›feurig‹): Aguardente, Kaffee, Zitronenschale und eventuell Zucker oder Honig.

Fleisch- und Fischgerichte

Carne de vinho e alhos: Schweinefleischstücke, die einige Tage in jungem Landwein gezogen haben müssen. Gewürzt mit Lorbeer, Pfefferkörnern, Knoblauch. Das abgetropfte Schweinefleisch wird in Schweineschmalz gebraten.

Espetada: Ochsenfleisch am Spieß, das Nationalgericht Madeiras. Auf allen örtlichen Festen wird das Fleisch in großen Stücken, mit grobem Salz, Knoblauch und Pfeffer gewürzt, an einem Lorbeerspieß über einem Holzkohlefeuer – meistens in einer alten Tonne – gegrillt. Im Restaurant serviert man den Spieß, an die Decke gehängt oder an kleinen Ständern hängend, am Tisch (vgl. Abb. 46).

Atum: frischen Thunfisch gibt es fast das ganze Jahr hindurch. Besonders als Filet zu empfehlen.

Bacalhau: ›Stockfisch‹, nach dem jeder Laden auf dem Lande riecht; zubereitet eine Köstlichkeit, ist aber schärfer im Geschmack als der eher milde Espada.

Espada: Der in der Tiefsee um Madeira gefangene schwarze ›Degenfisch‹, schuppenlos, pechschwarz, wird gebraten, gekocht oder gedünstet und mit viel Zwiebeln, Tomaten und Knoblauch serviert.

Weitere Fische der madeirensischen Speisekarte:

Abrotia – Rotbarsch
Bodião – Meeräsche
Caramujos – Seeschnecken
Castanhetas – kleine gebratene Fische

Lapas – Entenmuscheln
Pargo – Seebrasse
Salmonete – Meerbarbe

Caldeirada: Fischsuppe

Mehlspeisen – Backwaren

Milho cozido: gekochter Maisbrei, Alltagsessen der armen Leute.

Bolo de mel: Honigkuchen ohne Honig, denn *Mel da cana* heißt ›Honig des Rohrzuckers‹, ist also das Wort für Melasse-Sirup. Ein Weihnachtskuchen, der das ganze Jahr angeboten wird; oft in Heimarbeit hergestellt, so daß jeder verschieden schmeckt.

Bolo do caco: Das Brot, das auf dem Lande gebacken wird, erhält seine Besonderheit durch den Zusatz von gekochten und gepellten Süßkartoffeln. Es wird in großen Steinöfen gebacken.

Bolo rei: wird eigentlich nur zum Tag der Heiligen Drei König serviert, und zwar den Sängern, die an diesem Tag von Haus zu Haus ziehen; dazu gibt es Rotwein. Besteht aus Hefeteig mit vielen kandierten Früchten. *Bolo rei* gibt es sonst auch in der Konditorei ›Madeira Doce‹, Funchal, Rua da Carreira, 67, zu kaufen.

Verkehrsmittel

Privat- bzw. Leihwagen

Den eigenen Wagen nach Madeira zu verschiffen, ist ein kostspieliges Vergnügen: Ab Bremerhaven fallen pro Strecke etwa 2000–2500 DM an (Gesellschaften Interfracht und Hapag-Lloyd 1 × wöchentlich, Dauer ca. 8 Tage). In Lissabon: Alfredo Mello, Campo das Cebolas, 3, 1100 Lissabon (Agentur). Empresa de Navegacao Madeirense, LDA, Rua de São Julião, Lissabon, ∅ 870121/2873028. 2 × wöchentlich, Dauer 48 Stunden.

Autovermietungen: In Funchal und den anderen touristischen Zentren Madeiras gibt es sowohl die bekannten internationalen als auch lokale Autovermietungen. Mindestalter 21–23 Jahre, nationaler Führerschein ist ausreichend. Vermietung nur auf der Basis unbegrenzter Kilometer. Kasko- und Insassenversicherungen können auf Wunsch abgeschlossen werden; die Steuer beträgt 9%. Mietkosten pro Tag ca. 100 DM. Es ist ratsam, das Auto selbst bei Abgabe vollzutanken. Empfehlenswert sind die bunten Mini-Moks, die aber oft in einem schlechten Zustand sind.

Die Wagen können für den Flughafen vorbestellt bzw. auch abgegeben werden.

Diesel pro l 0,90 DM, Normal- und Superbenzin um 1,50 DM pro l.

Automobilclub: Automóvel Clube de Portugal, Avenida Arriaga, 43 r.c.-E, Funchal, ∅ 23659.

Busse

Für Touristen ist es nicht ganz leicht, sich mit den Buslinien auf Madeira zurechtzufinden – vor allem nicht in Funchal. Sowohl innerhalb Funchals als auch ›Überland‹ fahren nämlich verschiedene private Gesellschaften, die miteinander konkurrieren. An den Haltestellen – *Paragem* – hängen zwar hervorragende Übersichtskarten der Insellinien, doch sind weder die Abfahrtszeiten noch die Nummer der hier verkehrenden Busse verzeichnet; zudem können die Li-

nien verschiedener Gesellschaften dieselbe Nummer haben. Im Stadtverkehr schließlich nehmen die Busse für den Hin- und den Rückweg wegen der vielen Einbahnstraßen häufig verschiedene Routen. Die Busfahrer selbst wissen in der Regel nur über die Linien der eigenen Gesellschaft Bescheid, können also nur selten Auskünfte über Umsteigemöglichkeiten geben. Man muß sich also ständig bei anderen wartenden Fahrgästen oder in der nächstgelegenen Bar nach Einzelheiten erkundigen. Das Touristenbüro gibt einen Busfahrplan mit regelmäßigen Ergänzungen heraus.

Den Fahrplänen ist anzumerken, daß sie nicht für die Touristen, sondern für die Bevölkerung aufgestellt worden sind: Viele Busse kommen morgens mit Beginn der Arbeitszeit nach Funchal und bringen abends die Leute wieder zurück in ihre Dörfer, während der Tourist, der das Landesinnere auf einer Wanderung erkunden möchte, Beförderungsmittel in umgekehrter Richtung braucht. An Sonn- und Feiertagen wird der Überlandverkehr stark reduziert.

Bustickets müssen für jede Linie getrennt gekauft und bis zum Aussteigen aufbewahrt

Vokabular für den Busfahrplan

Partida	– Abfahrt
Chegada	– Ankunft
Paragem	– Haltestelle
Dia feriado	– Feiertag
Dias úteis	– werktags
Domingo	– Sonntag
Todos os dias	– täglich
Não se efectua aos Sábodas	– außer samstags
Só aos Domingos	– nur sonntags
Completo	– voll

werden, da unterwegs häufig Kontrollen stattfinden. Die Tickets für Überlandfahrten sollten Sie vor der Abfahrt im Büro der jeweiligen Gesellschaft kaufen, da Sie dann gleichzeitig eine Reservierung haben. Die Busse sind nämlich bei der Belegung aller Sitzplätze *completo* = voll besetzt, klappen dann ein entsprechendes Schild hoch und halten auf keinen Fall mehr für zusteigende Fahrgäste.

Die Tarife im Überlandverkehr sind recht günstig, können sich aber je nach Gesellschaft unterscheiden. Die seit 1987 einheitlich gelben Stadtbusse sind teurer. Für auswärtige Besucher gibt es einen *Passe turístico*, der nach Vorlage des Ausweises an den zentralen Verkaufsstellen für 7 Tage ausgegeben wird und zum unbegrenzten Fahren im Stadtbereich berechtigt. Ca. 15 DM

(1990). Im Stadtverkehr ist es daher ab vier Personen günstiger, ein Taxi zu nehmen. Es verwundert daher nicht, daß zu Stoßzeiten, am Ende von großen Veranstaltungen oder bei plötzlichen Regenfällen kaum Taxis zu bekommen sind.

Eine besondere Attraktion ist der Cabrio-Bus, der in Funchal verkehrt.

Die neue *Buslinie 139* ist besonders interessant für Touristen, da sie quasi eine Inselrundfahrt anbietet (Do–Mo): Funchal 9 Uhr → Ribeira Brava 10.25 → São Vicente 11.30 → 12.15 Porto Moniz 16 → Calheta 17.35 → Ribeira Brava 18.50 → 20 Uhr Funchal.

Die zentrale Bushaltestelle befindet sich zwischen der Rua D. Carlos I. und der Avendida do Mar. Weitere Busse fahren westlich davon an der Av. do Mar ab.

Buslinien auf Madeira
(* nicht ab Funchal)

Ort	Buslinie
Aeroporto (Flughafen)	9 und gelbblau
Assomada	2
Babosas	22
Boaventura	6, 103
Boa Morte	127*, 148
Bouqueirão/Lombo Grande	60
Cabo Girão	4, 6, 7, 148, 154
Calheta	139
Camacha	29, 77
Câmara de Lobos	1, 4, 6, 7 u. a. m.
Caniçal	113
Caniço	2, 136
Corticeiras/Jardim da Serra	96
Curral das Freiras	81
Curral dos Romeiros (Jardim Botânico)	30
Encumeada	6, 139
Faial, Igreja	53, 78, 103
Gaula	60
Machico	20, 23, 53, 78, 113, 156
Madalena do Mar	4
Maroços	156
Monte	20, 21
Poiso	103
Ponta da Oliveira (Galo)	155
Ponta do Sol	4, 107
Ponta do Pargo	107, 150*
Ponte dos Frades	1
Porto da Cruz	53
Porto Moniz	139, 150*
Raposeira (Ponta do Pargo)	107
Ribeira Brava	4, 6, 7, 107
Ribeira da Janela	150*
Ribeiro Frio	103
Santa	67, 150*
Santa Cruz	23, 25, 53, 113
Santana	103
Santo da Serra	20, 25, 77
São Jorge	103
São Vicente	6, 139, 150*
Seixal	150*
Vargem	136

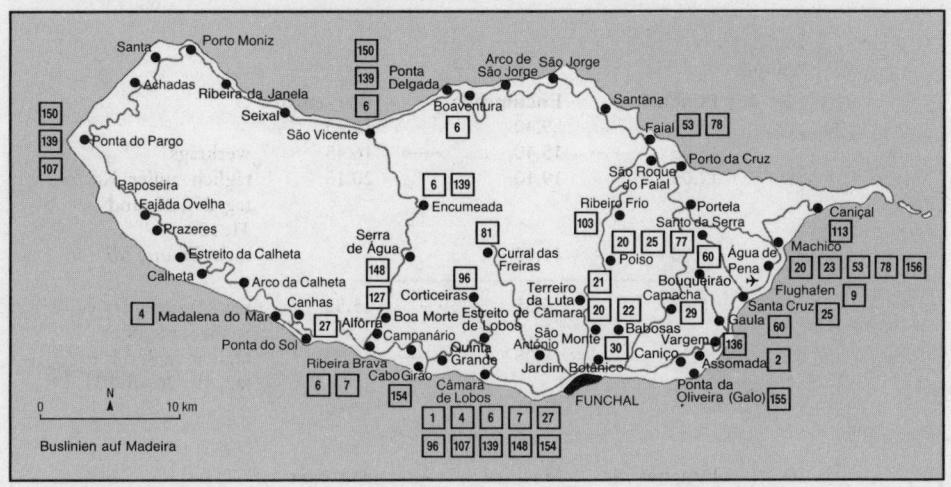

Buslinien auf Madeira

Busfahrpläne

Busse zum Flughafen (23 km, 45 Minuten Fahrzeit)
Gelb-blaue Zeichen markieren die Haltestellen für den Bus von Funchal zum Flughafen

Abfahrt Funchal	*Abfahrt vom Flughafen*
7.15	8.15
9.15	11.15
12.45 nur Fr	14.00 nur Fr
14.45	16.30
17.00 Stadtbus Nr. 9 nur werktags	18.00
19.15	20.15
21.15	23.15

Die im folgenden angegebenen Fahrpläne listen die Buslinien auf, die für die im vorliegenden Buch beschriebenen Wanderungen wichtig sind (Nummern der jeweiligen Wanderungen in der linken Spalte). Pfeile geben die Fahrtrichtung an. Die Busse fahren pünktlich zu den von den Busgesellschaften angegebenen Zeiten ab. Künftig können sich die Zeiten natürlich ändern. Abfahrtzeiten des Busses *Nummer 139* (Inselrundfahrt) s. S. 284.

Wanderungen	*Bus-Nummer*				
	4	**Funchal** –	**Ribeira Brava**	– **Ponta do Sol**	
⑯, ⑰		10.05 ⟶	11.25 ⟶	12.00	Mo–Sa
		14.05	15.25	16.00	Mo–Fr
		13.45 ⟵	12.20 ⟵	11.45	So und Feiertage
		14.55	13.30	12.55	Mo–Sa

Wande-rungen	Bus-Nummer				
①, ⑤, ⑧, ⑱, ⑲	6	**Funchal** –	**Encumeada**	– **Boaventura**	
		7.35	9.40	10.45	
		13.35 ⟶	15.40 ⟶	16.45	werktags
		17.05	19.10	20.15	täglich außer Karfrei-tag, 25., 26. und 31. 12.
	139	9.00	11.00		nicht Di und Mi
		8.45	6.55	5.50	werktags, außer erster Sa im September
		9.55 ⟵	8.05 ⟵	7.00	täglich außer Karfrei-tag, 25., 26. und 31. 12.
		17.45	15.45	14.40	
⑫, ⑬	20	**Funchal** –	**Machico** –	**Santo da Serra**	
		7.15	8.10	8.55	Mo–Fr
		12.40	13.35	14.20	täglich
		16.30 ⟶	17.35 ⟶	18.35	Mo–Fr
		19.15	20.20	20.55	Mo–Fr außer Di nach Karneval
		20.45	21.40		Mo–Fr
		8.35	7.20	6.30	Mo–Fr
		9.55 ⟵	8.50	8.00	Mo–Fr
		11.25 ⟵	10.20 ⟵	9.30	Mo–Fr
		16.30	15.20	14.30	Mo–Fr außer Di nach Karneval
⑫, ⑬	25	**Funchal** –	**Santa Cruz** –	**Santo da Serra**	
		8.45 ⟶	9.35 ⟶	10.00	
		17.30 ⟵	16.45 ⟵	16.15	1. 10 –31. 5.
		19.00 ⟵	18.15 ⟵	17.45	1. 6.–30. 9.
⑬	53	**Funchal**	**Machico**	**Faial**	
		10.00	10.50	12.00	
		13.00 ⟶	13.50 ⟶	15.00	alle täglich außer So
		17.20	18.10	20.00	
		19.15	20.05	21.15	
		12.15	11.00	10.00	
		17.00 ⟵	16.30 ⟵	15.30	
		18.35	17.45	16.45	

Wande-rungen	Bus-Nummer				
	60	Funchal –	via Gaula/Lombo – Grande	Bouqueirão	
⑪		11.00		12.00	
		13.30		14.30	Mo–Sa
		17.00	⟶	18.00	Mo–Sa
		18.30		20.15	So und Feiertage
		19.15		20.15	Mo–Sa
		7.15		6.15	Mo–Sa
		7.30		6.30	So und Feiertage
		8.30		7.30	Mo–Sa
		9.30	⟵	8.30	Mo–Sa
		13.30		12.30	Mo–Sa
		17.00		16.00	So und Feiertage
		17.30		16.30	Mo–Sa
	78	Funchal	– via Machico –	Faial	
⑩, ⑬		8.00	8.50	10.00	nur So
		12.30	⟶ 13.20 ⟶	14.30	nur an offiziellen Feiertagen
		16.15	17.05	18.30	werktags
		8.35	⟵ 7.45 ⟵	6.45	werktags
		19.40	18.40	17.30	nur So
	81	Funchal	(Abfahrt) –	Curral das Freiras	(Abfahrt)
④, ⑤, ⑦, ⑭		5.45	außer So und Feiertage	6.15	nur Mo
		7.45	außer Sa	6.45	außer So und Feiertage
		9.15	nur So	8.45	nur Sa
		11.00	täglich	12.15	außer So und Feiertage
		13.15	werktags	14.30	werktags
		16.30	täglich	17.45	täglich
		19.50	täglich	20.30	täglich

96 **Funchal – Estreito de Câmara de Lobos – Corticeiras**

⑥, ⑦, ⑮   werktags 10 Busse von 7.05–19.45 Uhr / 9 Busse von 5.45–18.35

⟶   ⟵

So 14 Busse von 7,00–19.19 Uhr / 15 Busse von 5.15–19.45 Uhr

⟶   ⟵

VERKEHRSMITTEL

Wande-rungen	Bus-Nummer					
	103	**Funchal – Poiso – Santana – Boaventura**				
①–③, ⑧		7.00	8.00	9.15	10.45	
⑬, ⑳		13.30	14.30 ⟶	15.45	17.15	außer So, 15.8., 26.12.
		16.00	17.00	18.15	19.45	1. 1., Karfreitag
		18.00	19.00	20.15	21.45	außer 14. 8.
		9.00	8.15	7.00	5.30	außer So, 15.8., 26.12., 1.1., Karfreitag
		11.00	10.00 ⟵	8.45	7.15	
		15.45	14.45	13.30	12.00	außer So, 15.8., 26.12.,
		19.45	18.45	17.30	16.00	1.1., Karfreitag

	107	**Funchal –**	**Ribeira Brava –**	**Rasposeira –**	**Ponta do Pargo**	
⑯, ⑰		8.05	9.30 ⟶	11.45	12.30	
		16.05	17.30	19.45		außer So, Mo, 1. und 6. 1., 25./26. 12
		10.00	8.45 ⟵	6.30		
		18.15	17.00	14.45	13.45	außer So, Mo, 1. und 6. 1., 25./26. 12.

	113	**Funchal – Santa Cruz – Machico – Caniçal**
⑨, ⑩		11 Busse 7.30–19.30 / 12 Busse 5.45–19.40 Uhr
		⟶ ⟵
		Sa letzter Bus 17.15 Sa letzter Bus 18 Uhr

	150	**Ponta do Pargo –**	**Santa –**	**Porto Moniz –**	**São Vicente**	
			6.30 ⟶	6.45	7.30	
		13.00	14.00	14.15	14.55	alle täglich außer 1. 1., Karfreitag,
		12.40	11.20 ⟵	11.05	10.25	25., 26. und 31. 12.
			17.30	17.15	16.30	

	156	**Funchal – Machico – Maroços**
⑩		11 Busse täglich von 6.45–20.30 → / ← 5.45–20 Uhr

	29, 77	**Funchal – Camacha – Santo da Serra** (nur der 77)
⑪, ⑫		fahren an Blandy's Garden (Quinta do Palheiro Ferreio) vorbei
		täglich etwa 10 Busse von ⟶ 8–20.30 / ⟵ 7–22 Uhr

288

Taxis

Seit 1986 gibt es nur noch einheitlich gelbe Taxis, die im Stadtverkehr ihre Uhren einzuschalten haben. Ab 22 Uhr dürfen die Fahrer einen Zuschlag berechnen. Für Überlandfahrten gibt es auch vorgeschriebene Preise, man sollte den Tarif trotzdem vor Beginn der Fahrt aushandeln. Als grobe Orientierung mögen folgende Preise von 1990 gelten (pro Jahr ca. 15% hinzurechnen; für vier Sitzplätze). Das Abholen vom und Zurückbringen zum Hotel sind dabei jeweils eingeschlossen.

1. Zentrale Zone

Botanischer Garten mit 1 Stunde Wartezeit	2000 $
Blandy's Garden mit 1 Stunde Wartezeit	3200 $
Monte, Terreiro da Luta, Poiso, Pico do Arieiro	4500 $
Funchal, Pico do Arieiro (einfach)	2500 $
Curral, Funchal (einfach)	2500 $

2. Östliche Zone

Botanischer Garten, Blandy's Garden, Camacha, Besichtigung der Weidenrutenverarbeitung	4800 $
Camacha, Golfplatz, Santa Cruz	5600 $
Camacha, Portela (Mittagessen) São Lourenço, Machico	7000 $

3. Westliche Zone

Câmara de Lobos, Cabo Girão, Campanário, Ribeira Brava, Encumeada, São Vicente, Seixal, Porto Moniz, Santana, Faial, Ribeiro Frio, Poiso, Monte	9600 $

4. Tagesmiete

Ganzer Tag	10 000 $
Halber Tag	6 000 $

5. Jeep Safaris im offenen Geländewagen
MADSAF Empre sa de Animasão Turística, ℘ 241 67 (nach 19 Uhr).

Schiffsverkehr

Fähre nach Porto Santo: Abfahrt 8 Uhr am Kai von Funchal, Fahrzeit 90 Minuten. Abfahrt in Porto Santo 18 Uhr. Tarif hin und zurück ca. 50 DM (2. Klasse). Buchung: Funchal ℘ 252 81 / 8 – Ext. 272, Porto Santo ℘ 98 22 52. An Feiertagen im Sommer und zu Ferienzeiten kann die Fähre ausgebucht sein; es gibt dann u. U. zusätzliche Fahrten.

Der regelmäßige Schiffsverkehr entlang der Küste, der auch für Touristen sehr reizvoll wäre, ist leider eingestellt. Statt dessen gibt es zahlreiche Ausflugsangebote von Funchal aus, die von Jahr zu Jahr variieren. Die Preise richten sich nach Fahrtdauer und ob Mahlzeiten angeboten werden (30–100 DM pro Person).

Segelyacht ›Albatroz‹ (℘ 280 32): Wurde 1939 auf Madeira gebaut; Tages- und Halbtagessegeltouren mit Baden und Essen.
Amigos do Mar (℘ 243 90 / 261 74): Küstenfahrten, Hochseeangeln und Besuch der Desertas. Wechselndes Programm.
Charterboote ›Brisa do Mar‹ und Maribela‹ (über ›Turipesca‹, Funchal, ℘ 310 63 / 424 68): Angeltouren, nach Porto Santo und zu den Desertas; für 4–7 Stunden von 4–5 Personen zu mieten.
Staatliches Motorschiff ›Pirata Azul‹ (℘ 322 58): Fahrten entlang der Südküste ohne anzulegen.
Tamasia: In Machico neu gebaute private Motoryacht, tägliche Touren, 1 × wöchentlich zu den Desertas.
Charteryacht ›Ventura‹ (℘ 932 771).

Flugverkehr Madeira – Porto Santo

Seit Juni 1985 fliegt die neue Gesellschaft ›LAR‹ viermal täglich (freitags fünfmal) diese Strecke in 15 Minuten, einfacher Flugpreis 45 DM (1990). Buchungen über Reisebüros oder Hotels.

Fahrräder/Motorräder

Auf Madeira ist das Fahrradfahren wegen der steilen Straßen nicht zu empfehlen. Fahrradvermietung nur auf Porto Santo (vgl. S. 268), Motorradvermietung soll es durch entsprechende Fachgeschäfte geben.

Straßenverhältnisse

Man kann Madeira auf gut asphaltierten Straßen vollständig umrunden; Querverbindungen führen über zwei Pässe. Die neueste ausgebaute Straße führt über die Hochebene von Paúl da Serra nach Porto Moniz. Daneben gibt es sehr viele unbefestigte Straßen, die – vor allem im Westen der Insel – nur mit Geländewagen befahrbar sind. Der Bau mancher in den letzten Jahren begonnenen Straßen scheint nicht beendet zu werden. Bei den lokalen Wegen zwischen den einzelnen Ortschaften handelt es sich häufig um alte Pflasterstraßen, die außerordentlich eng und steil sind.

Verkehrsregeln

Es gelten die internationalen Verkehrszeichen; es herrscht Rechtsverkehr. Geschwindigkeitsbegrenzungen: 60 km/h in Ortschaften, 90 km/h auf Landstraßen.

Verkehrsschilder-Beschriftungen

Alto	halt
Bermas baixas	Seitenstreifen nicht befahrbar
Curva perigosa	gefährliche Kurve
Desvio	Umleitung
Estacionamento permitido	Parken erlaubt
Estacionamento proíbo	Parken verboten
Obras	Straßenarbeiten
Paragem	Bushaltestelle
Passagem proibida	keine Einfahrt
Pedestres, peões	Fußgänger
Perigo	Gefahr
Posto de socorros	Erste-Hilfe-Posten
Direita	rechts
Esquerda	links
Sentido único	Einbahnstraße
Silêncio	Ruhe
Saída de camião	Lastwagen-Ausfahrt
Sem saída	keine Durchfahrt

Sport

Baden und Schwimmen

Die größeren Hotels verfügen über Schwimmbäder, die auch der Öffentlichkeit zugänglich sind. Die Eintrittspreise liegen allerdings weit höher als bei den im folgenden genannten städtischen Einrichtungen:

Lido: Rua do Gorgulho, im Westen der Stadt, ∅ 3 21 17, wurde 1982 nach umfangreichen Renovierungen wieder eröffnet. Fünf Wasserbecken (bis 50 m), Kinderschwimmbecken, Rutschbahn, Zugang zum Meer. 3000 Besucher kann der Lido aufnehmen (in den portugiesischen Sommerferien sehr voll!); er ist Teil einer geplanten, mehrere Kilometer langen Uferpromenade, mit deren Bau aber 1990 immer noch nicht begonnen worden war. Öffnungszeiten: täglich 8–19 Uhr im Sommer, täglich 9–18 Uhr im Winter. Zu erreichen mit dem Stadtbus ›Lido‹. Nach Schließen der Schwimmbäder ist die Esplanade mit ihren Restaurants weiterhin geöffnet.

Quinta Magnólia: Rua Dr. Pita; geheiztes Süßwasserschwimmbad mit Liegewiese und kleiner Bar in schönem Park, wird viel von Schulklassen und Gruppen besucht. Öffnungszeiten: täglich 9–20 Uhr. ∅ 64598.

Porto Moniz: natürliche Meerwasserbecken in den Lavafelsen. Juli bis Oktober. 30 $

Ponta Delgada: Meerwasserschwimmbad.

Machico: kleiner Sandstrand.

Caniçal: kleine Sandbucht (Praínha).

Caniço de Baixo: öffentliches Bad (›Lido Galomar‹) in einer Felsenbucht mit kleinem Schwimmbecken für Kinder. Neben dem ›Hotel Galomar‹ führen die Treppen hinunter. Komplex mit Restaurants, Tischtennis, Tauchen. Öffnungszeiten: täglich 10–18 Uhr. In Caniço de Baixo gibt es noch weitere Bademöglichkeiten.

Garajau: Reizvolle Feriensiedlungen der Madeirenser direkt am steinigen Strand. Tauchgebiet.

Santa Cruz: Praia das las Palmeiras, Ponton zum Meer.

Clube Naval do Funchal (Quinta da Calaça): zu erreichen von der Estrada Monumental 235; Anlage auf schmalem Küstenstreifen, mit Swimmingpool, Zugang zum Meer, Sonnenbaden in Felsennischen. Was-

sersportangebote aller Arten: Tauchen, Schnorcheln, Bootsfahrten. ∅ 22253.

Clube de Turismo da Madeira: Zugang von der Estrada Monumental Nr. 179. Süßwasserschwimmbecken, Lift zum Meer, Mole zum Baden, Klubräume. Mitgliedschaft gegen geringe Aufnahmegebühr. ∅ 20359.

Barreirinha: im Osten von Funchal, vor und hinter der Festung São Tiago; öffentliche Badeplätze mit Pontons.

Porto Santo: 9 km heller Sandstrand.

Die Schwimmanlagen an der Küste werden bewacht. Bei roter Flagge sollte man nicht im Meer schwimmen.
Zona Perigosa: gefährliches Gebiet
Praia Não-vigiada: unbewachter Strand.

Tauchen

Die besten Tauchreviere Madeiras sind Paúl do Mar im Südwesten, Ponta da Oliveira im Süden, Porto da Cruz und Ponta Delgada im Norden und Porto Moniz im Nordwesten. Zwischen Garajau und Caniço wurde das erste Unterwasser-Naturschutzgebiet der Insel eingerichtet; hier befindet sich die erste Dekompressionskammer Portugals.

Auskünfte: ›Manta Rainer‹ c/o ›Hotel Galomar‹, Caniço de Baixo, ∅ 932410, privat ∅ 932010; ›Tauch mit uns – Urs Moser Diving Center‹ (März bis Anfang Dezember), Porto Santo (∅ 982162); ferner in den Hotels ›Roc-a-Mar‹ in Caniço de Baixo, ›Dom Pedro‹ in Machico und ›Sheraton‹; in Deutschland durch Otmar von Alst, Oberhausen, nach 19 Uhr ∅ 0208/23680.

Fangtabelle für Fische in den Gewässern Madeiras												
Fischart	Jan.	Feb.	März	April	Mai	Juni	Juli	Aug.	Sept.	Okt.	Nov.	Dez.
Großaugenthun	O	O	+	+	+	O	O	O	O	O	O	O
Blauflossenthun	O	+	+	+	+	O	O	O	O	O	O	O
Gelbflossenthun	+	+	O	O	O	O	O	O	O	O	+	+
Weißer Thun	+	+	O	O	O	O	O	O	O	O	+	+
Blauer Marlin	O	O	O	O	O	O	+	+	+	O	O	O
Schwertfisch	O	O	O	O	O	O	+	+	+	+	O	O
Wahoo	O	O	O	O	O	+	+	+	+	O	O	O
Bonito	O	O	O	O	O	+	+	+	+	O	O	O
Goldmakrele	O	O	O	O	O	+	+	+	+	O	O	O
Barracuda	O	O	O	O	O	+	+	+	+	O	O	O
Hammerhai	O	O	O	O	O	+	+	+	+	O	O	O
Blauhai	O	O	O	O	O	+	+	+	+	O	O	O
Makohai	O	O	O	O	O	+	+	+	+	O	O	O
Weißhai	O	O	O	O	O	+	+	+	+	O	O	O
Heringshai	O	O	O	O	O	+	+	+	+	O	O	O
Sandhai	O	O	O	O	O	+	+	+	+	O	O	O
Glatthai	O	O	O	O	O	+	+	+	+	O	O	O

+ Beste Zeit   O Gelegentlich Fänge

Fischen

Forellenangeln: An folgenden Flußläufen gibt es reservierte Zonen für den Forellenfang: Ribeira de São Vicente, Rib. de São Jorge, Rib. Frio, Rib. do Inferno, Rib. da Janela, Rib. dos Socorridos, Rib. da Boaventura. Nähere Auskünfte erteilt das Touristenbüro.

Hochseeangeln: ›Amigos do Mar‹, Funchal (Ø 243 90). Abfahrten vom Cais de Cidade (Anmeldungen bis 18 Uhr am Vortag). ›Turipesca‹, Funchal (Ø 31063 / 42468). Ausfahrten täglich außer an Sonn- und Feiertagen ab dem Kai um 9.30 Uhr für sieben Stunden. Nachtausfahrten auf Anfrage. ›Fishing Centre‹, Avenida Arriaga 73, 1°, Funchal (Ø 31063). ›Madeira Seafaris‹, Hotel Dom Pedro, Machico (Ø 82361).

Fußball

Auf der Insel herrscht große Fußballbegeisterung, was der Besucher daran sehen kann, daß auf jeder größeren ebenen Fläche ein Fußballfeld angelegt ist. Die Vereine ›Marítimo‹, ›Naçional‹ und ›Unão‹ spielen in der ersten oder zweiten Division Portugals, so daß der Fußballfreund bei einem Heimspiel im Stadion Barreiros (im Westen Funchals) Weltklassespieler ganz ›nah‹ erleben kann: Noch müssen die Veranstalter keine Angst vor randalierenden Fans haben, die Stehplätze befinden sich ganz nah am Spielfeldrand. Kuchen und Wein werden verkauft, Kinder schlecken Eis, natürlich wird die Heimmannschaft intensiv angefeuert und der Schiedsrichter entsprechend beschimpft. Kurz vor und nach den Spielen ist die Rua do Dr. Pita wegen der Zuschauermassen zu meiden.

Besonders stolz sind die Madeirenser darauf, daß das erste Fußballspiel Portugals 1875 bei Camacha stattfand.

Karten erhält man direkt am Schalter des Stadions.

Reiten

Reitclub ›Hipismo‹, an der Straße 201 von Terreiro da Luta nach Choupana (ausgeschildert). Anmeldungen über das ›Hotel Estrelícia‹, Caminho Velho da Ajuda (∅ 30131) oder direkt am Platz (∅ 24982/ 30056). Das ›Hotel Estrelícia‹ fährt den Gast auch zum Reitplatz. Associação Híppica (∅ 32282), Palheiro Ferreiro.

Golf

Der Santo da Serra Golf Club liegt 600 m hoch im Osten der Insel in sehr schöner Landschaft. Der bisherige Golfplatz hatte neun Löcher, der neue wurde 1987 mit 18 Löchern eröffnet. Nominelle Mitgliedschaft im Country Club erforderlich. Klubhaus mit Bar, Fernsehraum und Umkleideräume wird renoviert. ∅ 55139.

Ein weiterer Platz mit 18 Löchern ist bei der Quinta do Palheiro im Bau.

Sonstiges

Die großen Hotels bieten eine breite Palette weiterer Sport- und Freizeitmöglichkeiten, z. B. Tennis, Tischtennis, Minigolf, Wasserski, Segeln, Kanu-, Motorboot- und Tretbootfahrten. Squash kann man in der Quinta Magnólia und im Hotel ›Galomar‹ in Caniço de Baixo spielen, Windsurfschulen gibt es im Hotel ›Dom Pedro‹ in Machico, am ›Lido Galomar‹ in Caniço de Baixo und im ›Reid's Hotel‹.

Feste

1. Januar	*Ano Novo*	Neujahr
25. April	*Dia de Portugal*	Tag der Revolution
1. Mai	*Dia do Trabalho*	Tag der Arbeit
10. Juni	*Dia de Camões*	Camões-Gedenktag
1. Juli (regional)	*Dia da Região*	Tag der Region
15. August	*Assunção*	Mariä Himmelfahrt
21. August (regional)	*Dia do Funchal*	Funchaltag
5. Oktober	*Dia da República*	Tag der Republik
1. November	*Todos-os-Santos*	Allerheiligen
1. Dezember	*Restauração*	Tag der Unabhängigkeit
8. Dezember	*Imaculada Conceição*	Mariä Empfängnis
25. Dezember	*Natal*	Weihnachten
Beweglich:	*Sexta-feira Santa*	Karfreitag
	Corpo de Deus	Fronleichnam

Die wichtigsten Inselfeste

31. 12./1. 1.
Das Neue Jahr wird mit einem großen Feuerwerk begrüßt, das inzwischen Weltruf genießt. Besonders viele Kreuzfahrtschiffe ankern dann im Hafen von Funchal und beteiligen sich selbst an dem Feuerwerk, das etwa zehn Minuten dauert. Die Stadt wird dabei in ein Lichtermeer getaucht; den besten Blick darauf haben die Zuschauer von den Dampfern.

Januar
6. 1.   Dreikönigstag, zu dem die Bäckereien besonderen Kuchen liefern. Kinder, wie an Karneval gekleidet, gehen von Haus zu Haus, um Süßigkeiten zu ergattern.
15. 1.   Fest des heiligen Amaro *(Dia de Varrer os Amários)*, des Heiligen des Viehs. Das alte Jahr wird endgültig ›vor die Tür gekehrt‹.

Februar/März
Karneval. Höhepunkt ist der Umzug durch die Innenstadt von Funchal mit Tanz auf dem Rathausplatz. Die besten der kostümierten Gruppen treten in den Hotels auf. Beim Kinderkarneval sind die Straßen von Funchal bereits nachmittags für den Verkehr gesperrt. Auch auf den Dörfern sieht man in diesen Tagen phantasievolle Masken.

April
Blumenfest mit der Blumenparade als Höhepunkt (vgl. Farbtafel 13), bei der sich die verschiedenen Gruppen mit den Blumen der Insel schmücken. Orchideen oder die Paradiesvogelblume (Strelitzie) dominieren.

Juni
Bachfestival: eine Woche klassischer Musik. Es werden auswärtige Orchester eingeladen, die im Theater und in den Kirchen Konzerte geben.
Fest der Schafschur.

August
Seit 1959 existiert die Madeirawein-Autorallye, ein internationales Rennen, bei dem in der Regel etwa 80 Mannschaften an den Start gehen, von denen nur ein Viertel ins Ziel gelangt.

September
Weinfestival: Dramatische Szenen aus der Geschichte des Weins werden gespielt (›Lebende Bilder‹); Folklore, Weinproben, Fado; Teilnahme an der Weinlese (besonders in Estreito de Câmara de Lobos) und dem Stampfen des Weines möglich.

Dezember

Weihnachten – Hauptfest der Insel, das so abläuft:

ab 8. 12. Aussaat verschiedener Samen wie Weizen, Mais, Linsen, die Weihnachten keimen und zur Krippendekoration gebraucht werden.

Ein Schwein wird gemästet und eine Woche vor Weihnachten geschlachtet (das traditionelle Festessen ist Schweinebraten, in Wein und Knoblauch eingelegt), der *Bolo de mel* gebacken, ein ›Honigkuchen‹ aus Sirup, Früchten und Gewürzen.

18. 12.–6. 1. Etwa 500 000 Lichter erleuchten Funchal.

23. 12. Funchals Markt bleibt die ganze Nacht über geöffnet.

24. 12. Die Kinder stellen abends für den Santa Claus die Schuhe unter den Schornstein. Mitternachtsmesse in der Kathedrale von Funchal.

25. 12. Familienfeiertag. Weder Busse noch Taxis verkehren, alle Geschäfte sind geschlossen.

26. 12. Zweiter Feiertag, Familienbesuche

Dorffeste

Bei den immer wiederkehrenden Dorffesten handelt es sich meistens um Kirchfestspiele zu Ehren eines Heiligen. Zu ihrem Ablauf gehören Feuerwerk, Tanz, das Grillen von Fleischspießen an Lorbeerzweigen, der Verkauf ländlicher Produkte, Darstellungen kunsthandwerklicher Tätigkeiten. Kirchen und Dorfstraßen werden geschmückt.

Datum	Ort	Name des Festes
15. Februar	Santa Cruz	Santo Amaro
Pfingsten	Camacha	Espírito Santo
13. Juni	Santo António/Funchal	Santo António
	Santo da Serra	Santo António
20. Juni	Santana	Schafschurfest
24. Juni	São Martinho/Funchal	São João
	Câmara de Lobos	
	Lombada Ponta do Sol	
	Fajã da Ovelha	
29. Juni	Câmara de Lobos	São Pedro
	Ribeira Brava	
22. Juli	Maria Madalena	Santa Maria Madalena
	Porto Moniz	
15. August	Monte/Funchal	Nossa Senhora do Monte
		Fest zu Ehren der Schutzheiligen von Madeira
21. August	Porto Santo	Espírito Santo
Letzter Sonntag im August	Camacha	Festa do Senhor (mit Feuern an den Berghängen)
	Curral das Freiras	Nossa Senhora do Livramento
Erster Sonntag im September	Ponta Delgada	Senhor Jesus

8. September	Arco da Calheta	Nossa Senhora do Loreto
	Faial	Nossa Senhora do Faial
Zweiter Sonntag im September	Caniço	Nossa Senhora do Livramento
Dritter Sonntag im September	Caniçal	Nossa Senhora Piedada/Prozession mit Fischerbooten
Letzter Sonntag im September	Ponta do Pargo	Apfelfest
6. Oktober	Ribeira Brava	Folkloristisches Musikfest
Erster Sonntag im Oktober	Ponta do Sol	Nossa Senhora do Livramento
8./9. Oktober	Machico	Senhor dos Milagres
Mitte Oktober	São Vicente	Nossa Senhora do Rosário
29./30. Oktober	Camacha	Apfelfest

Sprachführer

Die Bewohner Madeiras sprechen Portugiesisch. Englisch ist die Verkehrssprache für die Touristen, außerhalb Funchals und der anderen Fremdenverkehrszentren wird es jedoch kaum verstanden. Man findet aber auf den Dörfern immer wieder einzelne Arbeiter oder Bauern, die Spanisch, Afrikaans oder etwas Englisch, manchmal auch Französisch sprechen, weil sie jahrelang im Ausland gearbeitet haben.

Sprachkurse (auch Intensivkurse) in der Sprachakademie, Rua do Ribeirinho de Baixo, 33B (Ø 3 1069; Privatstunden Ø 262 15).

Ausspracheregeln

Portugiesisch ist eine Tochtersprache des Lateinischen. Den ›slawischen‹ Klang erhält die Sprache durch die häufigen ›sch‹-Laute. Die einzelnen Wörter eines Satzes werden verschliffen, was dem Fremden das Verständnis erschwert. Portugiesen vom Festland behaupten, die Bewohner Madeiras sprächen langsam und undeutlich; in der Tat ist das auslautende ›o‹, das sonst ein unbetontes ›u‹ ist, hier kaum noch zu vernehmen. Es gibt auch einige inseltypische Ausdrücke.

Laut		Beispiel
c	vor a, o, u wie in Kaffee	*Pico, Câmara*
c	vor e und i wie ss in Kasse	*Vicente*
ç	wie ss in Kasse	*Caniçal, Caniço*
ch	wie sch in rasch	*Achada*
g	vor e und i wie in Genie	*Ginjas*
h	stumm	*Homen em Pé*
j	wie in Genie	*Jardim*
lh	wie in Million	*Calheta*
m	Anzeige der Nasalierung nach einem Vokal; wird selbst nicht gesprochen	*Jardim*
n	ebenfalls Nasalierung nach Vokal, vor einem Konsonant oder Wortende	*Funchal*
nh	wie nj in Sonja	*Vinho*

q	vor a und o wie in Quadrat	Quarta-feira
	vor i und e wie in Kiste	Quinta, Queimadas
s	am Wortende und vor c, f, p, q, t wie sch in rasch	Estanquinhos, Lobos
v	wie w	Vinháticos
x	wie sch in rasch;	Seixal
	als ex- gefolgt von	exactu
	einem Vokal s wie in Rose	
z	am Wortende oder vor c, f, p, q, s, t wie sch in rasch	Moniz

Das ›o‹ wird in unbetonten Silben zu einem unbetonten ›u‹ und erscheint oft nur als Nachklang des vorangegangenen Konsonanten: *Machico* = ›Maschiék (u)‹. Bei den Diphtongen sind a, e, o starke Vokale, i und u schwache. Sie werden als Doppelvokale ausgesprochen: *Seixal* = ›Sé-i-schal‹. Bei Abweichungen davon wird ein Akzent gesetzt: *Paúl* = ›Pa-ú-l‹, so daß hier das sonst schwache ›u‹ deutlich zu hören ist. Nasalierte Vokale werden wie französische Wörter im Deutschen ausgesprochen (z. B. Salon, Genre). Im Portugiesischen zeigen die Schleife auf dem ›ã‹ oder aber ›m‹ und ›n‹, die einem Vokal folgen, dessen Nasalierung an: *São* – nasaliertes ›a‹ mit schwachem, folgendem ›u‹-Laut; *um* – nasaliertes ›u‹, *cento* – nasaliertes ›e‹.

Aussprache einiger Ortsnamen auf Madeira

Achada da Serra	Aschad(a)d'(a) Sér(a)
Caniçal	Kanissal
Calheta	Kaljèt(a)
Câmara de Lobos	Kám(a)ra de Lobsch
Estanquinhos	Eschtangking(u)sch
Funchal	Fúngschal
Jardim da Serra	Scharding d(a) Sér(a)
Jardim Municipal	Scharding Mun(i)ßipal
Machico	Maschiék(u)
Palheiro	Paljé-i-r(u)
Paúl da Serra	Pa-úl d'(a) Sér(a)
Pico dos Barcelos	Pik'(u) dusch Barßelusch

Portela	Portéla
Porto Moniz	Port(u) Monísch
Porto Santo	Port(u) Sangt(u)
Pico do Arieiro	Pik(u)d(u) Ariér(u)
Ribeiro Frio	Ribér(u) Frí(u)
Santa Cruz	Sant(a) Krusch
São Lourenço	Sang(u) Lorénß(u)
Seixal	Sé-ischal
Vinháticos	Winhátikusch

Erläuterung: ng = nasalierte Aussprache; (u) = das u wird kaum gesprochen, bringt vor allem den vorangehenden Konsonanten oder Vokal noch voll zur Aussprache und schwingt dann als dieses abgeschwächte ›u‹ nach. (a) = wird kaum gesprochen, erhält die Qualität eines ›e‹.

Die Wochentage

Domingo	– Sonntag
Segunda-feira	– Montag
Terça-feira	– Dienstag
Quarta-feira	– Mittwoch
Quinta-feira	– Donnerstag
Sexta-feira	– Freitag
Sábado	– Samstag
Sexta-feira Santa	– Karfreitag

Grußformeln

Ja	Sim
Nein	Não
Bitte	Por Favor
Danke	Obrigado (obrigada, wenn von einer Frau gesagt)
Guten Tag (vormittags)	Bom dia
Guten Tag (nachmittags)	Boa tarde
Gute Nacht, guten Abend	Boa noite
Bis morgen!	Até amanha!
Wie geht es?	Como está?
Verzeihung	Desculpe
Sprechen Sie deutsch?	Fala alemão?

SPRACHFÜHRER

Die Zahlen

0 *zero*
1 *um*
2 *dois*
3 *três*
4 *quatro*
5 *cinco*
6 *seis*
7 *sete*
8 *oito*
9 *nove*
10 *dez*
11 *onze*
12 *doze*
13 *treze*
14 *catorze*
15 *quinze*
16 *dezaseis*
17 *dezassete*
18 *dezoito*
19 *dezanove*
20 *vinte*
21 *vinte e um*
22 *vinte e dois*
23 *vinte e três*
30 *trinta*
40 *quarenta*
50 *cinquenta*
60 *sessenta*
70 *setenta*
80 *oitenta*
90 *noventa*
100 *cem*
101 *cento e um*
200 *duzentos*
300 *trezentos*
400 *quatrocentos*
500 *quinhentos*
1000 *mil*

Gegensätze

groß / klein	*grande / pequeno*
schnell / langsam	*rápido / lento*
billig / teuer	*barato / caro*
heiß / kalt	*quente / frio*
leicht / schwierig	*fácil / difícil*

geöffnet / geschlossen	*aberto / fechado*
alt / neu	*velho / novo*
gut / schlecht	*bom / mau*
ziehen / drücken	*puxar / empurrar*

Was man nicht verwechseln sollte

Espada = schwarzer Fisch aus Madeiras Tiefsee, aber kein Schwertfisch, auch wenn *espada* = ›Schwert‹ heißt. *Peixe agulha* ist der Schwertfisch auf Madeira, der auf dem Kontinent *espadarte* heißt. *Espetada* wiederum ist ein Fleischspieß!

Pão – das Brot – ist mit deutlichem Nasal zu sprechen, damit es nicht nach *pau* = Holz oder *paio* = Wurst klingt oder gar nach *papão* Menschenfresser.

Sandes sind belegte Brötchen, trockene heißen *paposecos* (Aussprache: ›pappséksch‹).

Madeira-Vokabular

Agua-pé	schwacher Wein
à la Madeira (au madère im Französischen)	Rezept mit Madeira-Wein
Alçaprema	alte Zuckerpresse
Alisados	Nordwind
Aliseos	Nordwind
Anona	Süßsack, Annona, Cherimoya, Rahmapfel
Arroba	Gewicht von 15 kg
Atum	Thunfisch
Baixa	Bodensenke
Batata (doce)	Süßkartoffel
Bemfeitorias	Verbesserungen, die auf dem Land vorgenommen werden
Boi	Ochse
Boieiro	Führer des Ochsenschlittens
Bolo de Mel	Kuchen aus Zuckerrübensirup
Bolo de Caco	Brot mit Süßkartoffeln, im Steinofen gebacken

Borracheiro	Der Mann, der die Ziegenhaut mit Wein/Most trägt	Mosto	Most der Trauben vor der Gärung
Borracho	Ziegenhaut für den Wein/Most-Transport	Palheiro	Stall
		Pipa	500-l-Maß
Caixa	Kasten	Poio	Terrasse in der Landwirtschaft
Calçada	gepflasterter Weg		
Caminho	Weg	Porco	Schwein
Cana	Zuckerrohr	Porto	Hafen
Candieiro	Junge, der dem Ochsenschlitten vorangeht	Pousada	Herberge
		Praça	Platz, Markt
		Prata	Silber
Carapuça	Mütze	Quinta	Landhaus
Carreiros	Schlittenfahrer	Rede	Hängematte
Carro de Bois	Ochsenschlitten	Ribeira	größerer Fluß
Carro de Cesto	Korbschlitten	Ribeiro	kleiner Fluß
Caseiro	Pächter	Romária	Wallfahrt
Claro	klar	Sandes	Sandwich
Cortado	Spezialkaffee	Santo	heilig
Cruz	Kreuz	Sé	Sitz – Kathedrale
Enxada	Hacke	Semilha	Kartoffel
Escudo	Schild, auch Geldeinheit Portugals	Til	Til (Baum)
		Toboggan	Schlitten
Espada	schwarzer ›Degenfisch‹	Tonel	ein großes Faß
		Trapiche	alte Zuckerpresse
Espetada	Fleischspieß	Vimes	Weidenruten
Fado	spezieller erzählender Gesang Portugals mit Gitarrenbegleitung	Vindima	Weintraubenernte
		Vinho	Wein
Fazenda	kleiner Bauernhof		
Fidalgos	die Noblen, Feudalherren		

Gewürze

Freira	Nonne	...die auf Madeira wachsen und auf dem Markt angeboten werden:	
Ginjas	Sauerkirschen		
Ginginha	Kirschlikör		
Giro	Wechsel bei der Wasserzuteilung		
		Alecrim	Rosmarin
Igreja	Kirche	Alfavaca	Basilikum
Inhame	Yam-Art	Alho	Knoblauch
Lagar	Weinpresse	Borragem	Borretsch
Lagartixa	kleine madeirensische Eidechse	Cebola	Zwiebeln
		Coentro	Koriander
Lavrador	Arbeiter auf dem Lande	Erva cideira	Melisse
		Funcho	Fenchel
Leste	Ostwind	Hortelã	Pfefferminze
Levadas	Wasserkanäle	Lauro	Lorbeer
Mel	Sirup / Honig	Macela	Kamille
Mercado	Markt	Oregão	Oregano
Milagre	Wunder	Rosmaninho	Lavendel
Milho	Mais	Salsa	Petersilie
Miradouro	Aussichtsplatz	Salva	Salbei

Praktische Hinweise von A–Z

Auskunft auf Madeira

Die Anschrift des Tourismusbüros lautet: *Direcção Regional do Turismo,* Região Autonóma da Madeira, Avenida Arriaga 18, 9000 Funchal, Ilha da Madeira. Das Büro (∅ 25658/29057) ist Mo–Sa 9–19, So 9–13 Uhr geöffnet.

Stadtpläne und Busfahrpläne kostenlos erhältlich, Verkauf von Reiseführern in mehreren Sprachen, Auskünfte über Veranstaltungen u.ä., auch auf Deutsch. Wechselstube der Fonsecas & Burnay Bank. Im Souterrain Verkauf oder auch kostenlose Ausgabe von Postern, Postkarten, Prospekten (Nebeneingang). Im Nebenraum ständig wechselnde Ausstellungen von Künstlern, vor allem mit lokalen Themen.

Kostenlose Ausgabe des monatlichen Bulletins ›Madeira Island‹ mit detaillierten Hinweisen auf Öffnungszeiten, Wetter, Restaurants, Veranstaltungen. Im ersten Stock Buchungsmöglichkeit für die Berghütte am Pico Ruivo (nur zu den normalen Geschäftszeiten; vgl. S. 278).

Diplomatische Vertretungen auf Madeira

Honorarkonsul der Bundesrepublik Deutschland (z.Z. auch für die Schweiz zuständig):

Frau Elisabeth Gesche, Lg. Phelps 6,1°, Funchal, ∅ 20338, Bürozeiten werktags 10–12.30 Uhr

Honorarkonsulat Österreichs:
Avenida Arriaga, 73, ∅ 21057

Folklore

Während die Dorffeste Madeiras noch viele alte Traditionen der Insel bewahrt haben (die folkloristischen Darbietungen in den Hotels vermitteln einen Eindruck davon), erinnert im alltäglichen Bild der Stadt und auch des Landes kaum noch etwas an vergangene Zeiten. Die einzigen diesbezüglichen Akzente setzen die Blumenfrauen, deren pittoreske Tracht allerdings zum Geschäft gehört, und die Wollmützen der Männer.

Traditionelle Kleidung der Frauen: Über einem weiten, rot, grün, blau und gelb gestreiften Rock aus schwerer Wolle trugen die Frauen Madeiras früher ein Cape – *Capa* oder *Bata* –, das sie über eine oder beide Schultern zogen. Das dazugehörige Halstuch wurde je nachdem, ob die Frau verheiratet war oder nicht, in verschiedener Weise gebunden. Die charakteristische Kappe mit hochstehendem Zipfel – die *Carapuça* – soll maurischen Ursprungs sein, ebenso wie die leichten Stiefel aus Ziegen-, Schafs-, Pferde-

oder Rindsleder, die beide Geschlechter trugen (die der Frauen waren mit einem dekorativen roten Lederband verziert). Witwen erkannte man an dunkelblauer (nicht etwa schwarzer!) Kleidung.

Traditionelle Musik: Auch auf Madeira kann der Besucher den berühmten *Fado* hören, den charakteristischen sentimentalen Erzählgesang Portugals (Fado-Lokale in Funchal sind ›Marcelino‹, 22a Travessa das Torres, geöffnet 20.30–4 Uhr, und ›Arsenio's‹, 169 Rua de Santa Maria, geöffnet ab 20.30 Uhr, ∅ 24). Das madeirensische Gegenstück ist der *Charamba*, ein meist in G-Dur gehaltenes volkstümliches Lied mit improvisierten Versen, die schnippischen bis aggressiven Inhalts sein können.

Volkstänze sind Adaptionen alter Rhythmen. Bekannt und beliebt sind besonders die Tänze aus Ponta do Sol, deren kurze Stampfschritte mit gesenktem Kopf an Bewegungen gefesselter Sklaven erinnern sollen, die besonders in diesem Ort zur Arbeit in den Zuckerrohrplantagen eingesetzt worden waren.

Wer sich für die heutige Kultur Madeiras interessiert, sollte das regionale Kulturzentrum *(Cine Forum do Funchal)* in der Rua dos Ferreiros 165 (∅ 30234/33164) besuchen (Kino, Theater, Musik, Kunst, Fotografie).

Geld

Die portugiesische Währung heißt *Escudo;* sie wird mit dem amerikanischen Dollarzeichen oder mit den Abkürzungen ›E‹ oder ›Esc.‹ gekennzeichnet. Centavos als kleinste

Einheit sind abgeschafft (100 Centavos waren früher 1 Escudo). Es gibt Münzen zu 1, 2½, 5, 10, 20 und 50 Escudos sowie Banknoten zu 100, 500, 1000, 5000 und 10000 Escudos. Größere Summen werden manchmal in ›contos‹ (1 ›conto‹ = 1000 Esc.) berechnet. (100 Escudos hatten 1990 einen Wert von 1,10 DM. – *Pataca* ist Slang für Geld.)

Es ist günstiger, sein Geld erst in Portugal umzutauschen und nicht bereits zu Hause; der Unterschied kann bis 15% betragen. Eurochecks werden allgemein akzeptiert. In Touristikläden, Hotels und bei der Autovermietung kann man mit internationalen Kreditkarten bezahlen. Geldautomaten *(Caixas eletrónicas)* können mit normalen Euroscheck-Karten benutzt werden.

Geschäftszeiten

Läden: Mo–Fr 9–13 und 15–19, Sa 9–13 Uhr (kleine Läden sind mittags von 12.30–14 Uhr geschlossen).
Rathaus öffentliche Gebäude, Verwaltung: Mo–Fr 9–12.30 und 14–17.30 Uhr.
Banken: Mo–Fr 8.30–15 Uhr. Wechselstuben sind z. T. länger geöffnet.
TAP: Mo–Fr 9–12 und 14–17.30, Sa 9–13 Uhr.
Markt von Funchal: Mo 7–14, Di–Do 7–16, Fr 6–20, Sa 6–16 Uhr; am 23. 12. die ganze Nacht geöffnet.

Gesundheitsdienste

Krankenscheine, die von der gesetzlichen Krankenkasse oder Ersatzkasse ausgestellt worden sind (P 8/1), müssen gegen einen portugiesischen Schein getauscht werden, und zwar bei der Direcção Regional de Saúde Publica, Serviço de Migrantes, Rua das Pretas 1, Funchal (∅ 32021), geöffnet Mo–Fr 9.30–12 und 14–16 Uhr. Privatversicherte bezahlen bar und erhalten die Kosten in Deutschland erstattet. Eine Konsultation kostet zwischen 15 und 45 DM.

Krankenhäuser: Marmeleiros Hospital, Estrada dos Marmeleiros, ∅ 22133; Regional Hospital, Cruz do Carvalho, ∅ 42111.

Medizinisches Zentrum: Centro Médico da Sé, Rua dos Murças 42, 2°., ∅ 30127/8/9 (Nebenstraße, die in der Fußgängerstraße neben der Kathedrale beginnt.) Behandlungen durch Fachärzte täglich von 8–24 Uhr; soll demnächst 24 Stunden geöffnet sein.

Krankenwagen: über das Rote Kreuz, Travessa Severiano Ferraz, ∅ 20000, Funchal; über die Freiwillige Feuerwehr, Avenida do Mar, ∅ 29115.

Zahnarzt (deutsch- und englischsprachig): Dr. Cardoso, Rua das Merces 25, ∅ 20333.

Apotheken (Farmácia): geöffnet Mo–Fr 9–13 und 15–19 Uhr; Nacht- und Feiertagsdienste sind angeschlagen.

Landkarten

Es gibt keine aktuelle Straßenkarte von Madeira, nur verschiedene ältere:

1. Madeira – Straßenkarte und Stadtplan, herausgegeben vom Tourismusbüro. Abgabe kostenlos, auch in allen Hotels erhältlich.

2. Madeira – Freizeitkarte (Clyde Leisure Maps), blauer Faltplan, dreisprachig, inklusive Stadtplan und Karte von Porto Santo (Neuauflage 1990). Verkauf: Kiosk, Buchladen, Hotel.

3. Arquipelago da Madeira, herausgegeben vom Instituto Geográfico e Cadastral, Maßstab 1:50000, in zwei Teilen. Karte von 1915, aktualisiert 1971. Verkauf nur im genannten Institut und im Reisebüro ›Agencia João Silverio Pires, Globus Travel‹, Avenida Zarco 20 (Rua da Sé).

Literatur über Madeira

Jeder Kiosk und jedes Hotel bietet Bildbände, Reiseführer und spezielle Sachbücher über Madeira in verschiedenen Sprachen an (auch auf Deutsch). Empfehlenswert ist besonders die Bücherei Livraria Esperança, Rua dos Ferreiros. Sie ist gut sortiert und preiswerter als andere Läden.

...zu Wanderungen:
John und Pat Underwood, ›Landschaften Madeiras. Autotouren – Wanderungen – Picknicks‹ (auf Deutsch, Englisch und Französisch).

...zu Blumen:
Rui Vieira: ›Blumen Madeiras‹, Funchal 1974 (internationale oder deutsche Ausgabe).
Guido de Monterey: ›Madeira, die Blumeninsel‹, mit 274 Abbildungen.
António da Costa und Luiz O. Franquinho: ›Madeira, Pflanzen und Blumen‹, Ausgabe in sechs Sprachen, 650 Abbildungen und mehrsprachiges Bilderverzeichnis.

... *zur Kunst:*
Luiza Clode/Jorge Marques da Silva: ›Kunstführer von Madeira‹, herausgegeben vom Fremdenverkehrsamt.

... *Kurzinformationen:*
H. Jessel und S. von Bremen: Madeira Handbuch, Kiel 1990.

Museen
(alle in Funchal)

Altes Zollhaus: Avenida do Mar; geöffnet Mo–Fr 9–12, 14–17 Uhr.

Fotomuseum Vicentes: Eingänge Avenida Zarco 21 und Rua da Carreira 43, Ø 25050; Di–Fr 14–18 Uhr.

Frederico de Freitas Residenz *(Casa-Museu Frederico Freitas):* Calçada de Stª Clara; Di–So 10–12.30 und 14–18 Uhr.

Historische Bibliothek *(Museu-Bibliotheca Mórlo Barbeito de Vasoncelos):* Avenida Arriaga 48; Mo–Fr 9–12.30 und 14–19 Uhr.

Kunsthandwerksmuseum *(Tapeçarias e Artesanto da Madeira):* Instituto do Bordado, Visc. Anadia, Ø 23141; Mo–Fr 9–12 und 14–17 Uhr.

Museum für sakrale Kunst *(Museu de Arte Sacra):* alter Bischofspalast, Rua do Bispo 21, Ø 28900; Di–Sa 10–12.30 und 14.30–17, So 10–12.30 Uhr, Fei geschlossen.

Naturgeschichtliches Museum *(Museu de Historia Natural):* Im Botanischen Garten; Mo–Sa 9–12.30 und 13.30–17.30 Uhr.

Naturkundliches Museum *(Museu Municipal):* Rua da Mouraria 35, Ø 29761; Di–Fr 9–20, Sa, So, Fei 12–18 Uhr.

Quinta das Cruzes: Museum, archäologischer Park und Orchideenzucht; Mo–Fr 10–12.30 und 14–17.30, So 10–13 Uhr, Fei geschlossen.

Stadtmuseum im Rathaus *(Museu da Cidade):* Mo–Fr 9–12.30 und 14–17.30 Uhr.

Weinmuseum der Madeira Wine Company *(Museu da Madeira Wine Association):* Rua São Francisco; geführte Touren Mo–Fr um 10.30 und 15.30 Uhr.

Weinmuseum des Weininstituts von Madeira *(Museu do Vinho):* Rua 5 de Outubro 78 (in dem alten Wohnhaus des britischen Konsuls mit interessanter Kolonialarchitektur vom Anfang des 19. Jahrhunderts); Mo–Fr 9.30–12 und 14.30–17 Uhr. Ø 20581

Zeitgenössische Kunstgalerie: Rua dos Ferreiros; Mo–Fr 9–12.30 und 14–19 Uhr.

Polizei

Polizisten mit roter Armbinde (Aufschrift *Turismo*) sind ausdrücklich angewiesen, Touristen zu helfen. Gelegentlich sprechen sie auch Englisch.

Porto Santo: Wichtige Adressen

Flugplatz (Aeroporto de Porto Santo):
Ø 982355/79
Krankenhaus: Ø 982211
Leihwagen (Avis): Ø 982381
Polizei: Ø 982423
Mühlenbesichtigung: Heather Woods, Ø 982674. Frau Woods lebt in einer umgebauten Windmühle und empfängt gerne Besucher.

Post

Postämter sind mit dem Schild ›CTT‹ und einem Postillon-Symbol gekennzeichnet; sie haben im allgemeinen Mo–Fr von 9–12.30 und von 14–17.30 Uhr geöffnet. Im Hauptpostamt von Funchal (Avenida Zarco, Ø 32131) gibt es einen Schalter mit längeren Öffnungszeiten: Mo–Fr 9–22 Uhr, Sa 9–12.30 Uhr.

Briefmarken *(Selos)* erhält man auch in Tabak- und Souvenirläden sowie in Hotels, Sondermarken in der Hauptpost; für Sammler: Centro Filatélico da Madeira, Rua 31 de Janeiro 39.

Luftpost nach Mitteleuropa braucht vier bis sieben Tage; sie sollte den Vermerk *por avio* tragen (Bundesrepublik Deutschland = *Alemanha*, Schweiz = *Suiça*, Österreich = *Áustria*). Postlagernde Sendungen sind am besten an Poste restante, 9000 Funchal, Madeira oder 9400 Porto Santo, Madeira, Portugal zu adressieren; zum Abholen beim Hauptpostamt benötigt man den Personalausweis. Das Telegrafenamt Funchals befindet sich in der Avenida Arriaga.

Luftpostbrief oder -karte 60 $ (1990).

Rundfunk

Sendungen von Radio Turista in deutscher Sprache (Nachrichten):
202 m Mittelwelle – 1484 kHz, 9–9.30 Uhr täglich; auf Englisch: 17.45–18.30 Uhr; auf Französisch: 18.30–19 Uhr.

Deutsche Welle:
6075 kHz, 49,38 m Band und 9455 kHz 31,43 m Band. Programmanforderung (kostenlos) mit Reisedatum an: Deutsche Welle, Postfach 100444, 5000 Köln 1.

Über Satellit empfängt Madeira viele Direktsendungen vom Festland.

Auch kanarische Sender sind zu empfangen; die deutsche Mittelwelle eventuell abends nach 21 Uhr.

Souvenirs

Die beliebtesten Reisemitbringsel Madeiras sind Madeirawein, Stickereien, Korbflechtearbeiten, tropische Früchte, Lederstiefel, Blumen (besonders Orchideen und Strelitzien), Liköre, kandierte Früchte und Honigkuchen.

Blumen werden sowohl auf dem Markt als auch in den Geschäften fluggerecht verpackt. Strelitzien und Orchideen halten sich lange.

Stickereien sollten das Siegel des Instituts für Kunsthandwerk tragen, das Qualität garantiert (vgl. S. 111).

Die *Botas da Madeira,* die ledernen Madeira-Stiefel, sind bequem; es empfiehlt sich (zwecks längerer Haltbarkeit), sie vom

Schuhverkäufer mit einer zusätzlichen Sohle belegen zu lassen.

Madeirawein wird bruchsicher verpackt; man sollte darauf achten, daß die Weinrebe auf dem Etikett verzeichnet ist (vgl. S. 104), denn den ›Küchenwein‹ kann man auch zu Hause kaufen. Von guter Qualität sind auch *Ginja-* und *Maracuja-Likör*.

Korbflechtearbeiten werden auch nachgesandt. Zentralheizungsklima scheint für derartige Möbel kein Problem dazustellen, der Wechsel von Kälte und Wärme ist sogar gut für sie. Wird das Flechtwerk locker, hilft ein Bad im kalten Wasser.

Einige *tropische Früchte* sollte man, will man sie mitnehmen, in noch etwas unreifem Zustand kaufen: Papayas, Anonas, Mangofrüchte. Maracujas sind leicht im Gewicht und lange haltbar, Guaven und Mispeln eignen sich dagegen kaum für den Transport. Kandierte Früchte haben – ebenso wie der *Bolo de Mel* – eine lange Lebensdauer.

Einkaufszentren: Centro Commercial Infante, Avenida Arriaga 75, und Centro Commercial da Sé, Rua António José Almeida 4, beide täglich geöffnet von 10–22 Uhr (auch Sa und So).

Flohmarkt: in Funchal jedes erste Wochenende im Monat auf dem Praça da Restauração, dem Platz vis-à-vis des Zarco-Denkmals.

Stromspannung

Beträgt im allgemeinen 220 Volt

Telefon

In allen Orten gibt es öffentliche Münzfernsprecher. Mehr und mehr setzt sich ›Credifone‹ durch, wobei statt Münzen mit einer Spezialkarte bezahlt wird. Diese Telefonkarten mit 50 oder 120 Einheiten erhält man in Postämtern.

Direktwahl von Madeira nach BRD: 00 49 153 $ pro Minute nach Europa (1990). Kein Nachttarif!

Direktwahl von der BRD nach Madeira: 00 35 19 (nach 18 Uhr billiger).

Vorwahl nach Lissabon (von Madeira aus): 01

Telefonnummern	
Notruf	115
Feuerwehr Funchal	29116, 22122
Flughafen Funchal	52272/3/
	52362
Flughafen Porto Santo	98 23 55/79
Postamt Funchal	32131
Rundfunk	20011
Rotes Kreuz	20000
TAP	
Reservierungen Funchal	44444
Reservierungen Flughafen	52864
Information	52061
Tourismusbüro	25658/29057
Stadtverwaltung, Rathaus	20066
Polizei	22022
Ambulanz Funchal	29115/29117

Toiletten

Öffentliche *Lavabos* oder *Toiletes* gibt es in allen Ortschaften Madeiras, auch in den Parks und öffentlichen Gebäuden. Ein *Chave,* ein Schlüssel, ist meistens nicht notwendig. *Senhores* bedeutet Herren, *Senhoras* Damen; meist erfolgt die Unterscheidung aber durch ›eindeutige‹ Zeichen: einen Hut und einen Fächer, Profile mit kurzem und langem Haar, eine kleine und eine große Rose usw.

Trinkgelder

Sind im Hotel wie auch im Restaurant meist in der Rechnung inbegriffen. Sonst gelten 10 % als üblich.

Trinkwasser

Das Leitungswasser ist im allgemeinen einwandfrei und schmackhaft. Da das Wasser keine Mineralstoffe enthält, wird als Ergänzung gern das Sprudelwasser aus Porto Santo getrunken. Auf Wanderungen im Hochgebirge können Sie das Wasser aus schnell fließenden Gewässern bedenkenlos trinken. In tieferen Gebieten dagegen, wo Bäche und Levadas bereits die Anbaugebiete durchqueren, sollten Sie es mit Micropur behandeln (in Sportgeschäften zu Hause erhältlich – macht das Wasser in einer Stunde keimfrei). Zu diesem Zweck ist die Mitnahme einer Wasserflasche zu empfehlen.

Uhrzeit

Madeira gehört wie Portugal zur Westeuropäischen Zeitzone (WEZ), die Uhr ist also bei der Ankunft um eine Stunde zurückzustellen (im Sommer und Winter, da auch Portugal Sommerzeit hat).

Zeitungen/Zeitschriften

In den meisten Hotels gibt es Verkaufsstände mit internationaler Presse. Auch die größeren Zeitungskioske in der Stadt führen die größeren deutschen Tageszeitungen und Illustrierten, die Funchal mit einem Tag Verspätung erreichen.

Einmal im Monat erscheint in englischer Sprache das ›Madeira Island-Bulletin‹, das auch einen kleinen Teil auf Deutsch enthält. Es wird kostenlos in Hotels und im Tourismusbüro abgegeben und informiert über touristische Angebote auf Madeira.

Die Bedeutung geographischer Namen auf Madeira

Die geographischen Namen auf Madeira verdanken sich entweder den optischen Eindrücken, die Felsen, Wasserläufe, Täler oder Pässe auf die ersten Siedler gemacht haben, oder erinnern an besondere Ereignisse. Viele Namen werden z. B. mit der Entdeckung der Insel durch Zarco und die sich um dieses Ereignis rankenden Legenden in Verbindung gebracht:

In *Ponta de São Lourenço* betrat Zarco zum ersten Mal das Ufer der Insel, dabei den Namen seines Schutzheiligen ausrufend, in *Santa Cruz* errichtete er ein großes Kreuz, am *Cabo Garajau* flogen ihm große Seevögel entgegen, im *Ribeira de Gonçalo Ayres* landete inzwischen sein Gefährte Gonçalo Ayres, während im *Ribeira dos Socorridos* (›Fluß der Geretteten‹) zwei seiner Begleiter beinahe ertrunken wären. In *Funchal*, inmitten des wild wachsenden Fenchels, ruhten die Herren während ihrer ersten Nacht, in *Ponta da Cruz* stellten sie ein weiteres Kreuz auf, am *Cabo Girão* (›Wendekap‹) drehte Zarco um, in *Ponta do Pargo* brachte man ihm einen großen Fisch dieses Namens, und in *Câmara de Lobos* (›Höhle der Seelöwen‹) sprangen beim Nahen der Karavellen Mönchsrobben (Seelöwen) aus ihren Höhlen.

Abóbora, -s.: Kürbis (z. B. Pico das Abóboras bei Santo da Serra)

Achada: eine ebene Stelle (z. B. Achada da Camacha, do Granicho usw.)

Água: Wasser (z. B. Serra de Água, Água de Pena)

Águagem: Wasserfall

Águia: Adler (z. B. Penha de Águia = ›Adlerfels‹)

Arco: Bogen, gebraucht bei amphitheaterartig von Felsen umgebenen Ortschaften (z. B. Arco de São Jorge, Arco da Calheta)

Areal: Sandiger Platz

Arieiro: Sandfaß (Pico do Arieiro)

Arrebentão: Ableger; oder von *arrebentar* = zerschmettern (es gibt verschiedene Plätze, die so heißen, am bekanntesten ist einer oberhalb von Monte)

Assobiadouro: wahrscheinlich von *assobiar* = ›pfeifen‹ (eine Spitze auf dem Paúl)

Assomada: Verb *assomar* = ›erscheinen‹ in religiöser Bedeutung

Assomado: eine Höhe oder Aussichtspunkt

Babosas: Baum-Aloe

Baía: Bucht

Baixo, -a: niedrig, unterhalb (Costa de Baixo = ›untere Küste‹ = die Südwestküste)

Balcões: Balkon = Ausblick

Banda d'Além: ›das gegenüberliegende Ufer‹ (z. B. das Viertel der Fischer in Machico)

Barreiro: ein Platz, wo Lehm zu finden ist

Belo, bella: schön (z. B. Bella vista = ›schöne Aussicht‹)

Bica: Schnabel, wird auch für den Ausfluß eines Brunnens gebraucht (z. B. Bica da Cana = ›kleine Quelle, wo Schilfrohr wächst‹)

Boca: Gebirgspaß, Mund, Gebirgsöffnung (da Corrida = ›des Laufes‹ [Wasserlauf?], do Cerro = ›Hügels‹; dos Corgos = ›der Schluchten‹; dos Namorados = ›der Verliebten‹; do Risco = ›der Gefahr‹)

Bode: Ziegenbock (z. B. Pico dos Bodes = ›Ziegenspitze‹)

Bom, boa: gut (z. B. Bom sucesso und Boa Ventura ›viel Erfolg‹ bzw. ›viel Glück‹)

Bouqueirão: ein großer Mund = große Lükke zwischen Bergkämmen oder Inseln

Branco, -a: weiß (z. B. Casa branca = ›weißes Haus‹)

Bravo, -a: vortrefflich, ungestüm (z. B. Ribeira brava = ›ungestümer Fluß‹)

Beco: eine schmale Gasse ohne Ausgang

Cabeço: Kopf, Kuppe eines Berges

Cabezinho: kleiner Kopf

Cabo: Kap

Cais: Landungsplatz, Kai

Caldeirão: großer Kessel (z. B. Caldeirão do Inferno = ›Höllenkessel‹)

Calhau: Strand mit Kieselgeröll

Calheta: eine kleine Bucht

Cama: ein Bett

Câmara: eine Höhle (z. B. Câmara de Lobos = Höhle der Wölfe, in Madeira: Seelöwen)

Camacha: eine Ortschaft östlich von Funchal, nach früheren Landbesitzern genannt

Caminho: Weg oder eine Straße

Camisa: ein Hemd (z. B. Ribeira da Camisa im Norden)

Campo: ein Feld oder eine Fläche (z. B. Campo Grande = ›große Ebene‹ auf dem Paúl und Campo da Barca = ›Ort des Bootes‹ in Funchal)

Campanário: Glockenturm

Caniçal: ein Platz, wo Rohr wächst (*caniça* = *ynba:* eine Zuckerrohr-Sorte)

Caniço: Schilfrohr

Caramujo: Schnecke, Schneckenhaus

Cardo: Distel (z. B. Pico do Cardo = ›Distelspitze‹)

Cedro: eine Zeder (Juniperus oxycedrus; z. B. Pico do Cedro)

Chão: Grund, Erde, ein ebener Platz (z. B. Chão do Caramujo)

Choupana: eine Hütte

Cima: oben (z. B. Costa de cima = ›obere Küste‹ = Südostküste)

Cimo: Gipfel

Corrego: Spalte oder Riß in einem Felsen

Cortado: geschnitten; ein Durchschnitt in einem Bergkamm

Cortiçeiras: kleine Korkeichen

Cova: Loch oder Mulde, auch kleine Höhle

Costa: Küste

Cruz: Kreuz

Cruzinha, -s: ein kleines Kreuz, wird aber auch für Wegkreuzungen gebraucht

Curral: Weideplatz, Hürde für Schafe und Kühe, tiefer Talkessel (z. B. das Freiras = ›der Nonnen‹; dos Romeiros = ›der Pilger‹)

Desertas: die Verlassenen, die wüsten (Inseln)

Delgado, -a: dünn (z. B. Ponta Delgada im Norden)

Eira: Tenne (z. B. de Fora = ›die äußere‹; do Serrado = ›Sägemühle‹)

Eiras: terrassenförmig (z. B. Pico Eirado, Eirinha)

Empenha oder *empinhado:* angehäuft (z. B. Pico da Empenha, Pico Empinhado)

Encumeada: ein Paß über einen *Cume* (= Bergrücken)

Entroza: gezähntes Rad (ein Paß zwischen Arco und Boaventura)

Escuro, -a: dunkel (z. B. Fajãa escura = ›dunkler Landrutsch‹)

Estanquinhos: vgl. Tanquinhos

Estreito: Hochland zwischen zwei Flüssen

Facho: Fackel, Leuchtturm

Fanal: Leuchtturm, Feuersignal

Faia: Buche (z. B. Faial = Buchenwald)

Fajã: Landrutsch

Feiteira: Farnkraut

Ferreiro: Schmied

Famoso, -a: schön

Forja: Schmiede (ein Felsen in der Nähe Funchals)

Fonte: Quelle (z. B. Fonte do Bispo = ›Wasserquelle des Bischofs‹)

Forte: Festung

Freira: Nonne (z. B. Curral das Freiras – ›Tal der Nonnen‹)

Frio: kalt (z. B. Ribeiro frio = ›kalter Fluß‹)

Funcho: Fenchel (z. B. Funchal = ein Platz, wo Fenchel wächst)

Furna: Höhle

Furo, furado: ein Loch, durchlöchert, Tunnel

Gerajão: ein Seevogel (Sterna hirundo)

Gato: Katze (z. B. Pico do Gato = ›Katzenberg‹)

Ginja: Kirsche

Girão: von *girar* = in Bewegung kommen, im Kreise drehen; vielleicht aber auch Singular von *girães* = gestreiftes Tuch

Gordo, a: dick, fett

Graça: Gnade

Grande: groß

Homem em Pé: stehender Mensch (bei Santana)

Ilha: Insel

Ilhéu: kleines Eiland oder Felsinsel

Infante: Sohn des Königs, Kronprinz

Inferno: Hölle

Jardim: Garten

João: Johann

Jorge: Georg

Lagoa: eine Lache (auf Madeira meistens Krater, kleiner See)

Lamaceiro: Morast (z. B. Lamaceiros = ›sumpfiger Ort‹)

Largo: Platz; als Adjektiv breit, weit

Levada: künstlich geschaffener Wasserlauf (z. B. do Caldeirão Verde = ›des grünen Kessels‹; do Furado = ›durch den Fels getrieben‹ = Tunnel; do Norte = ›des Nor-

dens‹; Nova = ›neu‹; do Paúl = ›des Sumpfes‹; do Risco = ›gefährlich‹, ›in einem Stück fallend‹; da Serra = ›des Gebirges‹; dos Tornos = Vorrichtung zur Umleitung von Wasser; das Vinte e Cinco Fontes = ›der 25 Wasserquellen‹)

Lobo: Wolf, in Madeira übersetzt als ›Seelöwe‹ aus *lobo do mar* (= Mönchsrobben)

Lombo: Bergrücken (z. B. Lombo do Mouro = ›des Mauren‹ = Erinnerung an die Sklavenzeit)

Lombada, -dinha: Bergkamm oder Bergrücken

Machico: der Sage nach zu Ehren von Robert Machim/Machyn benannt (vgl. S. 43)

Madeira: Holz

Meio: Mittel

Metade: die Mitte, die Hälfte

Mirador, Miradouro: Aussichtspunkt, von *mirar* = blicken, bewundern

Monte: Berg

Morro: Felsen, Berg

Namorado: der Verliebte

Nossa, -a: unser; Abkürzungen Nso., Nsa. (z. B. Nossa Senhora: ›Unsere liebe Frau‹)

Novo, -a: neu

Palheiro: Hütte mit Strohdach (z. B. Palheiro Ferreiro = ›die strohgedeckte Hütte des Schmiedes‹)

Pargo: Seebrasse

Pau: Stock, Pfeil (z. B. Pau de Bastião = ›Pfeile des heiligen Sebastian‹ = drei Spitzen oberhalb von Cruzinhas)

Paúl: Sumpf, Sumpfland (z. B. do Mar = ›bei der See‹; da Serra = ›im Gebirge‹)

Pé: Fuß (z. B. Homem em Pé = Mensch zu Fuß – ›stehender Mensch‹)

Pessegueiro: Pfirsichbaum

Pedra: Stein

Penha und *Pena:* Felsen (z. B. Penha de Águia = ›Adlerfels‹)

Pico: Spitze oder Gipfel eines Berges; Abkürzung Pco. (z. B. dos Barcelos = nach einem früheren Landbesitzer benannt; do Facho = ›der Fackel‹; Grande = ›groß‹; das Pedras = ›der Steine‹; Ruivo = ›rot‹)

Pináculo: kleine Spitze

Poço: Teich (z. B. Poço da Neve = ›Schneeloch‹, beim Pico do Arieiro zur Eisproduktion)

Ponta: eine Landspitze, Abkürzung: Pta. (z. B. Delgada = ›der dünnen Stelle‹; do Pargo = ›der Seebrasse‹; do Sol = ›der Sonne‹)

Ponte: eine Brücke, Abkürzung Pte.

Portela: eine kleine Tür (ein Paß im Osten hat diesen Namen)

Porto: Hafen; abgekürzt Prto.

Poiso: von *pousar* = ruhen; ein Rasthaus

Praça: Platz

Praia: Strand

Prazeres: Freuden

Quinta: ein großes Haus mit Garten

Rabaçal: Platz, wo Sellerie wächst

Ribeiro, -ra: Fluß oder Bach (z. B. Brava = ›reißend‹; da Janela = ›des Fensters‹; do Metade ›der Mitte‹; Seca = ›trocken‹; dos Socorridos = ›der Geretteten‹)

Risco: Gefahr (z. B. Boca do Risco = gefährlicher Einschnitt)

Rocha: Felsen

Roda: Rad; eine runde Stelle

Roque: São Roque = ›Sankt Rochus‹

Rosário: Rosenkranz

Ruivo: rot (es gibt zwei Picos Ruivos, den Pico Ruivo do Paúl im Westen und den Pico Ruivo de Santana im Osten)

Salto, -s: Sprung

Santana: Kurzform für Santa Ana (›heilige Anna‹)

São Lourenço: angeblich Name des Schiffes, mit dem Zarco nach Madeira segelte (z. B. Ponta de São Lourenço)

Seco: trocken

Seixal: ein Platz, wo Seixo-Weiden wachsen

Serra: Gebirge, auch Säge (z. B. Serra de Água = ›Wasser-Säge‹ oder ›Wasser-Gebirge‹; bezeichnet eine Stelle an einem Fluß wo sich eine Sägemühle befindet)

Serrado: abgesägt

Sítio das Quatro Estradas: ›Stelle der vier Straßen‹

Socorro, Socorrida: Hilfe, geholfen

Sol: Sonne

Sucesso: Erfolg (z. B. Quinta do Bom Sucesso)

Tábua: einheimische Pflanze, auch Brett

Terra, Terreiro: Land, Erde (z. B. Terreiro da Luta = ›Kampfplatz‹

Topo: Gipfel

Torre: Turm

Torreão: ein hoher Turm, auch Erdballen

Torrinhas: Türmchen

Val: Tal (z. B. Valparaiso = ›Paradies-Tal‹)

Vargem: Bohnenschote (Name eines Flusses bei São Vicente)

Ventura: Glück, Geschick (z. B. Boaventura)

Vigia: ein Aussichtsplatz oder -turm (z. B. Quinta Vigia = ›Landhaus auf der Wacht‹)

Vinhático: Persea indica, eine Lorbeerart

Vinte e Cinco Fontes: 25 Quellen (Name einer Levada)

Register

Begriffe, die über die Inhaltsverzeichnisse S. 5 ff. und 273 f. erschlossen werden können, sind im allgemeinen nicht erfaßt.

Personenregister

Orts- und Sachregister

315

ORTS- UND SACHREGISTER

Bitte beachten Sie auch folgende Veröffentlichungen aus unserem Verlag:

Portugal

Vom Algarve zum Minho
Von Hans Strelocke. 432 Seiten mit 34 farbigen und 131 einfarbigen Abbildungen, 134 Karten und Zeichnungen, 40 Seiten praktischen Reisehinweisen, Register
(DuMont Kunst-Reiseführer)

»Richtig reisen«: Portugal

Reise-Handbuch. Von Thomas Fischer. 312 Seiten mit 39 farbigen und 129 einfarbigen Abbildungen, 31 Karten und Plänen, 42 Seiten praktischen Reisehinweisen, Register sowie einem deutsch/portugiesischen Wörterbuch

Die Kanarischen Inseln

Inseln des ewigen Frühlings: Teneriffa, Gomera, Hierro, La Palma, Gran Canaria, Fuerteventura, Lanzarote
Von Almut und Frank Rother. 336 Seiten mit 95 farbigen und 93 einfarbigen Abbildungen, 71 Zeichnungen und Plänen, Sachwortverzeichnis, Literaturhinweisen, 27 praktischen Reisehinweisen
(DuMont Kunst-Reiseführer)

»Richtig reisen«: Teneriffa

Von Bernd F. Gruschwitz. 279 Seiten mit 24 farbigen und 98 einfarbigen Abbildungen, 9 Karten und Plänen, 31 Seiten praktischen Reisehinweisen, Register

Teneriffa

Von Gottfried Aigner. Etwa 230 Seiten mit etwa 12 farbigen und etwa 50 einfarbigen Abbildungen, Karten und Plänen, praktischen Reisehinweisen, Register
(DuMont Reise-Taschenbücher, Band 2011)

»Richtig reisen«: Lanzarote

Von Klaus Stromer. 256 Seiten mit 33 farbigen und 113 einfarbigen Abbildungen, 11 Karten und Plänen, 40 Seiten praktischen Reisehinweisen, Register

»Richtig reisen«: Gran Canaria

Von Michael Möbius und Annette Ster. Etwa 300 Seiten mit etwa 24 farbigen und etwa 100 einfarbigen Abbildungen, 40 Zeichnungen, Karten und Plänen, praktischen Reisehinweisen, Register

DuMont Kunst-Reiseführer

Alle Titel in dieser Reihe:

Alle Bände mit vielen, zum Teil farbigen Abbildungen; dazu Zeichnungen, Karten, Grundrisse, praktische Reisehinweise.